"新时代中国语言文学研究"丛书

总主编 石亚洲

主 编 刘正发

副主编 朝格吐

新时代中国语言文学研究

2021年卷

中央民族大学出版社

China Minzu University Press

图书在版编目（CIP）数据

新时代中国语言文学研究．2021年卷／刘正发主编．—北京：中央民族大学出版社，2024.4

（新时代中国语言文学研究丛书／石亚洲主编）

ISBN 978-7-5660-2152-6

Ⅰ．①新… Ⅱ．①刘… Ⅲ．①汉语—语言学—文集 ②中国文学—文学研究—文集 Ⅳ．① H1-53 ② I206-53

中国国家版本馆 CIP 数据核字（2024）第 074935 号

新时代中国语言文学研究（2021年卷）

XINSHIDAI ZHONGGUO YUYAN WENXUE YANJIU（2021NIAN JUAN）

主　　编	刘正发
副 主 编	朝格吐
策划编辑	赵秀琴
责任编辑	王海英
封面设计	舒刚卫

出版发行　中央民族大学出版社

北京市海淀区中关村南大街 27 号　　邮编：100081

电话：（010）68472815（发行部）　传真：（010）68933757（发行部）

（010）68932218（总编室）　（010）68932447（办公室）

经 销 者　全国各地新华书店

印 刷 厂　北京鑫宇图源印刷科技有限公司

开　　本　787×1092　1/16　印张：25.5

字　　数　392 千字

版　　次　2024 年 4 月第 1 版　2024 年 4 月第 1 次印刷

书　　号　ISBN 978-7-5660-2152-6

定　　价　98.00 元

前　言

　　1950年，北京大学东语系的马学良、于道泉、李森等语言学大师调入中央民族学院（1993年11月更名为中央民族大学），创建了新中国第一个中国少数民族语言文学学科。此后，著名语言学家闻宥先生，著名古典文学学者、李白研究专家裴斐先生等，也先后在此弘文励教。经过几代人70多年的共同努力奋斗，中央民族大学的中国语言文学学科已建设成为重要学科，其中，中国少数民族语言文学成为全国民族语言文学专业历史最早、专业方向最多、学术研究覆盖面最广的学科。

　　目前，中央民族大学中国语言文学学科在学科目录内的8个二级学科均招收博士和硕士研究生，并有中国语言文学一级学科博士后流动站。整个学科，凝练成为中国少数民族语言文学与文献综合研究、汉语言文学、语言学及应用语言学3个代表性学科方向，充分发挥学科优势和特色，立足服务国家重大战略需求和民族团结进步事业，聚焦国家语言资源保护、传承与发展以及教育领域的科学研究、人才培养和社会服务。

　　为适应学校"双一流"建设发展需要，加强体制机制创新，推动学术力量整合，2019年中央民族大学党委研究决定对学校的中国语言文学学科资源进行梳理整合，并成立中央民族大学首个学部——中国语言文学学部（以下简称"学部"）。学部成立后，负责统筹中国语言文学一级学科建设工作，整合相关资源，搭建学科综合交叉平台，统筹重大科研项目，推进跨学院科研平台建设。通过上述措施，中央民族大学中国语言文学一级学科整体水平得到快速提升，一批国家级科研项目相继获批，每年产出一大批重要学术成果。

为了进一步展示学术成果、推动学科发展、形成学术品牌，经学部研究决定，按年度出版学部学术成果。本丛书名称为"新时代中国语言文学研究"，从2019年开始，每年公开出版1卷本。丛书编委会总主编由副校长、学部主任石亚洲担任，相关学院在任院长担任各卷主编并组织组稿编选。各卷选取论文，以2019年学部成立以来学部各单位教师公开发表在重要期刊上的学术论文为主。坚持按照符合主题、规模控制、优中选优原则选取论文，收录论文统一用国家通用语言文字表述。同时，每卷主编汇编一篇本专业研究前沿研究综述，编排在每卷卷首。应该说，本丛书从年度角度收录了学部全体教学科研人员最具代表性的学术成果，也较为全面反映了近几年中央民族大学中国语言文学学科学术水平。

中国语言文学学部下设中国少数民族语言文学学院、文学院、国际教育学院，研究领域较为广泛，所以，本丛书各卷主编根据当年度所发表论文的内容和主题，各自设计栏目，收编论文。同时在编辑过程中也做了以下统一处理：

1. 为了便于读者阅读及参考，每篇论文首页均有作者简介，每篇论文均有摘要和关键词，每篇论文均在文后标明原发表期刊和发表时间。

2. 出于体例统一的考虑：注释统一为页下注；参考文献均列在各篇文章文后，保留原信息，按照相关格式要求著录。

3. 论文中所引的原著内容，只要不是原则性的问题，本文收录时皆以原著为准，以便读者更好地理解原著。

4. 本丛书收录的论文时间跨度较大，作者与编辑对部分内容进行了修改。

丛书编委会

2024年4月7日

目 录

2021年国内少数民族语言研究论文综述

刘正发

自20世纪50年代以来，国内学界对少数民族语言的研究一直很重视，进入21世纪，研究更加精细且成熟。通过对知网、维普和万方网上输入"民族语言"进行2021年的论文检索及CNKI全球学术快报显示，2021年国内少数民族语言研究中期刊论文有370多篇、学位论文（本文只统计硕士、博士学位论文，举例时不标明具体学位）有110多篇。尽管这样的查询不是很严谨，也没有包含相关著作，但足以说明2021年国内少数民族语言研究十分活跃，硕果累累。因篇幅所限，本文只针对2021年国内少数民族语言研究论文作简要述评，且在具体分类（粗略而非精确）述评中省略了论文发表的期刊名或校名和论文发表的时间或网络出版的时间。

一、2021年国内少数民族语言研究论文概况

纵观2021年国内少数民族语言的研究论文，成果主要集中在各少数民族语言及其方言土语的研究上，包括语音研究、语法研究、词汇研究，以及少数民族语言综述、少数民族语言使用与语言资源保护研究、少数民族语言与国家通用语言研究、语言接触与语言比较研究和少数民族语言濒危研究等方面。

（一）少数民族语言语音研究

2021年国内少数民族语音研究方面，主要涉及蒙古语、藏语、彝语等十多个少数民族语言的语音研究。研究内容包括元音、辅音、声调及综合语音描写等方面。

1.元音研究

少数民族语言元音研究论文丰富，数量较多。宝音的《蒙古语复合元音声学分析》，从复合元音共振峰动态滑移的连续性、复合元音共振峰与时长的非对称性和共振峰的变化率参数对蒙古语的复合元音做了论述。完么措、南拉才让、陈禹风的《藏语安多话元音的音位分布及声学表现》，对安多藏语单元音的音位分布进行整理并用声学实验方法分析了其单元音的音高、时长、音强和共振峰等参数。此外，阿娜尔古丽·伊德日斯、阿迪里·托乎尼亚孜的《柯尔克孜语的元音格局研究》，呼和的《蒙古语长短元音多元方差分析研究》，佟桂芬的《赤峰地区蒙古语方言中的前移元音和长元音探析》，哈斯其木格的《蒙古语和谐元音分组的语音学基础》《蒙古语连续语流中的元音音长变化规律分析》，徐世梁的《从藏语看鼻音韵尾对元音变化的影响》，王振的《嘉戎语东部方言的元音对应及其历史演变——基于清代〈嘉戎译语〉和现代方言材料的考察》，赵志强的《满文圆唇后高窄元音字母形体之演变——基于〈满文原档〉的考察》，兰正群、沙娜、阿呷克哈的《禄劝纳苏彝语松紧元音研究》，陈顺强、郭利芳的《彝语北部方言元音声学特征及其相关技术研究》，以及郝雯的学位论文《佤语松紧音的发音生理研究》等，分别对蒙古语、藏语、彝语等少数民族语言语音的元音做了有益的探讨。

2.辅音研究

少数民族语言辅音研究论文主要有池真、苗东霞的《藏语Cr-类声母的演变轨迹》。作者在梳理前人研究的基础上，结合所掌握的文献资料和方言材料，采用历史语言学研究方法，对藏语Cr-类声母的分布情况和演变轨迹进行总结，阐明演变过程和条件，对发生不同演变的大致时间进行推测，得出了自己的结论。此外，王艳红、程若茜的《贵阳高坡苗语Cl声母结构性质探讨》，多尔吉的《藏语书面语与道孚语复辅音的对应关系及其历史变化情况——以〈藏汉大辞典〉中与道孚语相关词为例》，王文敏的《维吾尔语清浊爆发音的性质——兼论"清浊颠倒"现象》，袁昆的《红河彝语尼苏话鼻冠音研究》，郝鹏飞的《壮语辅音中闭塞音的类型学特征》，以及张霞的学位论文《文山壮语高寨话浊擦音研究》，赵先进的学位论文《文山壮语丘北土语浪砚话塞擦音研究》，杨桂丽的学位论文《泰语与壮语丘北土语 r 声类的对应与演变研究》，包新蕾的学位论文《论满语辅音 k、g、h》等，也不同程度地讨论了苗语、维吾尔语、彝语、壮语、满语等多个少数民族语言语音的辅音问题。

3. 声调研究

少数民族语言声调研究论文中学位论文占比大。西北民族大学古明霄的硕士学位论文《藏语拉萨话声调感知实验研究》，运用实验语音学的方法，对藏语拉萨话单、双音节声调进行声学和感知实验研究。该文论述了实验的操作过程：先制作和录音好发音词表后通过 Praat 提取基频和时长参数，计算出 T 值后加以统计和绘图，得出单音节声调的格局和双音节声调的连读变调模式，奠定感知实验基础，构建藏语拉萨话声调体系；然后借助 E-prime 对感知实验进行辨认和区分，计算出辨认边界位置、边界宽度和区分波峰并进行综合对比后得出声调的感知范式；最后得出结论。此外，云南师范大学沈彤彤的学位论文《双柏彝语乃苏话声调研究》，西南民族大学杨仁琴的学位论文《彝语义诺话声调及变调研究》，云南民族大学杨桂丽的学位论文《泰语与壮语丘北土语 r 声类的对应与演变研究》等也做了一些少数民族语言声调方面的探讨。期刊论文中的李艳艳的《卡卓语声调实验研究》一文运用语音实验的方法对卡卓语的声调进行研究，并对其基频进行归一化处理，分析该语言声调的类型及分化情况，讨论其基频变化和音域范围，最后得出卡卓语中共有 8 个声调[①]的结论。

4. 综合研究

关于少数民族语言语音综合研究的论文不少，期刊论文和学位论文都有。学位论文中，内蒙古大学萨仁高娃的《蒙古语发音词典建设及其语音识别的应用研究》认为，蒙古文是口语音位和字符之间有对应关系的一种拼音文字，蒙古书面语与口语之间存在的差异主要体现在长元音和复合元音的书面字符组合及其读音对应关系等诸多方面，要解决这些存在的差异，有效途径是研制面向语音识别的发音词典，并做系统的论述和具体的阐释。期刊论文中，尹蔚彬、任先木的《舟曲八楞藏语语音演变探析》采用共时描写与历时比较相结合的方法，在田野调查记录藏语口语材料的基

---

① 李艳艳：《卡卓语声调实验研究》，载《中国民族博览》2021 年第 8 期，第 108 页。

础上，对甘肃省舟曲县八楞乡东岔湾村藏语的语音进行描写，并与古代藏语比较，探究其音变规律①。此外，多杰吉的《藏语安多方言同仁瓜什则话研究》、南考的《藏语安多方言中"ca"字的语音演变研究》、谢香腾的《藏语卫藏方言的语音合成技术研究》、格智多杰的《藏语安多方言共和话的语音格局研究》、邹玉霞的《藏语卓尼话语音的历史演变研究》等都做了一些探索。期刊论文中，刘正发、鲁阿呷的《彝语北部方言哈土圣乍话的接触音变及其成因》，重点探讨了彝语北部方言西昌黄联关镇哈土圣乍话在与当地所地话接触的过程中发生了语音上的变化，与同属一个土语的喜德圣乍话相比存在语音变异现象。其中，元音方面的变化较为突出，而辅音的变化程度相对较小，个别词汇属于辅音和元音同时发生变化。现在的哈土圣乍话已发展成一种既不像喜德圣乍话，也不全像所地话的区域性变体。其成因主要是方言接触，是强势方言影响的结果。此外，周春晖的《藏语巴塘话音系概况》，汪锋的《汉藏语言研究对汉语研究的启示——音类、音值及演化生态》，王振的《清乾隆年间〈嘉绒译语〉译音汉字的方言属性与音韵特点》，李兵的《维吾尔语中性词干的音系功能——兼论音系存在的客观性》，王文敏的《维吾尔语清浊爆发音的性质——兼论"清浊颠倒"现象》，姜玉璞、赵澄东的《基于音素的方言识别方法》，兰庆军的《田东布努语的语音特征》，陆森焱的《隆林彝语语音词汇概况》，吴毽、李绍华的《试论彝语数词"十"的音变——以彝族东部方言区彝语为例》，巫达的《方言土语变迁与族群边界消融——以四川省凉山彝族自治州甘洛县为例》，李锦花的《论辽宁省东北部地区朝鲜语语音脱落现象——以平安北道话者为中心》，姜镕泽的《延边咸镜道方言地区的语音特点》，丛珊、谭震的《托河路鄂伦春语的几种音系过程及规则分析》，斯钦朝克图的《东部裕固语p及其在蒙古语族语言中的对应——兼论蒙古语族语言词首辅音p–和h–的关系》，达吾提·阿不都巴热的《汉语与柯尔克孜语音节结构对比浅析》，戴庆厦、刘岩的《景颇语、德昂语的词重音——兼谈汉语词重音问题》，王印娟的《布依语

---

① 尹蔚彬、任先木：《舟曲八楞藏语语音演变探析》，载《民族语文》2021年第6期，第37页。

语音对比研究》，王建良的《布汉语言接触过程中的借贷》，白如么的《苗草水语内爆音的语音特征分析》，杨秋的《车寨侗语语音初探》，王保锋、余婷的《羌语白水话概况》等论文，从多角度分析了少数民族语言的音系概况、语音变音、语音特点、语音接触等方面的问题。

（二）少数民族语言语法研究

2021 年国内少数民族语言语法论文涉及语法范畴、语法结构、句法、语法标记、语法功能、语序、词法、修辞等内容。

1. 语法范畴

语法范畴研究的论文有久西杰的《安多藏语循化话数范畴的类型特征分析》，该文调查了安多藏语循化话，探讨了安多藏语循化话数范畴的语义类型、表现形式及与有定、无定关系等内容。此外，次林央珍的《东旺藏语动词的互动范畴》，沐华的《彝语峨山方言的致使范畴》，李凯月、迪亚尔别克·阿力马洪的《哈萨克语"级"的语法范畴特点》，王璐、孔江平的《德宏傣语单元音和复元音感知范畴研究》，吴天宇的《维吾尔语意外范畴的表达形式研究》，博塔·阿达的《哈萨克语的确定–不定语气范畴研究》，鄂波的《哈萨克语形动词的时范畴类别》，王草依的《乌龙哈尼语体范畴研究》，王建良的《布依语体貌范畴研究》，杨将领的《独龙语动词的互动范畴 —— 兼论藏缅语互动范畴的历史演变》，孜尔碟·巴合提奴尔的《哈萨克语反问语气范畴》等论文，对彝语、哈萨克语、傣语、维吾尔语、哈尼语和布依语的语法范畴做了深入讨论。

2. 语法结构

语法结构研究的论文有姜静的《葛颇彝语的焦点结构》，该论文利用浸入式田野调查所得的第一手语料，参考 Lambrecht 及罗仁地等学者有关信息结构的理论，描写和阐释了葛颇彝语宽焦点和窄焦点等的内容。此外，吴蕾的《西江苗语的并列结构》、周洋的《水磨房话的致使结构》、杨潇潇的《黔东苗语数量结构和量名结构的中心语》、李一如的《黔东苗语的比较结构》、丛珊的《鄂伦春语的领属结构类型研究》、朱艳华的《载瓦语的构形形态》、姚小云的《侗语北部方言的名词性领属结构》，以及张燕的学位论文《汉维语话题结构对比研究》、张悦的学位论文《汉、维语数量结构主观量的对比研究》、依再提古丽·买买提明的学位论文《维吾尔语口语的主位结构研究》、莫少英的学位论文《水语连动结构研究》等，多角度、多方面地探讨了少数民族语言的语法结构问题。

3.句法

句法研究的论文主要有拉桑吉、安见才让的《基于产生式逆向推理中业格的句法规则》，作者从产生式逆向推理业格的角度与规则，在藏语传统语法的基础上，以藏语八格中的业格为研究对象和研究内容设计推理机制与方法，推导出藏语语法中业格的句法规则，证实了规则的实用性和有效性。此外，夏迪娅·伊布拉音、刘江涛、张淑敏的《语言类型学视角下的维吾尔语从句》，潘艳兰的《转换生成语法视角下维吾尔语致使句的深层句法研究》，范志强的《现代维吾尔语情态表达系统探究 —— 从情态词、修饰小句到语篇功能的推广》，木克然木·艾合买提的《浅谈维吾尔语关系从句及其生成》，韦树关、李胜兰的《壮语金龙岱话差比句研究》，李阿亮的《哈尼语差比句研究》，占升平的《布依族摩经中的陈述句及其话题化手段》，以及学位论文中阿迪来木·卡哈尔的《维吾尔语向格–GA在汉语中的对应表达 —— 以阿拉提·阿斯木的〈爱的倾诉〉为例》、洛桑平措的《藏语语法之第一格研究》、谢佩纹的《小金嘉戎语木坡方言中的存在句研究》、索朗拉姆的《基于CRF的藏文祈使句依存句法分析研究》、拉毛草的《基于依存关系的藏语句法研究》、先泽加的《面向句法树库的藏语疑问句研究》等都对各少数民族语言的句法做了有益的探索。

涉及少数民族语言语法标记、语法功能、词法、语序、修辞等研究的论文还很多，主要有格日杰布的《藏语属格的多功能性》，冯诗涵的《平武白马语的体标记及其自知功能》，宋占峰、王双成的《华锐藏语小句链的实然与非实然标记》，杜佳烜、唐千航的《满语截搭构词法研究》，徐丹妮的《反预期标记"反倒"在维吾尔语中的对应表达形式》，杨柳、马雪梅的《浅谈语序调整法》，景治强、祁玲的《维吾尔民间谜语的语言特征》，努尔亚·艾哈满提·江的《浅析维吾尔语猜测语气成分历时演变》，马明光、田阡子的《文山白苗苗语一般指示词的语法化特征》，朱莎的《关岭歪梳苗苗语名词性短语的语序》，孙瑞、赵琪琪的《壮族大学生所用壮语语序的现状：一项社会语言学调查》，王雪微、潘家荣的《四部类型理论下的达斡尔语第三人称领属成分语法化研究》，刘恒的《哈萨克语零形式语法特点初探》，阿卜杜外力·柯尤木、苗东霞的《乌孜别克语话题结构的特征与类型动因》，李国新的《张海秋与江绍原论争的焦点及其相关问题》，李煊的《美坝白语的体系统》，赵彦婕的《挖色白语空间位移事件的表达》，王草依的《乌龙哈尼语名词化的标记及特征》《乌龙哈尼语的定语标记》，王一君、柳俊的《中越莽语的双及物结构及其概念空间》，覃凤余、田华萍的《侗水语中指示词的两个语法化现象》以及杨丽婷的学位论文《剑川白语重叠式研究》等。

（三）少数民族语言词汇研究

2021 年国内少数民族语言词汇研究的论文数量和内容都比较多，涉及实词、虚词、借词、词法、四音格词、语义等方面的研究。

1.实词研究

实词研究的论文包括名词、动词、形容词、数量词等。其中，最有特点的是三排才让、高定国的《古今藏文动词音节演变研究》，该文论述了藏语动词变化能够反映藏语词汇和语法演变的规律，"文章采用词频统计法分别对吐蕃时期、10—14 世纪和现代等三个西藏主要历史时期的藏文动词进行统计比较，以探明藏文动词的音节变化规律和演变过程"①。此外，赫如意的《蒙古语名词性短语的指称特点》，张惠英的《蒙语词"嘎查、圈圐、胡同、敖包"的注释》，赖云帆的《嘉戎语组语言动词的分类——以绰斯甲（拉坞戎）语为例》，次林央珍的《东旺藏语基数词研究》，姚家兴的《文学语篇中汉语位移方式动词的维译策略——基于中篇小说〈地久天长〉的封闭语料库研究》，孟祥婷的《现代汉语副词"还"语气功能在维语中的对应表达形式》，朝克的《鄂温克语动词形态变化现象》，晁瑞的《中世纪蒙古语存在动词的语法演变》，韩天、柳慧的《汉语新造词的维吾尔语译法探究》，苏比努尔·吐尔逊的《汉维谚语中动物词的象征意义研究》，张竞文、敦圆圆的《从西江苗语中的特色词语看苗族文化》，熊姣的《彝语常用金属词探究——以金、银、铜、铁为例》，杨娟和刘云的《彝语拷贝型量词探析——以东部方言黔西北次方言乌撒

---

① 三排才让、高定国：《古今藏文动词音节演变研究》，载《高原科学研究》2021 年第 1 期，第 108 页。

土语为例》，姚家兴的《西部裕固语的对偶双部词》，王雪妮、迪亚尔别克·阿力马洪的《哈萨克语多义词浅析》，李温馨、迪亚尔别克·阿力马洪的《哈萨克语近义词的特点》，阿娜尔古丽·马哈提的《哈萨克语隐转喻复合词的认知分析》，欧阳澜的《瑶语核心词"耳"研究》，赵彦婕的《挖色白语空间位移事件的表达》，赵勇的《梁子寨哈尼语个体量词功能特征及其演变》，王育珊、赵云的《佤语"姐姐"亲属称谓"rōng"一词考释》，祝安霞的《傈僳语名量词探析》，曾小鹏、武晓丽的《纳西语表"世代"义词族》，石丽菊的《水语个体量词认知研究》，熊英的《土家语的"土"与"地"》，以及魏蓝天的学位论文《〈江格尔〉汉译本专有名词拼写规范研究》、才让卓玛的学位论文《基于语料库的藏语状态词研究》、孜乃提姑丽·吐尔迪的学位论文《词汇化视角下现代维吾尔语凝固词研究》、张杰的学位论文《苗语滇东北次方言口传诗歌中的文学词汇研究》、吴建兰的学位论文《文山苗语趋向动词研究》、黄美秋的学位论文《天等壮语否定词和否定句研究》、卢春艳的学位论文《壮语涉医熟语的隐喻研究》、古丽米拉·扎克尔江的学位论文《哈萨克服饰词汇研究 —— 以新疆特克斯县为例》、乔英的学位论文《大理宾川白语词汇研究》、王慧的学位论文《基于认知语言学的布依语名量词研究》、谢莉的学位论文《土家语民俗词语研究》、谭晓舒的学位论文《毛南语事件名词研究》等，都对少数民族语言的实词或民汉语言的实词比较或总体词汇或文学作品中词汇或文化词汇等做了深入的不同角度的研讨。

2.虚词研究

虚词研究的论文也不少。张明池的《彝语纳苏话句中语气词的功能研究》，深入描写了彝语东部方言滇东北次方言禄（劝）武（定）土语句中语气词，重点从不同的语言单位中讨论彝语纳苏话句中语气词的句法功能、语用功能以及语义功能问题。此外，邵明园、李彩云的《藏语虚词dang的多功能性及演变》，牛聪的《满汉拟声词对比研究》，奇曼古丽·许库力、阿布都外力·卡迪尔的《维吾尔语助动词kɛt-的偏误分析及教学对策探析》，罗海瑞、柳慧的《浅论维吾尔语助动词的分类及用法》，姚家兴的《试论西部裕固语中的摹拟词》，刘丽娇的《汉维语强调语气词对比研究》，李遐的《维吾尔语语气词-ɑ/-ɛ的反预期语用功能分析》，周荣、海丽恰姆·买买提的《汉维语拟声词语义转移对比研究》，奥斯曼·阿卜杜克热木的《汉语介词与维吾尔语格标记对比分析》，晓春的《〈择翻聊斋志异〉满语拟声拟态词研究》，赵勇的《分析性语言视角下澜沧哈尼语的结构助词》，张琪、刘劲荣的《拉祜熙话的语气词》，以及马桂馨的学位论文《大浪苗语介词研究》、朱林风的学位论文《哈尼语切弟话结构助词研究》、毛一好的学位论文《三穗方言单音节句末语气词研究》、罗春霞的学位论文《战马坡拉祜语语气词研究》等，也做了一些讨论。

3.借词研究

借词研究的论文只有三篇。其中，王智杰的《科尔沁地区汉语方言中的蒙古语外来词》运用列举法研究法，描写了科尔沁地区汉语方言中一些具有特色的蒙古语外来词并阐释了借入的缘由，帮助读者认识和理解科尔沁地区汉语方言中的蒙古语外来词。此外，依斯马依力·艾肯木、马莉的《维吾尔语库车土语中的汉语方言借词研究》，杜佳烜、唐千航的《满语中动词类汉语借词的词法研究》等论文也对少数民族语言中汉语借词的问题做了分析研究。

4.词法研究

词法研究论文，首推张姜知、何希格的《蒙古语的静词谓语句及其连系词的功能》，该文介绍了蒙古语的静词谓语句及其连系词的功能。邵明园的《藏文"待述词"及语法化》阐释了藏文中待述词、指示代词、副动词附缀的语法化现象。此外，江荻的《藏语 ABA, B 式状貌词与表现形态理论》，戴庆厦、次林央珍的《语言转型与动词特征演变 —— 以东旺藏语为例》，覃莎莎的《浅谈维吾尔语中"tur"的构词与构形方法》，唐林新、柳慧的《汉语名词与维吾尔语名词的词缀对比研究》，李海侨、柳慧的《汉维形容词构成及语法特征对比分析》，晁瑞的《中世纪蒙古语存在动词的语法演变》，吴仙花、李信玉的《延边方言体词词干末"–i"的结构重组过程及其特征研究》，杜佳烜、唐千航的《满语截搭构词法研究》等期刊论文，以及米日古丽·阿卜杜喀迪尔的《现代维吾尔语构成动词附加成分–1A研究》、杨榴的《侗语形容词后缀研究》等学位论文也做了探讨。

5.四音格词研究

四音格词研究论文，典型的是胡素华、段秋红的《彝语他留话四音格词的韵律和语义特征》，该文"对彝语他留话四音格词的语音构成形式，即韵律特征和韵律和谐手段、构词规则、语义特征、语法功能等几个方面进行了深入系统的描写和分析，特别是变调、重复与重叠、衬音音节等，以期对汉藏语四音格词类型及特征的研究有所裨益"①。此外，莫耐兴的《莫话四音格词研究》，吉木莫衣乃的《韵律视域下诺苏彝语四音格词研究》，王婷的《佤语布饶方言四音格词研究》，刀洁、周焱的《金平傣语四音格词羡余成分分析》等论文对莫话、彝语、傣语等少数民族语言四音格词做了一些阐释。

6.语义研究

词语语义研究论文，比较典型的是唐巧娟、王金元的《空间、记忆与生计：语言人类学视角下苗语"路"的语义内涵》，该文重点讨论了gid（路）在苗语三大方言区中大同小异的语义演变链及其转隐喻方式，从而揭示出苗族对路的认知反映在语言上的问题。此外，桑吉卓玛的《完冒话中的幼儿常用词汇》，古丽妮尕尔·米吉提的《词汇判断任务下同源词的启动优势效应研究》，古丽妮尕尔·米吉提、迪力努尔·吐尔洪的《命名任务下同源词的启动优势效应研究》，崔云忠、吴娟的《从〈爨文丛刻〉看彝语"脚"义词的音义发展》，滕济民、唐七元的《南宁百济壮语亲属称谓词及语义特征分析》，肖昉、蒙元耀的《壮泰"脸"的语义与文化》，何杨的《越南哈尼语亲属称谓的语义分析》，韦君君的《钦州大寺壮语副词语义指向研究》，王娣的《满语词汇"sacima"语义文化简析》，韩雨默的《满语植物图腾神灵词语文化语义探析》，杨景昇的《哈萨克语动词"bol–"的语义研究》等论文，都对某种语言词汇的语义进行了深入的探讨。

（四）少数民族语言综述研究

在2021年国内少数民族语言研究中，有不少论文涉及某种语言总体

---

① 胡素华、段秋红：《彝语他留话四音格词的韵律和语义特征》，载《民族语文》2021年第6期，第27页。

内容或部分内容研究或某个人的研究成果的综述问题。其中，达瓦卓玛的《西藏和平解放70年来藏语方言研究综述》比较典型，该文对有关藏语方言研究文献进行述评后认为"西藏和平解放70年来，藏语方言研究从过去的语料调查积累到现在的方言对比研究，经历了由浅到深、由表及里的研究过程，在语音、词汇、语法等专题研究、综合方言描写研究、方言划分问题研究、方言比较及历史研究方面取得了丰硕的成果，但存在研究地域不平衡、研究内容不深入、研究方法较单一、缺乏具有较高水准的方言研究论著等问题"，并认为进一步提升藏语方言的研究水平，还要"拓展藏语方言研究深度广度，需加强藏语方言材料的利用，着力培养既具备藏族传统语言学的理论知识又受过现代语言学训练的藏语方言研究队伍，建设具有存储、查询、分类、比较、计算等功能的藏语方言数据库，用图案、色彩、线条、数字等其他手段将方言数据以地图绘制形式标注，并加强对藏语方言的联合规划、整体调查和协同研究"①。此外，李文慧的《中国彝语描写语言学研究30年述略》，邹微的《中国彝语文研究的回顾与展望（1992 — 2021）—— 基于CiteSpace的文献计量分析》，方雯鑫、韦爱云的《基于文献计量分析的国内外壮语词汇研究综述》，达吾提·阿不都巴热的《中国柯尔克孜语词典编纂70年综述》，赵改莲、李素秋的《中国塔吉克语研究综述》，兰良平、陈世荣和龙婵的《近20年来国内拉基语研究综述》，谢兴兴的《白语和汉语接触研究综述》，朱富宽、靳焱的《〈钦定西域同文志〉研究综述》，段炳昌、段天婷的《论张海秋先生的白语研究及其贡献》，韩江华的《千秋伟业正风华：中国共产党民族语言文字政策百年演进历程》等论文，对彝语、壮语、柯尔克孜语、塔吉克语、白语等少数民族语言的某个方面的研究和党的民族语文政策百年演变做了述评。

（五）少数民族语言使用与语言资源保护研究

在2021年国内少数民族语言研究中，涉及语言使用与语言资源保护方面的论文不少，所涉及的内容比较广。

---

① 达瓦卓玛：《西藏和平解放70年来藏语方言研究综述》，载《西藏研究》2021年第2期，第6页。

　　在关于语言使用研究的论文中学位论文占比大，其中典型的是覃慧的《贵州西秀区黄腊乡布依族、苗族语言使用研究》一文。该文通过田野调查的方式，在黄腊乡采用了随机入户问卷调查、观察法、集体访谈等方法，收集大量第一手数据和语音材料，主要使用SPSS对收集到的数据进行统计、分析，在阅读大量相关文献的基础上，用对比研究法描写黄腊乡布依族、苗族的语言使用、语言态度、语言关系、民族关系等问题。期刊论文中，王玉周的《广南县未牙村壮族民族语言活力调查研究》一文，认为未牙村壮族稳定使用本民族语言，族语代际传承良好，属于族语强势型村寨。未牙村壮族族语高活力保持的成因主要有：偏僻的地域环境，高度聚居的社会环境和强烈的民族认同感。此外，胡希塔尔·阿依丁的《浅析新疆哈萨克族家庭交际中的语码转换现象》，吴鳃的《贵州淤泥彝族乡彝语使用特征及其成因分析研究》，邬宜滢的《鲁掌彝族家庭母语使用代际差异调查》，王艺霖的《壮族儿童语言使用特点及教育建议》，黄晓蓉的《壮语使用情况及语言态度调查分析 —— 以广西壮族自治区天等县永乐村为例》，辛志凤的《辽宁省民族地区语言使用现状分析》，刘涛、吴嘉欣的《城镇化对察布查尔县锡伯族语言发展的影响研究》，蒋仁龙的《西家苗语使用现状研究》，欧阳国亮的《湖南郴州瑶语的语言活力评估 —— 基于联合国教科文组织拟定的九项指标》，胡淋娟、李雪梅的《云南省白族大学生白汉双语使用情况研究》，董文菲的《洱海周围地区白、汉双语使用现状研究》，姚霁珊的《多元一体背景下鹤庆白语的保护与传承》，郭萌萌、戴红亮的《傣语傣绷方言的生态评估》，王家文的《红河哈尼族中寨村母语使用现状及成因分析》，周亚娟的《云南丽江玉湖村纳西族群的母语认同与民族认同研究》，汪生宇的《德昂族语言使用现状分析 —— 以出冬瓜村德昂族为例》，马程昕、刘喜球的《浅谈少数民族土家语语料库的构建思路》，魏琳的《毛南族的多语能力与语言和谐》等期刊论文，以及吉日医文莫的学位论文《凉山汉族村民"汉-彝"双语使用现象调查研究 —— 以喜德县两河口镇三合村为例》、苏日布其其格的学位论文《土族中小学学生的语言使用现状研究》等，从多角度讨论了壮语、彝语、苗语、满语、锡伯语、瑶语、白语、哈尼语、纳西语、布朗语、德昂语、布依语、土家语、仫佬语、毛南语等诸多语言的使用问题。

在关于语言资源保护研究的期刊论文里，典型的是朱德康的《少数民族语言资源的精准保护问题 —— 基于"语保工程"活态数据库的考察》，该文通过分析语保工程实施以来采录中国少数民族语言资源的活态数据后，认为少数民族语言资源具有不均衡性、地域性、交互性和共享性特点，指出语保工程对少数民族语言资源的调查布点不平衡的原因，提出如何做好今后少数民族语言资源保护工作的建议和意见。还有王绮和陈希娅的《马克思文化观视域下少数民族语言保护和发展研究》一文，从马克思文化观出发阐释少数民族语言保护和发展的问题。此外，刘亮的《新时代少数民族语言的传承和保护路径思考》，陈厚香、高希敏、杨秀英等人的《黔东南地区苗语的使用现状及其保护传承 —— 以凯里地区为例》，黎诚露、陆海涛的《论瑶语的保护和传承》，罗春霞、陈娥的《那别烈寨拉祜族母语保护的现状及成因调查》，郭时海、李永秋的《云南挖么布朗语完好保存的原因及可持续保护探析》，吴毓的《土－汉双语文教学对土家语的保护效果研究 —— 基于恩施、湘西州两所双语学校的田野调查》等论文，也做了深入的探讨。

（六）少数民族语言与国家通用语言研究

在 2021 年少数民族语言研究中涉及少数民族语言与国家通用语言之间关系的论文，比较典型的是李志忠和任晔的《大力推广国家通用语言文字背景下新疆少数民族母语良性传承 —— 用事实回应郑国恩的伪学术》，该文通过在新疆进行的语言调查，认为"新疆少数民族母语传承和使用情况良好，维吾尔族、哈萨克族、蒙古族、柯尔克孜族、锡伯族、塔吉克族等民族具备母语交谈能力的比例均超过94%，整体水平位居全国少数民族前列。在新疆大力推广国家通用语言文字、全面推进双语教学的背景下，少数民族母语传承和使用没有被削弱，更不存在母语生存危机。现阶段，新疆少数民族语言文字工作的重点仍然是全面提升国家通用语言文字水平"[①]。此外，戴庆厦、杨晓燕的《语言适应与语言发展 —— 以贵琼语的变化为例》，王佳佳、崔占玲、张积家的《执行功能对藏－汉双语者的汉

① 李志忠、任晔：《大力推广国家通用语言文字背景下新疆少数民族母语良性传承 —— 用事实回应郑国恩的伪学术》，载《新疆师范大学学报》（哲学社会科学版）2021年第6期，第87页。

语流畅性的影响》，徐莉的《中华民族共同体视域下清代乾隆朝官修满文多语种辞书及其价值》等论文，也阐释了少数民族语言与国家通用语言关系的内容。

（七）民族语言接触与语言比较研究

在2021年国内少数民族语言研究中涉及各民族语言接触研究的论文，首推陈国玲的《语言接触下的民族交往交流交融——以罗城仫佬族为例》，该文认为在我国56个民族交错杂居的生存模式具备语言接触与融合的条件，广西罗城在历史上与周边壮、侗、苗、毛南等民族文化交流中发展形成以仫佬语为主、多种语言混用的语言使用现状，提出民族间的交往交流交融引发语言或深或浅的借鉴与融合，从而导致语言要素变化和语言功能演变，促进各民族文化繁荣和社会进步，增强各民族间文化认同和民族团结，对铸牢中华民族共同体意识非常重要。此外，谢景泉、刘志军的《清代关内大规模移民对朝阳地区蒙古语地名的影响》，王建良的《布汉语言接触过程中的借贷》，张羽华、黎燕敏的《乌江流域乡村戏剧民族语言接触词汇运用的审美艺术功能探析》，郑仲桦的《排湾语方言的过渡区与接触问题研究》，邓莉的《语言接触视角下柳城百姓话对仫佬语语音系统的影响》等期刊论文或学位论文，也对少数民族语言接触方面做了介绍。

涉及民族语言比较研究的论文非常多，典型的是凯琳、任国俊和陈昱莹的《论朝鲜语与蒙古语名词构词后缀之共性关系》。该文认为朝鲜语和蒙古语同属黏着语类型的语言，有相同的构词模式，分析比较两种语言名词构词后缀在语音和构词功能方面表现出的特点后能够发现两种语言的名词构词后缀中存在很多共同成分。此外，还有栗林均、阿茹汗的《"清文鉴"中的蒙古语文特征》，凯琳、陈昱莹的《朝鲜语和鄂伦春语、蒙古语比较——以人称代词关系为例》，乌日汗的《蒙英复合名词结构对比》、赫如意的《鄂尔浑－叶尼塞碑铭文献中的古突厥语和蒙古语共有词及其特点》，郭艳婷的《汉维语双重否定句的对比研究》，姚先玲的《汉语、维吾尔语物体传递动作句对比探析》，马小英、杜秀丽的《汉维选择疑问句对比研究》，朱峰的《汉哈因果关系复句对比研究》，阿孜古丽·库尔班的《汉维转折复句对比研究》，孜拉来·阿里甫的《汉维联合复句对比研究》，藏玉英的《汉语和维吾尔语目的表达方式对比研究》，安万磊的《汉维虚拟位移表达形式对比研究》，古丽努尔·吾不力卡斯木的《浅析汉维构词法对比》，李海侨、柳慧的《汉维形容词构成及语法特征对比分析》，蔡萌的《汉维语联合复句中的修辞运用初探》，杨桂丽的《文山壮语与泰语动词语法异同探析》，夏里帕提·缺什的《汉语补语与哈萨克语"补语"的生成条件浅析》，冷雪儿、海丽恰姆·买买提的《汉维语代词对比研究》，张对霞的《汉维语时间副词的对比分析》，古丽努尔·吾不力卡斯木的《浅析汉英维三种语言的数词对比》，牛聪的《满汉拟声词对比研究》，刘丽娇的《汉维语强调语气词对比研究》，周荣、海丽恰姆·买买提的《汉维语拟声词语义转移对比研究》，奥斯曼·阿卜杜克热木的《汉语介词与维吾尔语格标记对比分析》，胡星星、海丽恰姆·买买提的《汉维动物词隐喻对比分析》，张嘉伟、柳慧的《汉维谚语的特点及文化差异对比研究》，玉斯英·玉素甫、王俊杰的《汉语、维吾尔语植物词汇隐喻的认知对比分析》，赵莉莉、马雪梅的《汉维数词对比与翻译》，张欣洁、迪亚尔别克·阿力马洪的《汉语和哈萨克语词组比较研究》，艾克拜尔·买买提的《维吾尔语和柯尔克孜语形动词比较分析》，达吾提·阿不都巴热的《汉语与柯尔克孜语音节结构对比浅析》，王英的《现代汉、彝语人体词对比研究》，李光杰、崔秀兰的《清末东北地区当地通用语（满汉语）转换研究》，金光洙、朴银燕的《18 世纪文献〈八岁儿〉中的满语与朝鲜语比较》，党永芬的《撒拉语的多角度研究 —— 马伟著〈濒危语言：撒拉语研究〉评介》，戴庆厦的《景颇语的"主之谓" —— 兼与古代汉语比较》，刘春陶的《海南岛迈人、迈话来源探析》等期刊论文，以及崔虎男的学位论文《基于〈蒙语类解〉的朝鲜语和蒙古语比较研究》、阿布都克依穆·艾尼的学位论文《现代维吾尔语柯坪土语与和田方言词汇比较研究》、胡钰溓的学位论文《汉维形象词语对比及汉语形象词语的维译研究》、努尔艾力·买买提的学位论文《现代维吾尔语库车土语词汇研究》、黎顺的学位论文《现代汉语方式词维译研究》、祁宁的学位论文《汉维词语重叠对比及其翻译研究》、于竞的学位论文《汉维心理状态动词对比研究》、李萌的学位论文《汉维确定性推测类语气副词对比及翻译研究》、阿克宝塔·达列力汗的学位论文《十九大报告汉哈修辞格对比研究》

等。这些论文分别对汉语与维吾尔语、汉语与哈萨克语、汉语与柯尔克孜语、汉语与彝语、汉语与满语、壮语与傣语等汉语与少数民族语、少数民族语与少数民族语之间做了分析比较研究。

（八）濒危语言研究

在2021年少数民族语言研究中涉及濒危语言研究的论文不多，典型的是林超琴、黄民理的《少数民族濒危语言的保护与传承研究：以壮语为例》，该文认为"在全球化、经济化和技术化等多重因素的影响下，使用少数民族语言的人数逐年变少，甚至有的语种已陷入消亡的边缘。目前，国家已把少数民族濒危语言纳入了非物质文化遗产的范畴。它既是表征独特性的民族语言，又记载着多样性文化的生成。重视和加强各民族之间的文化互鉴，保护并建构少数民族濒危语言的重要举措，从而彰显少数民族濒危语言的独特性特征，这将有利于提高全民族的文化认同感"①。此外，徐秀梅、欧阳常青的《濒危标话现状调查与研究 —— 基于诗洞标话发展困境与解决路径的田野调查》，侯鸣的《有一种语言正在消逝，有一个人想将它留住》，李桉瑞桐的《论人口较少民族语言危机与传承路径 —— 以赫哲族及那乃族、乌尔奇族语言变迁为例》，党永芬的《撒拉语的多角度研究 —— 马伟著〈濒危语言：撒拉语研究〉评介》，马程昕、刘喜球的《浅谈少数民族土家语语料库的构建思路》等论文，也多角度地探讨了濒危语言的问题。

除了以上几方面的研究外，在2021年国内少数民族语言研究论文中还有个别涉及文献语言学和地理语言学的研究。主要有巴·巴图巴雅尔的《托忒文名词格初探》、赫如意的《鄂尔浑－叶尼塞碑铭文献中的古突厥语和蒙古语共有词及其特点》、辛世彪的《萨维纳神父的临高语研究：词汇部分》、谢荣娥的《再释"步、埠"》、茶志高的《汉字记录清中期云南少数民族语言文献〈夷雅〉刍论》、柳俊的《江苏方言和彝语方言的双及物结构地理类型格局 —— 对地理类型过渡带的微观考察》，以及杜国秀的学位论文《凉山州昭觉县彝语方言的地理语言学研究》等，分别对一些民

---

① 林超琴、黄民理：《少数民族濒危语言的保护与传承研究：以壮语为例》，载《地方文化研究辑刊》2021年第2期，第238页。

族语种中的文献语言和地理语言做了探讨。

二、2021 年国内少数民族语言研究论文的特点

2021 年国内少数民族语言研究论文的特点最突出的有三点。

（一）少数民族语言研究的内容和方法存在不平衡的现象

通过前文分析，2021 年国内少数民族语言研究取得丰硕成果，但在研究内容和研究方法上存在不平衡的现象。

研究内容上既有语言本体的研究，也有语用方面的研究。对语言本体的研究主要集中在语音、词汇和语法上。对语用的研究主要体现在少数民族语言使用现状的调查及如何保护上。但是，从内容上来看无论是对语言本体的研究还是对语用的研究，各自研究的内容都存在不平衡的现象，体现为：语言本体研究上词汇的研究内容比较丰富，语音和语法的研究弱些，涉及的少数民族语言语种也少些；语用研究上主要集中在汉藏语系的藏缅语族和壮侗语族的一些少数民族语言里，其他语系及其语种几乎没有；总体上研究传统内容的多，从铸牢中华民族共同体意识、各民族语言"三交"等角度和内容上研究的比较少。

研究方法上既有综合研究，也有专题研究。相对而言，采取描写、比较等传统研究方法的论文较多，尤其是对比研究的论文占比不少，运用分析阐释或交叉学科的研究方法的论文不多。在语言比较研究上，维汉语言比较研究的论文比较多，其他语种的比较研究较少。

（二）少数民族语言研究论文发表的刊物层次多样

据不完全统计，2021 年国内少数民族语言的研究除了硕士、博士研究生学位论文外，发表的刊物层次多种多样。按学界的分类标准，刊载或发表论文的期刊涉及权威刊物、核心刊物和一般刊物，也涉及学科专业性强的刊物和学科专业性不那么强的刊物，还涉及高等院校和科研院所主办的刊物及其他刊物。《民族语文》上刊登的篇数最多，共计45篇，其次是《中国民族博览》（19篇），再次是《文化创新比较研究》（13篇），最后是《百色学院学报》（12篇）。刊登5篇以上论文的刊物（篇数相同的按音序排列，以下同）有《汉藏语学报》（9篇）、《汉字文化》（9篇）、《满

语研究》（8篇）、《中国朝鲜语文》（8篇）、《汉语史与汉藏语研究》（7篇）、《红河学院学报》（7篇）、《今古文创》（7篇）、《百科知识》（6篇）、《黔南民族师范学院学报》（6篇）、《玉溪师范学院学报》（6篇）、《楚雄师范学院学报》（5篇）、《大众文艺》（5篇）、《喀什大学学报》（5篇）、《民族翻译》（5篇）、《品位·经典》（5篇）、《散文百家》（5篇）和《文山学院学报》（5篇）。刊登4篇论文的有《语言科学》（4篇）、《语言与翻译》（4篇）等9种刊物。刊登3篇论文的有《四川民族学院学报》（3篇）、《语言研究》（3篇）等10种刊物。刊登2篇论文的有《中央民族大学学报》（2篇）等18种刊物。刊登1篇论文的有《北京大学学报》（1篇）、《当代语言学》（1篇）等94种刊物。（可能有遗漏，恕不再查漏。）

（三）少数民族语言研究涉及的语种众多但不平衡

据不完全统计，2021年国内少数民族语言研究论文所涉及内容的语种有43种少数民族语言。其中，有30篇以上论文的语种（按音序排列，以下同）有蒙古语（30篇）、苗语（32篇）、维吾尔语（102篇）、彝语（33篇）、藏语（57篇）和壮语（41篇），有10篇以上论文的语种有白语（12篇）、朝鲜语（19篇）、哈尼语（15篇）、哈萨克语（22篇）和满语（16篇），有5篇以上论文的语种有布依语（7篇）、傣语（5篇）、侗语（6篇）、鄂伦春语（5篇）、景颇语（5篇）、柯尔克孜语（5篇）、水语（7篇）、土家语（8篇）和裕固语（5篇），有2篇以上论文的语种有布朗语（2篇）、德昂语（2篇）、独龙语（2篇）、赫哲语（2篇）、拉祜语（4篇）、黎语（3篇）、毛南语（2篇）、仫佬语（3篇）、纳西语（3篇）、羌语（4篇）、撒拉语（2篇）、塔吉克语（2篇）、佤语（3篇）和瑶语（3篇），有1篇论文的语种有达斡尔语（1篇）、鄂温克语（1篇）、高山语（1篇）、仡佬语（1篇）、赫哲语（2篇）、傈僳语（1篇）、普米语（1篇）、土族语（1篇）、乌兹别克语（1篇）、锡伯语（1篇）和其他（4篇）。从这些数据（可能有些遗漏，恕不再查漏）可以看出，2021年国内少数民族语言的研究涉及语种较多，各语种之间篇幅数量不平衡。

总之，2021年国内研究少数民族语言的论文内容丰富，方法多元，发表刊物层次多样，成绩显著，但也存在研究内容、研究方法和研究语种不平衡的现象。

参考文献：

[1] 宝音. 蒙古语复合元音声学分析[J]. 民族语文，2021（5）：93–100.

[2] 完么措，南拉才让，陈禹风. 藏语安多话元音的音位分布及声学表现[J]. 西藏大学学报（社会科学版），2021（4）：116–122.

[3] 阿娜尔古丽·伊德日斯，阿迪里·托乎尼亚孜. 柯尔克孜语的元音格局研究[J]. 汉字文化，2021（3）：18–19.

[4] 池真，苗东霞. 藏语Cr-类声母的演变轨迹[J]. 四川民族学院学报，2021（6）：50–54，75.

[5] 古明霄. 藏语拉萨话声调感知实验研究[D]. 兰州：西北民族大学，2021.

[6] 李艳艳. 卡卓语声调实验研究[J]. 中国民族博览，2021（8）：108–110.

[7] 萨仁高娃. 蒙古语发音词典建设及其语音识别的应用研究[D]. 呼和浩特：内蒙古大学，2021.

[8] 尹蔚彬，任先木. 舟曲八楞藏语语音演变探析[J]. 民族语文，2021（6）：37–47.

[9] 刘正发，鲁阿呷. 彝语北部方言哈土圣乍话的接触音变及其成因[J]. 民族语文，2021（1）：99–106.

[10] 久西杰. 安多藏语循化话数范畴的类型特征分析[J]. 青海师范大学民族师范学院学报，2021（2）：55–61.

[11] 姜静. 葛颇彝语的焦点结构[J]. 百色学院学报，2021（5）：45–49.

[12] 拉桑吉，安见才让. 基于产生式逆向推理中业格的句法规则[J]. 信息化研究，2021（5）：41–44.

[13] 三排才让，高定国. 古今藏文动词音节演变研究[J]. 高原科学研究，2021（1）：107–110.

[14] 张明池. 彝语纳苏话句中语气词的功能研究[J]. 红河学院学报，2021（2）：16–20.

[15] 王智杰. 科尔沁地区汉语方言中的蒙古语外来词[J]. 内蒙古民族大学学报（社会科学版），2021（1）：7–11.

[16] 张姜知，何希格. 蒙古语的静词谓语句及其连系词的功能[J]. 民族语

文，2021（3）：60–69.

[17] 邵明园. 藏文"待述词"及语法化[J]. 语言研究集刊，2021（2）：232–256，395.

[18] 胡素华，段秋红. 彝语他留话四音格词的韵律和语义特征[J]. 民族语文，2021（6）：27.

[19] 达瓦卓玛. 西藏和平解放70年来藏语方言研究综述[J]. 西藏研究，2021（2）：6–17.

[20] 覃慧. 贵州西秀区黄腊乡布依族、苗族语言使用研究[D]. 北京：中央民族大学，2021.

[21] 王玉周. 广南县未牙村壮族民族语言活力调查研究[J]. 今古文创，2021（10）：105–106.

[22] 朱德康. 少数民族语言资源的精准保护问题：基于"语保工程"活态数据库的考察[J]. 民族语文，2021（3）：107–112.

[23] 王绮，陈希娅. 马克思文化观视域下少数民族语言保护和发展研究[J]. 重庆电子工程职业学院学报，2021，30（2）：82–85.

[24] 李志忠，任晔. 大力推广国家通用语言文字背景下新疆少数民族母语良性传承：用事实回应郑国恩的伪学术[J]. 新疆师范大学学报（哲学社会科学版），2021（6）：87–92.

[25] 陈国玲. 语言接触下的民族交往交流交融：以罗城仫佬族为例[J]. 百色学院学报，2021（5）：24–32.

[26] 凯琳，任国俊，陈昱莹. 论朝鲜语与蒙古语名词构词后缀之共性关系[J]. 东疆学刊，2021（4）：121–126.

[27] 林超琴，黄民理. 少数民族濒危语言的保护与传承研究：以壮语为例[J]. 地方文化研究辑刊，2021（2）：238–242.

语言学与语言政策研究

西藏和平解放70年来藏语方言研究综述

达瓦卓玛

摘要： 70年来，从过去的语料调查积累到现在的方言对比研究，经历了由浅到深、由表及里的研究过程，在语音、词汇、语法等专题研究、综合方言描写研究、方言划分问题研究、方言比较及历史研究方面取得了丰硕的成果，但存在研究地域不平衡化、研究内容不深入、研究方法较片面，缺乏具有国际学术水准的方言研究论著等问题。为进一步提升藏语方言研究水平，拓展藏语方言研究深度广度，需加强藏语方言材料的利用，着力培养既具备藏族传统语言学的理论知识又受过现代语言学训练的藏语方言研究队伍，同时建设具有存储、查询、分类、比较、计算等功能的藏语方言数据库，用图案、色彩、线条、数字等其他手段将方言数据以地图绘制形式标注，并加强对藏语方言的联合规划、整体调查和协同研究。

关键词： 西藏和平解放70年；藏语方言；研究综述

一、引言

藏语属于汉藏语系藏缅语族藏语支，主要分布在我国的西藏自治区和青海、云南、四川、甘肃等地，使用人口数达441万人[1]。除了国内，境外不丹、印度、尼泊尔、巴基斯坦、缅甸等国家也有人使用藏语。青藏高原自古以来地广人稀、山川阻隔、交通不便，语言的分化在所难免。在漫长的历史发展过程中，藏语逐渐形成了三大方言，即卫藏方言、康方言、

作者简介：达瓦卓玛，藏语言学博士，中央民族大学中国少数民族语言文学学院讲师、硕士研究生导师，主要研究方向为藏语言学。

安多方言。三大方言的差别主要表现在语音上，其次是词汇和语法。西藏和平解放70年来，在中国共产党的领导下，党中央根据西藏的实际情况，在发展西藏语言文字工作方面制定了一系列路线、方针、政策，使西藏的语言文字研究工作向前推进并向纵深方向繁荣发展。本文根据汉藏文资料，梳理了西藏和平解放70年（1951—2021）以来藏语方言研究取得的重要成果，并针对当前藏语方言研究方面存在的问题，提出了今后如何加强藏语方言研究的对策及建议。本研究旨在为相关研究人员从宏观上展现、把握藏语言文字及方言研究的整体视角，从而推动藏学及藏语言学学科发展研究在语言现实问题和应用研究及历史问题研究等方面发挥重要作用。

二、藏语方言研究概况

藏语方言的产生和形成具有悠久的历史。国内真正对藏语方言的研究始于20世纪50年代。西藏和平解放后，国家坚持贯彻党的民族语言文字平等政策，为促进少数民族地区文化教育事业的发展，投入了大量的人力、物力和财力进行少数民族语言调查。1956年，中央民族事务委员会、中国科学院少数民族语言研究所牵头组织深入到少数民族地区开展语言大调查，其中第七工作组负责调查西藏和其他省区涉藏州县的语言及使用情况。这次语言大普查获得了丰富的第一手藏语方言语料，为后续研究藏语方言奠定了坚实的基础。现根据藏语方言研究内容，对西藏和平解放70年以来取得的较有影响的成果进行综述[1]。

（一）语音研究

西藏和平解放以来，在藏语方言语音研究方面取得了丰硕成果，研究内容涉及韵母、声母、声调及综合语音研究等方面。

1. 韵母研究

藏语方言韵母方面的研究成果首推谭克让的《阿里藏语的复元音》[2]，

---

[1]　本文所列藏语方言研究成果为学术界较有影响的著作及文章，按成果发表时间综述如下。

该文主要探讨了阿里藏语复元音的性质、特点及其发展变化情况，并认为复元音的产生与音节缩减有关系。谭克让的《藏语擦音韵尾的演变》[3]，主要论述了藏语韵尾–s的脱落、音变及其对韵母和声调的影响情况。格勒的《略论藏语辅音韵尾的几个问题》[4]，以藏语方言实例论证了辅音韵尾在古藏语中的发音情况，而其在现代藏语康方言中已消失，卫藏方言中尚有部分遗存，安多方言中有较多的留存。瞿霭堂的《藏语的复元音韵母》[5]一文对藏语卫藏方言和康方言中的复元音韵母分布特征进行了讨论，认为卫藏方言以二合真性复元音韵母为主，而康方言则以二合假性复元音韵母为主。瞿霭堂的《藏语韵母研究》[6]一书全面系统地论述了藏语韵母分布情况以及藏语韵母的方言对应和演变情况。就当前藏语方言韵母研究情况而言，学界比较统一的观点为卫藏方言和康方言中有复元音韵母，而安多方言中没有复元音韵母，但王双成的《安多藏语复元音韵母的特点》[7]通过和其他藏语方言进行比较，提出安多藏语有ua、ui、ue、ya、u等复元音，但这些复元音的出现频率、分布特征在不同地区的牧区话和农区话中存在很大差异，从而论证了藏语安多方言中有复元音韵母。此外，邓戈的《藏语北路康方言元音变迁 —— 以德格话元音变迁为例》[8]和《康方言昌都话的元音变迁》[9]、徐世梁《卓仓藏语中的元音高化和高顶出位》[10]等文，专门研究了各地区方言土语的元音特点和音变问题。

2.声母研究

藏语方言声母方面的研究成果首推瞿霭堂的《卓尼藏语的声调与声韵的关系》[11]和《藏语的复辅音》[12]，前文分析了卓尼藏语复辅音的性质和特点以及声韵调之间的关系，后文从宏观汉藏语系藏缅语族的视角，将书面藏文同现代藏语方言进行比较，认为现代藏语方言中的复辅音虽有所减少，但与同语系语支相比，现代藏语中复辅音情况比较丰富。华侃的《安多藏语声母中的清浊音 —— 兼谈它与古藏语中强弱音字母的关系》[13]、《安多方言复辅音声母和辅音韵尾的演变情况》[14]、《安多藏语声母的几种特殊变化》[15]，以及《甘南夏河、玛曲藏语中复辅音声母比较》[16]等四篇文章对藏语安多方言中复辅音的产生和演变等进行了详细分析，在研究安多方言声母方面具有重要影响。对辅音的研究还有江狄的《藏语复杂声母系统及复杂演化行为》[17]、吕士良和于洪志的《藏语夏河话复辅音特点》[18]、项青加的《论安多方言下加字 –r– 的语音演变》（藏文版）[19]以及王双成的《藏语鼻冠音声母的特点及其来源》[20]等文章。

3. 声调研究

藏语方言声调方面的研究成果首推王尧的《藏语的声调》[21]，该文对藏语口语（拉萨话）进行了分析，认为藏语拉萨话可以分为两个声调，声调的产生与声母清浊对立有关。胡坦的《藏语（拉萨话）声调研究》[22]一文以卫藏方言拉萨话为研究对象，论述了卫藏方言声调的产生与藏语声母清浊、前缀音的脱落、辅音韵尾的简化等有关等问题。瞿霭堂的《谈谈声母清浊对声调的影响》[23]、《藏语的声调及其发展》[24]、《藏语的变调》[25]、《藏语古调值构拟》[26]、《论汉藏语言的声调》[27]等五篇文章对现代藏语方言声调的产生与声韵之间的关系以及声调的分化及功能等方面进行了全面分析。黄布凡的《藏语方言声调的发生和分化条件》[28]一文全面系统地分析了藏语方言声调的起源及分化过程，认为藏语各方言声调产生并非都遵循清高浊低规律，而是各具特点。谭克让的《藏语拉萨话声调分类和标法刍议》[29]一文对现代藏语拉萨话声调的类别及其调值标注等方面提出了建议。谭克让的《夏尔巴藏语的声调系统》[30]一文对夏尔巴藏语的声调系统进行了分析，指出夏尔巴藏语具有不同于卫藏方言的独特声调系统。张济川的《藏语拉萨话声调分化的条件》[31]一文认为藏语拉萨话声调的产生仅与辅音的清浊和韵尾的有无及舒促有关。以上学者对藏语方言声调的产生、分化、演化等方面进行了较为系统的研究，为后续研究藏语方言的声调奠定了基础。随着科学技术的发展，通过声学分析方法和实验仪器，以及多学科的视角研究藏语方言声调的文章也呈上升趋势。意西微萨·阿错的《藏语的句末语气词与声调、韵律的关系及相关问题》[32]一文结合古今语料，对藏语声调与语气词、音高重音等方面进行了分析研究。江狄的《藏语声调形成的过程与社会历史系统状态》[33]一文分析了藏语有无声调的原因与社会系统的开放和封闭程度有关。王双成的《玛多藏语的声调》[34]一文根据声调产生的规则，认为处于安多方言和康方言过渡地带的玛多话已发展出高低两个声调。此外，徐世梁的《无声调藏语的习惯音高和有声调藏语的连读变调》[35]和《藏语和汉语声调演变过程的对比》[36]，通过比较汉藏语声调产生的规律，认为音节的音高模式受单音节词和多音节词的双重制约。冯蒸的《试论藏文韵尾对于藏语方言声调演变的影响 —— 兼论藏语声调的起源与发展》[37]、孔江平的《藏语（拉萨话）声调感知研究》[38]以及郑文思等人的《藏语拉萨话调域统计分析》[39]等文章，通过声学分析的方法对藏语各方言的声调进行了不同程度的研究。

4.综合语音研究

对藏语方言语音进行整体性综合研究的论著首推格桑居冕的《藏语巴塘话的语音分析》[40]，该文从声韵调方面描写分析了藏语康方言巴塘话的语音特点。华侃和马昂前的《藏语天祝话的语音特点及与藏文的对应关系》[41]一文，结合书面藏文分析了藏语天祝话的语音特点，并根据声韵的演化论证了天祝话为安多牧区话。谭克让的《阿里藏语构词中的音节减缩现象》[42]、孙宏开和王贤海的《阿坝藏语语音中的几个问题》[43]、华瑞桑杰的《论安多、华瑞等地藏语语音同化》[44]、耿显宗的《安多方言与书面语的语音变音特点》[45]、黄布凡等人的《玉树藏语的语音特点和历史演变规律》[46]、桑塔和达哇彭措的《康巴方言玉树话的语音特征研究》[47]、仁增旺姆的《迭部藏语音节合并现象及其联动效应 —— 兼述周边土语的类似音变》[48]、索南尖措等人的《拉萨方言语音特征向量的 AP 聚类分析》[49]、久西杰的《达孜方言的语音特点》（藏文版）[50]等文章综合分析了藏语各方言语音的特点、音节结构和音变规律等。

（二）词汇方言的研究

西藏和平解放以来，藏语方言词汇方面的研究成果首推瞿霭堂的《藏语动词屈折形态的结构及其演变》[51]，该文分析了藏语动词屈折变化的结构类型和演变，认为现代藏语动词只有词根的屈折变化而没有形态成分的屈折变化，形态成分的功能转移到词根的声母、韵母及声调上面。现代藏语动词的屈折形态已无独立表达时式语法意义的功能，必须与助词、辅助动词或语气助词共同表达，成为藏语语法历史发展中的一种残存现象。华侃主编的《藏语安多方言词汇》[52]一书，作者在长期的语料搜集调查基础上对安多方言的语音和词汇的基本面貌进行了分析，并与拉萨话做了大量的对比研究。邓戈的《藏语词汇研究》[53]一书运用现当代语言学及词汇学理论和研究方法，对现代藏语词汇进行了分类研究，并对藏语敬语词、外来词、人名、地名等词汇与文化的特点进行了研究。邓戈的《藏语康方言词汇集》[54]一书对藏语康方言区北部土语区吉古话和西部方言区八宿话、索县话的名词、动词、形容词、代词、数词、量词、副词等近1800个词条进行了国际音标的描写分析，全面反映了康方言西、北两个方言土语区词汇的整体特征，对研究藏语康方言具有重要意义。此外，对藏语方言词汇进行研究的文章还有索南才让的《桑格雄方言名词浅说》[55]、傅千吉的《迭部方言中动词的时态变化分析》[56]、周毛吉的《浅谈安多口语中常用动词的作用》[57]、周毛草的《安多藏语玛曲话动词的名物化》[58]、普片多的《论藏语卫藏方言中的形容词教学相关要点》[59]、李春梅的《论藏语康方言敬语》[60]、瞿霭堂和麦朵拉措的《藏语甘孜话附缀语素的减缩变化》[61]等。

（三）语法方面的研究

语法方面的研究成果首推胡坦的《论藏语比较句》[62]，该文对藏语方言拉萨话中比较句的不同形式和结构特点进行了分析，认为从比较结构上看，有繁式和简式；从比较的方式上看，有明比和暗比；以项目而论，有单项、双项和多项式比较；就内容而言，有比异同、比高下等特点。周季文和谢后芳的《藏语拉萨话语法》[63]一书，对现代藏语拉萨话中的名词、动词、判断动词和存在动词、普通动词、助动词和诸小类动词、形容词、副词、数词和量词、代词、语气词、连词与复句等的语法特点进行了逐一分析。瞿霭堂和劲松的《藏语语法的范畴化》[64]结合语法范畴化的理论及现代藏语方言的语法现象，认为藏语语法的范畴化在各方言中是不平衡的，其中以拉萨话的语法范畴化最为丰富。多杰东智的《安多藏语动词变化的简化》[65]、《安多藏语自主非自主动词与格的关系》[66]、《藏语安多方言 vp+gndk 句式与自动使动》[67]，以及《简析安多藏语动词的自主非自主与使动自动关系》[68]等文章，分别详细地分析了安多方言中动词的形态变化和自主与非自主、自动和使动等语法关系。齐卡佳的《白马语与藏语方言的示证范畴》[69]一文以白马语的示证范畴为例，分析了白马语与藏语安多方言和康方言在这一语法范畴上的相似性，以及白马语和藏语在示证范畴上的共性特点。江荻的《藏语拉萨话的体貌、示证及自我中心范畴》[70]一文从现代藏语拉萨话动词的时、体、态及句法方面进行了分析，认为拉萨话有类动词体，分别是将行体、即行体、待行体、实现体、持续体、结果体、方过体、已行体、与境体；示证类别分别有自知示证、亲知示证、新知示证以及推知示证。吉太加的《藏语语法研究》[71]一书结合藏族传统文法学和现代语言学的研究方法对藏语词汇及句法、格和虚词、标准语等方面进行了专题分析，是一部既结合藏族传统文法理论又兼具现代语言学知识的著作。周毛草的《古藏语作格助词在现代方言中的表现》[72]、《安多藏语玛曲话里的ཕྱ（la）类助词》[73]等两篇文章结合藏文文法理论，用丰富的语言实例分析了藏语作格助词、la类助词在藏语三大方言中的使用情况。此外，南拉嘉的《安多方言中的后加字的格与虚词方面的问题》[74]、南拉加的《谈几点安多方言中的语法问题》[75]以及汪岚的《德钦藏语的差比句》[76]等也对方言语法问题进行了研究。

（四）综合方言描写研究

藏语方言研究，除了以上语言三大结构的成果外，还有对藏语方言综合整体研究和单点方言描写研究的论著。现将专著和论文的成果进行综述如下：

1.综合方言研究专著

对藏语三大方言进行综合研究的专著首推金鹏的《藏语简志》[77]，该著作在方言篇中调查描写的三大方言涉及地区包括：卫藏方言土语点拉萨、澎波、隆子、日喀则、江孜等地，康方言土语点昌都、德格、甘孜、中甸、乡城，以及安多方言土语点玛曲、同仁、贵南、阿力克、道孚等。瞿霭堂和谭克让的《阿里藏语》[78]一书的调查汇集了阿里地区七个县——噶尔、日土、普兰、札达、革吉、措勤、改则——语言特点，认为阿里藏语总体上属于卫藏方言，但也有康方言的特点，如阿里改则话。该著作全面深入描写了阿里藏语的基本面貌和特点，并对阿里藏语七个点之间的特点以及和拉萨话的差异进行了比较，对后继研究阿里地区的语言具有重要的语料参考价值。格桑居冕和格桑央京合著的《藏语方言概论》[79]一书，是在20世纪50年代语言大普查及后来多次补充调查的基础上撰写的一部既有国内藏语的概况介绍，又有藏语三大方言的分布地区、特点和差异全面介绍的权威著作。东主才让的《藏语方言调查与研究》（藏文版）[80]是一部运用21世纪现代语言学理论与方法研究藏语方言的著作，全书共分三部分：绪论部分阐述方言及方言学的理论背景，正文介绍藏语三大方言的语音、词汇和语法方面的特点及分布情况，最后章节论述了藏语方言研究的理论和调查方法。东主才让主编的《藏语方言新探》（藏文版）[81]一书，搜集了本民族学者对藏语安多方言的特点进行研究的文章，包括嘉绒话、巴尔帝话、迭部话、舟曲话、天祝话等，该著作中结合藏族传统语言学理论研究安多方言的语音及后加字和虚词的演变情况等的文章也较多。邓戈主编的《藏语方言土语研究》[82]一书，结合藏族传统语言学理论和现当代语言学研究理论和方法，对藏族卫藏方言达波话、林周农区话、江孜话，康方言的甘孜话及安多方言的安曲话进行了描写分析和历史研究。

对点方言描写研究的专著有周毛草的《玛曲藏语研究》[83]，该书运用现代描写语言学的研究方法从语言的基本结构语音、词汇、语法三方面对安多玛曲话的特点进行了描写分析，文中列举了许多安多牧区话的实例和方言对比语料，在藏语方言的比较研究方面具有重要的参考价值。王诗文的《藏语康方言语法研究：德格话语法》（藏文版）[84]一书，对藏族传统文法的格和虚词在藏语康方言德格话的使用情况进行了分析，并对德格话实词类和句子的特点进行了描写分析，资料翔实，语料丰富，对藏语康方言及三大方言间的对比研究具有重要的参考价值。瞿霭堂和劲松的《藏语卫藏方言研究》[85]一书，作者根据多年调查所得的语料，对卫藏方言的前藏土语、后藏土语，阿里土语，夏尔巴土语，巴松土语的语音、词汇、语法方面进行了细致翔实的描写、分析和研究，并将改则话和那曲话作为中介性语言阐述其形成的原因和特点。此外，该书还将以上卫藏方言五个土语点的语料附录于后，为后继研究藏语方言及汉藏语系方面提供了有用的第一手语料。邵明园的《河西走廊濒危藏语东纳话研究》[86]一书，以甘肃省河西走廊境内东纳藏语为调查对象，从语音、形态和句法等方面进行了专项分析研究，对抢救和保存这一语言文化资源具有重要价值。此外，还有仁增旺姆的《迭部藏语研究》[87]等单点方言点的描写著作。

2.方言点研究论文

对藏语各方言点的特点进行语言本体描写的研究论文有吉太加的《藏语安多方言的特点及其成因》[88]，文章较为系统全面地对安多方言地理区域和来源、方言中诸多旧词及其成因，以及安多方言复辅音的音变和成因和特殊句式等方面进行了分析研究。此外，陆绍尊的《云南藏语语音和词汇简介》[89]、黄布凡等人的《玉树藏语的语音特点和历史演变规律》、堪本的《浅谈安多方言》[90]、卡奔的《安多口语研究》（藏文版）[91]、孙天心的《求吉藏语的语音特征》[92]、周加克的《藏语合作市南部半农半牧区话的音位系统》[93]、华侃等人的《藏语久治话的音位系统及其语音的历史演变》[94]、夏吾措的《藏语安多方言农区话的音系研究》[95]、才项措等人的《安多藏语尖扎话的音位系统研究》[96]、昂色拉加的《藏语玉树话（拉布）音系概况》[97]等论文对藏语单点方言进行了本体结构的描写研究。

（五）历史语言学研究

1.方言比较及历史研究

藏语方言比较研究方面的成果首推金鹏的《藏语拉萨、日喀则、昌都话的比较研究》[98]，作者从语言的共时层面对藏文书面语和藏语三大方言中较有代表性的方言点进行了细致的描写和比较研究，其中重点提出拉萨话长短音对立的观点，该书无论从研究的方法还是内容上来看都是国内藏语方言比较研究方面具有开创性意义的首部专著，是后继学者研究藏语及方言的重要参考之作。黄布凡的《十二、十三世纪藏语（卫藏）声母探讨》[99]一文，主要结合藏文书面文献资料，比较分析了卫藏方言中声母的演变情况，认为12—13世纪卫藏地区藏语声母发生了很大变化，主要为古复辅音声母已大大简化，前置辅音或脱落或合并，部分基本辅音和后置辅音结合衍变为新的单辅音。江荻的《藏语语音史研究》[100]一书，全面综合运用语音学史的研究方法分析了藏语各方言区音系的特点，并具体分析了藏语声母和辅音、韵母和元音以及声调的演化发展史，是一部较有影响的研究藏语语音发展史的著作。此外，张济川的《古代藏语方音差别与正字法》[101]、南嘉才让的《藏语书面语和各方言的关系》[102]、多杰仁青的《安多方言和藏族古文献书面语的比较》[103]、赵金灿的《拉萨藏语与香格里拉藏语语音之比较》[104]、王诗文等人的《藏语方言词汇对比研究——德格话与松潘话的比较》[105]、南措吉和达哇彭措的《藏语方言格助词演变对比研究——以拉萨话和同仁话为例》[106]、更登磋的《卫藏方言与安多方言语音分析》[107]等文章对藏语方言之间、方言与书面语之间进行了历史比较研究。

2.方言划分问题研究

方言划分也属历史语言学的范畴，国内关于藏语方言划分问题方面的研究著述较少，如20世纪70年代中国科学院民族研究所少数民族语言研究藏语分组将藏语分为三个方言区。[108]20世纪 80年代瞿霭堂和金效静的《藏语方言的研究方法》[109]一文论述了国内外学者对藏语方言划分的标准及特征，并指出当前国内外学者对藏语方言划分出现分歧的问题所在，以及方言划分除了考虑语言本体结构因素外还需考虑社会政治及历史文化因素。20世纪90年代马学良在《汉藏语概论》[110]一书中以声调为标准，将藏语分为有声调和无声调的两大方言。张济川的《藏语方言分类管见》[111]一文将藏语分为五大方言，即卫藏方言、康方言、安多方言、南部方言和西部方言。21世纪土登彭措的《再探藏语方言的分类》①（2018）一文将藏语分为六大方言，即嘉绒方言、安多方言、康巴方言、竹巴方言、拉达克方言和卫藏方言（后三种合称为南部门隅方言）。总体上，国内对藏语方言的划分较为统一，除了个别学者因各自所调查语言范围及掌握材料、对划分方言概念认识的不同出现了不同的观点。

（六）相关学位论文

西藏和平解放70年以来，随着我国教育事业的发展，各民族院校相继开设了有关藏语言学及藏语方言方面的课程，如中央民族学院（现中央民族大学）的格桑居冕在20世纪50年代参加国家少数民族语言大普查后，回到教学岗位，根据当时的教学任务，于1964年开设了"藏语方言概论"的课程，这在藏族教育史上是一个史无前例的创举，之后一代又一代的民族语言文学专业方面的学生、教师及研究人员，都从"藏语方言概论"这门课程汲取了珍贵的藏语方言方面的理论知识，并撰写了各类有关藏语方言研究方面的学位论文。笔者通过知网等文献检索梳理了各高校撰写的有关藏语方言研究的学位论文②，从其总体情况来看，中央民族大学、西南民族大学、西北民族大学、西藏大学、青海民族大学等各民族院校的学生调查描写自己家乡的土语较多，并且以藏族学生所占比例最高；研究方法

---

① http://www.360doc.com/content/21/0224/15/15011607_963735192.shtml.

② 因篇幅限制，关于各高校藏语方言研究的学位论文不在文中罗列。

上以藏族传统语言学为理论背景，结合现代语言学的理论和语言本体描写的研究方法，运用国际音标对单点方言的语音、词汇、语法三方面进行整体或专题分析研究。另外，上海师范大学、南开大学、云南师范大学、西北师范大学、兰州大学、浙江大学等高校的非藏族学生撰写的藏语方言方面的学位论文也占一定比例，研究成果更具科学性，如在语音研究方面运用实验语音学的原理及语音分析软件wavefinal和praat进行图谱分析和数据分析撰写学位论文的较多。从各高校的学位论文来看：研究方法更具科学性及多样化；研究内容向纵深方向发展，由过去仅注重书面语转向对藏语方言（口语）的研究，从单点的语言描写研究转向方言土语之间的对比和比较研究；从研究范围来看，从过去仅注重三大方言代表性的方言点转向以各方言土语点的调查描写研究。

三、藏语方言研究存在的问题

西藏和平解放70年以来，无论是藏语方言调查描写研究还是语言共时及历时研究方面均取得了长足的进步与发展，也获得了丰硕的研究成果。但从藏语方言研究的范围及研究成果的深度来看，仍存在许多有待加强的地方。西藏和四省涉藏州县至今仍然使用各自区域的方言，鉴于此，为了继续深入研究藏语方言土语，提高我国藏语方言学的研究水平，在取得进一步发展的同时，反思藏语方言学研究出现的问题已迫在眉睫。

（一）研究地域上呈不平衡状态

21世纪藏语方言研究进入了多元化阶段。我国藏语方言分布地域广泛，方言现象复杂，藏语方言调查研究在地域上存在许多不平衡现象。从藏语方言区域研究成果来看，主流方言的研究较多，如卫藏方言一直是国内语言学家关注的焦点，其中对拉萨话的语音、词汇、语法都有细致、全面描写，阿里、巴松等方言也有较为详细的介绍。其次，安多方言也受到较多的关注，从牧区、半农半牧区到农业区都有比较详细的调查材料，但这些材料多限于语音和词汇，对单点方言整个语言系统进行全面描写的仅见周毛草对玛曲话的研究。对康方言的研究相对较少，主要涉及巴塘、德格、松潘、玉树及迪庆藏语等的语音和词汇研究，但西藏和四省涉藏州县还有许多方言土语未进行调查描写。目前的研究成果中涉及卫藏方言的有21个调查点，涉及安多方言的有26个调查点。

（二）研究内容呈不平衡及不深入状态

从现有的藏语方言研究成果来看，语音方面的研究成果较多，其中声母及复辅音、元音及韵母的演化、声调的起源和调类、语音的共时和历时的音变研究呈上升趋势。就语言本体的描写研究而言，既有单点的方言土语音系的综合特征描写，也有较少方言音系的对比研究，而在词汇和语法层面的研究相对处于薄弱状态。如词汇方面，结合藏语书面语研究藏语方言动词和助词的成果较多，而名词、数词、量词、副词等其他实词类的研究较少。在语法方面，结合藏族传统文法理论和古藏文文献研究现代藏语方言中格助词和虚词的演变情况较多，而词法和句法研究相对少，但从各高校的学位论文来看，这一现象正在发生变化。另外因前期藏语方言描写研究还不够深入，运用现代语言学理论深入剖析藏语语法的成果也较少。

（三）研究方法呈单一化

科学研究成果是否成功一定程度上与所采取的研究方法密切相关。从藏语方言研究的成果来看，藏语方言所采用的研究方法呈单一化，如方言描写研究方面运用一般描写语言学的理论方法描写语言本体的研究论著较多，但缺乏对语言现象的理论解释和实证研究。在语言共时和历时方面运用了纵横对比的历史比较语言学的研究方法，但研究程度不够深入，而且既结合藏族传统文法理论又根据现当代语言学的理论研究藏语方言的论著较少，研究方法较为单一化。此外，从语言类型学、社会语言学和语言文化学等多元化的学科视角分析研究藏语方言的成果也较少。

（四）缺乏具有较高水准的方言研究论著

藏语方言研究70年以来，虽然藏语方言研究的各类专著及相关论著在国内外各大期刊上相继发表，从研究的内容来看，既有对藏语方言理论部分的阐释又有对藏语各方言土语进行全面综合调查分析的专著较少，如对藏语方言的形成及其历史发展原因、方言划分的依据和各方言土语点的分布情况，并涉及各方言土语的研究成果等较少，此外缺少便于对照和检索、包含境内外各个区域方言土语的上千词条以及相对应的方言词等的藏语方言词典。

四、加强藏语方言研究对策及方法

方言是藏语言文字研究的基础。为了继续深入研究藏语方言，提高我国藏语方言学的研究水平，拓展藏语方言研究的深度和广度，以促进藏语言文字等各项事业的良性发展，现从五个方面提出加强藏语方言研究的对策及方法。

（一）加强藏语方言材料的搜集、保管和利用

材料是科学研究的生命，方言材料就是方言学的生命。研究成果是否具有较高学术水平主要取决于方言土语材料的多寡，藏语方言学研究亦是如此。西藏和平解放70年来，虽然我们在语言材料方面积累了一些丰富的语料，但是这些材料却散落在一些研究学者或科研单位的手上。如果我们要实现编著、出版上述藏语方言学论著的目标，就必须大大加强材料方面的工作，尤其需特别注重方言材料的搜集、保管、刊布和利用。20世纪六七十年代所搜集的藏语方言材料虽不够完整，但仍有很高的价值，应妥善保管好，并力争先将其整理后刊布。目前尚未调查的方言点应有计划地进行规划调查，综合整理境内外藏语方言点的全部语料，并将其刊布，以便长期保存，供研究藏语方言及其他学科的研究人员参考及利用。

（二）加强具有语言学专业素养的人才队伍建设

西藏和平解放70年来，藏语方言研究的队伍分为两类：一类是国家专门培养的调查研究少数民族语言文字的研究人员。他们既受过现代语言学的训练又深入过西藏和四省涉藏州县进行实地调查，语言学理论及调查技能扎实。另一类是研究藏学的藏族本土学者。他们以藏族传统语言学理论为背景研究藏语方言，既能够熟练使用藏语三大方言，又对西藏和四省涉藏州县的人文历史背景有一定的了解。我们都知道研究一种语言，研究者必须具有对该语言的听、说、读、写能力，并对其使用的方言土语族群的社会、人文、历史背景有一定的了解。但现阶段，对藏语方言进行研究的学者队伍出现了结构性断裂：一方面是研究藏语方言的非藏语母语学者，他们受过现代语言学的专业训练，语言理论功底扎实，但却不会说调查对象的语言；另一方面是藏族研究藏语方言的藏语母语学者，他们对藏语方言较有造诣，但现代语言学方面的训练及理论功底较薄弱。现阶段，

藏语方言研究者既要了解藏族传统语言学的理论知识，又要受过现代语言学的训练。此外，调查研究者还应该能够听、说调查对象的语言或某个方言土语。

（三）建立藏语方言数据库

建立藏语方言数据库就是将调查所得的方言语料，利用多媒体技术整合为各种数字化方言资料的数据集合，并具有存储、查询、分类、比较、计算等功能。其目的就是为研究藏语方言提供一个资源共享的平台，能简化繁杂的调查、整理等语料工作，继而将更多的精力投入语言事实的对比分析研究中。从更深层次来讲，还可根据数据库的计算分析结果，对藏语方言的历史层次、类型等方面进行进一步的深入研究。就藏语方言研究的现状而言，首要的是将国内外调查所得的方言语料进行整理、汇总，并针对藏语各方言点的土语部分进行搜集、调查。建立藏语方言数据库是一个巨大的工程，它涉及软件的选取、语料选取及录入等多方面的问题，因此，如前所述，必须培养更多具有语言专业素养的学者。建立藏语方言数据库是研究藏语的一项基础工程，从事藏语研究的学者应将自己调查所得、积累的语料提炼完善后贡献出来，实现藏语研究的资源、数据共享，为提升藏语的研究深度提供厚实的材料。

（四）加强藏语方言地图的绘制

方言地图，或称语言地图，是根据语言及其方言的语音、词汇、语法等特点的地理分布，以地图为基础，用图案、色彩、线条、数字或其他手段表示各地方言土语异同或相互关系的地图，亦即以多幅地图说明方言特点的形象化的方言学著作。将调查所得的数据通过绘制地图标注出来，可以直观地展示方言和方言特征在空间上的分布情况，这有利于从宏观的角度进一步研究地理区域内的语言问题，即从语言的地理分布考证语言的历史演变情况等更深层次的语言问题。方言学的内容包含描写方言学、历史方言学和方言地理学。现阶段藏语方言研究以描写语言学和历史语言学方面的研究著作较多，而藏语方言地理学研究是藏语研究领域中的薄弱环节，方言地图的绘制是藏语方言研究的重要内容，应加强这方面的研究，尽快绘制西藏和四省涉藏州县三大方言的方言地图，同时也可以将以往研究中获取的资料（语音、词汇）一起放在地图上。

（五）加强藏语方言研究各机构的协同、重视

西藏和平解放70年来，从藏语方言研究的现状看，藏语方言的调查与研究处于分散、随机选点的孤立状态，以至于从宏观层面上对藏语的整体面貌及特点缺乏全新的认识，出现了诸如上述对藏语方言划分情况等不统一的观点。因此，要想改变现阶段的局面，应将藏语方言研究提高到一个新的、更高的水平，由相关机构来组织、领导、动员藏语方言研究的学者，联合规划，整体调查，投入必要的人力、物力、财力，促进藏语方言研究的深度和广度。

五、结语

西藏和平解放70年来，在中国共产党的坚强领导以及党的民族政策光辉照耀下，藏语方言研究从过去的语料调查积累到现在的方言对比多元研究，经历了由浅到深、由表及里的研究过程，取得了丰硕的研究成果，培养了一批专业的藏语方言研究的科研团队。我们应当从每一阶段研究中总结并汲取经验和养分，进一步深化、提升藏语方言的研究水平。

参考文献：

[1]　《中国少数民族语言简志丛书》修订本编委会编写 . 中国少数民族语言简志丛书：第1卷[M]. 北京：民族出版社，2008.

[2]　谭克让 . 阿里藏语的复元音[J]. 民族语文，1980（3）：32–40.

[3]　谭克让 . 藏语擦音韵尾的演变[J]. 民族语文，1985（3）：15–23.

[4]　格勒 . 略论藏语辅音韵尾的几个问题[J]. 民族语文，1985（3）：33–41.

[5]　瞿霭堂 . 藏语的复元音韵母[J]. 中央民族大学学报（哲学社会科学版），1987（1）：75–83.

[6]　瞿霭堂 . 藏语韵母研究[M]. 西宁：青海人民出版社，1991.

[7]　王双成 . 安多藏语复元音韵母的特点[J]. 民族语文，2004（3）：34–37.

[8]　邓戈 . 藏语北路康方言元音变迁：以德格话元音变迁为例[J]. 西藏大

学学报（社会科学版），2012，27（2）：116-124.

[9] 邓戈. 康方言昌都话的元音变迁[J]. 西藏研究，2013（2）：88-100.

[10] 徐世梁. 卓仓藏语中的元音高化和高顶出位[J]. 语言科学，2014，13（1）：82-95.

[11] 瞿霭堂. 卓尼藏语的声调与声韵的关系[J]. 中国语文，1962（3）：334-339.

[12] 瞿霭堂. 藏语的复辅音[J]. 中国语文，1965（5）：446-458.

[13] 华侃. 安多藏语声母中的清浊音：兼谈它与古藏语中强弱音字母的关系[J]. 西北民族学院学报（哲学社会科学版），1980（1）：67-74.

[14] 华侃. 安多方言复辅音声母和辅音韵尾的演变情况[J]. 西北民族大学学报（哲学社会科学版），1982（1）：26-34.

[15] 华侃. 安多藏语声母的几种特殊变化[J]. 民族语文，1983（3）：43-46.

[16] 华侃. 甘南夏河、玛曲藏语中复辅音声母比较[J]. 西北民族大学学报（哲学社会科学版），1984（4）：34-52.

[17] 江狄. 藏语复杂声母系统及复杂演化行为[J]. 中国藏学，1996（4）：13.

[18] 吕士良，于洪志. 藏语夏河话复辅音特点[J]. 语文学科，2012（2）：47-48.

[19] 项青加. 论安多方言下加字–r–的语音演变[J]. 青海民族大学学报（藏文版），2015（3）：115-122.

[20] 王双成. 藏语鼻冠音声母的特点及其来源[J]. 语言研究，2016（3）：114-120.

[21] 王尧. 藏语的声调[J]. 中国语文. 1956（6）：28-32.

[22] 胡坦. 藏语（拉萨话）声调研究[J]. 民族语文，1980（1）：22-36.

[23] 瞿霭堂. 谈谈声母清浊对声调的影响[J]. 民族语文，1979（2）：120-124.

[24] 瞿霭堂. 藏语的声调及其发展[J]. 语言研究，1981（1）：177-194.

[25] 瞿霭堂. 藏语的变调[J]. 民族语文，1981（4）：20-27.

[26] 瞿霭堂. 藏语古调值构拟[J]. 中国语言学报, 1988（3）：317–338.

[27] 瞿霭堂. 论汉藏语言的声调[J]. 民族语文, 1993（6）：10–18.

[28] 黄布凡. 藏语方言声调的发生和分化条件[J]. 民族语文, 1994（3）：1–9.

[29] 谭克让. 藏语拉萨话声调分类和标法刍议[J]. 民族语文, 1982（3）：33–36.

[30] 谭克让. 夏尔巴藏语的声调系统[J]. 民族语文, 1987（2）：22–28.

[31] 张济川. 藏语拉萨话声调分化的条件[J]. 民族语文, 1981（3）：14–18.

[32] 意西微萨·阿错. 藏语的句末语气词与声调、韵律的关系及相关问题[J]. 韵律语法研究, 2018（1）：14–18.

[33] 江狄. 藏语声调形成的过程与社会历史系统状态[J]. 藏学学刊, 2005（6）：6.

[34] 王双成. 玛多藏语的声调[J]. 民族语文, 2011（3）：26–32.

[35] 徐世梁. 无声调藏语的习惯音高和有声调藏语的连读变调[J]. 语言研究, 2015（4）：123–126.

[36] 徐世梁. 藏语和汉语声调演变过程的对比[J]. 南开语言学刊, 2019（1）：33–40.

[37] 冯蒸. 试论藏文韵尾对于藏语方言声调演变的影响：兼论藏语声调的起源与发展[J]. 西藏民族学院学报, 1984（2）：35–54, 78.

[38] 孔江平. 藏语（拉萨话）声调感知研究[J]. 民族语文, 1995（2）：56–64.

[39] 郑文思, 于洪志, 高璐. 藏语拉萨话调域统计分析[J]. 西北民族大学学报（自然科学版）, 2011（1）：16–19, 81.

[40] 格桑居冕. 藏语巴塘话的语音分析[J]. 民族语文, 1985（2）：16–27.

[41] 华侃, 马昂前. 藏语天祝话的语音特点及与藏文的对应关系[J]. 西北民族研究, 1992（1）：189–203.

[42] 谭克让. 阿里藏语构词中的音节减缩现象[J]. 语言研究, 1982（1）：220–228.

[43] 孙宏开，王贤海. 阿坝藏语语音中的几个问题[J]. 民族语文，1987（2）：12–21.

[44] 华瑞桑杰. 论安多、华瑞等地藏语语音同化[J]. 青海教育，1988（1）.

[45] 耿显宗. 安多方言与书面语的语音变音特点[J]. 青海民族学院学报（社会科学版），1993（4）：44–46.

[46] 黄布凡，索南江才，张明慧. 玉树藏语的语音特点和历史演变规律[J]. 中国藏学，1994（2）：112–134.

[47] 桑塔，达哇彭措. 康巴方言玉树话的语音特征研究[J]. 西藏研究，2010（2）：89–93.

[48] 仁增旺姆. 迭部藏语音节合并现象及其联动效应：兼述周边土语的类似音变[J]. 西北民族大学学报（哲学社会科学版），2010（6）：14–18.

[49] 索南尖措，次仁平措，陈硕，等. 拉萨方言语音特征向量的 AP 聚类分析[J]. 数学的实践与认知，2015，45（2）：198–203.

[50] 久西杰. 达孜方言的语音特点[J]. 青海民族大学学报（藏文版），2017（2）：72–78.

[51] 瞿霭堂. 藏语动词屈折形态的结构及其演变[J]. 民族语文，1985（1）：1–15.

[52] 华侃. 藏语安多方言词汇[M]. 兰州：甘肃民族出版社，2002.

[53] 邓戈. 藏语词汇研究[M]. 拉萨：西藏人民出版社，2017.

[54] 邓戈. 藏语康方言词汇集[M]. 拉萨：西藏人民出版社，2020.

[55] 索南才让. 桑格雄方言名词浅说[J]. 青海民族学院学报（藏文版），1985（3）：83–99.

[56] 傅千吉. 迭部方言中动词的时态变化分析[J]. 西北民族学院学报（藏文版），2002（2）.

[57] 周毛吉. 浅谈安多口语中常用动词的作用[J]. 青海民族大学学报（藏文版），2004（1）：94–97.

[58] 周毛草. 安多藏语玛曲话动词的名物化[J]. 民族语文，2006（5）：21–25.

[59] 普片多. 论藏语卫藏方言中的形容词教学相关要点[J]. 西藏科技，

2016（7）：16–18.

[60]　李春梅.论藏语康方言敬语[J].四川民族学院学报，2017，26（6）.

[61]　瞿霭堂，麦朵拉措.藏语甘孜话附级语素的减缩变化[J].中国藏学，2020（2）.

[62]　胡坦.论藏语比较句[J].民族语文，1985（5）：1–11.

[63]　周季文，谢后芳.藏语拉萨话语法[M].北京：民族出版社，2003.

[64]　瞿霭堂，劲松.藏语语法的范畴化[J].民族语文，2016（6）：3–13.

[65]　多杰东智.安多藏语动词变化的简化[J].民族语文，2004（2）：57–60.

[66]　多杰东智.安多藏语自主非自主动词与格的关系[J].中央民族大学学报（哲学社会科学版），2004（4）：116–119.

[67]　多杰东智.藏语安多方言vp+gndk句式与自动使动[J].民族语文，2009（3）.

[68]　多杰东智.简析安多藏语动词的自主非自主与使动自动关系[J].中央民族大学学报（哲学社会科学版），2008（1）.

[69]　齐卡佳.白马语与藏语方言的示证范畴[J].民族语文，2008（3）：36–43.

[70]　江荻.藏语拉萨话的体貌、示证及自我中心范畴[J].语言科学，2005，4（1）：70–88.

[71]　吉太加.藏语语法研究[M].西宁：青海民族出版社，2008.

[72]　周毛草.古藏语作格助词在现代方言中的表现[J].民族语文，2011（2）：34–39.

[73]　周毛草.安多藏语玛曲话里的ལ（la）类助词[J].民族语文，2013（6）：19–22.

[74]　南拉嘉.安多方言中的后加字的格与虚词方面的问题[J].西藏研究（藏文版），1992（4）.

[75]　南拉加.谈几点安多方言中的语法问题[J].攀登，2004（4）.

[76]　汪岚.德钦藏语的差比句[J].语言研究，2018，38（3）：119–126.

[77]　金鹏.藏语简志[M].北京：民族出版社，1983.

[78]　瞿霭堂，谭克让.阿里藏语[M].北京：中国社会科学出版社，1983.

[79] 格桑居冕，格桑央京. 藏语方言概论[M]. 北京：民族出版社，2002.

[80] 东主才让. 藏语方言调查与研究[M]. 北京：中国藏学出版社，2011.

[81] 东主才让. 藏语方言新探（藏文版）[M]. 北京：民族出版社，2013.

[82] 邓戈. 藏语方言土语研究（第一辑）[M]. 拉萨：西藏人民出版社，2017.

[83] 周毛草. 玛曲藏语研究[M]. 北京：民族出版社，2003.

[84] 王诗文. 藏语康方言语法研究：德格话语法[M]. 北京：民族出版社，2013.

[85] 瞿霭堂，劲松. 藏语卫藏方言研究[M]. 北京：中国藏学出版社，2017.

[86] 邵明园. 河西走廊濒危藏语东纳话研究[M]. 广州：中山大学出版社，2018.

[87] 仁增旺姆. 迭部藏语研究[M]. 北京：中央民族大学出版社，2012.

[88] 吉太加. 藏语安多方言的特点及其成因[J]. 中国藏学（藏文），2003（3）.

[89] 陆绍尊. 云南藏语语音和词汇简介[M]//《藏学研究论丛》编委会. 藏学研究论丛：第4辑. 拉萨：西藏人民出版社，1992.

[90] 堪本. 浅谈安多方言[J]. 攀登，2003（2）.

[91] 卡奔. 安多口语研究[J]. 西藏研究（藏文版），2003（4）.

[92] 孙天心. 求吉藏语的语音特征[J]. 民族语文，2003（6）：1-6.

[93] 周加克. 藏语合作市南部半农半牧区话的音位系统[J]. 现代语文，2015（8）：29-32.

[94] 华侃，多杰东智，南卡多杰. 藏语久治话的音位系统及其语音的历史演变[J]. 中国藏学，2015（2）：178-187.

[95] 夏吾措. 藏语安多方言农区话的音系研究[J]. 西北民族大学学报（自然科学版），2016，37（4）：47-53.

[96] 才项措，刘思思，达哇彭措. 安多藏语尖扎话的音位系统研究[J]. 西北民族大学学报（自然科学版），2016，37（3）：29-34，86.

[97] 昂色拉加. 藏语玉树话（拉布）音系概况[J]. 西藏研究，2018（1）：142-148.

[98] 金鹏.藏语拉萨、日喀则、昌都话的比较研究[M].北京：科学出版社，1958.

[99] 黄布凡.十二、十三世纪藏语（卫藏）声母探讨[J].民族语文，1983（3）：33–42.

[100] 江荻.藏语语音史研究[M].北京：民族出版社，2002.

[101] 张济川.古代藏语方音差别与正字法[J].民族语文，1996（3）：22–24.

[102] 南嘉才让.藏语书面语和各方言的关系[J].西北民族研究，1997（2）：63–66.

[103] 多杰仁青.安多方言和藏族古文献书面语的比较[J].攀登，2002（4）.

[104] 赵金灿.拉萨藏语与香格里拉藏语语音之比较[J].四川民族学院学报，2010（1）：20–23.

[105] 王诗文，泽登孝，胡巧竞.藏语方言词汇对比研究：德格话与松潘话的比较[J].西南民族大学学报（人文社会科学版），2010（12）：51–54.

[106] 南措吉，达哇彭措.藏语方言格助词演变对比研究：以拉萨话和同仁话为例[J].科技信息，2011（19）：23.

[107] 更登磋.卫藏方言与安多方言语音分析[J].西藏研究，2012（5）：68–80.

[108] 瞿霭堂.藏语概况[J].中国语文，1963（6）：511–528.

[109] 瞿霭堂，金效静.藏语方言的研究方法[J].西南民族大学学报（人文社科版），1981（3）：76–84.

[110] 马学良.汉藏语概论[M].北京：北京大学出版社，1991.

[111] 张济川.藏语方言分类管见[M]//戴庆厦，罗美珍，杨应新.民族语文论文集：庆祝马学良先生八十寿辰文集，北京：中央民族学院出版社，1993.

（原载于《西藏研究》2021年第2期）

急语症的研究综述

段海凤　乐超毅　张萌　章志芳　刘恒鑫

摘要：急语症是一种言语语言流畅性障碍，在临床言语语言治疗中易被误诊为口吃。急语症与口吃是两种不同类型的言语语言障碍。急语症干预手段是主要围绕语言层面，即短语结构、语速、节奏、构音以及语言功能等。我们对急语症的研究仍需要进一步努力。

关键词：言语语言流畅性障碍；急语症；言语语言特征；治疗方法

急语症（Cluttering）是一种言语语言流畅性障碍。依据《国际功能、残疾和健康分类》（International Classification of Functioning, Disability and Health，简称ICF），急语症相关的主要类目涉及构音功能损伤（b320）、言语的流畅和节奏功能损伤（b330）、交流–生成困难（d330–d349）[1]。在临床诊断中，急语症的确诊面临较大的困难，因其通常与口吃并发，易被误认为是口吃。口吃（stuttering）和急语症都属于沟通障碍，在口语交流过程中，两者皆会出现语流不流畅的现象，但它们分属两种不同的言语语言障碍类型。口吃比较常见，是一种典型的言语流畅性障碍，得到较广泛的关注，而急语症是一种特殊的言语语言流畅性障碍。尽管国外对急语症的研究有一定的成果，但是相对于其他言语语言流畅性障碍的研究，仍

作者简介：段海凤，文学博士，中央民族大学中国少数民族语言文学学院副教授，主要研究方向为应用语言学、语音学；乐超毅，文学硕士，北京新东方学校托福教师，主要研究方向为英语教学、应用语言学；张萌，文学硕士，山东大学青岛分校；章志芳，博士在读，主要研究方向为儿童言语语言障碍；刘恒鑫，文学博士，国家儿童医学中心、首都医科大学附属北京儿童医院耳鼻咽喉头颈外科副研究员，主要研究方向为言语语言病理学、嗓音发声学。

显得相对不足。目前，我国对急语症的研究文献尚少。相对于口吃来讲，急语症诊断比较困难，常被误诊为其他类型的言语语言障碍，一方面是由于其发病率比较低，另一方面是因为对急语症知之甚少。在临床中，急语症常被误诊为单纯的构音障碍、学习障碍，或者口吃。

本文从语言病理学的角度，梳理急语症的概念、言语特征、诊断标准和干预方法等几个方面的研究状况，并从临床特征方面对急语症和口吃作简单区分。希望能够引起言语治疗师和相关研究者的关注，在评估诊断过程中，依据急语症的特征及诊断标准，选择有效的言语语言干预手段对其进行介入，提高临床治疗效果。

一、急语症的定义

急语症是一种言语语言流畅性障碍，主要特征是快速和不规则的语速，并且急语症者觉察不到自己的沟通问题，注意力集中时间短，言语的感知、发音和语言表达能力受到干扰[2-3]。急语症早期被认为是中枢性语言处理的损伤，研究认为其病理机制主要在于中枢言语计划处理的问题，是中心语失衡的言语表现[4]。总的来看，急语症在言语运动、流畅性和言语计划等方面均存在一定的困难。急语症是在言语说出之前思维过程混乱，并且以遗传性格为基础，它影响着所有的交流渠道（如阅读、写作、节奏等）和行为[5-6]。

急语症概念强调，这是一种综合征，异常快速、不规则或两种状况兼有是它的主要言语特征。急语症者的言语会受到以下一种或多种因素的影响：（1）不能保持正常预期的发音、音节、短语和停顿模式；（2）好于预期的不流畅现象。这种不流畅现象，是一种正常言语交流中也会出现的不流畅（例如停顿、自我修正等），大多数与典型的口吃型不流畅不同。从急语症定义可以看出，急语症不仅在言语上表现出不流畅及构音的问题，更重要的是存在语用及语法结构上的问题，说话缺乏语言组织过程，且语速过快，听话人难以理解说话人所要表达的话语内容。

同样是言语语言流畅性障碍，急语症与口吃属于不同的类型。很多研究者都认为口吃是说话者在说话时由于音素、音节或词内部的中断而打破语音流连续性的现象。口吃是言语节奏的混乱，说话者确切地知道自己想说什么，但在说话时由于无意识的重复、延长或发音中断而无法说出来[7]。另外，口吃者在说话时往往伴随着面部和肢体上的异常特征（如面部抽搐、身体过度用力等）。但急语症者在说话中出现不流畅现象时，并不会伴有肌肉紧张或身体用力行为。急语症者在正式场合中（例如被录像时）讲话通常处于最佳状态；当处在放松状态下时，讲话往往是最糟糕的。[8-9]

　　研究急语症的一个关键问题在于急语症不是单一的言语问题。急语症包含言语成分和语言成分两方面，但实际上，比起言语运动计划受损等，急语症更多地表现为语言上的问题。

二、急语症言语语言特征

（一）急语症的言语语言特征

急语症主要有以下几个方面的言语语言特征[2]，具体如下：

（1）出现过多的"正常型不流畅"；

（2）说话者无法修改说错的话；

（3）随着词长和复杂度增加而出现言语障碍；

（4）与特定声音或情况无关的不流畅现象；

（5）与多动症并发的急语症；

（6）很难识别元音；

（7）讲话速度快并且吐字不清；

（8）不规则的快速语速，急促地讲话（其中会夹杂着讲话缓慢、犹豫和停顿）；

（9）讲话者自己意识不到讲话中断；

（10）不愿意或不相信自己需要接受治疗。

　　很多学者强调，在上述的这十条特征中，有三项表现异常显著：发音不准确（声音失真），语速不规则（讲话时突然加速）以及表现出类似命名障碍的找词困难现象[10-12]。

　　由此看出，急语症是言语和语言综合性障碍，语用和语法结构方面的问题更突出。

（二）急语症与口吃的言语特征比较

急语症和口吃在临床中极易被混淆，根本原因在于评估时对言语语言不流畅类型的混淆。正常人群、口吃人群和急语症人群在说话时都会出现不流畅的现象，我们需要把这三者区分开来。不流畅包括两种类型：典型不流畅和非典型不流畅。典型不流畅，指所有的说话者都会出现迟疑和不流畅的情况，通常表现为：说话时停顿、插入字词或声音、重复字词或片语，如"这颜色像红色/这颜色是 …… 嗯 …… 红色"。这种不流畅现象在话语中的出现率不频繁，也被认为是非口吃的不流畅。非典型不流畅，主要包括两种亚型。一种是口吃型不流畅，最主要的言语特征就是言语流畅性、语速和节奏受到干扰，有时会影响到语速和节奏[13]。口吃型不流畅具体表现有：（不成音节的）音素、音节和单音节词的重复以及声音的延长和阻塞[14]。与典型性不流畅相比，口吃型不流畅更多是在词内部表现出不流畅，并且说话者会表现出肢体或面部用力的情况。另一种是复杂型不流畅，主要的言语特征就是单音节词/多音节词重复出现在相邻位置形成的不流畅群，如"我想要——个个风筝风筝"。综上所述，并不是只要出现不流畅现象就是口吃。如果急语症和口吃两种障碍并存的情况下就可能出现两种不流畅类型。典型不流畅是正常人群、口吃人群和急语症人群都会出现的不流畅类型；口吃人群会出现更多的口吃型不流畅；急语症人群会出现更多的复杂型不流畅[15]。

为了更清楚地区分急语症和口吃在临床上的不同，本文从认知、语言、言语和行为四个方面进行比较，详见表1和表2。

表 1　口吃和急语症在认知和语言上的临床表现对比

症状	认知			语言			
	存在具体问题	明确表达内容	认可沟通障碍	找词困难	语法错误	衔接和连贯	语用问题
口吃	言语、情绪	是	一般是	否	否	一般正常	一般正常
急语	言语、语言	是	是/否	可能	是	可能会出错	可能出错

表 2　口吃和急语症在言语和行为上的临床表现对比

症状	言　语						行　为	
	听感	语速异常	不流畅类型	不流畅症状	构音困难	韵律	逃避	附加行为
口吃	重复、延长、阻塞	语速过快是代偿策略	口吃型不流畅	音节或音段重复、延长、阻塞	一般没有	一般正常	有	有
急语	语流急，反复改	语速过快，不规则	正常型不流畅居多	插入语、话语自我修正	存在	可能异常	一般无	一般无

三、急语症的诊断标准

在临床诊断中，判断急语症主要依据以下三个指标[16-20]：

1.平均发音速度

平均发音速度（MAR，mean articulatory rate）用来反映一段话语中音段的发音速度。在测试MAR时，通常需要在一段录音样本中随机选取5个流畅（无停顿）的话语片段，且每段包含10～20个连续的音节，计算出每秒钟的音节数量，最后得到的数值即平均发音速度。MAR是诊断急语症的指标之一，但并不是一个充分条件。尽管听者认为急语症者说话的语速过快，但是研究结果表明，急语症者实际语速并没有听者感知得那么快。有学者对不流畅人群的MAR数据进行了研究，把过快的平均发音速度标准确定为相应年龄段人群MAR平均值的基础再加一个标准差。其中，对于儿童来说，每秒大于5.1个音节即为过快的发音速度，对于青少年和成人来说，这个数据分别为每秒大于5.4个音节和每秒大于5.6个音节[16]。很多研究者验证了上述标准，同时强调过快发音速度不能作为急语症的唯一诊断标准[17, 21-23]。急语症者不一定都表现出过快的语速，但是都会存在语言计划上的缺陷。也就是说，虽然急语症者的话语速度听起来很快，但他们MAR的测量值却是正常的。在言语感知方面，听者很可能被电报语、协同发音或高频率的正常型不流畅现象所干扰。因此，语速不能作为唯一标准。

2.不流畅比率

不流畅比率反映的是正常型不流畅和口吃型不流畅的数量关系（不流畅比率＝正常型不流畅/口吃型不流畅）。很多研究表明急语症言语中的不流畅现象大多是正常型不流畅现象。与言语正常者相比较，急语症者的正常型不流畅出现频率更高。不流畅比率是区分急语症和口吃的一个重要指标。

为了更好地区别诊断急语症和口吃的标准数据，需要明确急语症者、口吃者和正常人群的不流畅比率。口吃者和急语症者在独白和故事讲述环节的正常型不流畅和口吃型不流畅有着显著的不同，但在朗读上没有明显差别。具体来说，不流畅比率大于1.7即预示着急语症风险。

3.词语和句子语法结构错误

为了能更准确地诊断急语症，首先需要说明急语症者言语中的语音错误不是由构音缺陷引起的，而是言语计划出现问题导致的。词语是由音节按照一定的组合规则和聚合规则组合而成，音节的顺序确定了词语的意义。所以可以假设，当说话者减少言语计划的时候，就会导致构音及词语结构出错：不正确音节、音节组合序列或者电报语（比如，把"一只乌鸦口渴了"说成"一只/u ie jau/了"）。临床上，急语症者在语音、词汇和语法上都可能出现较多的错误。

急语症者在特定语言环境或测试中很少表现出沟通障碍，他们在自然对话中句子结构出现的错误可能是因语言产出计划时间不足导致的，所以会出现更多的正常型不流畅。据此推测，如果急语症者有充分的准备时间，沟通失败现象就会少很多。

因此研究者建议，评估者在评估时需要在诊所内的控制条件下（比如复述故事）评估一次，也要在诊所外的非控制条件下评估一次，然后将评估结果进行对比。

四、急语症的干预治疗方法

目前，国外对急语症干预方法疗效的研究甚少，最为常用的是Myers

提出的协同干预方法。协同，即让沟通系统的不同环节高度协调，互相积极影响，比如语速和韵律改善后，话语衔接性也会得到提升。该方法基于的假设是，沟通系统的一部分环节失败会影响其他环节的表现。比如，如果语速过快，构音的准确性和言语运动计划的表现就会受到影响。协同干预方法的核心内容如图1所示，该方法的目标即通过训练急语症者的语速控制和自我监控能力，建立一个清晰而又有意义的流畅沟通模式。

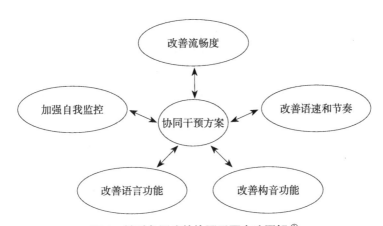

图1　针对急语症的协同干预方法图解 [①]

1.加强自我监控

前文提到，急语症者即缺少对自己是急语症的认知，这是一个很重要的认知特点。为了让干预更加顺利地进行，治疗师首先需要做的就是让急语症者清楚地明白自己的症状，建立一个积极乐观的治疗态度。具体可以采取这样的措施：治疗师让急语症者观看自己的说话视频，然后指出急语症的地方，并加以描述。待急语症者对急语症有足够的自我认识后，治疗师再进行其他环节的干预，并指导他们对每一个环节进行自我监控。

2.改善语速和节奏

语速问题是急语症的核心问题，改善语速需要从速度、节拍和韵律三

---

① 　F.L. Myers, C.L. Bradley, "Clinical management of cluttering from a synergistic framework", in F.L. Myers and K.O.S. Louis, eds., *Cluttering: A clinical perspective*. Kibworth, Britain: Far Communications, 1996, pp.85 — 105.

个方面出发。

软起声是一种通过改善话语前两个音的时长和过渡来降低话语速度的一种策略，它通过发音器官的轻微接触来改善语速。延迟听觉反馈（DAF，delayed auditory feedback）技术也在临床中运用，可以增加急语症者对自己言语特征的认识，以及帮助他们降低语速，清晰地发音。Louis等[23]提出一种"消极尝试"的方法，即要求急语症者尽可能快地说话，让他们认识到语速上的差别，从而更好地降低语速。为了训练急语症者有节拍地说话，治疗师可以采用"分块"的方法。比如，可以在阅读材料上标记，哪些是一块儿读的，这样就能让急语症者找准停顿的节拍。另外，朗读诗词也被证明是对急语症者找节拍很有帮助的方法。

最后，话语的韵律也与语速有关。有研究发现，疑问句的语速要快于陈述句的语速，急语症者说话时可能不会区别陈述句和疑问句的语调，从而给听者造成一定的困扰。另外，语速过快会减少元音发音的时长，从而降低了该元音的清晰度，最终影响到话语的清晰度。韵律方面，治疗师可通过韵律重音特征对比的小练习（contrastive stress drills）来对急语症者进行训练。

3.改善构音功能

急语症者存在的构音问题（例如辅音、多音节等的省略/发音扭曲）可能与语速过快有关，因此控制语速可较好地改善这些语音问题。但如果单纯地控制语速不能解决某些构音问题，治疗师就要根据具体语音问题对急语症者进行构音训练。一般情况下，构音的问题相对较小。

"过度协同发音"（over coarticulation）被用作描述急语症所表现出的构音问题，与构音障碍（dysarthria）类似，在语音训练方面都是以特定语音为导向的训练。从包含目标语音的非词开始，逐渐增加音节难度，最后用真词代替训练。但有些急语症者的构音问题表现出的是模糊语（mumbling），它和过度协同发音不同，模糊语是整个话语都较模糊。解决模糊语的问题需要借助多感官综合训练的方法。比如，在治疗环节，最开始可选择视觉上更可见的音（如双唇音、唇齿音或者齿音），让急语症者观察自己口腔构音器官的运动情况，并及时进行调整。

4.改善语言功能

急语症者在语言功能方面表现出一定的缺陷，主要体现在找词困难、叙事组织和语用这三个模块。

找词困难，即说话者不能及时在语言表达中选择到具体的名词、动词、形容词等来表达交际意图。比如，急语症者想说"开灯"，却说成了"开亮"，或者把"叼起石头"说成"那个那个石头"等。急语症者说话语速越快，找词困难越明显。针对找词困难，在临床上广泛运用的干预方法是降低语速，鼓励急语症者从较短的句子和简单句法的句子开始练习。另外，也要训练急语症者的分类和概括能力，比如描述事物的相同点和不同点等。

急语症者在叙事话语中会出现重复、错误的开始、不断修正等现象，导致语句的衔接和连贯性受损。为了改善其语言组织能力，治疗师可以给急语症者呈现几幅连续的图画（如《乌鸦喝水》），让他们看图说话的同时做好录音，然后治疗师播放录音内容，有针对性地指导急语症者组织语言。有部分急语症者会表现出语用上的障碍，比如无法理解对方的交流意图、非言语线索以及言外之意等。在这种情况下，治疗师可以通过角色扮演的方法帮助急语症者关注言语和非言语的反应。

5.急语症诊治存在的问题

协同干预方案虽然是目前最权威的治疗急语症的方法，但还有待于更多临床的验证。急语症患者的治疗方案，强调以语言解决方案为主，首先改善语言功能。而口吃是以言语解决方案为主，具体的任务包括降低语速、连续发声、延长元音、软起声及发音器官的轻微接触。当口吃者能产出流畅的话语时，再训练他们以正常的节奏和韵律说话。另外，需要提醒的是，治疗方案要因地制宜。当针对不同年龄段、不同家庭背景及在不同治疗环境下的语畅障碍者时，需要适当调整治疗方案，以达到最优的疗效。治疗方案还需要结合个案和汉语语言特征的实际情况进行调整。总体上讲，对于语言流畅性障碍的治疗，首先须强调流畅性的概念，帮助他们认识到自己的流畅度障碍，在进行言语语言干预前须鼓励并教授个体进行自我监控，干预时须有基本纲要，严格遵守干预次序，治疗必须包含有理论支撑的具体活动。

五、结语

急语症作为一种特殊的言语语言流畅性障碍，不仅在构音、停顿和节奏等方面存在困难，还在语法、语言组织以及语用等方面存在缺陷。总的来说，从语言计划到言语产出都表现出一定的困难。严重急语症会影响正常的信息交流，特别要说明的是，许多急语症者并没有认识到他们在沟通上存在问题，以致许多人直至成年后才被诊断为患有这种语言障碍，对生活和学习造成极大影响。

近十年来，急语症在言语语言障碍研究中逐渐受到重视。首先，希望言语治疗师关注急语症病例，不要误判为口吃或者其他的语言问题。其次，治疗师需要对急语症作出全面而准确的评估，才能够进一步制定出合理的干预方案，达到良好的干预效果。最后，在积累大量急语症病例的基础上，我国需加大对汉语急语症评估方法和干预流程的研究。由于汉语和西方语言在语言特点上的差异性，不能一味地照搬国外的评估和治疗方法，需要研究者对急语症展开深入的探索与研究。在急语症的诊断标准中，哪些是关键的症状，哪些是偶然的症状，这个问题上还存在着分歧，有待日后在临床中进行深入研究。另外，对急语症严重程度等级的量化研究，也需要在大量病例样本的基础上去研发。

参考文献：

[1] 世界卫生组织. 国际功能、残疾和健康分类[M]. 邱卓英，译. 日内瓦：世界卫生组织，2013：83–85.

[2] DAVID W. Stutering and clutering:frameworks for under- standing and treatment [M]. 2rd ed. London:Psychology Pres, 2017:34–44.

[3] WHO. ICD–10 F98. 6 Clutering [M]. Geneva: WHO, 2015.

[4] MIYAMOTO S. Co–occurring disorders in children who Stutter: analysis of using the Japanese checklist for possible cluttering[J]. Journal of special education research, 2020, 8(2): 53–62.

[5] TETNOWSKI J A, SCOTT K S, RUTLAND B F. Fluency and fluency disorders[J]. The handbook of language and speech disorders, 2021: 414–

444.

[6] BÓNA J, KOHÁRI A. Rate vs. rhythm characteristics of cluttering with data from a "syllable–timed" language[J]. Journal of fluency disorders, 2021, 67: 105801.

[7] DAITON P. Approaches to the treatment of stuttering[M]. New York:Routledge, 2018. 25–46.

[8] TICHENOR S E, YARUSS J S. Stuttering as defined by adults who stutter[J]. Journal of speech, language, and hearing research, 2019, 62(12): 4356–4369.

[9] BÓNA J. Self–initiated error–repairs in cluttering[J]. Clinical linguistics & phonetics, 2021, 35(5): 405–418.

[10] VAN ZALEN Y. Clutering in the spectrum of fluency disorders [R]. Eindhoven:the 2nd World Conference on Clutering, 2014.

[11] VAN ZAALEN Y, Reichel I K. Cluttering current views on its nature, diagnosis and treatment[M]. Bloomington: iUniverse, 2015. 44–62.

[12] VAN ZAALEN Y, Reichel I. Cluttering: current views on its nature, assessment and treatment [M]. Tokyo, Japan: Gakuensha, 2018. 33–47.

[13] MARUTHY S, VENUGOPAL S, PARAKH P. Speech rhythm in Kannada speaking adults who stutter[J]. International journal of speech–language pathology, 2017, 19(5): 529–537.

[14] WHO. ICD–10 F98. 5 Stutering[M]. Geneva:WHO, 2015.

[15] BÓNA J. Clustering of disfluencies in typical, fast and cluttered speech[J]. Clinical linguistics & phonetics, 2019, 33(5): 393–405.

[16] VAN ZAALEN Y, WIJNEN F, DEJONCKERE P. Differential diagnostics between cluttering and stuttering, part one, speech and language characteristics[J]. Journal of fluency disorders, 2009, 43(3): 137–146.

[17] BÓNA J. Disfluent whole–word repetitions in cluttering: durational patterns and functions[J]. Clinical linguistics & phonetics, 2018, 32(4): 378–391.

[18] SCOTT K S. Cluttering symptoms in school–age children by

communicative context: a preliminary investigation[J]. International journal of speech–language pathology, 2020, 22(2): 174–183.

[19]　BÓNA J. Linguistic–phonetic characteristics of cluttering across different speaking styles: a pilot study from Hungarian[J]. Poznań studies in contemporary linguistics, 2012, 48(2): 203–222.

[20]　VAN ZALEN Y, WINKELMAN C. Broddelen een (on) Begrepen Stoornis ［Cluttering is a Misunderstood Disorder］[M]. Bussum, the Netherlands: Coutinho, 2014. 165–192.

[21]　HEALEY K T, NELSON S, SCOTT K S. A case study of cluttering treatment outcomes in a teen[J]. Procedia–social and behavioral sciences, 2015, 193: 141–146.

[22]　COSYNS M, MEULEMANS M, VERMEULEN E, et al. Measuring articulation rate: a comparison of two methods[J]. Journal of speech, language, and hearing research, 2018, 61(3): 2772–2778.

[23]　LOUIS K O S, MYERS F L. Clinical management of cluttering[J]. Language, speech, and hearing services in schools, 1995, 26(2): 187–195.

（原载于《听力学及言语疾病杂志》2021年第5期）

蒙古语的后置词短语

高莲花

摘要： 按照生成语法理论的语类规则，蒙古语的后置词属于能够形成后置词短语的功能语类，而不是实词类的附属语类。本文在最简方案框架内分析蒙古语后置词短语及其句法结构特征，并用树形图表达其形成过程。

关键词： 蒙古语；后置词短语；最简方案

一、关于蒙古语的后置词

用在静词后边表示静词和其他词的种种关系，并增添某种语法意义的一类虚词叫作后置词（内蒙古大学蒙古学学院蒙古语文研究所，2005），其作用和格附加成分类似，但它所表示的意义比后者更具体一些。后置词给静词增添比较、时位、目的、原因、数量范围、对象、递进关系等方面的意义。它支配居于其前面的静词的格，有时在它后边也可以附加格附加成分；在句子里它不能充当独立的句子成分。它辅助别的静词表示多种语法关系的同时，和静词共同充当句子成分（清格尔泰，1991）。

按照生成语法理论语类规则，蒙古语的语类可分为词汇语类和功能语类两大类。词汇语类包括名词、动词、形容词、代词、数词、量词、时位词、情态词、摹状词等，相当于传统语法所说的实词类。功能语类包括副词、后置词、语气词、连词、感叹词、格、复数、领属、时、态、体、

作者简介：高莲花，语言学及应用语言学博士，中央民族大学中国少数民族语言文学学院教授、硕士研究生导师，主要研究方向为生成语法理论、现代蒙古语语法。

式、助动词、轻动词、静词化成分（副词化、形容词化、名词化）等。并非所有的语类都能形成相应的短语。在传统语法描写中，只有实词类才被作为句子成分，而发挥重要句法功能的格、复数、领属、否定、静词化成分、时、态以及后置词、体、助动词等功能语类被看成名词和动词类的附属语类，因而没有获得应有的句法地位及充分的研究。在生成句法框架内，功能语类被视为重要的句法单位，并能够形成（form）相应的短语，即它们在短语结构里起核心词作用。后置词（POST，postposition）可以与名词类成分自由合并（merge），构成后置词短语（POSTP，postposition phrase）（力提甫·托乎提，2017）。

本文按短语结构规则，探讨后置词短语的形成过程及其句法结构特征。

二、蒙古语后置词的分类

蒙古语的后置词有yosoɣar"按照"、činege"程度"、tuhai"关于"、turšida"过程"、hürtele"到"等。按其意义可分为：（1）表示比较的，如šiG"像"、adali"一样"、yosoɣar"按照"、metü"像"、hiri"程度"、ögere ügei"一样"等；（2）表示时位的，如turši"终，整，以来"、turšida"过程"、daɣau"沿"、daɣus"整个过程"、teši"方向"等；（3）表示数量和范围的，如ɣarui"多"、ilegüü"多"、šiham"约"、šihaɣu"约"、bolɣan"每"、böri"每"、nige böri"每"、boltala"到"、hürtele"到"等；（4）表示原因和目的的，如tula"因为、所以"、bolhor"由于"、tölöge"为"、tulada"为了"、učir-ača"由于"、ulam-ača"由于"、haraɣa-bar"由于"等；（5）表示对象的，如tuhai"有关、关于"；（6）表示递进关系的，如tutum"每"、tusum"愈"等（清格尔泰，1991）。

三、蒙古语后置词短语的形成及其结构特征

后置词短语是指由后置词与其他语类或短语合并形成的短语，即在短

语结构中后置词位于核心词位置，支配其补足语或附加语。蒙古语的30多个后置词一般都可以与名词类成分自由合并，构成后置词短语。其中，有些后置词可以与不带任何格的名词、代词、数词、时位词、名词短语、形容词化短语、格短语合并，并形成后置词短语。

（一）与名词或名词短语合并

后置词可与名词（N）或名词短语（NP）合并，形成后置词短语，如honi šiɣ"羊一样"、harbuɣsan somo metü"射出的箭似的"、jam daɣau"沿路"等，用树形图表示其形成过程及其结构特征如下：

图、图3是名词与后置词合并形成的后置词短语，图2是名词短语和后置词合并形成的后置词短语。

（二）与格短语合并

后置词可以与格短语（KP）合并，形成后置词短语，如arad tömen-ü tölöge "为人民"、yehe hural-un tuhai "关于大会"、jiɣaburi-yin yosoɣar "按指示"、üjegsen-tei adali "看过似的"等，用树形图表示其形成过程及其结构特征如下：

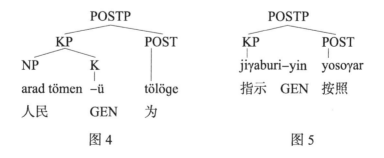

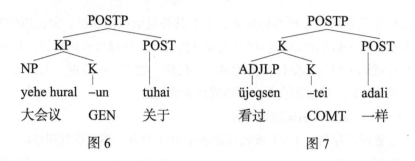

图 6　　　　　　　　　　　　　　　图 7

图4是后置词tölöge"为"与由功能语类格（K）形成的格短语arad tömen-ü"人民的"合并，形成的后置词短语；图5中名词jiγaburi"指示"先与格语缀–yin合并，形成格短语jiγaburi–yin"指示的"，再与后置词yosoγar合并，形成后置词短语；图6中核心名词hural"会议"先与形容词语类（ADJ）yehe"大"合并，形成名词短语yehe hural"大会"，名词短语再与格语缀–un合并，形成格短语yehe hural-un"大会的"，格短语与后置词tuhai"关于"合并，形成后置词短语yehe hural-un tuhai"有关大会"；图7中形容词化短语（ADJLP）üjegsen"看过"先与格语缀–tei合并，形成格短语üjegsen-tei"和看过的"，再与后置词adali合并，形成的后置词短语üjegsen-tei adali"看过似的"。

（三）与形容词化短语合并

后置词可与形容词化短语合并，形成后置词短语，如baγši-yin helegsen yosoγar"按照老师说的"、helehü tusum"愈说愈"、tegün-i üjegsen metü"好像见过他似的"、irehü bolγan"每次来"等，用树形图表示其形成过程及其结构特征如下：

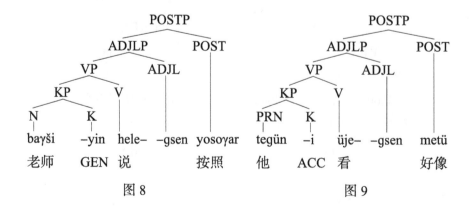

图 8　　　　　　　　　　　　　　　图 9

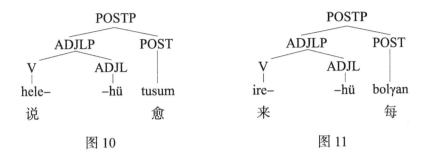

图 10　　　　　　　　　　　　　　图 11

　　图8中后置词短语的核心是由动词（V）hele–"说"扩展出来而形成的。动词hele–"说"与名词baγši"老师"合并形成动词短语（VP）baγši hele–"老师说"，动词短语与形容词化语缀（ADJL）-gsen合并，形成形容词化短语baγši–yin helegsen"老师说的"，后置词yosoγar"按照"与形容词化短语合并，形成后置词短语baγši–yin helegsen yosoγar"按照老师说的"；图9是从核心动词üje–"看"扩展出来的，动词先与格短语tegün–i"把他"合并，形成动词短语tegün–i üje–"看他"，动词短语再与形容词化成分-gsen合并，形成形容词化短语tegün–i üje–gsen"见过他"，形容词化短语与后置词metü"像"合并，形成后置词短语tegün–i üje–gsen metü"好像见过他似的"；图10、图11也是从形容词化短语与后置词合并形成的后置词短语。

（四）与否定短语合并

　　后置词可与否定短语（NEGP）合并，形成后置词短语，如baγši–yin helegsen–i oilaγaγsan ügei bolhor"由于没有理解老师说的"、sain čirmaiγsan ügei tula"因为没有好好努力"等，用树形图表示其形成过程及其结构特征如下：

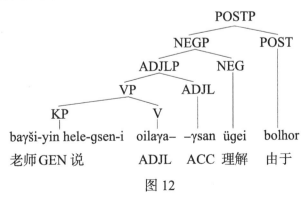

图 12

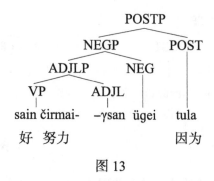

图 13

图12中后置词短语的形成过程比较复杂，是由动词短语（VP）baγši hele-"老师说"扩展出来形成的；VP与形容词化成分-gsen合并，形成形容词化短语（ADJLP）baγši-yin helegsen"老师说的"，ADJLP与宾格语缀（ACC）-i合并，形成格短语（KP）baγši-yin helegsen-i"把老师说的"；KP与动词oilaγa-"理解"合并，形成动词短语（VP）baγši-yin helegsen-i oilaγa-"理解老师说的"，VP与形容词化成分-γsan合并，形成形容词化短语baγši-yin helegsen-i oilaγa-γsan"理解老师说的"，再与否定成分（NEG）ügei合并，形成否定短语（NEGP）baγši-yin helegsen-i oilaγa-γsan ügei"没有理解老师说的"，NEGP与后置词bolhor合并，形成后置词短语baγši-yinhelegsen-i oilaγa-γsan ügei bolhor"由于没有理解老师说的"。

图13是从核心动词短语（VP）sain čirmai-"好好努力"扩展出来的，VP先与形容词化成分-γsan合并，形成形容词化短语（ADJLP）sain čirmai-γsan"好好努力"，ADJLP与否定成分ügei合并，形成否定短语（NEGP）sain čirmai-γsan ügei"没有好好努力"，NEGP与后置词tula"因为"合并，形成后置词短语sain čirmai-γsan ügei tula"因为没有好好努力"。

（五）与其他语类合并

后置词可与其他语类合并，形成后置词短语，如ene metü"类似的"、jaγu hiri"一百来个"、baraγun teši"朝西"等，用树形图表示其形成过程及其结构特征如下：

图 14　　　　　　　图 15　　　　　　　图 16

图14是代词（PRN）ene "这个" 与后置词metü "一样" 合并形成的后置词短语；图15是数词（NUMP）jaɣu "一百" 与后置词hiri "程度" 合并形成的后置词短语；图16是时位词（LQ）baraɣun "西" 与后置词teši "朝" 合并形成的后置词短语。

从以上几种后置词短语的句法结构特征树形图可以看出，后置词语类可与名词语类或名词短语、格短语、形容词化短语、代词、数词、时位词等合并，形成后置词短语。

后置词短语也可与其他语类及短语合并，形成相应的短语，如arad tömen–ü tölöge üilečilehü "为人民服务"、honi šiɣ nomohan "像羊一样老实"、yehe hural–un tuhai yarilča–ba "讨论了有关大会"、yehe hural–un tuhai sanal "有关大会的建议"、baɣši–yin helegsen yosoɣar hihü "按照老师说的做"、helehü tusum aɣurlana "愈说愈生气"、tegün–i üjegsen metü bile "好像见过他似的"、üjegsen–tei adali yari–ju bai–na "说得像亲眼见过一样"等，用树形图表示这些后置词短语与其他语类或短语合并而形成的各类短语的形成过程及其结构特征如下：

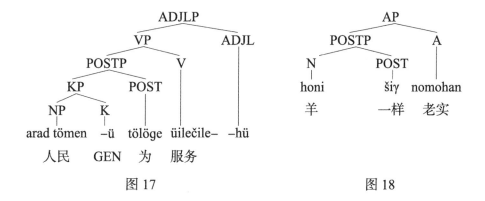

图 17　　　　　　　　　　　　　图 18

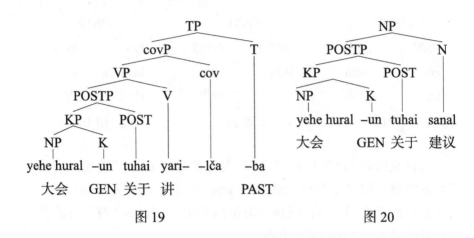

图 19　　　　　　　　　　　　　　　　图 20

　　图17中后置词短语arad tömen-ü tölöge "为人民" 与动词üilečile-"服务" 合并，形成动词短语（VP）arad tömen-ü tölöge üilečile-"为人民服务"，VP与形容词化语缀-hü合并，形成形容词化短语arad tömen-ü tölöge üilečilehü "为人民服务"；图18中后置词短语honi šiɣ "羊一样" 与形容词nomohan "老实" 合并，形成形容词化短语honi šiɣ nomohan "羊一样老实"；图19中后置词短语yehe hural-un tuhai "有关大会" 与动词yari- "讲" 合并，形成动词短语yehe hural-un tuhai yari- "讲有关大会（的事）"，动词短语再与同动态轻动词语缀（cov）-lča-合并，形成同动态轻动词短语（covP）yehe hural-un tuhai yarilča- "讨论有关大会（的事）"，covP与过去时态语缀（T）-ba合并，形成时态短语（TP）yehe hural-un tuhai yarilča-ba "讨论了有关大会"；图20中后置词短语yehe hural-un tuhai "关于大会" 与名词sanal "想法、建议" 合并形成的名词短语yehe hural-un tuhai sanal "有关大会的建议"。

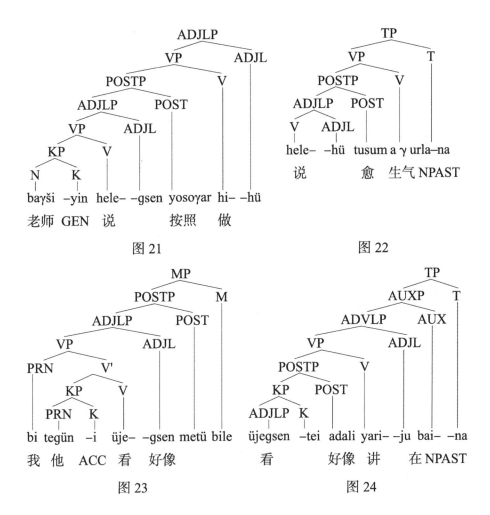

图 21　　　　　　　　　　图 22

图 23　　　　　　　　　　图 24

　　图21中后置词短语baɣši–yinhelegsen yosoɣar "按照老师说的"与动词hi– "做"合并,形成动词短语,动词短语再与形容词化语缀–hü合并,形成形容词化短语baɣši–yinhelegsen yosoɣar hihü "按照老师说的做";图22中后置词短语helehü tusum "愈说愈"与动词aɣurla– "生气"合并,形成动词短语(VP)helehü tusum aɣurla "愈说愈生气",VP与时态语缀–na "非过去时(NPAST)"合并,形成时态短语helehü tusum aɣurlana "愈说愈生气";图23中后置词短语bi tegün–i üjegsen metü "我好像见过他似的"与功能语类语气词(M)bile合并,形成语气词短语(MP)

bi tegün-i üjegsen metü bile "我好像见过他似的"；图24中后置词短语
üjegsen-tei adali"像见过一样"与动词yari-"讲"合并，形成动词短语（VP）
üjegsen-tei adali yari-"像见过一样说"，VP与副词化语缀（ADVL）–ju
合并，形成副词化短语（ADVLP）üjegsen-tei adali yari-ju "像见过一
样说"，ADVLP再与助动词（AUX）bai-"在"合并，形成助动词短语
（AUXP）üjegsen-tei adali yari-ju bai-"说得像见过一样"，AUXP与时态
成分–na合并，形成时态短语üjegsen-tei adali yari-ju bai-na "说得像亲眼
见过一样"。

综上所述，蒙古语后置词属于自由功能语类，它能够与名词、代词、
数词、时位词等词汇类语类或名词短语、形容词化短语、格短语、否定短
语等短语合并，形成后置词短语；后置短语也能够与其他语类或短语合并，
形成结构更复杂的短语。由此可见，蒙古语后置词不是传统语法所说的实
词的附属语类，而是能够起核心词作用的、重要的功能语类之一。

参考文献：

嘎日迪，2007. 现代蒙古语（蒙古文，第2版）[M]. 呼和浩特：内蒙古教
　　育出版社.

力提甫·托乎提，2004. 阿尔泰语言的句法结构：从短语结构到最简方案
　　[M]. 北京：中央民族大学出版社.

力提甫·托乎提，2017. 最简方案：阿尔泰语言的句法结构[M]. 北京：中
　　央民族大学出版社：262.

内蒙古大学蒙古学学院蒙古语文研究所，2005. 现代蒙古语（蒙古文）[M].
　　呼和浩特：内蒙古人民出版社：107.

清格尔泰，1991. 蒙古语语法[M]. 呼和浩特：内蒙古人民出版社.

清格尔泰，1999. 现代蒙古语语法（蒙古文，修订版）[M]. 呼和浩特：内
　　蒙古人民出版社.

RADFORD A, 1997. Syntactic theory and the structure of English: a minimalist
　　approach[M]. Cambridge: Cambridge University Press.

（原载于《民族语文》2021年第5期）

藏语属格的多功能性

格日杰布

摘要：文章认为历代藏文文献和现代方言显示藏语属格存在表限定、施事、工具、方式、原因、来源、差比、标句词、进行体、将来时、转折、陈述句语气等多种功能。从语义地图考察，这些功能均以"领属"为中心逐步产生，相互间存在共同的表达形式和语义基础。

关键词：藏语；属格；多功能性；语义图

一、引言

领属是人类认知世界的基本概念之一，根据各语言使用不同的句法编码表达领有者（possessor）和领有物（possessed）之间的关系，一般把世界语言的领属结构概念分为三个主要类型，即定语领属（attributive possession）、谓词领属（predictive possession）和外部领属（external possession）。[①]本文探讨藏语的定语领属，其表达领有者和领有物两个成分之间的修饰关系，领有者是中心语（head），领有物是从属语（dependent）。藏语的领属关系由表领属义的gi类词表示，在早期碑文

作者简介：格日杰布，民族学（藏学）博士，中央民族大学中国少数民族语言文学学院副教授、硕士研究生导师，主要研究方向为古藏文形态句法、藏语支语言、文献语言学等。

[①]　Heine B., *Possession: Cognitive Sources, Forces and Grammaticalization*, Cambridge: Cambridge Unibersity Press, 1997, pp.45 — 142. Doris L., Payne and Immanuer Barshi, *External Possession: What, Where, How and Why*, Amsterdam: John Benjam ins Publishing Co., 1999.

和敦煌非佛教文献中这类标记仅表示领属义①，但在后世著作和现代方言中②，属格用途广泛，不限于表示领属关系，后期出现的功能已经超出了领属范畴，由此形成了功能的多样性。

　　藏语属格有五个变体（gyi、kyi、gi、vi、yi），以前一个音节的后加字而定，即：后加字为 –n/–m/–r/–l 时加 gyi，后加字为 –d/–b/–s 时加 kyi，后加字为 –g /–ng 时加 gi，后加字为 –v 时加 yi 和 vi（并入加一个音节）。学界一般认为这五个变体最初源自一种形式，但对几种形式的演变顺序有不同的观点。Benedict 认为原始藏缅语的属格为 [*ki]③，但 DeLancey④认为 [*ki] 是由一种名物化标记演变而来，而并非属格原形⑤。Walter Simon 认为藏语属格原形为 ['yi]⑥，文国根依据敦煌汉藏对音和藏语现代方言，认为属格早期形式为 [gi]，而 [vi]、[gyi]、[kyi] 都由此演变而来⑦。Genetti 也提出了类似的假设⑧。黄布凡以敦煌藏文文献为参考，认为 [gyi] 出现的时间最早⑨，但这种形式只能是博语支语言（Bodish Language）内部的创新，而

　　①　本文考察的碑文分别来自雪碑、桑耶寺碑、琼结碑、谐拉康碑、噶迥寺建寺碑、工布刻石、赤德松赞墓碑、唐蕃会盟碑。李方桂、何蔚南：《古代西藏碑文研究》，拉萨：西藏人民出版社，2006年。本文考察的文献分别为 P.T.1038、P.T.1068、P.T.1286、P.T.1287、P.T.1288、ITJ750、ITJ8212、ITJ1284。数据来源：International Dunhuang Project: http://idp.bl.uk/; OTDO: https://otdo.aa–ken.jp/。

　　②　本文考察的历代文献为《〈巴协〉汇编：藏文》《柱间史》《汉藏史集》《米拉日巴传》《红史》《父母叫我如是说：安多学者与安多口语》《南喀诺布文集（第2卷）》和《藏文民间叙事诗集》。现代方言包括拉萨、拉卜楞、泽库、东纳方言等，语料均引自现已出版著作。

　　③　Benedict, Paul, *Sino-Tibetan: A conspectus*, Cambridge: Cambridge University Press, 1972, p.89.

　　④　DeLancey, Scott, "Etymological note on Tibeto–Burman case particles", *Linguistics of the Tibeto-Burman Area*, vol.8, no.1, 1984, pp.59 — 77.

　　⑤　属格存在"名物化＋领属"一体化的功能，可直接出现在由谓语性成分结尾的短语和小句后面连接其后置中心语，在《柱间史》《红史》和《米拉日巴传》中有很多实例。

　　⑥　Walter, Simon, "Tibetan dang, cing, kyin, yin and 'am", *Bulletin of the School of Oriental and African Studies*, vol.10,1942, pp.954 — 975.

　　⑦　文国根：《略论藏文"gi"字的演变》，载《西藏民族学院学报》1981年第4期。

　　⑧　Genetti, Carol, "The development of subordinators from postpostions in Bodic Languages", in *Proceedings of the Twelfth Annual Meeting of the Berkeley Linguistics Society*, 1986, pp.387 — 400.

　　⑨　黄布凡：《从敦煌吐蕃历史文献看藏文不自由虚词用法的演变》，载《敦煌吐蕃文化学术研讨会论文集》，兰州：甘肃民族出版社，2009年。

不可能是原形，因为其余藏缅语族语言中没有颚化的现象①，比如藏语巴尔蒂方言中属格形式是[i]和[e]。属格早期形式的确定需要考虑整个藏缅语以及汉藏语系的演变规律，由于资料有限，本文尚无法回应这个问题。上述讨论显示虽然对变体间的演变顺序有不同的观点，但一致认为从一个形式分化而来，这个事实从早期碑文和敦煌文献中能得到证实，五种变体中yi出现时间最晚，大约形成于9世纪左右。②属格变体的分化和功能的多样化与之语法化有关系。俞敏认为藏语[gyi]和汉语"其"有同源关系③，Walter Simon写到这种观点最初由Sten Konow提出，但笔者未找到这篇文章。Jäschke认为[kyi]表示"这个"之意④，这符合属格来自指示代词的演变共性，因为名词性指示词是领属标记的一种普遍来源，存在"指示代词>领属标记"的属格演变规律。⑤但在本人考察的历代文献和现代方言中，未发现[kyi]单独表示"这个"义的实例。gi类词多数与[ya]、[pha]和[ma]等组合出现。敦煌文献PT1290.V08中存在[phI.ki]（那个）⑥，米拉日巴传记和安多民间文学中存在pha.gi（那个）、ya.gi（上面那个）和ma.gi（下面那个）等记载⑦，Jäschke写到部分藏语方言中[pha gyi]和[–ha gyi]表示"这个"之意⑧，拉萨方言中存在[pha⁵⁴.ki]（那个）⑨。据考察，藏

---

① Randy J. LaPolla, "Ergative marking in Tibeto–Burman. New Horizon in Tibet–Burman Morphosyntax", *Senri Ethnological Studies* 41, Osaka: Nationl Museum of Ethology, 1995.

② 格日杰布：《敦煌古藏文句法结构研究》，博士学位论文，中央民族大学藏学研究院，2018年，第42页。

③ 俞敏：《俞敏语言学论文集》，北京：商务印书馆，1999年。

④ H. A. Jäschke, *Tibetan Grammar*, Berlin: Walter de Gruyter, 1929.

⑤ Heine, Bernd, *Possession: Cognitive Sources, Forces, and grammaticalization*, Cambridge:Cambridge University Press, 1997, p.78. 石毓智、李呐：《汉语发展史上结构助词的兴替——论"的"的语法化历程》，载《中国社会科学》1998年第6期，第165—180页。

⑥ 文献来源：OTDO: https://otdo.aa–ken.jp/archives.cgi?p=Pt_1290 。

⑦ 瑞白敬坚：《米拉日巴传》，拉萨：西藏人民出版社，2000年。甘南州文化局编：《藏文民间叙事诗集》，西宁：青海民族出版社，1991年。

⑧ H. A. Jäschke, *Tibetan Grammar*, London: TRUBNER & CO., 57&59, LUDGATE HILL, 1883, pp.37—38.

⑨ 胡坦：《藏语研究文论》，北京：中国藏学出版社，2002年，第37页。

语中 gi 与 ga 有密切关系，de ga（那个）、vdi①ga（这个）②和 gan（那个）等组合同样表示相同的意义，de ga 和 gan 分别由前后不同的成分表示"那"义，而核心部分"ga"表示"某个"，在历代文献中 ga 可以单独表示"那个"之意③。由此本文初步假设藏语属格可能同样是由表示"某个"义指示词语法化而来。随着指示词进一步发生语法化，逐渐失去实际意义而变成表达语法范畴的虚词。在实词阶段只有一种形式，当其作为一个独立单位时，语音上有强、长、繁的特性，它的形态不易变化。后期这种特性逐步消失，变为依附于上一个音节，如此具有了音变的条件，进而出现了五种变体。但由于材料所限，目前无法对这些假设进行详细阐述。

正如上述属格变体的形成，其功能也经历了一分为多的演变。本文将证实这种演变在历代文献中都能得到考证。以往文法著作对属格功能进行了不同程度的解释，但未能归纳全部功能。珍贝益西扎巴（10世纪左右）记载属格表示相互关系（phan tshun gyi don vbrel bar sbyor ba），其例句属于限定功能④。嘎玛司徒（1744）认为属格功能有"能依"和"所依"或"支"和"干"的关系⑤。Hodge 将属格划分为所有物、具体说明、归属、依存（主格依属和受格依属）和限定功能等五类⑥。Hannah（1912）⑦和才旦夏茸⑧、毛尔盖·桑木旦⑨等也从语义视角对此进行了不同程度的分类，但未能区分语义和语法功能的区别，仅从语义视角对其作定语标记的功能

---

① 本文拉丁转写中，v 表示 ꞏ，其余字母与 wylie 转写系统一致。

② H. A. Jäschke, *Tibetan Grammar*, London: TRUBNER & CO., 57&59, LUDGATE HILL, 1883, pp.37 — 38.

③ 普日科：《父母叫我如是说：安多学者与安多口语》，北京：民族出版社，2010年，第151页。

④ 珍贝益西扎巴：《语门文法概要》，北京：民族出版社，1980年，第56页。

⑤ 嘎玛司徒：《司徒文法详解》，西宁：青海民族出版社，2005年，第70页。

⑥ Stephen Hodge, *An Introduction to Classical Tibetan*, England: Aris&Phillips-Warminster, 1990, pp.21 — 24.

⑦ 属格功能分为：possessive aspect, qualificative aspect, purposive aspect. Herbert Bruce Hannah, *A Grammar of Tibetan Language*, Calcutta:The Baptis Mission Press, 1912, pp.46 — 47.

⑧ 才旦夏茸：《藏文文法》，兰州：甘肃人民出版社，1980年，第31页。

⑨ 作者认为属格表示领属和转折语气，领属功能可分为9种。参见毛尔盖·桑木旦：《藏文语法明悦》，西宁：青海民族出版社，2005年，第62页。

进行了分类。王志敬将属格分为词间和句间属格两大类①，他虽然考虑了结构和语义双层因素，但这种分类存在概念混淆和界线不明的现象，比如原因句、结果句、目的句和转折－结果句实则属于限定功能等问题。多识认为属格有属格和非属格之分，属格功能有13种语义性小类，非属格是指具有句法意义的连词②。这种二分法说明作者已发现属格多功能性问题，但未能系统梳理非属格功能。贺文宣依据文献记载认为属格除了一般功能之外，还具有陈述语气和表示将来时态的作用③。这两种功能的认定是作者的新发现，但将来时的例句中存在不相符的问题。格桑居冕、格桑央金认为属格有前置定语和转作对比复句的连词两种用法④，Nicolas认为其功能可分为领属助词，关系从句标记和转折标记三种功能⑤。这两位著者注意到了语法功能，但分析同样不周全，从而没能把属格的多功能问题解释清楚。本文通过对历代文献与现代藏语方言的分析，试图全面解释藏语属格的多种功能及其形成的语义动机。据考察，藏语属格存在表示限定功能、施事、来源、差比、转折、标句词、时体和语气等功能。这些功能之间存在概念的内在关联，本文将参照语义地图模型呈现这些功能之间的关系。

二、藏语属格的多种功能

（一）限定功能

限定表示限定语和中心语之间的领属关系，是该词类的基本功能。藏语中凡是定语的位置在中心语之前的结构都要用属格来关联，属格位于限定语和中心语之间。这种结构符合相似性原则，属格作为联系项，相当

---

① 王志敬：《藏文vbreLsgra（属格）新探》，载《西藏研究》1985年第4期。

② 多识：《藏语语法论集》，兰州：甘肃民族出版社，1987年，第40页。

③ 贺文轩：《藏文典籍中属格助词的特殊用例之我见》，载《西北民族大学学报》（哲学社会科学版）1983年第1期，第90 — 105页。

④ 格桑居冕、格桑央金：《实用藏文文法》，成都：四川民族出版社，2014年，第10 — 17页。

⑤ Nicolas Tournadre, "The Classical Tibetan cases and their trasnscategoriality: From sacred grammar to modern linguistics", *Himalayan Linguistics*, vol.9, no.2, 2010, pp. 87 — 125.

于介绍人，自然要出现在两个事物中间。①藏语的限定语可以是名词、形容词、代词、动名词和名词性小句，中心词一般由名词，代词和动名词充当。限定功能在语义上表示物与产物（rgu vbras）、源于同物（ngo bo bdag gcig）、依者与所依（rten dang brten pa）、干与支（yanlag dang yan lag can）、特征具有者与特征（khad gzhi dang khayd chos）、主与物分类（bdag dang dngos po）等关系。藏语传统文法家对属格限定功能的语义分类已有详细梳理，本文不展开讨论。

（二）表示施事、工具、方式和原因

在早期藏文碑文和敦煌文献中，作格和属格有不同的形式，且书面藏语仍然保留了这种用法，但笔者发现部分文献中存在属格表示施事者、工具、方式和原因等功能。

1. 表示施事

在下列句子中，gi类词出现在名词和代词之后分别表示例（1）中的施事 khyed（你）和例（2）中的施事 nga（我），两个例句的及物动词 mthong 和 vgrub 分别有对应的宾语 ci vdug pa 和 mchod rten。例如：

（1）khyed–kyi　nga–vi　mdun–du　　ci　vdug–pa　mthong–
　　　你–表施事　我–属格　前面–位格　什么　有–名物化　见–

　　　ngam　　gsungs–pas/
　　　疑问词　说–表原因②

（2）nga–vi　　nub　gcig–la　　　mchod.rten　bye.ba–bas
　　　我–属格　晚上　一个–表时间　佛塔　　　一千万–表对比

　　　gcig–kyang　mi　vgrub.pas/
　　　一个–副词　不　完成③

---

① Dik Simon C., *The Theory of Functional Grammar. Part 1: The Structure of the Clause*, ed. By Kees Hengeveld, Second, revised version, Berlin and New York: Mouton de Gruyter, 1997.

② ཁྱེད་ཀྱི་ངའི་མདུན་དུ་ཅི་འདུག་པ་མཐོང་ངམ་གསུངས་པས། 觉沃阿底峡：《柱间史》，兰州：甘肃民族出版社，1989年，第3页。汉译："你刚才看见我前面有什么吗?"卢亚军译注：《柱间史：松赞干布的遗训》，北京：中国藏学出版社，2010年，第4页。

③ ངའི་ནུབ་གཅིག་ལ་མཆོད་རྟེན་བྱེ་བ་བས་གཅིག་ཀྱང་མི་འགྲུབ་པས། 觉沃阿底峡：《柱间史》，兰州：甘肃民族出版社，1989年，第93页。汉译："……难的是，别说一夜之间造立一千万尊佛像，就连一尊我也完不成。"卢亚军译注：《柱间史：松赞干布的遗训》，北京：中国藏学出版社，2010年，第55页。

　　这种记载并非误写，《柱间史》和《红史》均有这类用法。在现代藏语诸方言中，作格和属格发生语音简化而走向趋同，①这种音变是博语支语言（Bodish Language）共有的一种特征。②关于作格和属格的来源，学界有不同的观点，札得（1671—1731）认为藏语作格的来源与sa（土）有关联，sa指地点，表示有施事的地点，③Simon认为作格的早期形式为*sa~so，DeLancey基于这种观点认为"属格＋–s"结构形成于后期，Genetti则认为作格和属格的本身是同一个形式，后发生音变，属格的后加字–s逐步脱落而出现了分化。早期藏文文献证实，藏语的这两个语法范畴由两种不同的形式标注，施事和领属义分别由作格和属格表示，工具、方式和原因状语由作格标注。然而，上述例句证实了属格同样表示这四种功能。

2.表示工具和方式

　　在下列例句中，gi类词表示工具和方式。例（3）的谓语是slebs，gi出现在名词后面标注lag为其工具。例（4）的谓语为不及物动词lang，yi说明动词vbri为方式。在这两个句子中，gi类词相当于汉语介词"用"或"以"，与书面藏语的gis和yis有相同的功能。

（3）lag–gi　　　　slebs–na　　　　　lag.pa bregs/khas　　　slebs–na
　　　手–表工具　得到–表假设　　手　　砍　　嘴：作格　得到–表假设
　　　lce　thon/
　　　舌头　取出④

----

① 周毛草：《古藏语作格助词在现代方言中的表现》，载《民族语文》2011年第2期，第34—39页。

② Randy J. LaPolla, "On nominal relational morphology in Tibeto–Burman", *Studies on Sino-Tibetan Languages* (April 2004), pp.43—73.

③ 札得仁钦端智：《札得文法》，西宁：青海民族出版社，1980年，第36页。

④ ལག་གི་སྟེ་བས་ན་ལག་པ་བྲེགས། ཁས་སྟེ་བས་ན་ལྕེ་ཐོན། 蔡巴贡嘎多吉：《红史》，北京：人民出版社，1981年，第150页。汉译："断其手，割其舌。"陈庆英、周润年译：《红史》，拉萨：西藏人民出版社，1988年，第129页。

（4）ngo.mtshar–gyi　rnam.thar　mthav.yas.pa–ni　vbri–yi

神奇–属格　　　传记　　　无数–话题标记　写–表方式

mi　lang/

不　完成①

例（3）中gi出现在动词slebs和名词lag中间，此处无法分析为领属结构。在后一句中，相同的动词之前的kha标有作格–sa，从而能明确gi与–sa功能相同，二者均表示工具。例（4）的结构更为清楚，yi后面出现了否定词，不可能表示领属，且在书面藏语中有很多类似的结构，比如：brjod kyis mi lang（讲也讲不完）中khyis与yi属于功能相同的词。

3.表示原因

在下列例句中，gi类词连接两个小句表示前后存在因果关系，充当状语标记。在有些例句中，这种结构表示的因果关系不是很明显，需要靠语境来推理，这种变化说明这类词进一步发生了语法化。

（5）Mtshur.kar.nang.ba–s　gtso.byas–kyis　mal.stobs–dang　sku.rim–sogs

楚噶囊巴–作格　　　为主–作格　　保镖–和　　　仆人–等等

zhu.tshigs–byas–pa–vi　　　ma　zhus–pa–nas　　mkhyen/

请示–做–名物化–表原因　未　说–名物化表起止　知道②

（6）mkhas.vgro　thams.cad　bros　gnam　gung.dgu–la　skas　dgu

空行母　　　全部　　　逃亡　天　　九层–位格　台阶　九

vdug–pa–vi　　　skas　cig–la　　vdzes–pa–vi　　　ma　thar.bar/

有–名物化–属格　台阶　一个–位格　爬–名物化–表原因　不　越过③

---

① རོ་མཚར་གྱི་རྣམ་ཐར་མཐའ་ཡས་པ་ནི་འབྲི་ཡི་མི་ལང་། 蔡巴贡嘎多吉：《红史》，北京：民族出版社，1981年，第100页。汉译："他有无数奇特之事迹。"陈庆英、周润年译：《红史》，拉萨：西藏人民出版社，1988年，第77页。

② མཚུར་ཀར་ནང་པ་ས་གཙོ་བྱས་ཀྱིས་མལ་སྟོབས་དང་སྐུ་རིམ་སོགས་ཞུ་ཚིགས་བྱས་པའི་མ་ཞུས་པ་ནས་མཁྱེན། 蔡巴贡嘎多吉：《红史》，北京：人民出版社，1981年，第112页。汉译："……楚噶囊巴为主所有的保镖和仆人请示事情时，还未说话法王就知道他要问什么。"陈庆英、周润年译：《红史》，拉萨：西藏人民出版社，1988年，第98页。

③ མཁས་འགྲོ་ཐམས་ཅད་བྲོས་གནམ་གུང་དགུ་ལ་སྐས་དགུ་འདུག་པའི་སྐས་ཅིག་ལ་འཛེགས་པའི་མ་ཐར་བར། 蔡巴贡嘎多吉：《红史》，北京：人民出版社，1981年，第95页。汉译："所有空行母逃走了，登九重天有九层天梯，他只登上一层，故未逃脱。"陈庆英、周润年译：《红史》，拉萨：西藏人民出版社，1988年，第84页。

在上述例句中，属格vi出现在两个小句中间，标注前一个小句为表原因的从句，而后一个小句为表示结果的主句。属格表示施事、工具、方式和原因等之间存在紧密的语义关系，笔者将在结论部分进行相关解释。

（三）表示来源和起止

在现代安多方言中，gi类词具有表示来源和起止的功能，这种用法在部分民间文学著作中也有记载。据笔者考察，表示这类关系的只有gi，未发现其他变体。例如：

（7）mgron.bo　pe.cin–gi　　　　yong–ni　　red/

　　　客人　　北京–表示来源　　来–名物化　　是①

（8）dus　gzhug–gi　　　　da　rag　bar–la/

　　　时间　后面–表示起止　现在　直到　期间–表时间②

在例（7）中gi出现在名词pe.cin后面，yong是主要谓语，后置词缀ni–red表示过去时，例（8）中gi出现在名词gzhug和da中间表示时间的起止。在这两句中gi类词可由nas替换而意义不变。

（四）表示差比

在安多拉卜楞和泽库方言中，gi类词具有表示差比的功能，书面藏语中las和bas具有相同的功能。③例如：

（9）te.ring　kha.sang–gi–ra　　　　vkhyag　red/

　　　今天　昨天–表差比–副词　　冷　　是④

Greenberg指出后置词语言的差比句结构一般是"（比较对象）+基

---

① 东主才让：《藏语方言调查与研究》，北京：中国藏学出版社，2011年，第330页。汉译："客人是从北京来的。"

② 甘南州文化局编：《藏族民间叙事诗集》，西宁：青海民族出版社，1991年，第7页。汉译："从（那个）后面到现在。"

③ Hill Nathan, "Tibetan –las, –nas and –bas", *Cahiers de linguistique–Asie Orientale*, vol. 41, no. 1, 2012, pp.3 — 38.

④ 东主才让：《藏语方言调查与研究》，北京：中国藏学出版社，2011年，第330页。汉译："今年比昨天更冷。"

准–比较标记–形容词"①，在上述例句中，kha.sang是基准，gi是比较标记，vkhyag是形容词。差比助词后的ra是副词，表示"更""还"之意，在这种结构中属格充当了差比助词。在藏语东纳方言中gi类词也有着同样的功能，只是形式发生了清化。②

（五）表示目的状语

当属格连接两个谓语性成分时，充当表示目的状语的词。在藏语传统文法中③，这种联动结构中的词被命名为受益格，一般由la类助词充当。下列例句证实属格存在这种功能。例如：

（10）khə–gi　　tɕa.lak　lən–kə　　　　dzo–kha　　mə ŋan–kə/

　　　他–作格　东西　拿–表示目的　去–名物化　不 能–语气词④

（11）nga za.ma za–gi　　　　vgro–rgyu/

　　　我　　饭　　吃–表目的　去–语气词⑤

这两个例句中gi类词可由la类助词中的du和ru替换而意义不变，由此可知在这类联动结构中gi类与la类词有相同的功能，使前面的句子变成表示目的的状语。这种用法在安多民间文学中多有出现。⑥

（六）作标句词

标句词是用于标记补语性嵌套句的从属连词，具有衔接功能，即可以引出补语小句，从而突出补语从句的地位。下列例句说明属格存在标注补语小句的功能。例如：

---

①　Greenberg J. H. , "Some universals of grammar with particular reference to the order of meaningful elements", in J. H. Greenberg eds., *Universals of Language*, Cambridge, MA: MIT Press, 1963, pp.40 — 70.

②　邵明园：《河西走廊濒危藏语东纳话研究》，广州：中山大学出版社，2018年，第258页。

③　嘎玛司徒：《司徒文法详解》，西宁：青海民族出版社，2005年，第53 — 55页。

④　格桑居冕、格桑央京：《藏语方言概论》，北京：民族出版社，2002年，第238页。汉译："他不肯去拿东西。"

⑤　东主才让：《藏语方言调查与研究》，北京：中国藏学出版社，2011年，第329年。汉译："我要去吃饭。"

⑥　甘南州文化局编：《藏族民间叙事诗集》，西宁：青海民族出版社，1991年，第56页。

（12）rgyal.po-vi　thugs-la　blon.po　de　shi-vi　　　dogs-nas

国王-属格　心-位格　臣子　那个　死-标句词　怀疑-连词

vdi-skad　gsung ngo/

这么　　说-终结词①

vi在上述例句中充当补足语从句标记，没有任何实际语义，只是出于语用动机，原来作为主从复合句的补足语的小句地位提升为主句。这个标记是非强制性的，即使去掉，整句意思仍不变。这些例句体现的语序类型为：从句-标句词+言说动词。标句词和从句的语序跟语言类型有紧密关系，OV型语言中更倾向于出现"从句-标句词"的语序。②藏语的语序也吻合这种共性特征。

（七）时体功能

Nicolas和Konchok提出在拉萨方言中gi后加不同的语尾可表示将来时和非完成体③，非完成包括正在、重复或永恒（gnomic）发生的动作④。据笔者考察，这种用法并非限于现代口语，历代文献中同样存在表示相同意义的例句，只是现代方言中这类结构更为发达。在本文考察文献中，表示将来时的结构只有V[present]+gi+yin，表示进行体的有V[present]+gi+yod、V[present]+gi+vdug两种。在这些文献中，gi类词根据属格的添加法选用，而在现代方言中，一般只用gi及其清化形式。孙文访认为藏语的yod 和vdug表示"领有、处所、存在"三个概念，因此这

---

① རྒྱལ་པོའི་ཐུགས་ལ་བློན་པོ་དེ་ཤིའི་དོགས་ནས་ཡང་འདི་སྐད་གསུང་ངོ་། །觉沃阿底峡：《柱间史》，兰州：甘肃民族出版社，1989年，第190页。汉译："皇上生怕吐蕃大臣有个三长两短，便问噶尔道……"卢亚军译注：《柱间史：松赞干布的遗训》，北京：中国藏学出版社，2010年，第199页。

② Deyer Mattew, "SVO language and the OV: VO typology", *Journal of linguistcs*, 2.1991, pp.443 — 482.

③ 此文提到的结构分别为：将来时结构包括V[pre]+gi+red、V[pre]+gi+yin、V[past]+gi+dgos/chog、V[past]+gi+yong；非完成体结构包括V[pre]+gi+vdug、V[pre]+gi+yod red、V[pre]+gi+yod、V[pre]+gi+red。Nicolas Tournadre, Konchok Jiatso, "Final Auxiliary Verbs in Literary Tibetan and in the Dialects", *Linguistics of the Tibeto-Burman Area*, vol.24, no.1, 2011, p.58.

④ Nagano Yasuhiko, "Functions of a Written Tibetan instrumental particle, -kyis, Revisited", *Senri Ethnological Studies*, vol. 41, 1995, pp.133 — 140.

两个存在表示进行体和完成体的功能[1]，但这类词无法独立表达以上时体功能，需要与gi类词组合特定结构，同样，gi类词也不具备单独表达时体的功能，由此可知这些已经形成了固定的结构。为了便于理解，本文将分为进行体和将来时两种进行阐述。

1. 进行体

进行体表示一种不间断的动态过程[2]，gi类词后加存在动词表示动作或行为相继发生之意。主要结构有V[present]+gi类词+V，在下列例句中存在动词由vdug、yod.vdug和yod充当。

（13）gang.ti. se-vi　　rtsa- na　　lha-vi　　bu.mo gsum snod
　　　 底斯雪山－属格　 山脚－位格　神－属格　女儿　 三　　容器
　　　 mdzes.pa re　 khyer-nas me.tog dkar ser sngo gsum vthu-
　　　 漂亮　　 一个 拿－连词 花　　白 黄 蓝 三个 采－
　　　 yi　　 vdug-pa-la/
　　　 表示进行 坐－名物化－连词[3]

（14）pan.chen na.ro.pa　de tses bcu-la　　 tsogs.gtor- gyi mchod.pa
　　　 班钦　　 那若巴 那 号 十－表时间 会供－属格　 供养
　　　 rgya.chen mdzad-kyi　　 yod　 vdug-pa-s/
　　　 盛大　　 做－表示进行 有　 坐－名物化－表原因[4]

① 孙文访：《"有（have）"的概念空间及语义图》，载《中国语文》2018年第1期。

② Payne Thomas E., *Describing Morphosytax*, Cambridge: Cambridege University Press, 1997, p.233.

③ གངས་རི་ཏི་སེའི་ཙ་ན་ལྷའི་བུ་མོ་གསུམ་སྣོད་མཛེས་པ་རེ་ཁྱེར་ནས་མེ་ཏོག་དཀར་སེར་སྔོ་གསུམ་འཐུ་ཡི་འདུག་པ་ལ། 觉沃阿底峡：《柱间史》，兰州：甘肃民族出版社，1989年，第38页。汉译："看见（冈底斯）山下有三位天女正拎着精美的花篮采撷五颜六色的鲜花。"卢亚军译注：《柱间史：松赞干布的遗训》，北京：中国藏学出版社，2010年，第27页。

④ པཎ་ཆེན་ན་རོ་པ་དེ་ཚེས་བཅུ་ལ་ཚོགས་གཏོར་གྱི་མཆོད་པ་རྒྱ་ཆེན་མཛད་ཀྱི་ཡོད་འདུག་པས། 瑞白敬坚：《米拉日巴传》，拉萨：西藏人民出版社，2000年，第74页。汉译："过去，班钦那若巴每到初十必设盛大的会供供养……"刘立千译：《米拉日巴传》，北京：民族出版社，2000年，第61页。

（15）nga-vi　　bu　vdi-yang　chung.ngu-nas/　rgyal.po-vi bya.ba

我-属格 儿子 这个-又 小时候-源格　国王-属格 事情

byed-kyi-yod-pa-s/

做-表进行 有-名物化-表原因①

如上所示，例（13）和例（14）中的V+gi+vdug和V+gi+yod vdug表示过去进行体，例（15）中的 V+gi +yod本身不区分时的概念，需要根据前面的时间从句，方可确定它表示过去进行体。若不标注时间，这类结构也可表示现在进行体。这种结构在拉萨方言中最为发达，安多方言只存在V[present]+gi +yod，而不用vdug。②在拉萨方言中，这些结构与人称和示证有紧密关系。V[present]+gi+yod一般用于第一人称，V[present]+gi+yod red用于第三人称，这两种结构表示正在、经常或习惯进行的动作，包括过去特定时间正在、经常或习惯进行的动作。当V[present]+gi+yod出现在不自主动词后时，还可以表示能否做到的意思。V[present]+gi++vdug用于自主动词时，表示亲见或新发现的第三人称正在、经常或喜欢进行的动作，也可表示过去的相同动作，当这种结构用于不自主动词时，不分人称，表示能否做到的意思。③在安多方言中，[ki]也可出现在V[present]+ki+V[present]+ki结构中，表示某一行为或动作重复或相继发生的状态。④

2.将来时

据Smith的定义，将来时的参照时间和事件时间位于同一个点，且晚于说话时间⑤。在书面藏语和拉萨方言中，V[present]+gi+yin表示将要进行的动作。例如：

---

① ངའི་བུ་འདི་ཡང་ཆུང་ད་ནས། རྒྱལ་པོའི་བྱ་བ་བྱེད་ཀྱི་ཡོད་པས། 班觉桑布：《汉藏史集》，成都：四川民族出版社，1985年，第263页。汉译："我之小儿年龄虽幼，我行事一如帝王。"陈庆英译：《汉藏史集》，拉萨：西藏人民出版社，1999年，第142页。

② 格桑居冕、格桑央金：《实用藏文文法》，成都：四川民族出版社，2014年，第187页。

③ 周季文、谢后芳：《藏语拉萨话语法》，北京：民族出版社，2003年，第87页。

④ 周毛草：《玛曲藏语研究》，北京：民族出版社，2003年，第300页。

⑤ Smith Carlota S., *The Parameter of aspect*, Dordrecht: Kluwer Academic publisher, 1997, p.98.

（16）da.pyin　nga-s　　　ri.dags　gtan.nas　mi　gsad-pa-vi　　　　khas.len

以后　　我-作格　动物　　绝对　　不　杀-名物化-属格　承诺

byed-kyi-yin/

做-表将来①

（17）Nga　kha.lag　za-gi-yin/

我　　饭　　　吃-表将来②

上述例句中，谓语部分的V+gi+yin构成了一个固定结构，表示将来发生的某种事件。在拉萨方言中，gi+yin一般用于自主动词后面，表示第一人称未来将要进行的动作，与之对应的有V[present]+gi+red，用于表示第三人称将要进行的动作或将要发生的事情（动词自主或不自主均可），同时也表示第一人称将要发生的不自主的动作，还可表示别人会进行的动作或发生的情况（不分人称与自主和不自主）。③在本文考察的文献中，未发现V[present]+gi+red这种结构。

（八）语气功能

语气（mood）指的是句子层面的语法范畴，主要与动词发生关联。语气、语态和情态等概念的认定学界有不同的观点，本文所指语气指的是具有情态功能的动词形式上已经语法化了的范畴，由一些谓词性范例的集合屈折地、概括地表达的陈述、虚拟、祈愿、祈使和条件等语气。④当属格加在谓词性成分后面，连接两个小句成分时表示转折和陈述语气。表示陈述语气时带有强调的色彩。

1.表示转折

当gi类词以连词的形式出现在两个小句间时，表示前后小句之前存在转折关系。这类词体现的转折义强度不一，当这类词的前后小句谓语性成分本身带有前后对应的转折义时，上下文的语境也体现了转折的背景，因此，这类词的转折义相对较弱。反之，前后小句的语境没有这种呈现

---

① 南喀诺布：《南喀诺布文集》第2卷，西宁：青海民族出版社，2015年，第354页。

② 胡坦：《藏语研究文论》，北京：中国藏学出版社，2002年，第576页。

③ 周季文、谢后芳：《藏语拉萨话语法》，北京：民族出版社，2003年，第98页。

④ Bybee Jone and Suzanne Fleischman, eds. , *Modality in Grammar and discourse*, Amsterdan/Philadelphia: John Benjamins, 1995, p.2.

时，整个句子单靠这类词表示转折关系。在以往研究中，多识、格桑居冕和Nicolas已经对这一项功能进行了详细阐述。

2. 表示陈述语气

在以下例句中，gi类词表示陈述某一事实的语气，同时带有强调的色彩。例如：

（18）Lha.khang vdi　ci.ltar bzhengs.pa-vi　　　lo.rgyus shes.pa-r

　　　佛殿　　　这个 怎样　建立－名物化－属格 历史 知道－标句词

　　　vdod dam　zer-bas/　　shes.pa-r　vdod-kyi

　　　想－疑问词 说－表原因 知道－标句词 想－表语气

　　　khyod-kyis shes sam　　byas-pa-s/

　　　你－作格　知道－疑问词 说－名物化－表原因①

（19）Nga-s　　khyod-khyi chos.skyong bya-vi　　zla.ba gcig-la

　　　我－作格 你－属格　护法　　　做－表语气 月 一个－表时间

　　　vkhor.ba-r-shog　zer- to/

　　　来－标句 命令词 说－终结词②

（20）Tsig tshur bshad rna-yis　　mi go-gi/

　　　话　向内 说　耳－表工具 不 听见－表示语气③

例（18）和例（19）中，gi类词出现在前一个从句句末，分别陈述了谓语想（shes par vdod kyi）和做（bya vi）所表达的事实。这两个句子中gi类也在强调谓语所表达的意思。例（20）是个简单句，gi类词出现在句末，表达了说话者听不到（mi go gi）的事实。在拉萨方言中，gi类词存在以上用法之外，还表示猜测的语气，存在yin gyi red 和yod kyi red结

---

① ཤ་ཁང་འདི་ཇི་ལྟར་བཞེངས་པའི་ལོ་རྒྱུས་ཤེས་པར་འདོད་དམ་ཟེར་བས། ཤེས་པར་འདོད་ཀྱི་ཁྱོད་ཀྱིས་ཤེས་སམ་བྱས་པས། 觉沃阿底峡：《柱间史》，兰州：甘肃民族出版社，1989年，第4页。汉译："'你想知道这神殿的由来吗？''欲知详情，你可知否？'"卢亚军译注：《柱间史：松赞干布的遗训》，北京：中国藏学出版社，2010年，第5页。

② ངས་ཁྱོད་ཀྱི་ཆོས་སྐྱོང་བྱའི་ཟླ་བ་གཅིག་ལ་འཁོར་བར་ཤོག་ཟེར་ཏོ། 班觉桑布：《汉藏史集》，成都：四川民族出版社，1985年，第466页。汉译："我可以当你的护法神，每个月来看视一次。"陈庆英译：《汉藏史集》，拉萨：西藏人民出版社，1999年，第246页。

③ ཚིག་ཚུར་བཤད་རྣ་ཡིས་མི་གོ 甘南州文化局编：《藏族民间叙事诗集》，西宁：青海民族出版社，1991年，第92页。汉译："听不清（别人对自己）说的话。"

构，这两个结构没有人称的区分。①在安多拉卜楞和泽库土语中，gi类词单独出现在句末，通过转变语调等语法手段表示非控制、疑问和虚拟等语气，②在东纳话中gi类词还存在表新知的示证意义。③但在本文考察的文献中未发现这种用法。此外，在拉萨方言中，作格也可出现在句末表示陈述和强调的语气④，这种结构早在敦煌古藏文中就已出现⑤。

三、结语

综上所述，结合Nikiforidou和孙文访绘制的以"领属"和"有"为中心的语义地图，初步描写藏语属格语义空间，见图1：

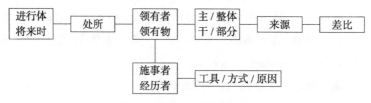

图 1　藏语属格语义空间

这种语义地图表示上述每一个功能代表一种语义分类，这些不同的分类是以领属功能为核心而存在。领属概念与主次有关联，主是领有者，次是领有物。主次是整体与部分的关系。整体是其部分的来源，源头是其部分的领有者。领属和来源的概念都在说明领有和领有物的关系，这种认知基础是言语者的动机，从而属格产生了表达来源的功能。来源和差比之间存在内在关联。比较的标准是一种来源，即：比较标准是原点，比较物是

---

① 周季文、谢后芳：《藏语拉萨话语法》，北京：民族出版社，2003年，第87页。

② 格桑居冕、格桑央金：《藏语方言概论》，北京：民族出版社，2002年，第227页。

③ 邵明园：《河西走廊濒危藏语东纳话研究》，广州：中山大学出版社，2018年，第236页。

④ 胡坦：《藏语研究文论》，北京：中国藏学出版社，2002年，第377页。

⑤ Nagano Yasuhiko, "Functions of a Written Tibetan instrumental particle, –kyis. Revisited", *Senri Ethnological Studies*, vol. 41, 1995, pp.133 — 140.

原点和从原点分离出来的产物之间的关系。换言之，比较表达一种差异的概念，而差异是从原点分离出来的某种距离，如此比较的标准与离原点的差异有关。这种语义是属格产生差比功能的基础。经历者跟领属者之间有直接关系，经验者是某种经验的领有者，同样地，施事者也是某种行为产物的领有者。基于这种关联，属格伸展了表示施事的功能。施事、工具、方式和原因有紧密的关系。及物动词的主语，有生命者为施事，无生命者为工具。工具、方式和原因是某一事物得以形成或存在的基础，因而也是某种意义上的施事。一般工具是具体物，而方式和原因更为抽象。[①]以上这些语义联系在跨语言中也得到了证实[②]。藏语属格表示时体和语气的功能也与其领有关系有关。本文支持孙文访对藏语存在动词语义演变的解释，认为进行体和将来时与处所概念关联更为密切，[③]来源表达一种处所，其表达事物的空间状态，进行体则表示某个事物处于某个时间状态，而将来时表示某物处于未来的某个时间段。属格表示语气和标记词可能与其语法化进展有关，当某一虚词完成语法化时便只有语法功能。Bybee等认为情态与领有义之间有关联[④]，但说法较为牵强，对此本文未找到更为合理的解释。

　　通过古藏文文献和现代藏语方言的考证，可以看出藏语属格可能源自某个义指示词。随着虚化程度逐渐增高，从表示领属义延伸出表示施事、工具、方式、来源、差比、标句词、时体、语气等多种功能。这些功能产生时间不同，从上述文献和诸方言证实表示施事、工具、方式、标句词、进行体、转折语气的功能在11 — 15世纪著作中能找到对应的例句，而表示来源、差比、将来时、陈述和虚拟语气的功能则只有在当代著作和口语材料中才能找到相应的例句。从藏语属格的历史演变看属格功能的多样化

---

① Randy J. LaPolla, "Ergative marking in Tibeto– Burman", *Linguistics of the Tibeto-burman Aera*, vol. 15, no.1, 1992, pp.1 — 9.

② Kiki Nikiforidou, "The meanings of the Genitive: A case study in semantic structure and semantic change", *Cognitive Linguistics*, 2–2, 1991, pp.149 — 205.

③ 孙文访：《"有（have）"的概念空间及语义图》，载《中国语文》，2018年第1期。

④ Bybee Joan, Revere Perkins and William Pagliua, *The Evolution of Grammar: Tense, Aspect and Modality in the Languages of the World*, Chicago: The University of Chicago Press, 1994, p.185.

问题，对汉藏语系诸语言虚词语法化研究具有参考价值。同时，上述属格功能形成的时间和顺序对藏文文献的时间考察也能提供语言学证据。

（原载于《中国藏学》2021年第1期）

黄季刚"本字"系统论

韩琳

摘要：与形义统一的本字界定不同，黄季刚先生的"本字"指造字之初与声义相应的象形指事字，也就是形音义之根"文"，对汉字汉语系统具有统摄作用。论文分别清理"文"作为形之根、音之根、训诂之根的体系，构建出黄季刚以"文"为统领的语言文字系统。在此基础上进一步指出，"文"本字的实质是"共同之根"的载体。

关键词：黄季刚；本字；系统

　　黄季刚先生本字观念常涉及造字和用字两个角度："盖象形指事之初作，以未有文字时之言语为之根，故其声义必皆相应，而即所谓本字也。然最初造字之时，或因本字不足，即用本字以为假字，故造字之时已有假字也。"①造字角度突出文字记录语言的功能，形体与声义相应；用字角度突出文字服务文献的功能，形体与声义相统一。可见"本字"在黄季刚文字学体系中居于衔接文字和语言、造字和用字的枢纽地位。与此相对应，"求本字"也存在两种不同的内涵。《略论推寻语根之法》中说："凡会意、形声之字必以象形指事字为之根。而象形、指事字又以未造字时之语言为之根。故因会意、形声以求象形、指事之字，是求其本字也。由象

　　作者简介：韩琳，文学博士，中央民族大学文学院教授、博士研究生导师，主要研究方向为文字训诂学。

　　基金项目：国家社会科学基金后期资助项目"《黄侃手批说文解字》字词关系批语疏证"（15FYY011）。

　　① 黄侃述，黄焯编：《文字声韵训诂笔记》，上海：上海古籍出版社，1983年，第53页。

形、指事字以推寻言语音声之根，是求其语根也。然以假借以求本字者，既以音声之多变而不易得；则以本字求语根者，亦必以音声之多变而不易得也。"①因会意、形声求本是从构形角度求后出字的形体来源，以假借以求本字是依据声音条件求经典文献具体语境中某词的形义相合的字。依音声求本立足于经典同词异用的本、借关系。为什么会导致这种同名异实现象？究其根本在于黄季刚先生异于寻常的"本字"功能定位。

黄季刚先生的"本字"指造字之初形音义相合的"文"，占据文字系统和语言系统的起点、焦点位置，《略论推寻语根之法》中说："治《说文》（《说文解字》简称，下同。—— 编者注）欲推其语根，宜于文字说解及其所以说解三者细加推阐。凡文字解之至无可解，乃字形之根。纯象形、指事字是所谓文。一面为文字之根，一面又为声音之根，训诂之根，形声义三者实合而为一，不可分离，故文为形声义之根。"②"文"作为"形声义之根"对汉字汉语关系具统领性作用，这就是黄季刚语言文字学术体系的总纲。

一、"文"为文字之根

《说文解字·叙》中说："依类象形，故谓之文。形声相益，即谓之字。字者言孳乳而浸多也。"黄季刚先生按："故独体为文，最朔之书也。合体为字，后起之书也。"③"最朔"和"后起"交代了文和字才产生顺序。这是从"书"—— 文字的形体产生的角度作出的论断。黄季刚先生总结六书的孳生次第："文"下分独体象形指事字、合体象形指事字、变体字、复体、反文、倒文、省文之类；"字"下分变体字、先出会意字、形声字、后出会意字、杂体字④。其中有四个"体"字 —— 独体、合体、变体、杂体，还有意、声，这些都涉及"文"的组构功能。

---

①　黄侃述，黄焯编：《文字声韵训诂笔记》，上海：上海古籍出版社，1983年，第57页。

②　黄侃述，黄焯编：《文字声韵训诂笔记》，上海：上海古籍出版社，1983年，第60页。

③　黄侃述，黄焯编：《文字声韵训诂笔记》，上海：上海古籍出版社，1983年，第29页。

④　黄侃述，黄焯编：《文字声韵训诂笔记》，上海：上海古籍出版社，1983年，第42页。

《说文笺讲》①中有"借体象形"，如：

> 借体象形，借一文："局（局），一曰博，所以行棋。象形。按
> 借口。为（为），王育曰：爪象形也。按借爪。羽（羽），象形，按
> 借彡。鸟（鸟），象形，鸟之足似匕，从匕。

这里的"借一文"，"文"既不表音，也不表意，唯以构形。而所构
的形体实为纯实物象形字中的线条。应该属于篆体的书写单位，与构形单
位不是一个层次。又如：

> 借体象形，又合一文："番，兽足谓之番。从采，田象其掌。按
> 借田。"段注："下象掌，上象指爪，是为象形。许意先有采字，乃后
> 从采而象其形，则非独体之象形，而为合体之象形也。"

这里所说的"合一文"，"文"是象形符号，既不表音，也不表意，
唯以形体摹形。关于这种"文"的性质，黄季刚先生在相关论述中说："象
形、指事字中，有为图画也，符号也。图画所以象形，符号所以表事，初
皆尚简，故为独体。""图画所以象形，符号所以表事"交代出"文"的两
种功能。

《文字声韵训诂笔记》中说：

> 然物之形也易同，而象形之字不能同也。天中之日与树间之果所
> 图不易别也，而象形之字必不可能率作○也。沙中之金与雨中之点不
> 易分也，而率作丶，亦必难识别矣。独体象形有时而穷，于是进而
> 衍为合体象形，而象形之范围广矣。欲以名树上之果也，乃画果形以
> 合于木，而果字出焉。欲以明将明之时也，乃画日形升于地上，而旦
> 字成焉。盖万物可象之形，有不可以独体画之者也。指事者，既以简

---

① 黄侃著述，黄建中整理：《说文笺讲》，武汉：华中师范大学出版社，1993年，第
010页。

单符号以代复语，其不足用也固矣，况事不能尽以独体表之者乎？方圆可指，大小不可指矣；大小可指，黑白不可指矣，于是进而为合体指事焉。①

为表意明确，合体象形、合体指事产生，所谓"合体"，其中由多种形体部件构成，一是成字的文，二是不成字的象形符号和指事符号两种。

潘重规对《说文》中"借体"的理解，是"原借体之例，盖古人制字之时或取他字之体以象事物之形，据形虽曰成文，责实仅同符号，故同一'一'也，或借以象天，或借以貌地，处'皿'中则象血，居'夫'上则象簪……是则所借之体因物寓形，与其本字之音义了不相涉，妄事比附，庸有当乎！"②

取"他字之体"的"文"实质是符号。象形符号是表形功能，指事符号是标示功能。因为其不成字，所以其一定程度上表意，但形意不固定。黄季刚先生在《黄侃手批说文解字》页眉用"从某文"类聚了许多这类符号，如第一卷"一"字页眉列"从一"之"文"三十个。③

黄季刚先生在《说文略说·论文字制造之先后》提出的由文入字中间必经过的半字一级，包括合体象形、合体指事、省变、兼声、复重等，都是在"文"的基础上形成，黄季刚先生界定说："此种半字，即为会意、形声之原。"除省变外，其余几种都是由部件组合而成，部件类型分形、声、义、标四种。如：

合体指事，如叉彐：彐（义）＋－（标）

合体象形，如朵枽：朱（义）＋乜（形）

兼声，如内内：乙（形）＋九（声）

复重，如卅阴：Ｆ（义）＋彐（义）

《说文纲领》中说：

形声、会意字皆合体，意其所生，必在初文备具之后，何则？江

① 黄侃述，黄焯编：《文字声韵训诂笔记》，上海：上海古籍出版社，1983年，第43页。

② 潘重规：《中国文字学》，台北：三民书局股份有限公司，2004年，第193页。

③ 黄侃：《黄侃手批说文解字》，上海：上海古籍出版社，1987年，第33页。

字之为形声，从水工声，工、水皆初文也，不有工、水，无以成江，则江字之造皆后于工、水矣。武之字为会意，从止从戈，止、戈皆初文也，不有止、戈，无以成武，则武字之造必后于止、戈矣。①

在形声、会意字中，初文是声、义功能构件。"会意、形声已成字矣，或又加以一文，犹留上古初造字之痕迹。……今为定其名曰杂体。"如：

龙𤲃：𛰮（义）+𧰨（声）+𢒉（形）

牵𤚩：屮（义）+8（声）+丩（形）

从以上分析看出，"体"中包含形、标、义、声四种功能部件，形、标是非字部件，其中有相当一部分由"文"充当象形、标示符号。这四种功能部件虽然是从《说文》中得出的，但有普遍的适用意义。

王宁先生在《汉字构形学导论》中说：

> 现代人对"六书"有五花八门的分析讲解，其实都难以超出许慎《说文解字·叙》的论说和章太炎对此的诠释。"六书"所以能统率汉字构形分析千年以上，主要是它的结构——功能分析法适合表意文字形体结构的特点。传统"六书"不应当抛弃，而应当为汉字构形学的总结提供一种合理的思路。②

黄季刚先生的"文—半字—字"汉字演进序列，正是对这种合理思路的揭示，根据章太炎、黄侃的思路分析小篆，得出的结论是"小篆具有一批数量有限的基础元素，将这些元素依层次对小篆进行组构，实现了字际关系的有序性"③。这正是"文"作为"文字之根"对生成有序的汉字序列的贡献。

---

① 黄侃述，黄焯编：《文字声韵训诂笔记》，上海：上海古籍出版社，1983年，第78页。

② 陆宗达、王宁：《训诂与训诂学》，太原：山西教育出版社，1994年，第11—12页。

③ 陆宗达、王宁：《训诂与训诂学》，太原：山西教育出版社，1994年，第14页。

二、"文"为声音之根

声音在黄季刚先生语言文字体系中具有举足轻重的作用。究其原因，一方面是由于语言文字要素产生顺序，另一方面是由于声音在语言文字发生和发展过程中的统摄作用。

《论斯学大意》中说："小学分形、音、义三部。…… 三者之中，又以声为最先，义次之，形为最后。凡声之起，非以表情感，即以写物音，由是而义传焉。声、义具而造形以表之，然后文字萌生。昔结绳之世，无字而有声与义；书契之兴，依声义而构字形。如日月之字，未造时，已有日月之语。更分析之，声则日月，义表实缺；至造字时，乃特制日月二文以当之。因此以谈，小学徒识字形，不足以究言语文字之根本。"①

从这里可以看出，声音处于语言初起阶段，属于语言构成要素，文字作为记录语言的符号系统，承载了语言中的声和义，依据文字记录的声义，可以探求语言发生系统，把握语言使用规律。如前所引两种"求本字"，因会意、形声求本字，是在找文字形体之根；以假借求本，以本字求语根，因音声多变而不易得，但"凡言变者，必有不变者以为之根。由文字以求文字，由语言以求文字，固非求本字不可也"②。

求本字"不变之根"，就是造字之初形声义相应的"文"。"由文字以求文字"主要体现在造字时假借造成的同文异用、一字多音上。"由语言以求文字"主要体现在以形声保留的语言的声义系统上。这二者之间不仅体现出用字和造字的相承关系，更反映出音声之根在语言系统中的重要作用。

（一）同文异用

《古文一字两用》中说：

> 古文有一字而两用者。如𩫜，城郭，城墉。垕，读汪。封之古文。𢆶，申，玄，糸。卝，郊门。墉之古文。盖古文异字同体者多，

---

① 黄侃：《黄侃论学杂著》，北京：中华书局，1964年，第93页。

② 黄侃述，黄焯编：《文字声韵训诂笔记》，上海：上海古籍出版社，1983年，第55页。

同形异义者众也。①

　　"同体""同形"而"异义""异字"，联系这几个表述和所举字例可以看出，所谓初文一字两用，指同一个字形履行不同的记录功能，记录不同的音和义。依类象形谓之文，造字初期象形、象事诸文源于图画，尚未成为语言符号时，音义尚未约定俗成，一文一义还没有固定下来。
　　《论文字制造之先后》中说：

　　　　一乎也，既以为玄之古文，又以为糸之古文；一｜也，既以为上行之进，又以为下行之退；同文异用，假借之例又行矣。②

　　《初文音义不定于一》中说：

　　　　盖初期象形、象事诸文，只为事物之象征，而非语言之符识，故一文可表数义。如《说文》中古文以为艸字；疋古文以为诗大疋字，亦以为足字；如亥之古文与豕为一，玄之古文与申实同。惟其一文而表数语，则不得不别其声音，此声母所以有多音之论也。③

　　这里所说的初文多种音义是"一文数语"，是由于造字时同形异用形成的，文字和语言的关系还没有完全对应。而"一文数语"不仅仅限于同形异用，与"名无固宜""古文一字两用"密切联系。"同文异用"实为借用相同的形体记录不同的音义，和同音假借不同。其直接结果即导致一字多音。这样从造字阶段就解决了形声字同声符不同音的问题：

　　　　一字多音之理，在音学上必须诠明，而后考古始无窒碍。……凡《说文》声子与声母不同者，皆可由此得其解说。…… 古人于象

---

① 黄侃述，黄焯编：《文字声韵训诂笔记》，上海：上海古籍出版社，1983年，第50页。
② 黄侃：《黄侃论学杂著》，北京：中华书局，1964年，第4页。
③ 黄侃述，黄焯编：《文字声韵训诂笔记》，上海：上海古籍出版社，1983年，第204页。

> 形指事字多随意指称，不以声音为限。[①]

“不以声音为限”，即是同文假借和同音假借的根本性质不同。

（二）形声字声符多音

《推求古本音之法》中说：

> 《说文》形声，此造字时本音，最为可信，后世虽有变迁，不得执后以疑古。[②]

黄季刚先生利用形声字论证语音变迁问题，从造字角度声符字和形声字声音应该相同，但声符字和形声字常常不一致，如《论据说文以考古音之正变上》所引“多”声、“为”声的形声字：

> “多之为声，兼入喉、舌”：移、䔟、栘、迻皆从多声而入影；哆、痑，则入端；胗、侈、鉹、誃、移、垑，则入穿。
>
> “为之为声，兼入喉、牙”：蒍、寪、𤺌、闟，皆从为而入为；𬮦、㧑，则入晓；赆，则入见；讹、伪，则入疑。

一字多音说避免了古音学发展过程中的偏执：

> 执字有定音，拘于韵部，偶有异同，则别立名目；是故有叶音之说，有合声之说。其烦碎者，又多立称号，徒使人眩乱而不得其真。[③]

这不仅为同声符字的异读提供了理论支撑，而且为语词寻根探源提供了可靠依据。从源头看，形声字声符多音，是由于充当声符的象形指事字最初音义不定于一：

---

① 黄侃述，黄焯编：《文字声韵训诂笔记》，上海：上海古籍出版社，1983年，第52页。

② 黄侃述，黄焯编：《文字声韵训诂笔记》，上海：上海古籍出版社，1983年，第143页。

③ 黄侃：《黄侃论学杂著》，北京：中华书局，1964年，第105页。

缘初期象形指事字音义不定于一，一字而含多音，一形而包数义。①

《叠韵互音》中说：

> 叠韵字往往互音，如臕、旚一语，则膘可有喉音。《说文》："膘，牛胁后髀前合革肉也。从肉，夐声。读若繇。"敷绍切。即今之脂油字。②

这段话推理分三步：

其一，由"叠韵互音""臕、旚一语"而推知，叠韵连语"臕旚"是"臕"的缓读，"臕"的声符"票"最初有唇音和喉音两种读音。

《说文解字·㫃部》："旚，旌旗旚繇也。从㫃夐声。"段玉裁注："繇今之摇字，小徐作摇。旚今字作飘。飘摇行而旚繇废矣。《广成颂》曰：羽旄纷其旖旗。旖旗即旚摇之假借字也。"这是分字释连语，实际是望文生训，并未能交代"旚繇"一词的源头。朱骏声通训定声："（旚繇）亦叠韵连语。"黄季刚在《双声叠韵字虽不可分别解释然各有其本字》中说：

> 双声叠韵之字诚不可望文生训，然非无本字，而谓其义即存乎声，即单文觭语义又未尝不存乎声也。自王君而来，世多谓双声叠韵之字无本字，则其所误者大矣。今谓凡叠字及双声叠韵连语其根柢无非一字者。

其二，"此类词语，尝无定字。"③

以此知臕旚又作臕繇、飘摇、旖旗。《说文·肉部》："膘，读若繇。"王筠句读："当作读若臕繇。"证"臕""繇"叠韵互音，根底为一音。钱坫《说文解字斠诠》："臕繇即飘繇也。霍去病为飘姚校尉亦以此得称。"

---

① 黄侃述，黄焯编：《文字声韵训诂笔记》，上海：上海古籍出版社，1983年，第183页。

② 黄侃述，黄焯编：《文字声韵训诂笔记》，上海：上海古籍出版社，1983年，第101页。

③ 黄侃述，黄焯编：《文字声韵训诂笔记》，上海：上海古籍出版社，1983年，第228页。

十七岁的霍去病被汉武帝任命为骠姚校尉，故霍去病又称霍骠姚。十九岁又被任命为骠骑将军。"骠姚"即"飘姚""飖飖"，以旌旗飘扬命名。"骠骑"以骁勇善骑命名。

其三，以声音为条件，明确"膘"即"脂油"之"油"的本字。

《说文·水部》："油，水。出武陵孱陵西，东南入江。"段注："俗用为油膏字。"黄季刚先生谓："膘，即今之脂油字。"指出脂油的油，本字为膘。膘和油之间的关系也证明声符"票"一字二音。

（三）形声字声符正例与变例

与宋代学者以汉字本体为基所主张的"一体主义一体主声"谓之正，声兼义谓之变的观点相反，黄季刚先生以语言为基，以声兼义为正，声不兼义为变：

> 凡形声字以声兼义者为正例，以声不兼义者为变例。盖声先于文，世界通例；闻声喻义，今昔所同。江从工声，不可易以言河，犹河从可，不可易以言漠也。声有所受，义亦随之。其所重在工可之声，而不在从水也。①

"以声兼义为正"，声符成为语言声义传承信息的承载者，黄季刚先生举"祀"字为例。《说文·示部》："祀，祭无已也。从示巳声。禩，祀或从異。"用为干支字的"巳"为终已义，《说文·巳部》："巳，巳也。四月，易气巳出，阴气巳臧，万物见，成彣彰，故巳为它，象形。"段注："汉人巳午与巳然无二音，其义则异而同也。"汉人以地支与月份相配，又与《易经》十二辟卦相对应。冬至所在的十一月为子月，一阳生，四月与巳相配，六个阳爻成乾卦，阳气至极，桂馥义证引宋毛晃曰："阳气生于子，终于巳。巳者，终巳也。""巳"字取形于蛇，段注："其字像蛇，则象阳巳出阴巳藏矣。""终巳"义引申为巳然义，最初同音同形，后别音别形。徐灏"祀"注笺："辰巳之巳即巳然之已，古无二音，故祀姒耜等字皆读详里切。今人读若肆之浊声者，音转也。"从终巳义到巳然义，"祀"，

---

① 黄侃述，黄焯编：《文字声韵训诂笔记》，上海：上海古籍出版社，1983年，第79页。

许释"祭无已",段玉裁注:"析言则祭无巳曰祀。从巳而释为无巳,此如治曰乱,徂曰存,终则有始之义也。"这说明"祀"义由声符义引申而来,反义为训。声符"巳"形音义相符,音义同条,成为音义传承的链条,黄季刚先生按:"祀字古只作巳,巳本义为巳止,借义为祭无巳,迨既造祀字,与巳别行而借义遂废矣。盖自巳兼祀义言之,则为假借;自别造祀字言之,则为转注,字祀字从巳声言之,则为形声,取义不殊而三者之用备矣。"①这里的"假借",就是以本字兼记引申义,孳乳分化,以原字为声符添加意符形声造字产生"祀"字,声符"巳"形音义相合,为音义传承的血脉。"祀"重文"禩",段注:"禩字见于故书,是古文也。篆隶有祀无禩,是以汉儒杜子春、郑司农不识,但云当为祀,读为祀,而不敢直言古文祀,盖其慎也。至许乃定为一字。至魏时乃入三体石经。古文巳声、异声同在一部,故异形而同字也。"巳、异同音,黄季刚先生按:"至祀之或体从异声作禩者,此借异为巳,以明假借之法也。"②

"巳"为本声符,"异"谓借声符,本声符形音义相合,借声符仅是音义相合。近人称形音义相合的声符为音符,仅是音义相合的声符为音素。

《文字声韵训诂笔记·右文说之推阐》引沈兼士曰:"有同声之字而所衍之义颇有歧义者,如非声字多为分背义,而菲、翡、痱字又有赤义。……其故盖由单音之语一音素孕含之义非一,诸家于此辄谓凡从某声者皆有某义,不加分析,率而牵合。执其一而忽其余矣。"③

音符是形音义相合的记音字符,而音素是依声托事、归本于声音的记音字符,二者不同功能不同层次:

　　盖音素者,语言之本质;音符者,字形之迹象。音素即本真,而音符有假借。④

①　黄侃述,黄焯编:《文字声韵训诂笔记》,上海:上海古籍出版社,1983年,第79页。

②　黄侃述,黄焯编:《文字声韵训诂笔记》,上海:上海古籍出版社,1983年,第79页。

③　黄侃述,黄焯编:《文字声韵训诂笔记》,上海:上海古籍出版社,1983年,第213—214页。

④　黄侃述,黄焯编:《文字声韵训诂笔记》,上海:上海古籍出版社,1983年,第213页。

所谓“语言之本质”，指音素是语言的组成要素，“依声托事”，声义约定俗成，但还不成系统，相承保留了“名无固宜”语言初起阶段的特点，同一种声音可以表达不同的意义。其后，形声造字，同声符但音义传承链不同。音素处于语言的层次，音符处于文字的层次，语言早于文字。“凡从某声者皆有某义”是以声符的音义同条相贯，与声符意义无关而同条相贯是建立在“依声托事”基础上，黄季刚先生归纳为两种原因：

> 章说谓同音之字取义于彼而见形于此者往往而有，非可望形为验。其说诚然。推究其理，盖不外二途：或缘音近，用代本字；或本无字，只表音素。前者即通借之法，可依右文之义以求本字；后者则依声托事，而归本于声音。①

有本字的通借是依据语音条件音借以记录他词，是声符假借问题；无本字的音素是造字之初的语音以声符为记音符号。音符和音素都可以承载声义传承信息。我们以“非”声字说明这个问题。

《说文·非部》：“非，韦也。从飞下翄，取其相背也。”段注：“非以相背为义，不以离为义。谓从飞省而下其翄。翄垂则有相背之象。故曰非，韦也。”

《说文·牛部》：“犕，两壁耕也。从牛非声。”段注：“两辟耕谓一田中两牛耕，一从东往，一从西来也。……此形声包会意，非从飞下翄，取其相背”。

《说文·言部》：“诽，谤也。从言非声。”段注：“诽之言非也，言非其实。”

以上一组字，以“非”声义贯穿。“非”既是音符，又是音素。

《说文·艸部》：“菲，芴也。”《尔雅·释艸》：“菲，蒠菜也。”郭璞注：“菲草生下湿地，似芜菁，茎紫赤色可食。”

《说文·羽部》：“翡，赤羽雀也。出郁林。从羽非声。”

《说文·疒部》：“痱，风病也。”义为中风偏瘫。《玉篇·疒部》：“疿，

① 黄侃述，黄焯编：《文字声韵训诂笔记》，上海：上海古籍出版社，1983年，第213页。

热生小疮。"《素问·生气通天论》:"汗出见湿,乃生痤疿。"王冰注:"疿,热瘾也。"张志聪集注:"疿,如小疹之类。""疿"后作"痱"。《广韵·贿韵》:"痱,痱瘟。皮外小起。"又《未韵》:"痱,热疮。"又《微韵》:"痱,小肿。"《正字通·疒部》:"夏季烦热所发。"痱即痱子,一种夏令常见的皮肤病,由皮肤不洁、出汗不畅引起,表现为密集的红色或白色小疹,易发于额、颈、上胸、肘窝等多汗部位,有刺痒和灼热感。

以上一组字,以"非"为声,但记录的是"赤"义。"非"属于音素的承载体。

上面"非"声字的声符"非"有两种性质:一是形声义相合的音符,以音符声义同条相贯,系统传承,我们可称之为本音符;二是音素是借音符,"依声托事,归本于声音",虽然同条相贯,但并非以声符字形为血脉传承载体。

黄季刚先生指出:

> 清世自戴震创求本字之说,段玉裁注《说文》遂一意推求本字。惟本字、本义实不易断。如一通假字,既指一文为本字矣,虽更一文,以为本字,亦可成立。缘初期象形指事字音义不定于一,一字而含多音,一形而包数义,如意义推寻,亦难指适。且古时一字往往统摄数义,如拘泥于一形一义,而不知所以通之,则或以通义为借义。①

> 近世古音师往往执古音无变之论,不得不说古一字止一音。……此说之弊最先可见者,即不能解释《说文》形声之理。②

《说文》形声字承载的是造字时的声音。黄季刚先生在《说文纲领》中说:"凡形声字以声兼义者为正例,以声不兼义者为变例。盖声先于文,世界通例;闻声喻义,今昔所同。"③造字之前的音是音素,"依声托事",声义关系多途,保留了"名无固宜"语言初起阶段的特点,"文"作为声

---

① 黄侃述,黄焯编:《文字声韵训诂笔记》,上海:上海古籍出版社,1983年,第183页。
② 黄侃述,黄焯编:《文字声韵训诂笔记》,上海:上海古籍出版社,1983年,第52页。
③ 黄侃述,黄焯编:《文字声韵训诂笔记》,上海:上海古籍出版社,1983年,第79页。

符兼具音素和音符两种性质，是音根的依托。音素声义同条，在语言层面；音符形、音、义结合，在文字层面。

三 、"文"为训诂之根

古代一名之设，容含多义，"盖字虽与时俱增，而义类固属有限。是则初文为字形、字义之根本，实一字而含多义矣"①。

黄季刚先生主要从三个角度探讨字义关系。

一是从词义角度，从"名义相依"到词义引申。"名义相依"指最初造字时初文记录词义的状态。

《训诂概述》中说：

古曰名，今曰字，名必有义即训诂之根源。……名义相依，名多而义少。……盖字虽与时俱增，而义类固属有限。是则初文为字形、字义之根本，实一字而含多义矣。②

一字多义，围绕字的本义形成"义类"，应社会需求和表达需要，"义类"细分，本义发展出后起义，随至一字数义，后分化孳乳，多以形声造字，形成义衍同源字词系统。

《以声韵求训诂之根源》中说：

本义进至后起义，一字之孳乳也。一字之义，初本不多，迨乎人事既繁，一义不足，于是引申推演之法兴，而一字数义矣。《说文》列字多载本义，然后起之义，亦间载之。而本义晦矣。故欲推其本义，不外求之形、求之声也。因流以探其源，因子以定其母，皆音韵之功也。③

---

① 黄侃述，黄焯编：《文字声韵训诂笔记》，上海：上海古籍出版社，1983年，第180页。
② 黄侃述，黄焯编：《文字声韵训诂笔记》，上海：上海古籍出版社，1983年，第180页。
③ 黄侃述，黄焯编：《文字声韵训诂笔记》，上海：上海古籍出版社，1983年，第193页。

"源""流"即指义衍同源词系统，"子""母"指声符和形声字之间的音义相因关系。引申义衍分化，形声造字呈现出同源系统的层次性。

二是从训释角度，强调"古无训诂书，声音即训诂"①。"故文字之训诂必以声音为纲领，然则声训乃训诂之真源也。"②汉代小学专著大量运用声训，虽然科学性、系统性、理论性有待加强，但大量的声训材料说明当时学者对汉语声义关系已经有了较充分的理解和把握。清代古音学大昌，从段玉裁立足谐声求声义系统，到王念孙"引申触类，不限形体"，因声求义，伴随着声义系统理论的总结和方法的提升，声训有了更深广的用武之地。

《以声韵求训诂之根源》中说：

> 名必有义，而义必出于音，知声、训固同条也。若《说文》以声训者如天、颠；帝，谛之类犹难悉数。盖古时文言合一，闻声即可知义。至时有古今，而音有转变，犹地有南北，而转多歧异。地远须经翻译，时远须有训诂，此训诂之所由生也。③

《说文·一部》："天，颠也。至高无上，从一大。"段注："天颠不可倒言之，盖求义则转移皆是。举物则定名难假，然其为训诂则一也。颠者，人之顶也，以为凡高之偁。始者，女之初也，以为凡起之偁。然则天亦可为凡颠之偁。臣于君，子于父，妻于夫，民于食皆曰天是也。"所谓"天颠不可倒言"，是说这两个词意义并不完全对等，不能互训。一条训释，两个层次，两种词义。天之训为颠为声训，从词汇意义来说，"天"有"天空"和"颠"两个义项，"古者直以天为首，在大字中则以天为最高，在人身中则首为最高，此所以一言天而可表二物也"。"最高"即"颠"义，是从空间位置角度说明了"天空"与"颠"共同的特点。黄季刚先生给这组字定位呈现出层次性，一是天、颠音转变易，最初是一个字，《说文》不言其同，吾侪骤视亦莫悟其同也"。"《说文》不言其同"是说在《说文》

---

① 黄侃述，黄焯编：《文字声韵训诂笔记》，上海：上海古籍出版社，1983年，第180页。

② 黄侃述，黄焯编：《文字声韵训诂笔记》，上海：上海古籍出版社，1983年，第193页。

③ 黄侃述，黄焯编：《文字声韵训诂笔记》，上海：上海古籍出版社，1983年，第193页。

时代两个字已经各自表意，分化为两个词。最初音转属于声转义转变易，其后义衍分化，属于声义同条孳乳，从变易到孳乳，从同词到异词，汉语声义系统日臻完善。

三是从名事关系角度。黄季刚先生主要分两个角度谈"名""事"关系问题。

第一，理顺源流，从时间链条上续接名事关系：

> 名事同源，其用不别。名者，名词；事者，动词、形容词。凡名词必皆由动词来。如"羊，祥也。""马，武也。"祥、武二字虽为后制，而其义则在羊、马之先，故古时当以羊代祥、以马代武也。……盖古代一名之设，容涵多义，凡若此者，其例实多矣。①

这里重点交代了两方面内容。首先是两种截然相反的产生顺序：其一是文字产生顺序，"名"在"事"前，"名"即名词，最初造字，依类象形，故象形初文为最初产生的字形，如羊、马。其二是语言发生顺序，"事"在"名"前，"事"即动词、形容词，语言产生于文字之前，人类最早的语言交流，是官形感触而拟声，所以动词、形容词意义应产生在名词之前。其次，所谓"名事同源"，"名""事"区分是语言发展的结果，最初源于初文一名多义，依音义孳乳分化。"同源"表明二者之间源流相系的规律。

第二，溯本求原，从文字根源回溯音声根源：

> 求其根源……三以名与事之法推之者。太古人类本无语言，最初不过以呼号感叹之声表喜怒哀乐之情，由是而达于物，于是见水之流也，则以沓沓、泄泄之声表之；见树之动也，则以潇潇、索索之音表之，然则感叹之间故为语言真正根源。而亦即文字远溯之祖。故名词由是生焉。动词由是生。……故名词者，乃由动词、形容词择一要义以为之名，而动词形容词者亦即名词之根源也。故求文字之根源，

---

① 黄侃述，黄焯编：《文字声韵训诂笔记》，上海：上海古籍出版社，1983年，第193页。

当推诸虚字；求虚字之根源，当自音声。则三者始终不离乎音韵也。①

"文字远溯之祖"即语言。"以呼号感叹之声表喜怒哀乐之情"是语言未发生时的状态，虚字是"以音声表之"的感叹拟物词。以叠音词表示水流和树动，说明黄季刚先生认为语言最早当起于拟声名物，起初是动词、形容词，最后才"达于物"产生名词。依类象形，随体诘屈，才产生初文。从初文一字多义，到声义同条、名事分化，是语言发展、文字孳乳、系统衍生的过程，其中蕴含了人类思维规律和语言分化规律。

四、黄季刚 "本字" 实质

通常本字的界定标准常设以下几个参项：一是以《说文》为本字依据；二是以假借字与本字相对应；三是以文献词义为本借沟通的立足点。下面以段玉裁《说文解字注》说明这个问题。

《说文解字·叙》注主要从两方面阐释本字。

一是本字形体承载本义、本音。"杂厕"注：

> 许君以为音生于义，义著于形。圣人之造字，有义以有音，有音以有形。学者之识字，必审形以知音，审音以知义。圣人造字实自像形始，故合所有之字，分别其部为五百四十，每部各建一首，而同首者则曰凡某之属皆从某。于是形立而音义易明。②

这里阐释许慎音、义、形生成次序，说明造字和识字的次序相反。强调"形"是深入音义的关键。这正是段玉裁界定《说文解字》为"形书"的依据。

二是本字、本义是判别借字、借义的依据。从本形趋入本音本义，形是字的本体，本字承载音义，制字之本字昭然可知，经典假借援之以定。

---

① 黄侃述，黄焯编：《文字声韵训诂笔记》，上海：上海古籍出版社，1983年，第193页。

② 段玉裁：《说文解字注》，上海：上海古籍出版社，1988年，第764—765页。

"假借" 注：

> 许之为是书也，以汉人通借綦多，不可究诘，学者不识何字为本字，何义为本义。虽有仓颉、爰历、博学、凡将、训纂、急就、元尚诸篇，扬雄、杜林诸家之说，而其篆文既乱杂无章，其说亦零星间见，不能使学者推见本始，观其会通。故为之依形以说音义，而制字之本义昭然可知。本义既明，则用此字之声而不用此字之义者，乃可定为假借。本义明而假借亦无不明矣。①

段玉裁以"本字"释字在《说文》段注中共68例，除少数几例以《说文》本字对应俗语俗字，其余都是在明确经典本词的基础上，判别本字和假借字，如：

《说文·攴部》："敫，禁也。"段注："《说文》䦻训祀。圉训囹圄，所以拘罪人。则敫为禁䦻本字，䦻行而敫废矣。"

《说文·邑部》："鄹，周邑也。"段注："按《春秋》经、《左传》《国语》《史记》《逸周书》《竹书纪年》，凡云祭伯、祭公谋父，字皆作祭。惟《穆天子传》云鄹父。注云：'鄹父，鄹公谋父。'鄹者本字，祭者假借字。"

《说文·仌部》："凓，风寒也。"段注："《豳风·七月》'一之日觱发'。传曰：'觱发，风寒也。'按觱发皆假借字，凓冽乃本字。"

以上例子说明：段玉裁本字的立足点在汉字本体，依形以定音义；本字是经典本词假借字的参照项，形义关系是判别本字的首选标准。这个趋入点成为本字界定的主流，如《训诂与训诂学》中说："作为表意文字的汉字，在造字初期是据义绘形的，所以，汉字的字形可以直接用它记录的词的意义来解释，这就是许慎在《说文解字·叙》里所说的'厥意可得而说'，专为记录某词并据这个词的原始意义而造的字，称作这个词的本字。"②这个界说有两个层次的界定：一是据义绘形，专为记录某词，区分

---

① 段玉裁：《说文解字注》，上海：上海古籍出版社，1988年，第757页。
② 陆宗达、王宁：《训诂与训诂学》，太原：山西教育出版社，1994年，第410页。

了汉字本体与其记录功能，词是音义结合体，从这个角度界定本字遵循的是形音义综合分析、汉字本体与功能相结合的思路。二是突出据意造字，紧紧围绕汉字的表意性这个根本，本字与本义严格对应。以形定本、以词固本，立足于个体汉字，是点状分析。

黄季刚先生所言之本字是从形音义综合的角度提出的：

> 凡言假借者，必有其本，故假借不得无根，故必有其本音、本形、本义在其间也。引申者由此而出，假借者则本无关系，盖古者因仓促无其字，而以同音之字代之也。①

造字之初形音义相合为本字，黄季刚先生认为造字时有假借，是故在汉字产生层次，假借的本字是形音义相合的。具体文献中，同音替代，造成形与音义相脱节。

> 字之正假，只论声义，不论字形。凡假字必有正字以为之根。盖造字时之假借，全用同音同义之例。郑康成云："仓促无其字，故以他字代之。"实则同声同义之故。非如后世写别字者可比。②

可见，造字时之假借只论声义，借用"他字"形体；透过假借找寻本字，就是要恢复到假借的根，使本音、本义、本形相统一。而顺着声音轨迹找寻形义相合的本字，就是在恢复汉字形音义统一的起始格局。因此，通常以形义标准作为判断本字的标准，是建立在"依声托事"前提基础上，实质上也是形音义三合。后世"别字"等同于段玉裁在《说文解字·叙》注中提到"假借三变"中的第三变"后代讹字亦得自冒于假借"。"别字"是另外的字，"讹"字是错讹字，只是顺着声音的线索找到的同音替代符号，偏离了形声义相合的轨道。

黄季刚先生将"本字"界定为与声义相应的象形指事字，这个界定立

---

① 黄侃述，黄焯编：《文字声韵训诂笔记》，上海：上海古籍出版社，1983年，第156页。

② 黄侃述，黄焯编：《文字声韵训诂笔记》，上海：上海古籍出版社，1983年，第34页。

足于形音义统一的原理，综合分析，区分层次和功能，把握住初文作为形音义之根统摄汉字汉语这个总纲。侧重于形义相合和形音义统一两种本字界定标准，根本区别在于"单独之本，本字是也；共同之本，语根是也"①。"单独之本"只关注个体汉字的形义是否相合，经典文献中的本、借通用立足于这个角度；"共同之本"关系语言文字的系统和根源，文字在声义链条上繁衍属于这个角度。因此，文字变易、孳乳要系"同文"，语言分化和变转也仅仅围绕"文"这一形声义之根，这就是黄季刚先生所谓"小学徒识字形不足以言语言文字根本"的实质。

参考文献：

段玉裁，1988. 说文解字注[M]. 上海：上海古籍出版社.

黄侃，1964. 黄侃论学杂著[M]. 上海：中华书局.

黄侃，1987. 黄侃手批说文解字[M]. 上海：上海古籍出版社.

黄侃述，黄焯编，1983. 文字声韵训诂笔记[M]. 上海：上海古籍出版社.

黄侃著述，黄建中整理，1993. 说文笺讲[M]. 武汉：华中师范大学出版社.

陆宗达，王宁，1994. 训诂与训诂学[M]. 太原：山西教育出版社.

潘重规，2004. 中国文字学[M]. 台湾：三民书局股份有限公司.

王宁，2015. 汉字构形学导论[M]. 北京：商务印书馆.

（原载于《中国文字研究》2021年第2期）

---

① 黄侃述，黄焯编：《文字声韵训诂笔记》，上海：上海古籍出版社，1983年，第60页。

彝语他留话四音格词的韵律和语义特征[①]

胡素华　段秋红

摘要：彝语他留话有丰富的四音格词，即有韵律关系或在意义上有明显的骈偶特点的四音节固定搭配构式。从语音形式上看，有AABB、AAA'A'、ABAB、ABAC、ABCB、ABCC、ABCD七种类型；从语义上看，它们大多是摹状或是拟声。本文从音节构成类型、韵律特征、语义构成和语法功能等四个角度分析研究彝语他留话四音格词的特点。他留话构成四音格词的主要手段是重复某音节或音节的部分（主要是韵母）、变调和增加衬音音节等四个。文章对彝语他留话四音格词的语音构成形式，即韵律特征和韵律和谐手段、构词规则、语义特征、语法功能几个方面进行了深入系统的描写和分析，特别是变调、重复与重叠、衬音音节几个方面，以期对四音格词类型及汉藏语的四音格词特征的研究有所裨益。

关键词：彝语他留话；四音格词；韵律和谐；变调；重叠

作者简介：胡素华，文学（语言学）博士，中央民族大学中国少数民族语言文学学院教授、博士研究生导师，主要研究方向为藏缅语族语言、语言类型学、社会语言学、彝语和彝文文献、文字学研究；段秋红，文学（语言学）博士，云南财经大学国际语言文化学院讲师，主要研究方向为少数民族语言研究、社会语言学等。

基金项目：国家社会科学基金冷门"绝学"重点专项"彝文文献《玛牧特依》译注及语言学与哲学研究"（2018VJX052）。

①　语料来源：本文他留话的语音系统来自作者的田野调查，并得到戴庆厦先生的审核和校准，谨致谢忱！本文第二作者是他留话母语人、语言学博士，文中的四音格词语料来自其日常口语、自省式记录及其所记录的10个长篇语料。北部方言语料来源于典籍文献。

一、引言

（一）四音格词的界定

"四音格"在汉语研究中也称为"四字格"（陆志韦，1956），他认为"并立四字格是汉语的构词格"，但同时指出部分四音格词属于造句格的观点。冯胜利（2000）从韵律构词的角度将"四字格"定义为"由四个字组成的语言格式"，并认为"在汉语里构成一个独立的语言单位"，即"复合韵律词"。凡是具有韵律关系的四音节组合结构皆可归入"四字格词"。关于"韵律"（prosody）的定义，各家虽侧重点有所不同，但也形成了基本共识，即"所谓韵律是指话语中为适应协和原则而出现的任何和谐悦耳的语音效果，包括音节、重音、节奏、音步、押韵和声调等诸因素"（周志培，2003）；"韵律指的是声调的高低、音节的长短、语音的轻重和词语的大小等等"（冯胜利，2013）。

在藏缅语族语言研究中，因为很多语言没有传统的文字，所以更倾向于使用术语"四音格"（戴庆厦、孙艳，2003），以及"四音联绵词""四音骈俪词"等名称。

（二）彝语他留话

彝语他留话是分布在云南丽江地区（主要是永胜县）的彝族他留支系所使用的语言，彝语他留话声母比较简单，韵母比较复杂，声调和变调情况简单。

（1）声母：声母共有40个，只有单辅音声母，无复辅音声母，但有腭化辅音和圆唇化辅音。

p、ph、b、m; pj、phj、bj、mj; f、v; t、th、d、n、l; ts、tsh、dz、s、z、zʷ; tʂ、tʂh、dʐ、ʂ、ʐ、ʐʷ; tɕ、tɕh、dʑ、ɳ、ȵ、ʑ、ɕ; k、kh、g、ŋ、ɣ、x。

（2）韵母：韵母共有70个，其中单元音韵母38个，复元音韵母24个，鼻音尾韵母8个。部分复元音韵母和带鼻音尾的韵母只出现在汉语借词中。

①单元音韵母：ɿ、ɿ̠、ʅ、ʅ̠、i、i̠、ĩ、y、y̠、e、e̠、ø、ø̠、ɛ、ɛ̠、œ、œ、œ̃、a、a̠、ã、ɔ、ɔ̠、o、o̠、õ、õ̠、u、u̠、ũ、ũ̠、ɯ、ɯ̠、ə、ə̠、ə̃、ʋ、ʋ̠。

②复元音韵母：ɿə、ɿ̠ə、ʅə、ie、ie̠、ia、iɔ、iu、iau、ei、au、ou、

ua、ua̠、uã、uɔ、uɔ̠、uõ、ue、uɛ、ui、ʋa、ʋə、ʋɔ。

③鼻音尾韵母：in、iɛn、an、aŋ、oŋ、uan、uaŋ、əŋ。

（3）声调：声调只有3个，分别是31调、33调、55调。有一个变调，24调。

（三）彝语他留话的四音格词

它有非常丰富的四音格词，即有声韵的和谐的韵律关系或在意义上有明显的相关性的骈偶特点的四音节固定搭配构式。从语音形式上看，有AABB、AAA'A'、ABAB、ABAC、ABCB、ABCC、ABCD七种类型；从语义上看，它们大多是摹状或是拟声。它与其他汉藏语系语言的四音格词有同有异。本文从音节构成类型、韵律特征、语义构成和语法功能等四个角度分析研究彝语他留话四音格词的特点，发现重复某音节或音节的部分（声母或韵母）、变调和增加衬音音节是他留话构成四音格词的主要手段。彝语他留话的四音格词尚未有人系统地研究过，本文将对他留话的四音格词进行深入系统地描写和分析其韵律特征、语义特点、语法功能，以期对四音格词类型研究及汉藏语的四音格词特征的研究有所裨益。

彝语他留话的四音格词很丰富，尤其是在讲述故事、念诵经书等场合。他留话的四音格词与大多数藏缅语族语言一样，有构词以及韵律和谐等功能。本文将四音格词界定为有韵律关系或在意义上有明显的对偶特点的四音节固定搭配构式。四音节构式有整体性，即四个音节按照一定的结构形式组合起来的固定的形式，并表达整体概括性的语义，不能拆分或是拆分后意义发生变化。需要说明的是，并不是所有四音节都为四音格词，例如，thɔ^{31}ʐ̩^{31}（书）sɔ^{55}（读）su^{55}（名物化标记）："学生"，虽然也是四个音节，但整体上，构式无语音和谐因素，四个语素意义间没有对偶性，仅仅是四音节的复合词，它们是由四音节的短语演变高频使用是一个重要因素。与此类似的还有，例如，tsh̩^{55}ĩ^{55}（脚趾）ŋ^{31}go^{31}（头）：脚指头，phjɔ^{31}bʋ^{31}（脸）tsh̩^{31}lɔ^{31}（盆）："脸盆"等，都虽是四音节，但不能算作是四音格词。

二、他留话四音格词的音节类型

他留话的四音格词从语音形式上来看，有如下七种结构类型：AABB型、AAA'A'型、ABAB型、ABAC型、ABCB型、ABCC型、ABCD型。

（一）AABB型

toŋ³¹toŋ³¹–pa⁵⁵pa⁵⁵ 东敲西敲　　　　ɕi³¹ɕi³¹–xoŋ⁵⁵xoŋ⁵⁵ 糊里糊涂

敲　敲　–（拟声衬音）　　　　（衬音）–昏（叠）

tɕi⁵⁵tɕi⁵⁵–tɕa³¹tɕa³¹ 摇摇摆摆　　　　ty³¹ty³¹–ta³³ta³³ 重重叠叠

（衬音）–抓（叠）　　　　埋（叠）–放（叠）

（二）AAA'A'型

这种类型中第一、第二音节用本调，而第三、第四音节在重叠第一音节后产生变调。例如：

tʋ³¹tʋ³¹–tʋ⁵⁵tʋ⁵⁵ 慌里慌张　　　　kuan³¹kuan³¹–kuan⁵⁵kuan⁵⁵ 喧闹

快（叠）–（变调叠音）　　　　吵（叠）–（变调叠音）

ŋɔ³¹ŋɔ³¹–ŋɔ⁵⁵ŋɔ⁵⁵ 摇摆不定

摇（叠）–（变调叠音）

tʂhuã³¹tʂhuã³¹–tʂhuã⁵⁵tʂhuã⁵⁵ 沙沙（拟声词）

tshyɔ̃³¹tshyɔ̃³¹–tshyɔ̃⁵⁵tshyɔ̃⁵⁵ 唰唰（拟声词）

（三）ABAB型

fʋ³¹ li³¹– fʋ⁵⁵ li⁵⁵ 粗心大意　　　　fʋə³¹tshʋə³¹–fʋə³¹tshʋə³¹ 粘粘稠稠

收放（衬音）–（重复）　　　　泡沫浓–（重复）

ɔ³¹zuɔ³³–ɔ³¹zuɔ³³ 慢条斯理

慢–（重复）

（四）ABAC型

nie̠³³ɣuɔ³¹–nie̠³³zɻ³¹ 贪婪无比　　　　sɻə³³zu³¹–sɻə³³mu³³ 广袤森林

心 大 –心 重　　　　树子（小）–树母（大）

xu³¹tʂhɻ⁵⁵–xu³¹tʂa³¹ 热情　　　　ɔ⁵⁵phɻ³¹–ɔ⁵⁵pu⁵⁵ 祖先

肉 砍 –肉 煮　　　　外祖父–祖父

lɔ⁵⁵xɔ³¹–lɔ⁵⁵pa³³ （疯狂）吼叫　　　　sʋə³¹li⁵⁵–sʋə³¹gɔ⁵⁵ 猛拉

（衬音）–（复衬）爆　　　　怒（衬音）–怒拉

ti³¹lie³¹–ti³¹tsɔ⁵⁵　来来回回
倒回–倒转

tsŋ³¹li⁵⁵–tsŋ³¹ga³¹　穷追不舍
快（衬音）–快追

（五）ABCB型

my³¹tʋ³³–tshŋ³¹tʋ³³　生气发火
嘴撅–（衬音）撅（重复）

sŋ³¹la³³–zo³¹la³³　洗碗筷（总称）
碗涮–勺涮（重复）

tɕhi⁵⁵zu⁵⁵–ŋi⁵⁵zu⁵⁵　佩服
他称道–你称道（重复）

tshŋ⁵⁵ɕu³¹–la³¹ɕu³¹　麻利
脚挽–手挽（重复）

la³¹ŋa³³–tshŋ⁵⁵ŋa³³　着急忙慌
手动–脚动（重复）

zʷ³¹ʂ³³–dɔ⁵⁵ʂ³³　狼狈
屁擦–臀擦（重复）

my³¹gu³¹–tshŋ³¹gu³¹　难看
嘴嚼–（衬音）嚼（重复）

tshŋ³¹thy³¹–ŋi³¹thy³¹　环环相扣
一环–两环

（六）ABCC型

kɔ⁵⁵ti³¹–di³³di³³　落后
后–迟（叠）

lu³¹bi³¹–pu³³pu³³　懒惰
被子–裹（叠）

mi⁵⁵xu³¹–dʐuɔ³¹dʐuɔ³¹　沃土
土肉–结（叠）

tshɔ⁵⁵mɔ³¹–sʅə³¹sʅə³¹　美女
女人–新（叠）

（七）ABCD型

与前几种类型的四音格词不同的是，这种类型的四音格词没有重叠某一个音节，但在构成一个韵律单位时，却遵循一定的和谐规律和构词规律：A.对音节的某一部分进行重叠来和谐；B.利用一个无意义的衬音音节或双音节来构成韵律和谐；C.在语义上形成对偶性。其整体意义具有不可分割性，而不是组合的词组。例如：

tɕiɛ⁵⁵li⁵⁵–bo³³lo³³　花花绿绿
（衬音）–花（色彩）

tɕi⁵⁵li⁵⁵–go³¹lo³¹　弯弯曲曲
（衬音）–弯

ɕi³¹li³¹–xoŋ⁵⁵loŋ⁵⁵　晕头转向
（衬音）–昏

tɕi⁵⁵ti⁵⁵–ka⁵⁵ta⁵⁵　毛手毛脚
（衬音）–笨

ŋe³¹dzʅ³¹–v⁵⁵tɔ³³　恨之入骨
肚胀–肠剪

tshŋ⁵⁵dzu³³–lan³¹bi⁵⁵　四脚朝天
脚伸–手开

三、他留话四音格词的韵律和谐手段

他留话四音格词的构成中有多种和谐韵律的手段，最常见的有重叠或重复音节、叠韵、声调搭配与变调。

（一）重叠或重复音节

重叠或重复音节，即紧邻的音节重叠或是隔音节的重复，是构成四音格词形式最常见的方式。如上所述，有 AABB、ABAB、ABAC、ABCB、ABCC 五种类型。其中，AABB 和 ABCC 是音节的重叠，而 ABAB、ABAC、ABCB 是隔音节的重复，在此不再赘述例子。

（二）叠韵

在 ABCD 型四音格词中，各个音节的语音形式并非完全不相干，其韵律和谐表现为某个音节的叠声或叠韵，叠韵在复韵母上的表现较为突出。这种只叠部分音节的情形一般仅发生在相邻的两个音节上，有两类情况：（1）第一、第二音节叠韵，构成一个无意义的衬音；（2）第三、第四音节叠韵，为有实义的词。例如：

tɕi⁵⁵li⁵⁵–bo³³lo³³　花花绿绿　　　tɕhi³¹di³¹–phoŋ³¹loŋ³¹　狼吞虎咽
（衬音）– 花（色彩）　　　　　　（衬音）– 快

tɕin³¹lin³¹–pu³¹lu³¹　速战速决　　kʋ³¹lʋ³¹–thy³³ly³³　硕果累累
（衬音）– 翻滚　　　　　　　　（茂盛态）– 断尽

间隔的音节，即第一、第三音节之间和第二、第四之间没有叠韵或叠声方式，它们采用的重复整个音节而构成 ABAC 和 ABCB 型四音格词。

第二、第三音节之间既没有叠韵或叠声方式来和谐，也无重复（叠）的形式构成 ABBC[①] 型。

（三）声调搭配与变调

他留话声调比较简单，只有三个本调，即31 调、33 调和 55 调。由

---

① 彝语东部方言纳苏话有12个单元音韵母，松紧对立比较整齐，共24个松紧元音韵母，也可构成叠韵形式的四音格词（普忠良：《纳苏彝语语法研究》，昆明：云南民族出版社，2017年，第27页、第57—62页），而彝语北部方言诺苏话，只有10个单元音韵母，无法用叠韵构成四音格词（胡素华：《彝族史诗〈勒俄特依〉译注及语言学研究》，北京：中国社会科学出版社，2020年，第406页）。

于声调数量较少，所以以双音节构词为基础的 ABAC、ABCB、ABCD 和 ABCC 型的四音格词的声调搭配没有特定的规律，也不发生变调，因为声、韵的不同使得韵律没有单一化，不必要通过变调来产生异化。如下例虽然都是 31 调，却也不变调：

 u̠³¹gɔ³¹–u̠³¹ɣuɔ³¹　骄傲

头　散–头　大

而在以重叠为手段的 AAA'A' 型（包括无词汇意义基式的拟声词和有基式的重叠词的变调）、构成成分中有无词汇意义的衬音双音节的 AABB 型中，有一定的声调搭配规律，其声调的高低抑扬可以通过该语言的和谐规律来选择衬音音节。

1. AAA'A'、AABB 型的搭配和变调

在 AAA'A' 型的四音格词中，四个音节的声母、韵母完全相同，只是第三、第四音节发生变调，其中 AA 音节的声调是本调低降调 31（即单音节可单独使用，此时为 31 调），A'A' 音节的声调为变调高平调 55，形成 "31–31 + 55–55" 或 "55–55+31–31" 的声调组合模式。例如：

ŋɔ³¹ŋɔ³¹ŋɔ³¹ŋɔ³¹ →　　　　　　　ŋɔ³¹ŋɔ³¹–ŋɔ⁵⁵ŋɔ⁵⁵　摇摆不定

摇　摇　摇　摇　　　　　　　　（重叠）–（重叠变调）

kuan³¹kuan³¹kuan³¹kuan³¹ →　　kuan³¹kuan³¹–kuan⁵⁵kuan⁵⁵　喧闹

吵　　吵　　吵　　吵　　　　　　吵（重叠）–（重叠变调）

bi³¹bi³¹ bi³¹bi³¹ →　　　　　　　bi⁵⁵bi⁵⁵–bi³¹bi³¹　纷繁复杂

（变调叠音）　　　　　　　　　散乱（叠）

不同形式、有具体意义的词重叠后构成的 AABB 式，并不发生变调。因为声韵上的变化已使语音不至于单调。例如：

tʂʅ̠³¹tʂʅ̠³¹–u̠³¹u̠³¹　千方百计

借（叠）–借（叠）

2. ABAB 型的变调

像 ABAB 型这样通过重复音节构成四音格词中，第一个 AB 双音节词，即基式（有意义的可独立使用）的声调没有规律，但重复的第二个双音节 AB 要产生变调。其中的 A 音节或者 AB 音节的声调要由低降调（31 调）变为高平调（55 调），从而形成声调的异化，使韵律有高低起伏

的节奏感。如果第二个 AB 双音节词不发生任何语音上的变化，就会造成 AB 双音节词的简单重复，其语音也单调没有韵律美感。四个音节未有机融成一个四音格词。少数不变调的 ABAB 型常常是动词性的，表示动作的重复，不是典型的四音格词，即不是一个不可拆分和有特定韵律特征的四音格词，常常可以变成 ABB 型的三音节状态形容词。这类变调的 ABAB 型四音格词的声调变化可以分为两类，具体如下：

第一类：第二个 AB 音节中的 A 音节由低降调（31调）变为高平调（55调）。例如：

ti³¹mje̠³³ ti³¹mje̠³³ →　　　　　ti³¹mje̠³³–ti⁵⁵mje̠³³　翻箱倒柜
倒　找　倒　找　　　　　　　　倒　找　–（变调重复）

xa³¹do̠³³ xa³¹do̠³³ →　　　　　xa³¹do̠³³–xa⁵⁵do̠³³　东躲西藏
这　出　这　出　　　　　　　　这　出　–（变调重复）

zɿ³¹ my̠³³ zɿ³¹my̠³³ →　　　　　zɿ³¹my̠³³–zɿ⁵⁵ my̠³³　扶摇直上
（衬音）高（衬音）　　　　　　高（衬音）–（变调重复）

第二类：第二个 AB 音节中的 A 和 B 两个音节都由低降调（31调）变为高平调（55调），这类 AB 音节意义不如第一类实在，或是本来就已有为构成四音格而加入了衬音音节（例如 li³¹），AB 双音节词不能单独使用，故在四音格词中，第二个 AB 音节中的两个音节都发生变调。例如：

ɣɯ³¹li³¹ ɣɯ³¹li³¹ →　　　　　ɣɯ³¹li³¹–ɣɯ⁵⁵li⁵⁵　忽明忽暗
暗（衬音）暗（衬音）　　　　　暗（衬音）–（变调重复）

ŋ³¹li³¹ ŋ³¹li³¹ →　　　　　　ŋ³¹li³¹–ŋ⁵⁵li⁵⁵　哭哭啼啼
哭（衬音）哭（衬音）　　　　　哭（衬音）–（变调重复）

（四）使用衬音音节

增加一个无词汇意义只起语音和谐作用的衬音音节是构成四音格词的又一个重要手段，用衬音音节起到韵律和谐的作用。衬音音节可分为四种类型。

第一类：第三个音节为一个衬音音节，以满足双数的韵律需求，形成 ABCB 型。其中一个常用的衬音音节是 tshɿ³¹，其原义是"一"，但已语法化，具有指代第一音节实词根的功能，既是衬音，又具有指示功能。另一个常用的是 li⁵⁵ 音节，原有"起来"之义，也虚化了，实义感很弱。这两个衬音音节与其他音节之间并无语音搭配或选择规律，反而有一些原始词汇义的影响，li⁵⁵常用在一些表示变化起始义的词中。例如：

ĩ⁵⁵ ʂu³¹–tʂhʅ³¹ ʂu³¹　奇丑无比　　　　niẹ³³dʐʅ⁵⁵–tʂhʅ³¹dʐʅ⁵⁵　心思肮脏

看　难　－（衬音）难　　　　　　心　　脏　－（衬音）脏

ŋẹ³¹dʐʅ³¹–li⁵⁵dʐʅ³¹　气急败坏

肚　　胀　－（衬音）胀

还有其他一些不常用的单音节衬音音节，其原始义也很弱。例如：

niẹ³³nu⁵⁵–na³³nu⁵⁵　悲痛欲绝

心　痛　－（衬音）痛

na³³的本义为"黑、严重"，上例四音格词中疑与此有关。

第二类：前加叠音式的衬音音节 AA，形成 AABB 式四音格词。衬音音节没有实在意义，有些叠音音节能产性高，可以用于不同词义的基式前，形成整齐的四音格节律，使意义的表达更加形象生动化，并有表示程度加深的功能。例如：

tɕi⁵⁵tɕi⁵⁵–bi³¹ˈbi³¹　杂乱无章　　　　tɕi⁵⁵tɕi⁵⁵–tɕa³¹ˈtɕa³¹　摇摇摆摆

（衬音）－乱（重叠）　　　　　　（衬音）－抓（重叠）

ɕa³¹ɕa³¹–di³³di³³　无缘无故

（衬音）－傻（重叠）

第三类：前加叠韵式的衬音音节 AB，构成 ABCD 式。例如：

ɕi³¹li³¹–xoŋ⁵⁵loŋ⁵⁵　晕头转向

（衬音）－晕头

第四类：后加叠音式的衬音音节 CC，构成 ABCC 式。例如：

zʷʅ³¹pu³³–phu³³phu³³　妄想

放　屁　－（响声拟音）

以上四种方式都是通过增加衬音音节形成音节双偶化、起到韵律和谐的效果，语义上表示程度加深、动作加强、增量等，使语言表达效果更加生动形象。

四、他留话四音格词的语义构成类型

他留话四音格词的语义结构类型复杂，各构成成分与整体意义之间的关系既有独立性也有关联性。根据单音节或双音节形式间是否有表达基本义的情况，他留话四音格词的语义结构类型可以分为有基式四音格词和无基式四音格词。有基式的四音格词可以分析出根词素义，而无基式四音格词则没有根词素义，整体构式的语义具有不可拆析性（non-compositional）。

（一）有基式

有基式的四音格词是指四音格词中的某一单音节或双音节形式有基本义。其词义构成方式有如下几种类型。

（1）AABB型中 A 和 B 为同类相关动词，语义上表示两个相关动作的不断重复。例如：

ty³¹ty³¹–ta³³ta³³　重重叠叠　　　　ga³¹ga³¹–tɛ³¹tɛ³¹　紧追不舍
埋　埋 － 放 放　　　　　　　　　追　追 － 打 打

（2）由两个独立的双音节词构成，双音节词内的两个构成语素的语法和语义关系为"主谓结构＋主谓结构""动宾结构＋动宾结构""定中结构＋定中结构"，在表层上都是"名词＋动词／形容词"形式。这种类型在音节形式上有 ABAC 型、ABCD 型。例如：

mja³³phʋ⁵⁵–mja³³ʂə³¹　凶相毕露　xɯ⁵⁵tʂɿ³¹–xɯ⁵⁵dza³³　破铜烂铁
眼　　白 － 眼 歪　　　　　　　铁　废 － 铁 凉
ŋe³¹dzɹ³¹–v⁵⁵tɔ⁵⁵　恨之入骨　tshɿ⁵⁵dzu³³–lan³¹bi⁵⁵　四脚朝天
肚　胀 － 肠 剪　　　　　　　脚　伸 － 手 开
tshɿ³¹sʋ³³–dɔ⁵⁵sʋ³³　厚颜无耻
屎　嗅 － 臀 嗅

这些四音格词由两个双音节词构成，第一个双音节词 AB 和第二个双音节 AC 或 CD 各自成词，各有其意，然后共同构成一个四音格词。

（3）由两个独立的双音节名词构成，四音格词的词义可以预测。它可以等于、大于两个双音节词义之和。例如：

ɣua³¹tshɿ⁵⁵–ɣua³¹mja³³　高山大川　zu³¹dʋ⁵⁵–mɔ³¹dʋ⁵⁵　子孙后代
山　尖 － 斜　崖　　　　　　　侄　儿 － 侄 女

（4）重复能独立使用的双音节词 AB 来构成 ABAB 型，以摹状事物。四音格词性可能不同于双音节 AB 的词性，四音格词义具有不可预测性。例如：

bu³¹sʐ³¹–bu³¹sʐ³¹　羞羞答答　　　fʋ³¹li³¹–fʋ⁵⁵li⁵⁵　粗心大意
酒　窝 – 酒　窝　　　　　　收放（衬音）–（重复）

（5）第一、第二音节 AB 为衬音音节，具有加强程度义；第三音节重复第一音节，以形成韵律和谐，第四音节是唯一具有实在意义的动词词根，从而构成"2 音节+2 音节"的 ABAC 型四音格词。例如：

lɔ⁵⁵xɔ³¹–lɔ⁵⁵pa³³（疯狂）吼叫　　thʋ³¹li⁵⁵–thʋ³¹dzu³¹　猛吃
（衬音）–（重衬）爆　　　　　（衬音）–（重衬）吃

v³¹li⁵⁵–v³¹tʂʅə³³（狠狠）扯　　zʅ⁵⁵li⁵⁵–zʅ⁵⁵zi⁵⁵　顺畅
（衬音）–（重衬）扯　　　　（衬音）–（重衬）去

（6）第一个双音节为实义动词，第三、第四音节为叠音，是 A 动作发出的声音，即拟声衬音。可以是 AABB 型，也可以是 ABCC 型。例如：

toŋ³¹toŋ³¹–pa⁵⁵pa⁵⁵　东敲西敲　　zʷʅ³¹pu³³–phu³³phu³³　妄想
敲（叠）–（响声拟音）　　　放　屁 –（响声拟音）

（7）第一、第二音节 AB 为实义名词，第三音节 C 为支配或描述第一个双音节的动词，第四音节是第三音节的叠音，表示动作行为或属性的强度、程度加深或增量。例如：

kɔ⁵⁵ti³¹–di³³di³³　落后　　　lu³¹bi³¹–pu³³pu³³　懒惰
后　 –迟（叠）　　　　被 子–裹（叠）

mi⁵⁵xu³¹–dzuɔ³¹dzuɔ³¹　沃土　　tshɔ⁵⁵mɔ³¹–sʅ³¹sʅ³¹　美女
土 肉 –结（叠）　　　　女　人 –新（叠）

（二）无基式

四个音节中没有任何音节有实词根，四个音节共同构成一个整体的意义。以 AAA'A'、AABB 和 ABAB 型为主，这类词大多为摹状或拟声词。如上所述，第三、第四音节要发生变调，如由低降调（31调）变为高平调（55）。例如：

tʂhuã³¹tʂhuã³¹tʂhuã⁵⁵tʂhuã⁵⁵　　　沙沙（拟声词）
tshyɔ̃³¹tshyɔ̃³¹tshyɔ̃⁵⁵tshyɔ̃⁵⁵　　　唰唰（拟声词）

ɕi³¹li³¹ɕi⁵⁵li⁵⁵   疯疯癫癫（摹状词）

tɕi³¹poŋ³¹tɕi⁵⁵poŋ⁵⁵   上蹿下跳（摹状词）

（三）四音格词的部分与整体意义间的关系

四音格词各个成分的意义和整体意义间的关系类型多样，有如下几种情况：

（1）名词性的四音格词义范围大于构成成分的语义之和。两个近义、类义的词结合构成四音格词后，扩大了词义的范围。即由原来表个体名称概念的词，组合构成了表达事物总体名称概念的词。例如：

ɔ⁵⁵phŋ³¹–ɔ⁵⁵pu⁵⁵ 祖先   la³¹sy³¹–la³¹dzʊ⁵⁵ 首饰

外祖父–祖父   戒　指–手　链

（2）名词性的四音格词义范围等于构成成分的语义之和。这两个词一般是表示专有的、关系固定的词。例如：

ɔ³¹bu³¹–ɔ³¹mu³³ 父母   tshɔ⁵⁵pu³¹–tshɔ⁵⁵mu³³ 夫妻

父　亲–母　亲   丈　夫–妻　子

（3）动词、形容词性的四音格词的词义有程度上加深、加强的效果。例如：

ga³¹ga³¹–tɛ³¹tɛ³¹ 紧追不舍   khɔ³¹mɯ³¹–khɔ³¹tu³³ 苦兮兮的

追（叠）–打（叠）   苦（衬音）–苦（衬音）

（4）两个近义或类义的词构成四音格词后，词义产生延伸意义。这类四音格词的词义与构成成分的具体意义之间是由转喻机制形成的。例如：

ɔ⁵⁵thu³¹–a⁵⁵tsho³³ 针锋相对   my³¹tʊ³³–tshŋ³¹tʊ³³ 生气发火

刀　　–斧   嘴　撅–（衬音）撅

zʷŋ³¹ʂŋ³³dɔ⁵⁵ʂŋ³³ 狼狈   xu³¹ly³¹–phʊ⁵⁵phʊ⁵⁵ 漂亮

屁　擦臀擦   脸色–白（叠）

五、他留话四音格词的语法功能

四音格词有名词性、动词性和形容词性三类，在句子中可以充当主语、谓语、宾语、定语、状语和补语等句法成分。

（1）名词性四音格词可以充当论元，做主语和宾语。例如：

γua³¹tshγ⁵⁵γua³¹mja³³ tshei⁵⁵ gμ⁵⁵ zγ³³＝$\mathfrak{o}$³¹.

山尖　　　斜崖　　掉　完　来＝（语气）

高山大川掉下来了。

tεhi⁵⁵ $\mathfrak{o}$⁵⁵phγ³¹$\mathfrak{o}$⁵⁵pu³³ zi³³ mj$\mathfrak{o}$⁵⁵ li³³ tεhi²⁴.

他　　外祖父祖父们　见　去　想

他想去见祖宗了（表示要死了）。

ni²⁴ sγ³¹su$\mathfrak{o}$³¹s$\gamma$$\mathfrak{o}$³³su$\mathfrak{o}$³¹ go³³ tsh$\mathfrak{o}$³³ s$\gamma$⁵⁵ni³¹ γu$\mathfrak{o}$³¹lu⁵⁵.

鬼　果子　　树果　捡　吃　才　长　来

鬼捡水果吃才能长大。

（2）动词性和形容词性的四音格词在名物化之后也可以充当论元，做主语和宾语。

tεi⁵⁵li⁵⁵go³¹lo³¹ b$\mathfrak{o}$⁵⁵　　　η³¹ dzua³³.

（衬音）　弯（名物化）不　美

弯弯曲曲的不美。

（3）动词性和形容词性的四音格词可以充当谓语，谓语成分有专门的标记 li⁵⁵，它也是一个状语标记。例如：

dzu⁵⁵m$\underset{\sim}{e}$³¹sʊ⁵⁵ mu⁵⁵ my³¹lua³¹my⁵⁵lua³¹＝li⁵⁵.

乞　丐　　这　嘴　舔　嘴　舔　＝（状态词谓语）

这乞丐脏兮兮的。

t$\mathfrak{s}$ha³³pε³³ gu³³mu⁵⁵ dz$\mathfrak{o}$⁵⁵pj$\mathfrak{o}$³³tshγ³¹pj$\mathfrak{o}$³³＝li⁵⁵.

朋　友　那个　有　矮（衬音）矮＝（状态词谓语）

那个朋友其貌不扬。

t$\mathfrak{s}$hʊ⁵⁵ mμ⁵⁵, $\mathfrak{o}$⁵⁵zu³¹ ni³³ $\mathfrak{o}$⁵⁵pu⁵⁵ t$\mathfrak{s}$hu³¹t$\mathfrak{s}$hu³¹zγ³³zγ³³＝li⁵⁵.

枪　响　奶奶　和　爷爷　怕　怕　抖　抖＝（状态词谓语）

枪响了，爷爷奶奶担惊受怕。

（4）动词性和形容词性的四音格词可以充当补语，核心动词和补语之间有补语标记 l$\mathfrak{o}$⁵⁵$\mathfrak{s}$$\mathfrak{o}$³¹ 或 l$\mathfrak{o}$⁵⁵ni³³。例如：

tεhi⁵⁵ di²⁴ l$\mathfrak{o}$⁵⁵$\mathfrak{s}$$\mathfrak{o}$³¹　　　zi⁵⁵ li⁵⁵v³³lʊ³³.

他　说（补语标记）去　来（衬音）

他说得天花乱坠。

ɔ⁵⁵pu⁵⁵ dɔ⁵⁵ lɔ⁵⁵ni³³　　ũ³¹mu³³ũ³¹ʂ̩³¹.

爷爷　喝（补语标记）头大　头转

爷爷喝得晕头转向。

（5）形容词性的四音格词可以做定语，后置于核心名词，其后带定语标记 mu³³，与其他性质形容词做定语时的标记一致。例如：

tshɔ⁵⁵ gua³¹dzu³¹xa³¹do³³ = mu³³　　dzu⁵⁵ ŋ³¹ʂ̩⁵⁵.

人　那　吃 这 出 =（定语标记）路 不 长

浪人不会走太远。

mi⁵⁵ni³³ nie³³ɕu³¹tshɿ³¹ɕu³¹ = mu³³　　cɔ³¹ ɔ⁵⁵tshu⁵⁵ mjɔ⁵⁵kɯ³¹du⁵⁵.

命运　心难（衬音）难 =（定语标记）都　太阳　看　给　会

伤心难过的命运也能见太阳。

tshɔ⁵⁵mɔ³¹ tɕi⁵⁵tɕi⁵⁵tʂhu³¹tʂhu³¹ = mu³³　　ɕɔ⁵⁵ lœ³¹ zi⁵⁵ le³³.

妇女（衬音）怕怕　　（定语标记）走　进　去（语气助词）

猥琐的妇女走进去了。

phjɔ⁵⁵tshɿ³¹ phɔ³³phʋ⁵⁵ = mu³³ 白色的衣服

衣服　　白　　 =（定语标记）

no³³tshɿ³¹ khɔ³¹lɔ³¹ = mu³³ 苦的药

药　　　苦　 =（定语标记）

（6）动词性的四音格词充当状语时，状语和动词谓语之间可以有状语标记，也可以没有标记，有状语连接标记时更自然。例如：

ni³¹ xoŋ³¹tshɿ²⁴ tɕi⁵⁵tɕi⁵⁵tɕa³¹tɕa³¹ =（li⁵⁵）　　ɕɔ⁵⁵.

鬼　疯子　（衬音）抓 抓 =（状语标记）走

鬼疯子摇摇摆摆地走路。

dʐ̩⁵⁵zie²⁴ tshɿ³¹dzu³³lan³¹bi⁵⁵ =（li⁵⁵）do³¹, ni³¹pu²⁴ tɕho³³tɕho³³ =

酒 鬼 脚 伸 手 开 =（状语标记）躺 公鬼 悄　悄 =

（li⁵⁵）　　　ɕɔ⁵⁵.

（状语标记）走

酒鬼四脚朝天躺，公鬼悄悄走。

四音格词很少受其他修饰语的修饰，因为它本身已具有增量、程度、感情色彩等附加意义。此外，动词性的四音格词不能带宾语、补语，因为它本身就是描绘性的属性谓语或是已有表示程度和结果的含义，所以不用其他成分加以补充说明。

六、结论

彝语他留话的四音格韵律因为节奏朗朗上口，在口述演说语体和场合下使用得最多。四音格词多表示描摹、拟声、拟态，形象、生动地描绘人或动物神态、动作、行为。在音节类型上有AABB、AAA'A'、ABAB、ABAC、ABCB、ABCC 和 ABCD 七种形式。他留话四音格词的韵律特征与音节、韵、调都有关系，利用这些语音要素的和谐搭配，构成符合韵律共性和本族特有的韵律感知的特征。其特点如下：

（1）四音格词的构成手段。重叠或重复音节、叠韵、变调、使用衬音音节是构成四音格词的四个手段，它们也是他留话的韵律和谐手段。其中重叠在有四音格中可谓是一种跨语言的共性特征。

（2）双音节特征。双音节是四音格词的基本单位，所有四音格词都是以"2+2"的形式构成的，这也是一种语言共性，是两个"标准韵律词"的复合词。他留话中的叠韵和叠音节都只发生在第一和第二音节间、第三和第四音节间。第二和第三音节虽然在序列上相邻，但没有紧密关系。两两对偶的形式具有平衡对称的韵律特征，四音格词以其平衡对称性的特征区别于其他四个音节而非四音格词的语言单位。

（3）声调特征。以重叠为手段的 AABB、AAA'A'型中部分衬音（拟声为主）的声调有特定的搭配形式，以重复为手段的 ABAB 型大部分都要产生变调。变调而使声调的高低抑扬是该语言的韵律和谐表现，特别是因为重叠而声母、韵母都一样的时候。同时，也以此为标准来构造或选择衬音音节。以双音节实词构词为基础的 ABAC、ABCB、ABCD 和 ABCC型的四音格词的声调搭配没有特定的规律。

（4）变调是凝固四个音节词为一个整本即四音格式的形态表现。ABAB 型中最重要的特点是第二个 AB 要发生音变，若不发生音变，特别是动词，它们可能是表示一个双音节动词动作的重复，而未构成一个有机四音格词单位。

（5）衬音音节。作为一种典型的语义羡余成分，其作用是补足四个音节（2+2）的基本形式需求。衬音音节形式多样，有单音节和双音节形式，双音节形式的衬音有的叠韵，有的没有；有的衬音音节可以追溯其实词痕迹，有的无法追溯其实义源头。

（6）语义特点。四音格词构成词素间的语义关系有多样性，大部分用实词素构成的四音格中，前两个构词语素间的语义关系和后两个间的关系相同，即同为支配关系、并列关系或同为陈述关系（修饰关系），只有ABCC型中A和B的关系和C与C之间的语义关系不同。

（7）能产性大，在已有的机制上可以造出新词，借词也可进入其中。

参考文献：

戴庆厦，孙艳. 2003. 四音格词在汉藏语研究中的价值[J]. 汉语学习，（6）：1-5.

冯胜利，2000. 汉语韵律句法学[M]. 上海：上海教育出版社：121.

冯胜利，2011. 韵律句法学研究的历程与进展[J]. 世界汉语教学，（1）：13-31.

胡素华，2020. 彝族史诗《勒俄特依》译注及语言学研究[M]. 北京：中国社会科学出版社.

陆志伟，1956. 汉语的并立四字格[J]. 语言研究，（1）：45-82.

普忠良，2017. 纳苏彝语语法研究[M]. 昆明：云南民族出版社.

周志培，2003. 汉英对比与翻译中的转换[M]. 上海：华东理工大学出版社：152.

（原载于《民族语文》2021年第6期）

彝语北部方言哈土圣乍话的接触音变及其成因

刘正发　　鲁阿呷

摘要：彝语北部方言西昌黄联关镇哈土圣乍话在与当地所地话接触的过程中发生了语音上的变化，与同属一个土语的喜德圣乍话存在语音变异现象。其中，韵母方面的变化较为突出，而声母的变化程度相对较小，个别词汇属于声母和韵母同时发生变化。现在的哈土圣乍话已发展成一种既不像喜德圣乍话，也不全像所地话的区域性变体。其成因主要是由于方言接触所造成的，是强势方言影响的结果。

关键词：彝语；音变；哈土圣乍话；哈土所地话；喜德圣乍话

一、前言

不同语言之间长期接触会导致强势语言对弱势语言产生影响，使弱势语言的语音、词汇、语法发生变异，甚至导致语言转用，这一事实已为学界所公认。一种语言方言和土语之间的接触也会导致语言结构变异，但这方面的研究还不多。此前有关彝语次方言和土语音变现象研究的文献不多，比如：兰正群、潘正云（2015）对喜德彝语和米易彝语的声母、韵母和声调进行比较，探讨了二者语音对应规律；朱文旭（2010）探讨了彝语

作者简介：刘正发，法学博士，中央民族大学预科教育学院教授、硕士研究生导师，主要研究方向为藏缅语族语言文化、文化传承与教育等；鲁阿呷，中央民族大学中国少数民族语言文学学院2022级语言学及应用语言学专业在读博士研究生。

舌根、舌尖辅音在口语中向舌面辅音的演变，以及在彝语一些方言和彝语亲属语言中与双唇辅音对应的现象，认为这是古双唇音演变的结果；沙马打各（2011）分析了彝语北部方言语音发展演变的趋势，指出各次方言和土语的语音发展演变进度不同，但总体上都趋于简化；王蓓（2011）通过语音实验，分析了彝语圣乍土语高、中、低3种不同声调上清浊塞音对音高的影响。

在田野调查过程中，我们发现四川省西昌市黄联关镇哈土村一带的彝语有一些特殊音变现象。哈土村一带的彝族是20世纪40年代从喜德县北山乡一带迁来的，迁出地的彝族使用的彝语与彝语北部方言规范彝文标准音点喜德彝语圣乍话相同，故本文为了方便比较，把哈土村一带的彝语回溯到迁出地，称为"哈土圣乍话"，这样，既区别于当地彝语其他地方话，又可关联喜德彝语圣乍话。下面用调查所得的彝语哈土圣乍话第一手资料，与彝语喜德圣乍话进行比较，探究哈土圣乍话语音变异的规律及成因。

二、哈土圣乍话的接触音变

彝语属汉藏语系藏缅语族彝语支，分为北部、东部、东南部、南部、西部和中部6个方言。彝语北部方言分为北部和南部两个次方言。北部次方言包含圣乍、义诺、田坝和漫水湾四个土语。南部次方言包含东部土语和西部土语。其中，东部土语（又称阿都土语）以布拖县特木里镇特木里村语音为代表；西部土语（又称所地土语）以会理市益门镇小凉村语音为代表。

哈土圣乍话属彝语北部方言，通行于四川省西昌市黄联关镇哈土村一带。通过与当地彝语所地土语（以下简称"哈土所地话"）的接触，哈土圣乍话借用了哈土所地话的部分词汇，并由此产生了语音上的变化。可以说哈土圣乍话是喜德圣乍话与哈土所地话接触之后产生的一种地域变体。彝语北部方言哈土圣乍话的语音变异是方言土语间的接触导致的，是方言接触音变的一个典型案例。

（一）哈土圣乍话音系及其与喜德圣乍话和哈土所地话的异同

1.哈土圣乍话的语音系统

（1）声母系统

哈土圣乍话共有声母44个，其中双唇音声母6个，即p、ph、b、mb、m̥和m，唇齿擦音声母2个，即f和v；舌尖前音声母6个，即ts、tsh、dz、ndz、s、z；舌尖中音声母8个，即t、th、d、nd、n、n̥、l、ɬ；舌尖后音声母6个，即tʂ、tʂh、dʐ、ndʐ、ʂ和ʐ；舌面前音声母8个，即tɕ、tɕh、dʑ、ndʑ、ɲ、ɲ̥、ɕ和ʑ；舌根音声母7个，即k、kh、g、ŋg、ŋ、x和ɣ；喉音1个，即h。

哈土圣乍话声母的系统性较强，共分6组，塞音、擦音和塞擦音都有清浊对立，清塞音和清塞擦音有送气与不送气的对立；除鼻音声母ŋ外，其他浊鼻音声母有相应的清化音；浊塞音和浊塞擦音都有相应的同部位鼻冠音。

（2）韵母系统

哈土圣乍话无复元音韵母，有10个单元音韵母，即i、e、a、o、ɯ、ɔ、u、u̠、ɿ、ʅ。有松紧之分。其中，i、o、ɯ、u、ɿ是松元音韵母，e、a、ɔ、u̠、ʅ是紧元音韵母①。

（3）声调系统

哈土圣乍话有4个声调：高平调55、次高调44、中平调33和低降调21。

2.哈土圣乍话与喜德圣乍话语音系统的异同

（1）声母系统的异同

哈土圣乍话和喜德圣乍话声母数量相同，都是44个。不过，喜德圣乍话的一些声母在哈土圣乍话中发生了变化，即在保持大多数声母相同的基础上，哈土圣乍话的少数声母向不同的方向发展，但仍与喜德圣乍话不同的声母形成了有规律的对应。发生变化的声母有4个，即：喜德圣乍话的舌根音kh，哈土圣乍话变成了舌面前送气塞擦音tɕh；喜德圣乍话的

---

① 在彝语北部方言的哈土圣乍话中，还没发现元音韵母存在松紧整齐对立的现象，只有e、a、ɔ、u̠、ʅ存在发紧音现象，紧元音韵母中的u̠、ʅ是紧喉元音韵母。

舌面前送气塞擦音tɕʰ，哈土圣乍话变成了舌尖前送气清塞音tʰ；喜德圣乍话的舌面前不送气浊塞擦音dʑ，哈土圣乍话变成了舌尖前不送气浊塞音d；喜德圣乍话的舌尖前浊鼻音n，哈土圣乍话变成了舌面前浊鼻音ȵ。

（2）韵母、声调系统的异同

韵母方面，哈土圣乍话和喜德圣乍话都无复元音韵母，各有10个单元音韵母，部分单元音韵母分松紧。所不同的是，喜德圣乍话的部分单元音韵母，哈土圣乍话发生了变化，除个别元音韵母外，哈土圣乍话的大部分单元音韵母出现了与喜德圣乍话不同单元音韵母的对应。在声调方面，哈土圣乍话与喜德圣乍话的调位和调值完全相同。

3.哈土圣乍话与哈土所地话语音系统的异同

（1）声母系统的异同

哈土所地话属彝语北部方言所地次方言。哈土所地话共41个声母，比哈土圣乍话少了m̥、n̥、ŋ̊3个清鼻音，其他声母与哈土圣乍话相同。

（2）韵母、声调系统的异同

韵母方面，哈土所地话有13个元音韵母，其中，有ue、ua、ui 3个复元音韵母，其他的10个单元音韵母，跟圣乍话的10个单元音韵母相同。哈土圣乍话没有复元音韵母。哈土圣乍话的调位、调类与哈土所地话完全一致。

（二）哈土圣乍话的音变现象

1.声母的变化

从整个语音系统来看，哈土圣乍话和喜德圣乍话的声母数量是完全相同的，尽管哈土圣乍话中一部分声母与喜德圣乍话不是相同的发音部位，但是有严整的对应规律，说明哈土圣乍话的声母发生了变异。我们认为，这种现象是由哈土圣乍话与哈土所地话长期接触导致的。与喜德圣乍话相比，哈土圣乍话声母的变化或对应主要表现为：kʰ→tɕʰ；tɕʰ→tʰ；dʑ→d；n→ȵ。具体如下：

kʰ→tɕʰ。喜德圣乍话的舌面后塞音kʰ，哈土圣乍话变成了舌面前塞擦音tɕʰ，与哈土所地话相同。例如：

喜德圣乍话	哈土圣乍话	哈土所地话	词义
khuu³³dza³³	tɕʰŋ³³dzʐ³³	tɕʰŋ³³dzʐ³³	麻雀

| khɯ⁵⁵ | tɕη⁵⁵ | tɕη⁵⁵ | 晚 |
| mu³³khɯ⁵⁵ | mu³³tɕη⁵⁵ | mu³³tɕη⁵⁵ | 下午 |

tɕh→th。喜德圣乍话的舌面前塞擦音tɕh，哈土圣乍话变成了舌尖前塞音th，与哈土所地话相同。例如：

喜德圣乍话	哈土圣乍话	哈土所地话	词义
tɕhu³³	thu³³	thu³³	银
tɕhu³³tsη³³tsη³³	thu³³tsη³³tsη³³	thu³³tsη³³tsη³³	白
tɕhu³³	thu³³	thu³³	打（耳洞）

dʑ→d。喜德圣乍话的舌面前塞擦音dʑ，哈土圣乍话变成了舌尖前塞音d，与哈土所地话相同。例如：

喜德圣乍话	哈土圣乍话	哈土所地话	词义
dʑu⁵⁵sη²¹	du⁵⁵sη²¹	du⁵⁵sη²¹	腰
dʑu³³	du³³	du³³	燕麦
dʑu³³pa³³	du⁵⁵pa³³	du⁵⁵pa³³	中间

n→ɲ。喜德圣乍话的舌尖前浊鼻音n，哈土圣乍话变成了舌面前音ɲ，与哈土所地话相同。例如：

喜德圣乍话	哈土圣乍话	哈土所地话	词义
si³³ni²¹	si³³ɲi²¹	si³³ɲi²¹	和
i⁴⁴nu³³	i⁴⁴ɲo³³	i⁴⁴ɲo³³	嫩
ko³³nɯ³³	ko³³ɲi̠³³	ko³³ɲi̠³³	也

以上词汇中，哈土圣乍话与喜德圣乍话的声母发音不同，但与哈土所地话的发音完全相同，如"麻雀"，喜德圣乍话是khɯ³³dza³³，而哈土圣乍话和所地话都是tɕη³³dza³³。但大多数的词汇哈土圣乍话和喜德圣乍话仍保持一致，又如"额头"，都读作ɲi⁵⁵thi³³，哈土所地话读作na⁵⁵ga³³；"野鸡"，都读作ʂu³³，哈土所地话读作ɕη³³。

2.韵母的变化

哈土圣乍话和喜德圣乍话都没有复元音韵母。多数情况下，两地圣乍话的元音韵母都是同一发音部位对应的，但有一部分词汇的韵母出现了不同发音部位元音韵母的对应。我们认为，这种音变现象也是哈土圣乍话与哈土所地话的接触造成的。比较如下：

i的音变。喜德圣乍话的元音韵母i，哈土圣乍话发生了较多变化，即：喜德圣乍话的i与哈土圣乍话的多个元音对应，而哈土圣乍话与哈土所地话则趋同。喜德圣乍话的i主要对应于哈土圣乍话的a、o和ʅ。

①i→a。喜德圣乍话的i，哈土圣乍话变成了a，与哈土所地话相同。例如：

喜德圣乍话	哈土圣乍话	哈土所地话	词义
ɕi⁵⁵	ɕa⁵⁵	ɕa⁵⁵	什么
ɕi⁴⁴ma³³	ɕa⁵⁵ma³³	ɕa⁵⁵ma³³	哪个
a²¹he⁵⁵di²¹khu⁵⁵	a²¹he⁵⁵da³³khu⁵⁵	a²¹he⁵⁵da³³khu⁵⁵	去年
ŋe̠³³di²¹khu⁵⁵	ŋe̠⁵⁵da³³khu⁵⁵	ŋe⁵⁵da³³khu⁵⁵	明年

②i→o。喜德圣乍话的i，哈土圣乍话中变成了o，与哈土所地话相同。例如：

喜德圣乍话	哈土圣乍话	哈土所地话	词义
zʅ³³khi⁵⁵lo³³	zʅ³³kho⁵⁵lo³³	zʅ³³kho⁵⁵lo³³	井
a⁴⁴ŋi̠³³	a⁴⁴ŋo̠³³	a⁴⁴ŋo̠³³	多
i⁴⁴ŋi̠³³	i⁴⁴ŋo̠³³	i⁴⁴ŋo̠³³	少
ga³³ŋi̠³³	ga³³ŋo̠³³	ga³³ŋo̠³³	近

③i→ʅ。喜德圣乍话的i，哈土圣乍话中变成了ʅ，与哈土所地话相同。例如：

喜德圣乍话	哈土圣乍话	哈土所地话	词义
sʅ³³phi²¹	sʅ³³phʅ⁵⁵	sʅ³³phʅ⁵⁵	板子
mi³¹pu²¹	mʅ³¹pu²¹	mʅ²¹pu²¹	嘴唇
tsi⁵⁵	tsʅ⁵⁵	tsʅ⁵⁵	胡子

a的音变。喜德圣乍话的紧元音a̠，哈土圣乍话变化成了紧元音e̠，与哈土所地话读为松元音e不同。例如：

喜德圣乍话	哈土圣乍话	哈土所地话	词义
la̠²¹vu⁵⁵	le̠²¹vu⁵⁵	le²¹vu⁵⁵	横
la̠²¹gu⁵⁵	le̠²¹gu⁵⁵	le²¹gu⁵⁵	歪
la̠²¹gu⁵⁵la̠²¹ta³³	le̠²¹gu⁵⁵le̠²¹ta³³	le²¹gu⁵⁵le²¹ta³³	蜿蜒

ɯ的音变。喜德圣乍话的松元音ɯ，哈土圣乍话的变化较大，主要有

ɯ→a、ɯ→o、ɯ→ʅ。

①ɯ→a。喜德圣乍话的松元音ɯ，哈土圣乍话变成了a，与所地话相同。例如：

喜德圣乍话	哈土圣乍话	哈土所地话	词义
khɯ²¹thɯ⁴⁴	kha²¹thɯ⁴⁴	kha²¹thɯ⁴⁴	什么时候
khɯ⁵⁵ko³³	kha⁵⁵ko³³	kha⁵⁵ko³³	哪里
pṳ³³zɯ³³	pṳ³³sa³³	pṳ²¹sa³³	菩萨

②ɯ→o。喜德圣乍话的松元音ɯ，哈土圣乍话变成了o，与所地话相同。例如：

喜德圣乍话	哈土圣乍话	哈土所地话	词义
zɯ³³bo³³	zo³³bo³³	zo³³bo³³	柱子
dɯ²¹bo³³	do²¹bo³³	do²¹bo³³	外面
dɯ²¹bo³³ʐʅ⁴⁴dɯ³³	do²¹bo³³ʐʅ⁴⁴dɯ³³	do²¹bo³³ʐʅ⁴⁴dɯ³³	厕所

③ɯ→ʅ。喜德圣乍话的松元音ɯ，哈土圣乍话变成了ʅ，与所地话相同。例如：

喜德圣乍话	哈土圣乍话	哈土所地话	词义
khɯ³³ndzɯ³³	khɯ³³ndzʅ³³	khɯ³³ndzʅ³³	克智
khɯ³³dza³³	tɕʅ³³dza³³	tɕʅ³³dza³³	麻雀
ma⁵⁵ɬɯ²¹	ma⁵⁵ɬʅ²¹	ma⁵⁵ɬʅ²¹	中午

o的音变。喜德圣乍话的松元音o，哈土圣乍话变成了松元音i，与所地话相同。例如：

喜德圣乍话	哈土圣乍话	哈土所地话	词义
o³³tɕhi³³	i³³tɕhi³³	i³³tɕhi³³	头
zo³³so³³	zi³³so³³	zi³³so³³	轻
mo²¹thu²¹	mi²¹thu²¹	mi²¹thu²¹	门槛

u的音变。喜德圣乍话的松元音u，哈土圣乍话常常变成松元音o和松元音ʅ，与所地话相同。例如：

①u→o。例如：

喜德圣乍话	哈土圣乍话	哈土所地话	词义
zu³³	zo³³	zo³³	捉

| su⁵⁵tsho³³ | so⁵⁵tsho³³ | so⁵⁵tsho³³ | 别人 |
| ŋi³³mo²¹sɿ²¹vu³³ | ŋi³³mo²¹sɿ²¹vo³³ | ŋi³³mo²¹sɿ²¹vo³³ | 葡萄 |

②u→ɿ。例如：

喜德圣乍话	哈土圣乍话	哈土所地话	词义
mbu⁵⁵	mbɿ⁵⁵	mbɿ⁵⁵	溢
fu²¹khɯ³³	fɿ³³khɯ³³	fɿ³³khɯ³³	丑
vu³³dʑi³³	vɿ³³dʑi³³	vɿ³³dʑi³³	真
a³³vu³³	a³³vɿ³³	a³³vɿ³³	干
ɬu³³	ɬɿ³³	ɬɿ³³	炒
vu⁵⁵mo²¹	vɿ³³mo²¹	vɿ³³mo²¹	姐姐
tsho³³vu³³	tsho³³vɿ³³	tsho³³vɿ³³	疯子

ɿ的音变。喜德圣乍话舌尖前松元音ɿ，哈土圣乍话变为舌面后圆唇松元音ɔ和舌面后圆唇松元音u，与所地话相同。例如：

①ɿ→ɔ（仅有一例）。例如：

喜德圣乍话	哈土圣乍话	哈土所地话	词义
tshɿ⁴⁴lɔ³³mu³³	tshɔ⁴⁴lɔ³³mu³³	tshɔ⁴⁴lɔ³³mu³³	立刻

②ɿ→u。例如：

喜德圣乍话	哈土圣乍话	哈土所地话	词义
la⁴⁴vɿ³³	la⁴⁴vu³³	la⁴⁴vu³³	横
vɿ³³	vu³³	vu³³	买
ɿ²¹	lu²¹	lu²¹	撒
tsɿ²¹phɿ⁵⁵	tsu²¹phɿ⁵⁵	tsu²¹phɿ⁵⁵	口水
la⁴⁴vɿ³³	la⁴⁴vu³³	la⁴⁴vu³³	左

另外，喜德圣乍话和哈土圣乍话也存在韵母都没有发生变化的情况。例如：

喜德圣乍话	哈土圣乍话	哈土所地话	词义
sɿ³³	sɿ³³	su³³	血
ʂɯ³³	ʂɯ³³	hɯ³³	肉
tɕhɿ³³	tɕhɿ³³	tshu³³	甜
dʐu²¹	dʐu²¹	dʐɿ²¹	筷

除上述声母和韵母的变化外，还有一部分词存在声母和韵母同时发生变化的情况。例如：

喜德圣乍话	哈土圣乍话	哈土所地话	词义
$z_1^{33}ng\mu^{33}$	$z_1^{33}\eta dz_1^{33}$	$z_1^{33}\eta dz_1^{33}$	热水
$\mathfrak{o}^{33}k\mu^{55}$	$\mathfrak{o}^{33}t\mathfrak{c}_1^{55}$	$\mathfrak{o}^{33}t\mathfrak{c}_1^{55}$	梳头
$kh\mu^{55}$	$t\mathfrak{c}h_1^{55}$	$t\mathfrak{c}h_1^{55}$	晚
$\mathfrak{c}i^{33}$	za^{55}	za^{55}	什么
$kh\mu^{33}dza^{33}$	$t\mathfrak{c}h_1^{33}dza^{33}$	$t\mathfrak{c}h_1^{33}dza^{33}$	麻雀

在上述双音节词中，有的是一个音节的声母和韵母都发生了变化，如"梳头""麻雀"；有的则是两个音节的声母和韵母都发生了变化，如"热水"。

三、哈土圣乍话接触音变的特点

经研究发现，哈土圣乍话接触音变具有以下特点：

一是声母较少发生变异。根据现有材料显示，在44个声母中，只有清送气舌根塞音kh、清送气舌面塞擦音tɕh、浊不送气舌面塞擦音dʑ和舌尖前鼻音n发生了变化。变化的方向除舌尖鼻音n向舌位更靠后的舌面鼻音ŋ发展之外，其他三个都是向舌位更靠前的部位变化，即：kh变为tɕh，tɕh变为th，dʑ变为d。

二是韵母方面，由于受到方言接触的影响，哈土圣乍话的一些韵母出现了不同于喜德圣乍话的变化，而变得跟所地话相同，不仅出现了舌位高低的变化，如喜德话的i对应于哈土圣乍话的a、o和ʅ，也存在ʅ变u、ʅ变ɔ、u变ʅ、u变ɔ、o变i、ɯ变a、ɯ变o、ɯ变ʅ等音变对应情况。此外，还有紧元音变紧元音的情况，如紧元音a̠变紧元音e̠，甚至出现了发音部位相差较大的元音变化，如i变o、i变ʅ。

三是元音韵母的变化打破了系统内部松紧对立的现象。哈土圣乍话本来与喜德圣乍话高度一致，存在元音韵母分松紧现象。但由于与哈土所地话发生接触，导致哈土圣乍话韵母的松紧对立系统被打破，喜德圣乍话中的松元音韵母，在哈土圣乍话中有的变成了不同舌位的松元音，有的变成了紧元音，语音对应复杂。

四是存在整体变化和局部变化的情况。同一个词中，有些是声母和韵母同时发生了变化，有些则只有声母发生变化，韵母保持不变，有些则是韵母发生了变化，声母保持不变。在多音节词中，只有个别词声母和韵母都发生了变化的情况，多数情况是只有一个音节发生变化，而其他音节保持不变。

由于存在音变，导致哈土圣乍话变成一种既不像喜德圣乍话，又不完全像哈土所地话的彝语北部次方言的地方变体：一方面，未发生音变的那一部分词与喜德圣乍话相同；另一方面，由于方言接触、词汇借用等原因，有一部分词的发音与哈土所地话趋同或相同。这样使哈土圣乍话既具有喜德圣乍话的语音、词汇特征，也具有哈土所地话的语音、词汇特征。

四、哈土圣乍话接触音变的成因

（一）语言内部不同次方言的接触

在田野调查过程中，我们了解到使用哈土圣乍话的彝族群体是20世纪40年代末从喜德县北山乡搬迁到今西昌市黄联关镇哈土村一带居住的，至今已有70多年的历史。游汝杰、邹嘉彦（2019）指出"人口迁移是方言形成的最直接、最重要的原因。原居一地的人民，其中有一部分人迁移到别地，久而久之形成与原地不同的新方言，这是很常见的"。哈土村一带原来仅通行所地话，没有使用圣乍话的彝族。使用圣乍话的彝族从喜德北山乡搬迁过来后，与使用所地话的彝族接触和交往交流。社会的变化是语言变化的外部因素，两种次方言的接触，是促成哈土圣乍话内部发生变化的动因。语言的接触导致了词汇的借用。通过上文的对比可以看出，哈土圣乍话中与喜德圣乍话不同，而与哈土所地话相同的词汇基本上都是哈土圣乍话从哈土所地话中借用的。在同一语言的不同方言或次方言之间，这种借用主要是为了便于交流，借用的词汇大多是两个不同方言之间差异较大但又常用的，如"父亲"，喜德圣乍话读作 $a^{33}bo^{33}$，哈土圣乍话早期应该与此相同，但现在读作 $a^{44}ta^{33}$，与哈土所地话相同；"狗"，喜德圣乍话读作 khu^{33}，但哈土圣乍话和所地话都读作 $tsh\eta^{33}$，这显然是哈土圣乍话借用了哈土所地话的词汇。

哈土所地话和哈土圣乍话虽然同属彝语的北部方言，但归属不同的次方言，语音和词汇方面都存在着一定的差异，同时在语音上又存在一定的对应规律。兰正群、潘正云（2015）研究发现，喜德彝语与米易彝语之间在声母、韵母和声调方面都存在着对应规律。声母方面，如喜德彝语的舌面前音 tɕ、tɕh、dʑ、ŋdʑ 与韵母 u、ų 相结合的音节，在米易彝语中就会变成舌尖中音 t、th、d、nd；韵母方面，如喜德彝语与米易彝语在声母相同的情况下，声母与韵母相拼时，后次低圆唇紧元音 o̠ 在米易彝语中读音将变成前次高不圆唇紧元音 e̠，等等。米易彝语与哈土所地话同属于彝语北部方言的所地次方言。因此，哈土圣乍话从所地话中借入词汇，同时也借入了所地话的语音，从而对哈土圣乍话原来的语音系统产生了影响，导致语音系统的变化。

（二）受本土强势方言的影响

哈土所地话作为西昌黄联关镇当地长期通行的一种彝语方言，相对于外来的圣乍话来说具有"地利"的优势，是一种强势的地域方言变体，因此，在交际过程中，自然而然地占着主导地位。而外来的操圣乍话的彝族人想尽快、尽早地融入当地的社会生活，在最初没有其他语言作为中介语的情况下，只能尝试着用哈土圣乍话去与哈土所地话进行沟通交流，并有意识地模仿当地哈土所地话的发音，乃至借用哈土所地话的词汇。比如，在调查中我们发现："麻雀"一词在喜德圣乍话中读作 khɯ³³dʑa³³，而哈土圣乍话借用的所地话读作 tɕh̩³³dʑa³³；"燕麦"一词喜德圣乍话读作 dʑu³³，哈土圣乍话模仿哈土所地话，也读作 du³³，且模仿得惟妙惟肖。游汝杰、邹嘉彦（2019）认为："借用和模仿的成分逐渐积累，最终有可能改变一种方言的语音和语法结构，从而造成方言的类型渐变或宏观演变。"目前，尽管使用哈土所地话的彝族人在哈土村总人口总所占的比例并不大，但其母语仍保持着较强的活力，是当地不同彝语方言群体相互沟通的媒介语言。

语言或方言间的影响并导致其中一方发生变化是一个渐进的过程，哈土圣乍话受哈土所地话的影响并逐渐借用其语言成分，导致语音上向所地话趋同，也是这样一种缓慢的过程。虽然今天我们无法还原六七十年前使用圣乍话的彝族初到哈土村时的语言生活情境，以及他们受哈土所地话影响的具体情况，但通过我们调查了解到的圣乍话群体在语言使用上的年龄层次差异，可以推测出，哈土所地话对哈土圣乍话群体不同年龄段的影响是不一样的。年龄在60岁以上的人群，是移民的第一代或第二代，母语（哈土圣乍话）的情结还比较浓厚，交际中借用哈土所地话的词汇较少，所地话口音也不是十分明显。30～59岁的人群，是移民的第二代或第三代，日常交际中借用哈土所地话的成分多一些，有明显的所地话口音。30岁以下的人群，语音变化的程度更深，借用哈土所地话的词汇更多，所地话口音更加明显。

（三）群体间通婚所造成的影响

哈土圣乍话群体和哈土所地话群体虽然方言上有所差异，但都是彝族，经常相互通婚。不同语言群体之间通婚也是造成语言变化的一种因素。我们在调查过程中发现，使用哈土村圣乍话群体与使用其他次方言或土语的群体都有互相通婚的情况。村里832户村民，互相通婚的有609户，通婚率达到73.2%。也就是说73.2%的家庭使用两种不同的次方言或土语，其中，与所地话群体通婚的不在少数。由于所地话在当地的强势地位，通婚家庭中使用所地话的一方在语言交际中自然占有主导权，使用哈土圣乍话的一方在家庭语言生活中往往要"迁就"使用哈土所地话的一方，在交际中部分使用，甚至完全使用哈土所地话的现象比较普遍。这种家庭的后代往往以所地话作为母语，掌握哈土圣乍话的不多，有的只能听得懂，不会说，有的甚至只会说哈土所地话。实际上已经实现了方言的转用。

五、结语

一种语言的方言土语通过接触、词汇借用，向另一方言土语靠拢，四川省西昌市黄连关镇哈土村彝语圣乍话可以说是一个典型的个案。黄联关镇彝语圣乍话使用群体是70多年前从喜德县北山乡迁来，与当地的彝语所地次方言发生方言接触，出于融入当地社会生活的需要，在方言接触过程中，不断从当地所地彝语中借入词汇，由此导致语音发生了变化。声母的变化与两个次方言间的语音对应大致重合，而韵母的变化较为复杂。从不同年龄层次在语言使用方面的差异来看，语音上的变化是渐进式的，年龄越大，保留哈土圣乍话的特点要多一些，年轻人使用哈土所地话的词汇更多，口音上更接近哈土所地话。哈土圣乍话群体与哈土所地话群体之间的通婚家庭的第二代基本放弃了哈土圣乍话而转用哈土所地话。可以说，现在的哈土圣乍话已发展成一种介于喜德圣乍话和哈土所地话之间的一种彝语北部次方言的一种地方变体，具有自己的语言特征。

参考文献：

兰正群，潘正云，2015. 彝语北部方言语音对应规律研究：以喜德县和米易县为例[J]. 西南民族大学学报（人文社会科学版），（10）：51–54.

沙马打各，2011. 彝语北部方言语音的发展演变趋势[J]. 西昌学院学报（社会科学版），23（3）：1–2，17.

王蓓，2011. 彝语辅音清浊对声调实现的影响[J]. 民族语文，（4）：37–42.

游汝杰，邹嘉彦，2019. 社会语言学教程（第3版）[M]. 上海：复旦大学出版社.

朱文旭，2010. 彝语部分辅音特殊演化[J]. 语言研究，30（4）：18–22.

（原载于《民族语文》2021年第1期）

怒苏语的 "su³⁵ 人" 和 "tshoŋ³¹ 人" 类词语

罗自群

摘要：怒苏语属于汉藏语系藏缅语族彝语支，它有 "su³⁵ 人" 和 "tshoŋ³¹ 人" 两个词，本文从构词、语义两个方面，比较了包含 "su³⁵ 人" 或 "tshoŋ³¹ 人" 这两个语素的表人词语，并从构词方式上，分为前置型和后置型，从语义上，分为特征类和行为类。然后，还和藏缅语族一些亲属语言中的表人词语进行比较，认为怒苏语的这两类词语和它们有明显的共性，都是同源的，在历史的发展过程中，"su³⁵ 人" 和 "tshoŋ³¹ 人" 两类词有竞争，有消长。

关键词：藏缅语族；怒苏语；词汇；人

　　怒族是我国人口较少的民族之一，主要居住在云南省怒江傈僳族自治州。怒苏语是生活在福贡县的怒族怒苏支系使用的语言，属于汉藏语系藏缅语族彝语支。孙宏开、刘璐（1986）把怒苏语分为北部、中部和南部三个方言。"人" 是一个语言中的基本词汇，怒苏语中表人的、能够单用的有 "su³⁵ 人" 和 "tshoŋ³¹ 人" 两个词，本文以田野调查获得的怒苏语中部方言知子罗话的第一手语料为基础，描写怒苏语的 "su³⁵ 人" 和 "tshoŋ³¹ 人" 及其相关词语的特点及异同，并结合藏缅语族其他亲属语言，探讨两类表人词语的内在关系。

　　作者简介：罗自群，文学博士，中央民族大学中国少数民族语言文学学院教授、博士研究生导师，主要研究方向为汉藏语系语言。
　　基金项目：国家社会科学基金项目冷门 "绝学" 和国别史等研究专项立项 "历史语言学视野下的怒苏语真实文本语料研究"（19VJX081）。

一、怒苏语的"su³⁵人"和"tshoŋ³¹人"及其相关词语

怒苏语的"su³⁵人"和"tshoŋ³¹人"虽然都能表示人，都可以单用，但是在使用中还是有一些不同。

（一）怒苏语的"su³⁵人"

怒苏语的"su³⁵"可以单说，表示"人"。例如：

（1）ŋe⁵⁵ e³¹ iɔ³¹ do³⁵ ha³⁵ su³⁵ tɕha³¹ ma³⁵ɑ³¹ ne⁵⁵?

　　你 的 家 里 的 人 什么 做 呢？

　　你家里的人做什么（工作）呢？

（2）tha³⁵ na³⁵ su³⁵ thi⁴² fe⁵⁵ dza³¹ lɔ⁵⁵ na³⁵ ga³¹ ba³¹ ma⁵⁵ su⁴².

　　可是 人 有的 粮食（宾助）爱惜 不 知道。

　　可是，有的人不知道爱惜粮食。

"su³⁵人"也可以作为构词语素，目前已收集到的一百多个"su³⁵人"类词语，大多表示具有某一种特征或者从事某一职业的。根据"su³⁵人"在词中的位置，可以把"su³⁵人"类词语分为"su³⁵人"位于词首的前置型和"su³⁵人"位于词尾的后置型两大类。例如：

A.前置型：su³¹kɹɤ⁴²ɑ³¹ 瘦人，su³¹tshɯ³⁵ 浪子，su³¹dzo³⁵ɑ³⁵ 美男子，su⁴²tɕi³¹dzɑ⁴² 熟人，su³⁵zoŋ³⁵khue³⁵ 榜样。

B.后置型：dzɯ⁵⁵su³⁵ 懒人，ɣɑ⁵⁵su³⁵ 能人，ɹi⁵⁵su³⁵ 大人，ʃaɹ⁴²su³⁵ 教师，biaɹ³⁵dɯ⁵⁵su³⁵ 园丁，ɕɑ³⁵bõ³¹su³⁵ 铁匠，ɕɑ⁵⁵khaɹ⁴²su³⁵ 猎人，tɕhoŋ³⁵tɑ⁴²su³⁵ 随行者，vɑ⁴²tsɑ⁵⁵su³⁵ 养猪人。

从已收集到的语料可知，语义相同或相近的，前置型、后置型两种类型的词序都有的例子有几组，例如：

su³⁵ge³⁵ɑ³⁵ —— （si³⁵）ge³⁵（ɑ³⁵）su³⁵ 好人

su³¹tɕyi³⁵ɑ³⁵ —— tɕyi³⁵su³⁵ 坏人/无赖

su³¹tshɯ³⁵vɹɤ³⁵ɑ³⁵ —— ɹɑ³¹su³⁵ 富人

su³⁵doŋ³⁵mui³⁵ɑ³⁵ —— si³⁵ge³⁵ɑ³⁵su³⁵ 善良人

su³⁵the⁵⁵ɑ³¹ —— the⁵⁵su³⁵ 聪明人

su³¹biu⁴² —— biu⁴²su³⁵ 流浪者

还有 su³⁵iɔ³⁵thoŋ³⁵ "人家"和 iɔ³⁵thoŋ³⁵su³⁵ "家人"的不同，等等。

　　怒苏语的"su^{35}人"类词语根据语义可以分为以下三类情况：（1）在表示生理或人品方面具有某一种特征的人（简称"特征类"）。一般是"su^{35}人"和形容词性成分组合的词语，这类词语目前已收集到十几个"su^{35}人+形容词性成分"的前置型，还有几个"形容词性成分+su^{35}人"的后置型。（2）表示具有某一行为特点或从事某一职业的人（简称"行为类"），都是"动词性成分+su^{35}人"的后置型，已收集到八十多个。（3）不具有上述语义特点的，也有几个词，如"su^{31}tɕhi^{35}民族、su^{31}tɕhe^{42}le^{42}ɑ^{31}人迹、su^{31}miaɹ^{35}人命、su^{31}mɯ^{35}人骨、su^{31}ʔiu^{42}人数/人口、su^{31}ŋɑ^{35}感觉、su^{42}ȵi^{42}知识、su^{42}ɣə^{42}本领、su^{42}tɕi^{31}ɑ^{31}情谊、su^{35}li^{35}道德、su^{35}phoŋ^{35}人群"等，都是前置型的。

　　需要补充说明的是，怒苏语中表示具有某一种特征或者从事某一职业的人的词语，还有不少是不包含"su^{35}人"这个语素的，如ia^{35}du^{31}（女性）憨包、ka^{42}ʔiə^{42}乞丐、võ^{31}ɑ^{31}客人、thoŋ^{35}vɹoŋ^{35}敌人、la^{42}dɑ^{35}木匠等。有的"su^{35}人"类词语，在一定语境下，还可以省略"su^{35}人"，如ɹɑ^{31}su^{35}——ɹɑ^{31}富人、la^{35}ti^{35}su^{35}——la^{35}ti^{35}聪明人等。

（二）怒苏语的"tshoŋ^{31}人"

　　怒苏语的"tshoŋ^{31}人"可以单用，例如：

（1）sɔ̃^{35}　le^{31} tshoŋ^{31} ʒui^{35} tɕi^{31}.

　　　山神 和　人　生活 一起。

　　　山神和人联姻。

　　和"tshoŋ^{31}人"语义一致的还有一个"vɑ^{31}iɑ^{31}tshoŋ^{35}人/人类"，比较常用，例如：

（2）mɯ^{31}ʔʒɑ^{55}lɑ^{55}ɑ^{31} na^{35}　　mɑ^{55} vɹoɹŋ^{35}, vɑ^{31}iɑ^{31}tshoŋ^{35} e^{31} u^{31}phu^{55} le^{31}

　　　妖精　　　　（宾助）不　见，　人/人类　的　头　和

　　　phi^{55}saɹ^{35} ʔuẽ^{31}ɑ^{55}ɑ^{31} na^{35}　　　vɹoŋ^{35} le^{31}.

　　　腿　　　挂着　　（宾助）看见（语助）。

　　　不见妖精，只看见挂着的人的头和腿呢。

　　与"vɑ^{31}iɑ^{31}tshoŋ^{35}人/人类"词义相同的"tshoŋ^{31}za^{35}tse^{55}人/人类"一般在祭词中出现。

　　怒苏语中包含有"tshoŋ^{31}人"的"tshoŋ^{31}人"类词语不多，主要有

"tshoŋ³¹thi⁴²khaɹ⁴²a³¹孤家寡人/一个人、tshoŋ³¹miaɹ³⁵人命、tshoŋ³¹syi³人血、tshoŋ³¹ɕa³⁵人肉、tshoŋ³¹u³⁵phu⁵⁵a³¹人头、tshoŋ³¹phɹoŋ³⁵人品、tshoŋ³⁵ŋi³⁵人世"等等，语序都是"tshoŋ³¹人"在前的前置型，只有"va³¹ia³¹tshoŋ³⁵人/人类"是后置型。

（三）怒苏语的"tshoŋ³¹人"和"su³⁵人"的比较

在一些场合（如诗歌），怒苏语的"tshoŋ³¹人"和"su³⁵人"二者还形成了前后呼应的对举，例如：

（1）ma⁵⁵ ŋi̥⁴²na³⁵a³⁵ tshoŋ³¹ ma³¹khyi³¹.

　　　不　　疼爱　　人　　没有，

　　　没有不疼爱他们的人，

（2）ma⁵⁵ liɔ⁴²tʃhuɔɹ³⁵a³⁵ su³⁵ ma³¹khyi³¹.

　　　不　　羡慕　　　人　　没有。

　　　没有不羡慕他们的人。

祭词中的"tshoŋ³¹dzyi³⁵su³⁵"表示的是创造人类、主宰万物的神灵。

据调查，和"tshoŋ³¹syi³人血"相对的还有"su³¹syi³⁵人血"和"va³¹ia³¹tshoŋ³⁵syi⁵⁵人血"的说法；和"tshoŋ³¹miaɹ³⁵人命"相对的还有"su³¹miaɹ³⁵人命"的说法。

由上可知，怒苏语"tshoŋ³¹人"类词语和"su³⁵人"类词语在数量上，前者少，后者多；在构词语序上，都有前置型和后置型，但是，前者一般为前置型，后者的后置型多一些。

根据调查，我们认为，虽然怒苏语中"su³⁵人"和"tshoŋ³¹人"并存，但是，相比之下，"tshoŋ³¹人"显得更古老一些，可能比"su³⁵人"先出现。理由（1）：怒苏64代家谱的第一代祖先叫"mɯ⁵⁵iɯ³⁵tshoŋ³⁵孟英充"，意思是天上下来的人；理由（2）：已收集到的有关"tshoŋ³¹人"单用的语料，除了和"su³⁵人"对举的之外，一般都是出现在与神、鬼或妖精有关的语境中，"tshoŋ³¹"代表的不仅仅是个体的人，还可以是人类，而"su³⁵人"通常是指一个一个具体的人，除了可以出现在上文那些表示具有某一种特征或者从事某一职业的人的词语中之外，还可以出现在地名、族名之后，表示某个地方、某个族群的人，如"me³¹ua⁵⁵su³⁵白族人"。

综上可知，怒苏语的"su³⁵人"和"tshoŋ³¹人"二者并存，都可以单用，但是"tshoŋ³¹人"类词语和"su³⁵人"类词语在数量、构词语序、表义等方面存在一些差异。为什么会出现这种情况？就怒苏语本身而言，一时难以解释清楚。

二、藏缅语族语言中与"人"有关的词语

据孙宏开、胡增益、黄行主编《中国的语言》（2007）可知，中国境内汉藏语系藏缅语族语言有46种，分别属于藏语支、彝语支、景颇语支、缅语支、羌语支。黄布凡主编的《藏缅语族语言词汇》（1992）提供了50种藏缅语族语言或方言的"人"的读音，根据语音形式的不同，我们把表"人"的词分为四种类型：（1）"米"类（声母为m），如（拉萨）藏语（书面语）的mi¹³、错那门巴语的mi³⁵、羌语的miə、（兰坪）普米语的mi⁵⁵、木雅语的mə³³ni⁵⁵、景颇语的ma³¹ʃa³¹、义都语的ʔi⁵⁵me⁵⁵等；（2）"充"类（声母为tsh/ts之类），如怒苏语的tshoŋ³¹、（喜德）彝语的tsho³³、傈僳语的tsho̠³³za³¹、（绿春）哈尼的tsho⁵⁵、基诺语的tshə⁴²zɔ⁴⁴、纳木兹语的tshuo³¹、阿侬语的ɑ³¹tshaŋ³¹等；（3）"苏"类（声母为s/ʂ之类），如怒苏语的su³⁵、（墨脱）门巴语的so ŋo、扎坝语的sy⁵⁵等；（4）其他类，上面三种以外的，如道孚语的vdzi、土家语的lo⁵³、纳西语的ɕi³³、白语的ɲi²¹kã⁵⁵等。有趣的是，除了藏语书面语有"mi/skje bo/gaŋ zaŋ"三种读音之外，唯独怒苏语有"su³³/tshɔ̃³³"两种读音，其他只有一种。

那么，藏缅语族语言中表人的词语有哪些？构词语序如何？前置型还是后置型？语义特点是什么？见表1：

表1

语言/方言	人	例词	类型
义都语	ʔi⁵⁵me⁵⁵	me³⁵ɹi⁵⁵民族//ba³¹ji⁵⁵me⁵⁵工人、ma⁵⁵seŋ⁵⁵me⁵⁵木匠、ko⁵⁵tso⁵⁵ɹai⁵⁵me⁵⁵学生、ba³¹liaŋ⁵⁵me⁵⁵农民、ka³¹ɹu⁵⁵me⁵⁵客人、tɯ³⁵ja⁵⁵me⁵⁵主人	米 A/B

语言/方言	人	例词	类型
（箐花）普米语	mi⁵⁵	mi¹³sgiɛ⁵⁵ 老人//phzạ¹³stə⁵⁵mi¹³ 青年男子、sta⁵⁵ku⁵⁵mi¹³ 瞎子、sqãu⁵⁵mi¹³ 疯子、mə⁵⁵do⁵⁵mi¹³ 哑巴、uə¹³mi⁵⁵ 客人、łi⁵⁵mi⁵⁵ 牧民	米A/B
（兰坪）普米语	mi⁵⁵	bzõ¹³tsha⁵⁵mi⁵⁵ 麻子、tsy⁵⁵dzɛ¹³mi⁵⁵/tʂõ¹³tʂo⁵⁵ 孤儿、tsõ⁵⁵pa⁵⁵ 商人	米B 充A
格曼语①	tsoŋ³⁵	tsoŋ³⁵kɯ³¹naŋ³⁵ 老人、tsoŋ³⁵kɯ³¹ɕoŋ⁵³ 瘦子、tsoŋ³⁵kɯ³¹phɑm⁵⁵ 胖子//kɯ³¹pɑm³⁵tsoŋ³⁵ 农民、mit⁵⁵tsoŋ³⁵ 理发师、kɯ³¹thoŋ⁵⁵tsoŋ³⁵ 牧人、kɯ³¹tɑn⁵⁵tsoŋ³⁵ 会计、kɯ³¹kɹɑp⁵⁵tsoŋ³⁵ 裁缝、kɯ³¹pɑm³⁵tsoŋ³⁵ 佃户、kɯ³¹giop³⁵tsoŋ³⁵ 土匪	充A/B
（撒尼）彝语	tsho³³	tshoɤɒ³³mɒ³³ 傻子、tsho³³qo⁴⁴ 亲戚//łu⁵⁵ŋæ¹¹m³³tsho³³ 农民、væ³³le²m³³tsho³³ 商人、nɒ³³kv³³tsho³³ 医生、sz⁴⁴kv³³tsho³³ 木匠、łz⁴⁴ɣɒ¹¹tsho³³ 船夫、væ¹¹m³³tsho³³ 客人、tʂɤ³³m³³tsho³³ 仆人	充A/B
拉祜语	tshu³³	tshu³³mu³¹ 长辈、tshu³³mu³¹kv³³lv³³ 老头儿、tshu³³zʌ³⁵zʌ³¹ 穷人、tshu³³pu³³zʌ³¹ 富人、tshu³³ka³⁵ 傻子、tshu³³khu³¹ 贼、tshu³³ɕi⁵⁵ 凶手//ŋɯ³⁵tɛɛ³³ɣɯ³³tshu³³ 自己人、ti³¹pei³⁵tshu³³ 同辈、zɛ³¹khɔ³³tshu³³ 家里人、nv³¹tʂhₗ³¹lɔ⁵⁵ɕi³³tshu³³ 牧民、vɤ³¹ɕi³³tshu³³ 买家、xu³¹ɕi³³tshu³³ 卖家/商人、na³¹ŋi³³ɕi³³tshu³³ 医生、va³¹ti³³ɕi³³tshu³³ 泥瓦匠	充A/B
卡卓语	tsho³³	tsho³³lɛ³⁵ 傻子、tsho³¹pa³⁵ 朋友/伙伴//tsₗ³¹tɕa³⁵tsho³³ 亲戚	充A/B
毕苏语	tshaŋ⁵⁵	tshaŋ⁵⁵lai⁵⁵ 坏人、tshaŋ⁵⁵tsaŋ⁵⁵ 客人、tshaŋ⁵⁵da⁵⁵fu³³ba³¹ 医生//koŋ⁵⁵nɯ³³tshaŋ⁵⁵ 成年人	充A/B

① 李大勤:《格曼语研究》,北京:民族出版社,2002年。

续表

语言/方言	人	例词	类型
阿昌语	tsu³³	tsu³³maŋ³³~³⁵ 老人、tsu³³m̩jin⁵⁵ 矮子、tsu³³liɛ⁵⁵ 傻子、tsu³³pjaʔ³¹ 骗子、tsu³³pja⁵⁵ 敌人、tsu³³uŋ³³ma⁵⁵ 皇帝、tsu³³tɕua⁵¹ 土匪、tsu³³tʂaʔ³¹ 熟人//ŋit³¹kə³³tsu³³ 男人、tã³¹lə³¹ɛiʔ⁵⁵tsu³³ 农民、mji³¹sau³¹tu³¹ɛiʔ⁵⁵tsu³³ 学生、ʂaŋ³³pa⁵⁵tsu³³ 铁匠、na³³mjɛ³³ɛiʔ⁵⁵tsu³³ 医生、u³¹tɕhuã³¹tsu³³ 道士、tɕa³³khuŋ³³tɕa³¹ɛiʔ⁵⁵tsu³³ 和尚、khaŋ³³suã³³tsu³³ 算命先生	充A/B
纳木兹语	tshuo³¹	tshuo³¹fu³⁵ 人家//luo⁵⁵mu⁵⁵su⁵⁵tshuo³¹ 农民、vu⁵⁵læ³¹mu³³sʉ³³tshuo³¹ 商人//ʂɤ⁵³ngæ⁵³ 铁匠//ɣə³³lʉ³³sʉ⁵³ 牧童、nguo⁵³lʉ³³sʉ⁵³ 医生、sɿ³⁵læ³¹ku⁵⁵mu⁵⁵sʉ⁵³ 木匠、ngu³³ku³³sʉ⁵³ 船夫、nkhu³³sʉ⁵³ 贼、zɿ³³sʉ⁵³ 强盗、mi³³mi³³sʉ⁵³/mi³³sʉ⁵³ 乞丐	充A/B苏A/B
阿侬语①	a³¹tshaŋ³¹	a³¹tshaŋ³¹tʂŋ⁵⁵ 人家//muɯ³¹gam³¹a³¹tshaŋ³¹ 富人//su³¹a³¹tshaŋ³¹ 胖子//gɛ⁵⁵su⁵⁵ 头人（寨首）、la³¹ma⁵⁵ua³¹su⁵⁵ 农民、iɯ³¹mum⁵⁵su⁵⁵ 士兵、ɹu³¹mɯn⁵⁵su⁵⁵ 医生、sɿ³¹lam⁵⁵su⁵⁵ 老师、tɕhen³¹su⁵⁵ 学生、ʂɯŋ⁵⁵zl³¹mɯm⁵⁵su⁵⁵ 木匠、ga³¹mɯ³¹pha⁵⁵su⁵⁵ 裁缝、khɯ⁵⁵su⁵⁵ 贼	充A/B苏A/B
载瓦语	pju⁵¹	tso²¹mji²¹ 姑娘//tʃhui⁵⁵tso²¹ 孤儿、a⁵⁵ʃu²¹ju⁷²¹ke⁵¹tso²¹ 孙子、tʃoŋ²¹tso²¹ 学生//su⁵¹wun⁵⁵ 头人（寨首）//pin⁵¹tʃhaŋ⁵⁵su⁵¹ 仆人、khau²¹su⁵¹ 贼、pha⁵⁵ka̠⁵⁵ka̠⁵⁵su⁵¹ 商人、pu²¹khjup⁵⁵su⁵¹ 裁缝	充A/B苏A/B
（喜德）彝语	tsho³³	tsho³⁴ɕŋ⁵⁵ 姓//ŋo²¹bo²¹tsho³³ 农民//su³⁴zŋ³³ 头人（寨首）、su³³ŋi⁵⁵ 和尚、su⁵⁵khu³³ 贼//vu³³lo⁵⁵mu³³su³³ 商人、bu⁵⁵tshŋ³³ho⁵⁵su³³ 医生、lo³³ku³⁴su³³ 船夫	充A/B苏A/B
（绿春）哈尼语	tsho⁵⁵	tsho⁵⁵tɕha³³ 姓、tsho⁵⁵mjɔ⁵⁵ 名字、tsho⁵⁵ɣɤ³¹ 人家//ɣɤ⁵⁵la³¹ɔ⁵⁵ɤ³³tsho⁵⁵ 商人、lo³¹xɤ³³tsho³³ 船夫、nɯ³³kha³¹dza³³tsho⁵⁵ 仇人//su⁵⁵la⁵⁵ 灵魂	充A/B苏A

---

① 孙宏开、刘光坤：《阿侬语研究》，北京：民族出版社，2005年。

语言/方言	人	例词	类型
仙岛语	tʂu⁵⁵	tʂu⁵⁵kɯ³¹/⁵¹ 大人、tʂu⁵⁵/³¹tɤ⁵⁵ 富人、tʂu⁵⁵/³¹ phzɑn³⁵/⁵¹ 穷人、tʂu⁵⁵tʂaŋ⁵¹ 雇工、tʂu⁵⁵/³¹xau³¹/⁵¹ 贼、tʂu⁵⁵/³¹pzɔʔ⁵⁵ 骗子、tʂu⁵⁵/³¹pɔŋ⁵¹ 笨人、tʂu⁵⁵/³¹phai⁵¹ 聪明人、tʂu⁵⁵/³¹kɔk⁵⁵ 瘦子、tʂu⁵⁵/³¹pzau⁵¹ 胖子//pi⁵⁵pi⁵⁵tou³⁵tʂu⁵⁵ 木匠、ʂam⁵⁵/³¹pat⁵⁵tʂu⁵⁵ 铁匠、luʔ⁵⁵/³¹kɔʔ⁵⁵pat⁵⁵tʂu⁵⁵ 石匠、ʐuŋ³¹zɔ³⁵xzuai⁵⁵tʂu⁵⁵ 裁缝、taŋ³¹ka³¹/⁵¹ xut⁵⁵su⁵⁵/⁵¹tʂu⁵⁵ 商人、in⁵⁵/³¹tʂu⁵⁵ 自己人//tʂu⁵⁵ kɯ³¹/⁵¹xut⁵⁵su⁵⁵/⁵¹ 头人、li³¹su⁵⁵ 傈僳族	充A/B 苏B
（南华）彝语	tshɑ³³	tshɑ³³pho²¹ 男人、tshɑ³³mo³³ge³³ 妇女、tshɑ³³mɯ³³te³³ 傻子//mia²¹ɲi²¹ga²¹tshɑ³³ 农民//və³³l̪e²¹pe³³su³³ 商人、bu³³zæ²¹su³³ 船夫、dzo³³m̪e⁵⁵su³³ 乞丐	充A/B 苏B
（墨江）哈尼语	tshv⁵⁵ɔ³¹	tshv⁵⁵ɣo³¹ 人家//u⁵⁵la³¹u⁵⁵tsɔ³¹tshv⁵⁵ 商人、lv³¹xɤ³³tshv⁵⁵ 船夫、tʃhɤ³¹tʃa³²tshv⁵⁵ 仇人//ɣu⁵⁵ku³¹lu³¹su⁵⁵ 灵魂、ɣo³¹su⁵⁵ 主人	充A/B 苏B
（武定）彝语	tshɒ¹¹	tshɒ⁵⁵ʐɔ¹¹ 朋友、tshɒ⁵⁵ʐɔ¹¹ 伙伴、tshɒ¹¹kɒ⁵⁵ 傻子//su¹¹ŋə̃³³ 哑巴、su¹¹və̃³³ 客人、su¹¹dzə̃³³ 强盗//nu³³bɒ³³su³³ 聋子、u¹¹nthi⁵⁵su³³ 秃子、phɔ¹¹ŋkhɯ³³su³³ 驼子、se³³thɯ¹¹su³³ 结巴	充A 苏A/B
傈僳语	tshọ³³zɑ³¹	tshọ³³hĩ³³ 人家、tshọ³³pa⁵⁵za³¹ 男人、tshọ³³vu³¹ 头人（寨首）、tshọ³³vu³¹ 傻子、tshọ³³mɯ³³ 结巴//a⁵⁵ɲi³¹lo⁵⁵su̪³³ 牧童、ɯ³¹l̪e³¹zẹ³³su̪³³ 商人、li³³ku⁵⁵su̪³³ 船夫、na³³su̪³³ 强盗	充A 苏B
独龙语	a³¹saŋ⁵³	ka⁵⁵saŋ⁵⁵ 头人（寨首）、bɹmɯ⁵⁵du⁵³a³¹saŋ⁵³ 麻子、kaŋ³¹tɕa⁵⁵a³¹saŋ⁵³ 跛子、aŋ⁵⁵dza⁵⁵l̪ɛ⁵⁵ ta³¹saŋ⁵³ 乞丐//ʂa³¹khɛŋ⁵⁵zum⁵⁵su⁵⁵ 铁匠	充B 苏B
勒期语	pju³¹	pju⁵³no⁵³/no⁵³pju⁵³ 病人、pju⁵³mjuŋ³¹ 穷人、pju⁵³jo⁵⁵ 富人、pju⁵³na³³ 疯子//məŋ³³pju⁵³ 百姓//maŋ³³tso³³ 老人、tʃuaŋ³³tso³³ 学生//khou⁵⁵su³³ 小偷、tʃɔʔ³¹tɔʔ⁵⁵pat³¹su³³ 铁匠、luk³¹pat³¹su³³ 石匠	其他类 A/B 充B 苏B

续表

语言/方言	人	例词	类型
土家语	no⁵⁴	no⁵⁴pa³³/³¹ 男人、no⁵⁴ka⁵⁵ŋi³³tsə³³/³¹ 女人、no⁵⁴xu⁵⁵sŋ⁵⁵ma³³/⁵⁵ 仆人//wu³⁵/⁵⁵kua⁵⁵no⁵⁴ 牧童、tsŋ³⁵pã³⁵（ŋ）ɛ³³no⁵⁴ 厨子、pu⁵⁵tũ³⁵（ŋ）ɛ³³no⁵⁴ 船夫//pu⁵⁵tsho²¹ 客人	其他类 A/B 充B
纳西语	ɕi³³	tʂua³³tɕa³³pæ⁵⁵ɕi³³ 农民、v³³la²¹be³³ɕi³³ 商人、the³³ɯ³³sɯ³³ɕi³³ 知识分子//ʂu²¹ty³³pɯ⁵⁵dʐ̩²¹ 铁匠	其他类 B 苏A
波拉语	pju⁵⁵	pju⁵⁵ɣa³⁵ 富人、pju⁵⁵mjauŋ⁵⁵ 穷人、pju⁵⁵tɔ⁵⁵kuŋ³⁵/³¹ 驼子、pju⁵⁵na³¹ 疯子、pju⁵⁵ka⁵⁵ 傻子、pju⁵⁵tsɛ⁵⁵ 英雄//xa³⁵ta³¹xa³⁵ʃau⁵⁵pju⁵⁵ 农民、phɛ̌⁵⁵ka³¹pju⁵⁵ 商人、khau³¹pju⁵⁵ 土匪（强盗）、na⁵⁵pju⁵⁵ 病人、maŋ³¹pju⁵⁵ 百姓//sɛʔ⁵⁵su⁵⁵ 凶手、pau⁵⁵ku³⁵/³¹su⁵⁵ 船夫、nak⁵⁵pa⁵⁵su⁵⁵ 领头人	其他类 A/B 苏B
（平武）白马语	ŋe⁵³	ŋe⁵³gø³⁴¹ 野人（吃人的）//pha⁵³se⁵³ŋe⁵³ 屠夫、dio¹³mba³³kɛ⁵³ŋe⁵³ 泥水匠、ʃhe¹³tsɵ⁵³ŋe⁵³ 樵夫、ŋø⁵³ŋe⁵³ 买主、dzo¹³ŋe⁵³ 卖主、ia¹³tsŋ⁵³zɐ¹³ŋe⁵³ 算命匠、ie³⁵zɐ¹³ŋe⁵³ 庄稼人、dzɛ³⁴¹nɔ¹³ŋe⁵³ 仇人//tɕhi¹³su³⁵ 跟班、tɕhe¹³su³⁵ 狗腿子	其他类 A/B 苏B
柔若语	tsu³³	su⁵⁵mi³¹ 女人、su⁵⁵zo³³ 儿童、su⁵⁵ŋa⁵⁵ 婴儿//ʔau³³su³³ 瞎子、kɛ³³su⁵⁵ 瘦子、mɯ³³su³³ 笨蛋、ɕi⁵⁵su³³ 死人、i³¹su⁵⁵ 头人、a⁵⁵khɔ¹³su⁵⁵ 穷人、sɛ⁵³kuɛ⁵⁵su⁵⁵ 樵夫、ʔɔ⁵³sa⁵⁵su³³ 屠夫、tsha⁵⁵pɔ³³mɔ¹³su⁵⁵ 教师、khɯ³³su⁵⁵ 贼	苏A/B
尔苏语	su⁵⁵	xa⁵⁵xa⁵⁵su⁵⁵ 老师、so⁵⁵so⁵⁵su⁵⁵ 学生、ŋi⁵ŋ⁵⁵su⁵⁵ 农民、htɕi³³nba³³su⁵⁵ 医生、npho³³su⁵⁵ 小偷、le⁵⁵ŋ⁵⁵su⁵⁵ 工人、le⁵⁵khɛ⁵⁵su⁵⁵ 匠人	苏B

　　虽然没有穷尽性地收集相关语料，但是，从表1已经可以看出藏缅语族22种语言中"米"类、"充"类、"苏"类及其他类等四种与"人"有关的词语的几个特点：有的语言里，表"人"的词语并没有直接出现在第三栏表人的例词中。例如缅语支载瓦语的"pju⁵¹"（但勒期语、波拉语中

有），还有柔若语的 "tsu³³"。四种与 "人" 有关的词语，有的语言有三种，如缅语支勒期语，"充" 类、"苏" 类和其他类三种，种类最多；有的语言只有一种，如：羌语支（箐花）普米语、景颇语支义都语都是 "米" 类；"充" 类、"米" 类并存的有羌语支（兰坪）普米语等；"充" 类、"苏" 类并存的有羌语支纳木兹语、彝语支彝语（一些方言）、哈尼语（一些方言）、傈僳语、景颇语支阿侬语、独龙语、缅语支载瓦语、仙岛语、勒期语等；有 "充" 类、无 "苏" 类的语言有景颇语支格曼语、彝语支（撒尼）彝语、拉祜语、卡卓语、毕苏语、缅语支阿昌语等；有 "苏" 类、无 "充" 类的语言有柔若语等；"充" 类和其他类并存的有彝语支土家语、纳西语等；"苏" 类和其他类并存的有波拉语等。值得特别注意的是，在构词语序上，"米" 类如（菁华）普米语、其他类如土家语，与 "充" 类、"苏" 类一样，表 "人" 的语素都有前置型和后置型两种形式。

三、藏缅语族语言 "充" 类、"苏" 类表人词语的特点

"人" 的两种语音形式 "充" 类、"苏" 类在怒苏语中并存，由表1可知：藏缅语族语言中，有怒苏语的那种 "充" 类、"苏" 类表人词语的语言比较多，有21种，从地理分布上看，包括云南、四川及西藏自治区的一些区域；从语言系属上看，藏、羌、景颇、彝和缅等5个语支的语言都有；从使用者的民族成分看，有藏族、普米族、土家族、彝族、傈僳族、哈尼族、纳西族、拉祜族、怒族、独龙族、景颇族、阿昌族、蒙古族、仙岛人、毕苏人、尔苏人以及僜人等。在上文基础上，这里，我们再从自称和他称、前置型和后置型、特征类和行为类、"充" 类和 "苏" 类四个方面做进一步的阐述。

（一）自称和他称

"怒苏 nu³⁵su³⁵" 是怒族怒苏支系的自称，在藏缅语族语言中，表人的 "苏 su" 还出现在了一些民族、一些地方的人的自称、他称中，如分布比较广、方言复杂的彝语，在一些地方的自称里就包括su，同时也有表人的 "苏" 类词语，见表2：

表 2

土语		自称	例词	类型
诺苏	圣乍	$no̠^{33}su^{33}$	$su^{34}ẓ̩^{33}$ 头人、$su^{33}ŋ̍^{55}$ 和尚、$bu^{55}tsh̩^{33}ho^{55}su^{33}$ 医生、$lo^{33}ku^{34}su^{33}$ 船夫	苏A/B
	义诺	$no̠^{22}su^{22}$	$su^{31}ga^{35}$ 富人、$su^{33}s̠a^{33}$ 穷人、$na^{33}hɿ^{35}su^{33}$ 医生、$vu̠^{31}lo^{35}mu^{33}su^{33}$ 商人	苏A/B
纳苏	内苏	$nɣ^{55}su^{13}$	$su^{21}ʁu^{33}$ 疯子、$su^{33}ve^{55}$ 客人	苏A
	纳苏	$na̠^{33}su^{33}pho^{55}$	$su^{11}dzə^{33}$ 强盗、$su^{11}və^{33}$ 客人、$nu^{33}bɒ^{33}su^{33}$ 聋人	苏A/B
	纳索	$na̠^{33}so^{33}pho^{55}$	$su^{21}ʁu^{33}$ 疯子、$su^{21}və^{33}$ 客人、$mɔ^{55}su^{33}$ 老人	苏A/B
聂苏	聂苏	$ne^{33}su^{55}$	$su^{33}sa^{55}zo^{33}$ 学生	苏A
	聂舒	$n̠ɿ^{33}ʂu^{55}pho^{21}$	$gu^{33}tshi^{21}$ 苏^{55} 朋友	苏B

　　另外，尔苏语是分布在四川省凉山彝族自治州甘洛县、越西县以及雅安市汉源县的自称"尔苏"的人说的一种语言，$ə^{55}$ 是"白"的意思，su^{55} 是"人"的意思。尔苏语有一些"苏"类后置词（见表1）。"我国的毕苏人，居住在云南勐海县的被称为'老品'或'品'人，自称 $mbi^{31}su^{55}$ '毕苏'或作'米必苏'……泰国、缅甸等国也有毕苏人分布，自称 bisu（碧粟）或 misu（米苏），也有自称 mbi（莫比/米必）的。"毕苏语有"充"类表人词语，前置型、后置型都有，还没有发现"苏"类。

　　怒苏语、彝语（一些支系）、尔苏语和毕苏语等，自称、他称用汉字"苏"直接体现出来了，但有的语言是用其他同音字表示，没用"苏"字。例如，"傈僳族自称 $li^{44}su^{44}$、$li^{44}ʃu^{44}$，'傈僳'二字是自称的译音"，表"人"的词是 $tsho̠^{33}za^{31}$，有"充"类前置型词语，也有"苏"类后置型词语。所以，我们认为，"傈僳"的"僳"和"苏"同义，只不过汉字的写法不同而已。

　　表人的"充"类好像很少出现在自称和他称中。云南省玉溪市通海县兴蒙蒙古族乡的蒙古族自称"卡卓"（$kha^{55}tso^{31}$）、"嘎卓"（$ka^{55}tso^{31}$），第二个音节和卡卓语表人的"$tsho^{33}$"接近。

（二）前置型和后置型

我们看到，虽然表1中的那些藏缅语族语言都是亲属语言，但是，一些常见的表人词语不仅仅语音形式不同（有的差别大，有的差别不大），而且，有用"充"类的，有用"苏"类的，有前置型的，有后置型的，差别明显。这里再补充几组例词：

（1）"小伙子"：

（撒尼）彝语：tsho³³ɬe⁵⁵　　　　　　拉祜语：tshu³³ɬa⁵⁵zʌ³¹

（南华）彝语：tsha³³le⁵⁵zo²¹　　　　勒期语：juʔ³¹ke⁵³tso³³

（武定）彝语：ɬa̠⁵⁵su³³　　　　　　（喜德）彝语：su³³ɬi⁵⁵

（2）"疯子"：

（喜德）彝语：tsho³⁴vu³⁵　　　　　（墨江）哈尼语：tshv⁵⁵v³¹

（撒尼）彝语：tsho³³v¹¹mɒ³³　　　卡卓语：tsho³³v³¹

（南华）彝语：tsha³³thə³³　　　　　阿昌语：tsu³³un⁵⁵

（武定）彝语：tshɒ¹¹ɤv³³phu⁵⁵　　仙岛语：tʂu⁵⁵/³¹vɤn⁵⁵

格曼语：kɯ³¹pɹɑp⁵⁵tsoŋ³⁵　　　柔若语：vu³¹su³³

（3）"病人"：

（喜德）彝语：tsho³³na³³　　　　　（绿春）哈尼语：tsho⁵⁵na⁵⁵

（南华）彝语：tsha³³no³³　　　　　（墨江）哈尼语：tshv⁵⁵nɔ⁵⁵

（撒尼）彝语：tsho³³nɒ³³mɒ³³　　卡卓语：tsho³³na³²³

仙岛语：tʂu⁵⁵/³¹nɔ⁵⁵　　　　　　阿昌语：tsu³³nɑ³³

格曼语：kɯ³¹nat⁵⁵tsoŋ³⁵　　　　纳木兹语：nguo⁵³sɯ³¹

怒苏语：nɑ³⁵su³⁵　　　　　　　柔若语：nou³³su³³

阿侬语：sɑ⁵⁵na⁵⁵su⁵⁵　　　　　傈僳语：tʃho³¹dzo³³su̠³³

（4）"猎人"：

（喜德）彝语：khɯ³³si³³tsho³³　　（墨江）哈尼语：ʃɔ³¹lɛ³¹ɯ³³tshv⁵⁵

（撒尼）彝语：ɬæ⁴⁴tɬɿ³³tsho³³　　　（绿春）哈尼语：sa³¹le³¹ɤ⁵³tsho⁵⁵

（南华）彝语：ŋi⁵⁵ʂɿ³³dæ²¹su³³　　仙岛语：ʂɔ³¹pɤk⁵⁵tʂu⁵⁵

（武定）彝语：ʂv³³mv¹¹su³³　　　　格曼语：ta³¹bɹoŋ⁵³tsoŋ³⁵

怒苏语：ɕɑ⁵⁵khaɹ⁴²su³⁵　　　　独龙语：ɕa⁵⁵kuat⁵⁵a³¹saŋ⁵³

阿侬语：ʂɑ⁵⁵khɛŋ⁵⁵su⁵⁵　　　　波拉语：ʃa³⁵pak⁵⁵su⁵⁵

柔若语：xo³³tɕa⁵⁵su⁵⁵

从语义上看，"小伙子"属于特征类，有"充"类的前置型和后置型，还有"苏"类的前置型和后置型，比较有代表性。其中，彝语4个不同方言使用的是3种不同形式。

"病人""疯子"这类词有点特别，它们不同于"小伙子"之类表示自然属性的词，而是表示因为后天的某种原因而导致的具有某种特征的人，语义上还是可以看作属于特征类的，"充"类有前置型和后置型，"苏"类有后置型。其中，彝语的3个方言都是"充"类前置型。

"猎人"是常用词，属于行为类，包括彝语的4个方言在内，"充"类、"苏"类都是后置型。

综上，可以看出，是前置型还是后置型，与这个词的表意是特征类还是行为类，没有一一对应的关系。

（三）特征类和行为类

怒苏语的"充"类和"苏"类表人词语在语义上，主要表现为特征类、行为类。

表1从整体上看，不论是"米"类还是"充"类、"苏"类或其他类，前置型的，多为特征类，后置型的，多为行为类。这里，再特别看一看"充"类、"苏"类的一些表现：格曼语、（撒尼）彝语都是"充"类表人词语，有前置和后置型。语义上，前置型都是表示人的某一特征的，属于是特征类，而后置型都是表示人的职业的，属于行为类。（南华）彝语"充"类表人词语的情况和（撒尼）彝语一样，不仅如此，它还有"苏"类的后置词，也是行为类的。仙岛语的"充"类词语，也有这种分工，前置型的，特征类，后置型的，行为类。阿侬语有"充"类、"苏"类两种表人词语，而且都有前置型和后置型。行为类词语多为"苏"类后置型。傈僳语有"充"类也有"苏"类，但有分工，"充"类是前置型的，特征类，"苏"类是后置型的，行为类。

前文提到的怒苏语，表人词语主要是"苏"类，特征类的，前置型的有十几个，后置型的只有几个，而行为类的，主要是后置型的，已收集到八十多个词。按理说，一个语言，表人的特征类和行为类的词都会有，但是，为什么会有前置、后置的不同？为什么会出现"前置型的，多为特征类，后置型的，多为行为类"这种现象？我们认为，这种现象应该是与构词成分有关。藏缅语族属于SOV型语言，修饰语通常在名词之后。在表人的词语中，"充"／"苏"是统称，是大名，而表示特征的，多为形容词性成分，是专称，是小名，如怒苏语"苏"类前置型的十几个词都是和人的体型或品行有关的词，它们有一个特点，都是"su+形容词性成分"，而数量比较多的后置型，主要是"动词性成分+su"的行为类词语，如"ɕɑ⁵⁵（猎物）khɑɹ⁴²（打）su³⁵（人）猎人"。藏缅语族其他语言表人词语也体现了这个特点：前置型，是统称在前，专称在后，是"大名+小名"结构；后置型，是专称在前，统称在后，是"小名+大名"结构。

　　所以，仅就藏缅语族上述那些语言中的"充"类、"苏"类表人词语而言，前置型"大名+小名"和后置型"小名+大名"两种语序都有，语义上，虽然都有特征类和行为类两种情况，但特征类多为前置型的，行为类的多为后置型的。

（四）"充"类和"苏"类

　　藏缅语族一些语言中的"充"类和"苏"类表人词语都有前置型和后置型，语义上都有特征类和行为类两种词，这是二者的共性。

　　当然，我们也看到表1中，"充"类、"苏"类有并存、单用两种情况，有"充"类词语的语言不一定有"苏"类，有"苏"类词语的语言不一定有"充"类。例如：

　　只有"充"类、没有"苏"类词语的格曼语和（撒尼）彝语，前置型是特征类的，后置型是行为类的，构词方式和语义关系密切，有分工了。而拉祜语的前置型也有"贼""凶手"这样的行为类词语。毕苏语只有"充"类，收集到的词不多，它的"tshaŋ⁵⁵da⁵⁵fu³³ba³¹医生"（行为类）是前置型，而"koŋ⁵⁵n³³tshaŋ⁵⁵成年人"（特征类）却是后置词。

　　表1中，只有"苏"类、没有"充"类词语的尔苏语的几个词，都是后置型，行为类，而柔若语有前置型和后置型，二者都有特征类的词，行为类的词都是后置型的。

　　"充"类前置型、后置型和"苏"类前置型、后置型4种形式并存的语言有羌语支的纳木兹语、景颇语支的阿侬语、缅语支的阿昌语、载瓦语、彝语支的（喜德）彝语，还有笔者调查的怒苏语。

值得注意的是，有的语言一个词里同时包含表人的"充"和"苏"两个成分的。例如：尔苏语的"tʂho⁵⁵ʂa³³su⁵⁵猎人"、仙岛语的"tʂu⁵⁵kɯ³¹/⁵¹xut⁵⁵su⁵⁵/⁵¹头人、taŋ³¹ka³¹/⁵¹xut⁵⁵su⁵⁵/⁵¹tʂu⁵⁵商人"、阿昌语的"su⁵⁵tan³⁵tʂo⁵⁵异乡人"、阿侬语的"di³¹dɯ³¹a³¹tshaŋ³¹su⁵⁵证人"、纳木兹语的"hĩ⁵⁵qha⁵⁵sɥ³³tshuo³¹猎人、vu⁵⁵læ³¹mu³³sɥ³³tshuo³¹商人"，等等。"充×苏"、"苏×充"、"×充苏"、"×苏充"这四种搭配形式以上都出现了，在前置和后置上，"充"类和"苏"类，不相上下。

所以说，无论是从藏缅语族那些语言来看，还是从怒苏语自身来看，"充"类、"苏"类这两种表人词语存在着一种词汇上的竞争关系。

前文提到，从怒苏语的情况来看，"充"类表人词语出现在前，"苏"类在后。从藏缅语族的情况来看，有羌语支的纳木兹语、景颇语支的阿侬语、格曼语、彝语支的（喜德、撒尼、南华）彝语、（绿春）哈尼语、拉祜语、毕苏语、卡卓语、缅语支的仙岛语、阿昌语、载瓦语等十几种语言至今仍使用着"充"类的前置型/后置型、特征类/行为类的表人词语。这种竞争关系，在上文的同时包含"充"和"苏"两个成分的那些词语里也可见一斑。而怒苏语的"充"类词语只有表人的"va³¹ia³¹tshoŋ³⁵人/人类"和第一代祖先人名"mɯ⁵⁵iɯ³⁵tshoŋ³⁵孟英充"这两个词，都是后置型。

而"苏"类表人词语在一些地方、一些族群的语言中后来居上。由表2可知，"苏"类前置型、后置型两种词序的词语在彝语的不同方言土语中并存，涉及四川、贵州和云南等地，地域分布广泛。由表1可知，生活在怒江福贡县的怒族阿侬支系使用的阿侬语"苏"类词语前置型、后置型都有，生活在怒江兰坪县的怒族柔若支系使用的柔若语有后置型"苏"类词语。可以发现一个有趣的现象：怒族使用的几种语言都有"苏"类词语，而且后置型多——产生得晚，能产性强，数量多。傈僳语的福贡、维西、腾冲、永胜四大方言，都有后置型"苏"类词语，如怒江福贡方言的"tʃhi³³kho³⁵su⁴⁴跛子、na³³su⁴⁴病人、lɛ⁴²ku⁵⁵su⁴⁴匠人、mi³¹ʑi⁴⁴su⁴⁴农民、xo³¹ma⁵⁵su⁴⁴领袖、o⁵⁵du³³ze³¹su⁴⁴头目"等。

和"充"类表人词语前置型/后置型都有的语言相比，怒苏语的"苏"类表人词语占据了绝对优势，而"充"类已经退居二线，处于衰退阶段。

综上所述，我们认为，无论是共时层面，还是历时层面，藏缅语族语言"充"类、"苏"类（及"米"类、其他类）等不同表人成分之间都存在着一种词汇竞争，这种竞争：一是"充"类和"苏"类二者之间的竞争，"苏"类后来居上；二是前置型、后置型两种构词方式之间的竞争，前置型出现在前，后置型产生在后；三是语义上的特征类、行为类的词语的竞争，这一点具体表现在，一个语言（或方言），是用"充"类还是"苏"类或者别的什么；一个词，是前置型，还是后置型……这几种竞争交汇在一起，让情况变得更为复杂，需要慢慢地剥离。

　　通过描写、比较和分析，我们对怒苏语"tshoŋ³¹人"类和"su³⁵人"类表人词语有了一些新的认识。我们认为，在藏缅语族至少20多种语言里，有"充"类、"苏"类表人词语，怒苏语不是孤立的，而且，从构词方式的前置型和后置型、从语义的特征类和行为类上看，它和这些语言具有明显的共性，都是同源的，在历史的发展过程中，二者有竞争，有消长，怒苏语的表现是其中的一个重要阶段。

参考文献：

常俊之，2011. 元江苦聪话参考语法[M]. 戴庆厦，审订. 北京：中国社会科学出版社.

陈康，2010. 彝语方言研究[M]. 北京：中央民族大学出版社.

戴庆厦，丛铁华，蒋颖，2005. 仙岛语研究[M]. 北京：中央民族大学出版社.

戴庆厦，蒋颖，孔志恩，2007. 波拉语研究[M]. 北京：民族出版社.

戴庆厦，李洁，2007. 勒期语研究[M]. 北京：中央民族大学出版社.

戴庆厦，田静，2005. 仙仁土家语研究[M]. 北京：中央民族大学出版社.

黄布凡，1992. 藏缅语族语言词汇[M]. 北京：中央民族学院出版社：56.

李大勤，2002. 格曼语研究[M]. 北京：民族出版社.

陆绍尊，2001. 普米语方言研究[M]. 北京：民族出版社.

木玉璋，孙宏开，2012. 傈僳语方言研究[M]. 北京：民族出版社.

曲木铁西，2010. 彝语义诺话研究[M]. 北京：民族出版社.

时建，2009. 梁河阿昌语参考语法[M]. 北京：中国社会科学出版社.

孙宏开，胡增益，黄行，2007. 中国的语言[M]. 北京：商务印书馆.

孙宏开，黄成龙，周毛草，2002. 柔若语研究[M]. 北京：中央民族大学出版社.

孙宏开，刘光坤，2005. 阿侬语研究[M]. 北京：民族出版社.

孙宏开，刘璐，1986. 怒族语简志（怒苏语）[M]. 北京：民族出版社.

孙宏开，齐卡佳，刘光坤，2007. 白马语研究[M]. 北京：民族出版社.

徐世璇，1998. 毕苏语[M]. 上海：上海远东出版社.

杨彦宝，2017. 藏缅语族语言名词后缀研究[M]. 北京：新华出版社.

朱艳华，勒排早扎，2013. 遮放载瓦语参考语法[M]. 戴庆厦，审定. 北京：中国社会科学出版社.

（原载于《语言研究》2021年第2期）

民族交往的语言表现：新疆汉语方言中的维吾尔语借词使用研究

王远新

摘要：本文讨论借词与语码夹杂、借用类型与借用关系、第二语言熟练程度与词语借用、借词类推与扩散、对待借词的态度与借词使用、语言规范与社会使用6个方面的问题。研究表明，受不同社会特征语言使用者及交际对象、话题、语体和场合等因素影响，新疆汉语方言中维吾尔语借词的使用及其相关语言态度呈现一定的社会差异。随着普通话推广，新疆汉语方言的使用群体和范围逐渐缩小，但仍有活力，一些维吾尔语借词具有较强的构词能力和类推功能。借词不仅体现了特定社会文化条件下语言生活状况及语言的地方特色，还从一个侧面体现了语言使用者对不同语言文化的认同、吸收和兼容。

关键词：新疆汉语方言；维吾尔语借词；使用差异；语言态度

新疆汉族和少数民族密切接触、语言相互影响，最直接的体现是词语互借。普通话是国家通用语，也是新疆各民族的族际交际语；维吾尔语分布区域广、使用人数多，在一些地区属区域强势语；新疆汉语方言主要分兰银官话北疆片和中原官话南疆片，是不同地区和群体的族际交际语。不同地区民族分布、人口结构及同一地区语言使用者的社会特征差异，导致新疆汉语方言中维吾尔语借词数量、使用及语言使用者态度存在差异。

作者简介：王远新，文学博士，中央民族大学中国少数民族语言文学学院教授、博士研究生导师，主要研究方向为中国少数民族语言研究、社会语言学。

一、调查情况与研究目的

（一）调查对象

口语交流是借词传播和扩散的重要途径。为了解新疆不同地区和民族语言使用状况、语言态度及语言关系，2006—2008年，我们在七市四县①进行了四个半月的调查，新疆汉语方言中的维吾尔语借词使用及语言态度是该调查的组成部分。本文依据9个调查点的材料撰写②，问卷调查对象基本信息见表1和表2③：

表 1　性别、年龄段、受教育程度（ *n* = 341，人 / % ）

性别		年龄段			受教育程度	
男	女	青年组	中年组	老年组	低等组	高等组
184/54.0	157/46.0	112/32.8	140/41.1	89/26.1	61/17.9	280/82.1

表 2　民族成分（ *n* = 341，人 / % ）

汉	维吾尔	回	哈萨克	蒙古	柯尔克孜	锡伯	乌孜别克	其他
136/39.9	103/30.2	22/6.5	32/9.4	17/5.0	4/1.2	16/4.7	6/1.8	5/1.5

---

①　南疆喀什地区喀什市、塔什库尔干塔吉克自治县，克孜勒苏柯尔克孜自治州阿图什市、阿克陶县，巴音郭楞蒙古自治州库尔勒市；北疆伊犁哈萨克自治州伊宁市、州直察布查尔锡伯自治县，阿勒泰地区阿勒泰市、哈巴河县；东疆吐鲁番地区吐鲁番市；自治区首府乌鲁木齐市（简称"乌市"）。

②　调查对象分布：喀什地区行署公务人员36人、库尔勒市公务人员42人、伊犁哈萨克自治州察布查尔锡伯自治县察布查尔镇政府公务人员29人、阿勒泰地区哈巴河县公务人员27人、吐鲁番市公务人员44人、乌鲁木齐市沙依巴克区明园社区（石油小区）居民48人、自治区民族事务委员会（简称"自治区民委"）公务人员38人、自治区民族语言文字工作委员会（简称"自治区民语委"）公务人员37人、新疆人民出版社工作人员40人，合计341人，其中南疆78人，北疆56人，东疆44人，乌鲁木齐市48人，自治区直属单位115人。

③　调查以公职人员为主，兼及社区民众，因此受教育程度"高等组"（大专及以上学历）占比较高；民族成分中的"其他"包括满族2人，塔塔尔族2人，撒拉族1人，因样本量小，统计分析时忽略不计。

（二）调查词项

新疆汉语方言中的维吾尔语借词主要有音译、意译、汉语和维吾尔语合璧词3类。本研究在文献和词典筛选及摸底调查的基础上，选取16个典型借词作为调查词项。具体见表3：

表3　调查词项（n = 16）

音译词（12个）	名词（单纯词）	皮芽子（pijaz）：洋葱；卡瓦普（kawap）：烤肉；巴扎尔（bazar）：集市
	名词（词干+构形成分）	巴郎子（bala孩子、男孩、儿子 + ŋiz尊称第二人称领属成分 > baliŋiz）：男孩、孩子、儿子、小伙子；洋岗子（jeŋgɛ嫂子 + ŋiz尊称第二人称领属成分 > jeŋgiŋiz）：女人、已婚妇女、媳妇、老婆子；牌档子（pajda利益、好处 + ŋiz尊称第二人称领属成分 > pajdeŋiz）：利益、好处、油水
	形容词或副词	拿斯（nɛs倒霉、背时）：差劲的、不好的、素质不高的、下贱的①；索拉希（solaʃ）：差劲的、某方面不行的、扶不上墙的；马里马唐（malimataŋ繁杂、糊里糊涂、乱七八糟、一塌糊涂、乌烟瘴气、杂乱）：关系不正常的、不清不白的
	副词	艾来拜来（ɛlɛj–bɛlɛj滴里嘟噜）：啰里啰嗦
	副词（变音）	艾来来拜来来（"艾来拜来"的强调形式）：啰里啰嗦②

---

① 新疆汉语方言的"拿斯"与阿拉伯语借词nɛs音同义近，有人认为是维吾尔语nas（蒜叶、柏树灰、石灰等混合制成、含在口里咀嚼的烟，类似鼻烟）的引申义，维吾尔标准语为nasval，喀什土语为nas。乌鲁木齐汉语方言有描述几类物件的俗谚"搪瓷碟子细泥碗，拿斯葫芦烟锅杆"。

② 艾来拜来（ɛlɛj–bɛlɛj）的来源尚无一致意见。新疆维吾尔自治区民族语言文字工作委员会（2002）认为，它是维吾尔语al–bɛr（拿–给）的音译形式；徐思益等（1997）认为，它是维吾尔语俗语ala-bula的音译形式，或可能是哈萨克语alaj-bulaj（这样–那样）的音译形式。据笔者观察，内蒙古阿拉善盟（兰银官话区）常用这种形式表示"啰里啰嗦"；青海安多藏族地区和海西蒙古族地区汉语方言常用"阿拉巴拉"表示"啰里啰嗦"。以上现象是西北回族汉语扩散的结果，还是不同语言或方言的共性，尚需进一步考证。

续表

音译词（12个）	副词（词干+构形成分）	海买斯（hɛmmɛ 全部、所有 + si 第三人称领属成分 > hɛmmisi）：全部、所有
意译词（3个）		肚子胀 [qo（r）saq køpiʃ 腹胀，主谓短语]：生气、憋气；眼睛小（køzi kiʧik 眼睛小，主谓短语）：小气、吝啬、抠门、小心眼儿（形容词）；黑肚子 [qara qo（r）saq，qara 黑色的、大的，qo（r）saq 肚子，偏正短语]：没文化的、愚昧的（形容词），大老粗、乡下佬（名词）
合璧词（1个）		胡里马唐（由汉语"糊里糊涂"前半部分和维吾尔语 malimataŋ 后半部分 –mataŋ 复合而成）：随随便便的、胡乱的（主要作形容词，也可用作副词）

词项选择说明：

第一，选择日常生活典型借词。梳理文献、方言词典收录的方言借词，排除以下5类：①行业词语，如"热瓦普、弹拨儿、都塔尔（乐器名）、达瓦孜（走钢丝表演）"等；②宗教词语，如"乃玛孜、阿訇、毛拉、伊玛目"等；③进入普通话的词语，如"馕、肉孜节、库尔班节"等；④知晓率较低的词语，如"嘎得麻西（qadirmaʃ 乱糟糟的、各式各样的）"；⑤专有名词，如人名、国名、地名等。

第二，兼顾借词类型。新疆汉语方言中的维吾尔语借词以音译为主，选择的词项也以音译词为主，兼顾意译词、汉语与维吾尔语合璧词。

第三，词源界定。部分词项源头是阿拉伯语（如"卡瓦普、巴扎尔、牌档子、海买斯、拿斯"）和波斯语（如"皮芽子"），因均为汉语方言从维吾尔语借入，本文将其看作维吾尔语借词。

（三）研究目的

本研究综合运用实地观察、访谈和问卷调查等方法，从两方面调查借词使用：

第一，知晓率、使用率和常用率（简称"三率"）。"知晓"不等于"使用"，"使用"不等于"常用"。"常用"指维吾尔语借词比汉语原有词使用频率更高，即汉语已有、又从维吾尔语借用的词语，其使用存在选择性。

第二，借词使用及语言态度的社会差异。主要考察不同地区、不同群体在不同场合针对不同交际对象和话题使用借词的共时差异，动态观察借词使用的特点；分析调查对象对待借词及其使用的态度，揭示语言使用者的文化交际心理。在此基础上，讨论语言接触和借词的几个理论问题。

二、借词知晓和使用差异

9个调查点借词"三率"的总体规律如下：

①知晓率 > 使用率 > 常用率。

②不同类型借词的"三率"呈正相关分布，即知晓率高的借词，使用率和常用率也较高。

③借词使用率和常用率差异除受知晓率影响外，还与"皮芽子"是新疆各民族常用食材、"马里马唐、艾来来拜来来"分别是"胡里马唐、艾来拜来"的变体形式、"黑肚子、索拉希"的贬义色彩有关。

（一）借词"三率"的社会差异

1.性别和民族差异

（1）性别差异

男性的"三率"均高于女性，少数调查点例外（见表4）。新疆人民出版社一位36岁哈萨克族女性工作人员强调："有些词男人用得多，女人用得比较少，比如'肚子胀'等。"

表 4　知晓率、使用率和常用率的性别差异

调查点（$n=341$）	知晓率	使用率	常用率
喀什地区行署（$n=36$）	男>女	女>男	男>女
库尔勒市（$n=42$）	女>男	男>女	男>女
察布查尔镇（$n=29$）	女>男	男>女	女>男
哈巴河县（$n=27$）	男>女	男>女	男>女
吐鲁番市（$n=44$）	男>女	男>女	男>女
乌市明园社区（$n=48$）	男>女	男>女	男>女
自治区民委（$n=38$）	男>女	男>女	男>女
自治区民语委（$n=37$）	男>女	男>女	男>女
新疆人民出版社（$n=40$）	男>女	男>女	男>女

（2）民族差异

少数民族调查对象的"三率"高于汉族；少数民族中，维吾尔族知晓率高于其他民族，使用率和常用率因地区不同而有差异；农业民族的"三率"高于牧业民族。吐鲁番市一位40岁维吾尔族男性公务人员指出："像'艾来拜来、胡里马唐'这类词，回族人用得较多；像'索拉希'这类词男人比女人用得多。"库尔勒市一位50岁汉族女性公务人员认为："拿斯"这样的词回族较常用，汉族用得少，主要是"老新疆人"用；维吾尔族基本不用，除非开玩笑。她强调："'海买斯'这样的词是汉族和回族说维吾尔语发音不标准造成的，维吾尔语不这样发音，维吾尔族之间说汉语时一般不用这类词。"吐鲁番市一位50岁维吾尔族女性公务人员解释："'牌档子'这样的说法，我一般都是去巴扎尔买东西时和汉族或回族摊主用，其他情况一般不用。"

2.年龄差异

中老年组借词知晓率明显高于青年组，不同年龄组的借词使用率和常用率有交叉，但总体是老年组高于中青年组。"老新疆人"的借词知晓率和使用率高于入疆时间短的人及新疆出生长大的年轻人。年轻人借词知晓和使用有差异：较早踏入社会的调查对象比学历较高的及在校生更多知晓并使用借词，一些中学生借词的知晓率和使用率更低。乌鲁木齐市明园社区一位哈萨克族高三男生从小上汉语学校，爷爷是哈萨克族，奶奶是维吾尔族，妈妈是柯尔克孜族，他不知晓绝大多数借词。从整体趋势看，年龄越小，借词知晓率和使用率越低。一些调查对象指出，20世纪80年代前后，新疆人说汉语夹杂维吾尔语借词的现象比较普遍，因为少数民族汉语水平不高，双方需要互相迁就。随着外来人口增加、教育普及和少数民族汉语水平的提高，借词使用逐渐减少。乌鲁木齐市明园社区一位40岁汉族女性（大专学历）解释："我在南疆工作过，会说维吾尔语，但现在我的维吾尔语基本没有了当年那种用武之地。20世纪80年代时，少数民族的汉语水平不高，在民族杂居地，人们说汉语时经常夹杂维吾尔语词。现在，乌鲁木齐市少数民族的汉语说得都很好，说汉语夹杂维吾尔语词的现象也不如从前多。"自治区民委一位37岁维吾尔族女性公务人员（吐鲁番市出生）认为："有些说法老年人更常用，年轻人普通话水平提高后很少使用。"具体见表5：

表5　知晓率、使用率和常用率的年龄段差异

调查点（$n=341$）	知晓率	使用率	常用率
喀什地区行署（$n=36$）	老>中>青	青>中>老	老>青>中
库尔勒市（$n=42$）	老>中>青	老>青>中	老>青>中
察布查尔镇（$n=29$）	老>中>青	老>中>青	青>中>老
哈巴河县（$n=27$）	老>中>青	中>老>青	中>老>青
吐鲁番市（$n=44$）	中>老>青	中>老>青	中>老>青
乌市明园社区（$n=48$）	中>老>青	青>中>老	中>青>老
自治区民委（$n=38$）	老>中>青	老>中>青	老>中>青
自治区民语委（$n=37$）	老>中>青	青>老>中	青>中>老
新疆人民出版社（$n=40$）	老>中>青	老>中>青	老>中>青

3.地域和出生地差异

　　总体而言，以维吾尔族为主的民族杂居区，借词的"三率"高于其他地区；南疆和东疆地区高于北疆地区；农村地区高于牧区。不同出生地调查对象借词的"三率"虽有交叉，但总体是新疆出生的高于疆外出生的。内地出生者中，入疆时间与借词的"三率"呈正相关，即定居新疆的时间越长，"三率"越高。新疆人民出版社一位36岁回族女性工作人员（天津出生，1973年入疆）不知道16个词项中的6个；一位33岁汉族男性工作人员（甘肃出生，2001年入疆）不知道16个词项中的9个。个别定居新疆时间较短的调查对象甚至不知道"皮芽子"为何物，而新疆土生土长和入疆时间较长的，即使听说或知道汉语词"洋葱"，也更常用"皮芽子"。详见表6：

表6　知晓率、使用率和常用率的出生地差异

调查点（$n = 341$）	知晓率	使用率	常用率
喀什地区行署（$n = 36$）	市内＞疆外＞疆内	疆外＞市内＞疆内	疆内＞市内＞疆外
库尔勒市（$n = 42$）	疆内＞市内＞疆外	疆内＞市内＞疆外	疆内＞疆外≈市内
察布查尔镇（$n = 29$）	县内＞疆内＞疆外	疆内＞疆外＞县内	县内＞疆内＞疆外
哈巴河县（$n = 27$）	疆内＞县内＞疆外	疆内＞县内＞疆外	县内＞疆外＞疆内
吐鲁番市（$n = 44$）	市内＞疆外＞疆内	市内＞疆外＞疆内	疆外＞市内＞疆内
乌市明园社区（$n = 48$）	疆内＞疆外＞市内	疆内＞市内＞疆外	疆内＞市内＞疆外
自治区民委（$n = 38$）	疆内＞市内＝疆外	疆外＞市内＞疆内	疆外＞市内＞疆内
自治区民语委（$n = 37$）	疆外＞市内＞疆内	市内＞疆外＞疆内	市内＞疆内＞疆外
新疆人民出版社（$n = 40$）	市内＞疆内＞疆外	市内＞疆内＞疆外	疆内＞市内＞疆外

4.受教育和双语熟练程度差异

少数民族双语熟练程度与受教育程度呈正相关，即：受教育程度越高，双语熟练程度越高。从地区看：城市＞乡镇＞农村＞牧区；首府＞北疆＞东疆＞南疆。从民族分布看：散居区＞杂居区＞聚居区。借词知晓率虽与受教育和双语熟练程度关联不明显，但使用率和常用率与其有显著的相关性，即：越是熟练的维汉双语人，借词使用数量、使用频率和场合越少；越是维汉双语熟练程度不高的人，越容易使用借词，词语夹杂或语码混用现象也比较普遍。

自治区民委一位46岁维吾尔族男性公务人员（拜城县出生）指出："我在和文化程度不高的人、普通老百姓交谈时会用'牌档子'这样的词，和政府人员、同事交谈时一般都会用'好处'。"吐鲁番市一位50岁维吾尔族女性公务人员知道"马里马唐"的各种意思和用法，但从来不用。她解释："这样的词老年人和农村人用得比较多，属于维吾尔族说汉语时的'土话'。"新疆人民出版社一位36岁柯尔克孜族女性工作人员说："'黑肚子'这样的词主要用于口语，是土话，指'文盲、没有文化的人'。我和文化程度低的人说话时，不知不觉也会使用这样的土话。"在一些调查点，

新疆出生者借词知晓率和使用率高于疆外出生者，常用率则相反，这从一个侧面证明了上述结论。吐鲁番市一位43岁回族男性公务人员（市内出生）解释："我们的维汉双语不熟练，说汉语时夹杂一些维吾尔语词，可以更准确地表达意思。维吾尔族有'认话不认人'的特点，说汉语时夹杂几个维吾尔语词，容易和当地少数民族沟通，也能够融洽谈话气氛。"

综上所述，新疆汉语方言维吾尔语借词的知晓率、使用率和常用率主要受性别、年龄、出生地和双语熟练程度等社会变量影响。

（二）交际对象、话题、语体和场合差异

借词使用与交际对象、话题、语体和场合有关，总体规律是：不同民族之间＞本民族内部；维吾尔族、汉族、回族之间＞其他民族成员之间；熟人朋友之间＞陌生人之间；男性之间＞女性之间；男性之间＞男女性之间；随意话题＞正式话题；开玩笑话题＞严肃话题；非正式语体＞正式语体；非正式场合＞正式场合。上述指标有些存在负相关，如在正式场合，话题和语体都比较正式，借词使用率比较低，相反则比较高。

部分调查对象强调，一些词语和表达方式一般不在正式场合使用，在非正式场合如朋友聚会、熟人开玩笑时常用。吐鲁番市一位48岁维吾尔族男性公务人员强调："'洋岗子'这个词，我以前在农村工作时常用，但到市政府工作后就不再用了。"库尔勒市一位35岁维吾尔族男性公务人员解释："'海买斯'这样的词我从小就知道，但一般不用，乡下人常用；'索拉希'这样的词一般开玩笑时才用。"自治区民委一位32岁汉族男性公务人员（疏勒县出生）表示：在正式场合一般不会用"肚子胀"，在比较随意或开玩笑的场合才用；"胡里马唐"这样的词南疆比北疆使用广泛。他知晓"艾来拜来"的确切含义，但很少用，因为"感觉是土话，不好听"。

从交际对象看，借词使用具有层次性。第一层，跟熟人和陌生人：熟人＞陌生人。第二层，跟不同民族熟人：汉族＞少数民族。第三层，跟家人，视交际对象的社会特征而定。

从民族成分看，少数民族间使用借词比例高于跟汉族交谈。自治区民委一位25岁蒙古族男性公务人员（博乐市出生）解释："'马里马唐'这个词我很早就知道，上小学前就会用，但现在很少用，农村人用得比城里人多；'海买斯'这个词主要和少数民族朋友交谈时使用；'卡瓦普'这个词主要和少数民族使用，与汉族更愿意用'烤肉'。"自治区民委一位29岁哈萨克族男性公务人员（阿勒泰市出生）指出："我原来不知道'索拉希'，后来和维吾尔族接触多了才知道它的意思，有时也会用；'海买斯'这个词我主要和少数民族用。"察布查尔镇政府一位38岁汉族女性公务人员（当地出生）的借词知晓率和使用率都比较高，她指出："像'皮芽子'一类借词已经融合到新疆汉语中，有些借词一般是乡下用得比较多，或者和年龄较大的少数民族说话时才用。我在单位和同事聊天一般都会说'他上街买东西去了'，下乡时会说'他巴扎尔买东西去了'。对年龄比较大的、汉语不好的少数民族，我会用'你肚子不要胀'，对汉语比较好的少数民族一般说'你不要生气'。"新疆人民出版社一位36岁柯尔克孜族女性工作人员表示："我跟少数民族交往比较多，更常用'卡瓦普'，一般不用'烤肉'。"自治区民委一位34岁汉族男性公务人员（喀什市出生）强调："'黑肚子'这样的词我和回族朋友交往时常用，和其他民族用得不多。"

三、对待借词及其使用的态度

（一）几种不同的语言态度

1.积极和消极态度

部分调查对象包括受教育和双语熟练程度较低的维吾尔族对借词的使用多持积极态度。他们知道全部或部分调查词项，日常生活中也常用。乌鲁木齐市明园社区一位27岁乌孜别克族女性（社区幼儿园教师），母亲是维吾尔族，父亲是乌孜别克族，她从小就知道全部调查词项，在日常交流中也会使用其中的大部分。她认为："日常生活中使用这些词，形象生动，表意准确。"

持消极态度的多为受教育及双语熟练程度较高的调查对象。他们虽然知道全部或绝大部分调查词项，但很少使用，只是与熟人和朋友交谈或开玩笑时偶尔使用。自治区民委一位维吾尔族调查对象看了问卷后，批评设计不合理，反对问卷收录一些不规范、影响语言纯洁化的词语。一位维吾尔族调查对象甚至建议这项调查应当在百姓阶层进行，因为只有那些两种语言都不熟练的人，才喜欢使用这种"半吊子话"。自治区民委一位25岁塔塔尔族女性公务人员（伊宁市出生）表示："不应使用这些借词和不规范的句子，语言使用应该规范化，让语言更纯净些。"

总之，持积极态度者主要立足于交际心理和表达功能。从交际心理看，使用这些借词能够拉近谈话双方的距离，融洽和活跃谈话气氛；从表达功能看，它们生动形象、幽默风趣，语言感染力强，能够体现地方语言特色。持消极态度者主要立足于语言纯洁化和标准化，体现的是语言情感和规范化意识。

2.中立态度

部分调查对象的态度比较客观，认为词语借用是社会文化发展的正常现象。自治区民语委一位49岁汉族男性公务人员（山东出生，1976年入疆）认为："南疆少数民族占90%以上，汉族干部也会讲维吾尔语；乌鲁木齐市的汉族占多数，少数民族'汉化'程度高，都会说汉语。汉语夹杂维吾尔语借词，是社会和语言发展的一个阶段，是正常现象。"吐鲁番市一位34岁汉族男性公务人员（江苏徐州出生）认为："使用这些词语比较形象，像'胡里马唐的话不说'这类表达方式就很生动，当地回族使用得更普遍，它体现了维汉文化的交融。"乌鲁木齐市明园社区一位39岁汉族女性个体经营者（山东青岛出生，1993年入疆，高中文化，曾在库车县生活两年）已用"皮芽子"和"巴扎尔"替代了她刚到新疆时习惯使用的"洋葱"和"市场"，她认为，"这类词能反映当地文化，能融洽与少数民族的谈话气氛，增加亲和力"。

3.从众心理

汉语中维吾尔语借词和维吾尔语中汉语借词的调查均表明，部分调查对象对待借词及其使用表现出从众心理。一些文化程度较低的维吾尔族原本不知道一些词是本族语还是借词，词语的选择和使用基本从众。在调查维吾尔语中的汉语借词时，乌鲁木齐市天山区和平路街道办事处药王庙社区油库巷一位39岁男性（小学文化）问道："dɑngo ujʁurʧɛ søzmu？tort degɛnʧu？"（dɑngo "蛋糕汉借"这个词是维吾尔语吗？ tort "蛋糕俄借"呢？）部分人即使知道是借词，也持无所谓态度，"别人都这样用，我就跟着用"。他们在使用维吾尔语时会无意识地用汉语词替换母语词。新疆师范大学一位42岁维吾尔族男性电工（高中文化）谈及工作条件时说：

（1）gaŋwej　dʒiŋtije-ni　　　qoʃ-qan-da,

岗位汉借　津贴汉借-宾格　加合-过去时形动词-方位格

ku-la-jdiʁan-ni　　　　　　ku-la-p,

扣汉借-动词构词词缀-形动词-宾格　扣汉借-动词构词词缀-副动词

ikki miŋ koj-ʁa　　　　　bar-i-du-Ø.

二　千　块汉借-方向格　达到-现在时-后知语气-单数人称3

算上岗位津贴，该扣的扣完后，差不多两千元。

谈及上学经历，他使用了"tʃuji（初一汉借），tʃu er-gɛ（初二汉借-方向格）tʃiq-qan-da（上-过去时形动词-方位格）"的表达方式。当他意识到调查者意图后解释：

（2）qandaq qil-i-miz?　　　　　　baʃqi-lar　　mu ʃundaq

怎样　做-现在时-复数人称1　其他-复数　也　如此

dɛ-wat-sa-Ø,　　　　　　　　bu søz-lɛr-ni

说-现在进行时-条件式-复数人称3　这　话语-复数-宾格

xɛnzu-tʃɛ　　　　　dɛ-jdiʁan　　　　bol-up

汉族汉借-构词词缀　说-现在时形动词　是-副动词

kɛt-tu-q.

助动词-单纯过去时-复数人称1

如果其他人都这样说，我们怎么办？这些词语我们现在都用汉语说。

（二）受教育和双语熟练程度对语言态度的影响

受教育和双语熟练程度对语言态度有显著影响。受教育程度较高的维吾尔族公务人员、教师、出版和翻译等专业工作者的借词知晓率普遍较高，但使用数量、频率、范围一般都低于普通民众，且部分调查对象对借词及其使用的态度比较消极，这主要有以下两方面的原因。

1.社会身份和语言情感意识

不少维吾尔族知识分子认为，说汉语时过多使用维吾尔语借词，是双语能力差、文化程度低的表现，会降低文化层次。这些汉语化的借词是维吾尔语语音、语义的扭曲形式，只有那些社会地位低的人才常用。"洋岗子""索拉希"一类借词不雅；"黑肚子"一类借词比较生硬，应当选用更文明的词语替代。维吾尔语jɛŋɛ "嫂子"借入新疆汉语方言后，不仅连同语法变化形式一起借用，语义也产生了泛化。这种语义泛化不太礼貌，是不懂维吾尔语的汉族和汉语水平不高的维吾尔族乱用的结果。吐鲁番市一位36岁维吾尔族女性公务人员（伊宁市出生）强调："'牌档子'这样的词语一般都是买卖人做生意时用得比较多。如果平时用，会让人觉得没礼貌。"自治区民委一位37岁维吾尔族女性（吐鲁番市出生）认为："有些说法不太礼貌，比如'洋岗子'，我们一般不用。如果文化程度高的人用了，我们会觉得他没素质。"

其他民族也有类似看法。自治区民语委一位52岁塔塔尔族男性（阜康市出生）不仅极力反对使用借词，而且认为只有不懂维吾尔语的汉族或不懂汉语的维吾尔族才会用。在他看来，只有两种语言都不熟练的人才会用这种方式说话，"如果是汉语水平很高的人，你跟他用到这些借词，他会感到很不舒服，觉得不尊重自己，而且还会提醒对方'好好说话'"。新疆人民出版社一位30岁锡伯族女性工作人员认为："男同志更常用'肚子胀'，女同志更常用'生气'。'牌档子'是老词，过去使用得比较普遍，现在多是些文化程度低或汉文水平不高的人才用。"自治区民语委一位49岁汉族男性公务人员（山东出生，1976年入疆）解释："像'黑肚子'这类词，文化层次较低的人才用。"吐鲁番市一位42岁汉族女性公务人员指出："'洋岗子'这样的词语有不大尊重人的感觉。"自治区民委一位32岁汉族男性公务人员（疏勒县出生）指出："'巴郎子'借入新疆汉话后，意义有所扩大，多用于统称少数民族特别是维吾尔族年轻人，有些场合使用不太礼貌，维吾尔族会反感，认为这是不懂维吾尔语原义乱用的结果。"

2.语言规范化意识

维吾尔族知识分子语言规范化意识比较强，他们强调学汉语只学标准普通话，不会刻意学当地汉语方言。许多少数民族能够或基本能听懂新疆汉语方言，但部分调查对象的自报程度偏低，这从一个侧面体现出他们对新疆汉语方言的态度。喀什地区行署一位维吾尔族女性公务人员强调："我和本族人只讲维吾尔语，和汉族只讲汉语。说维吾尔语就好好说维吾尔语，说汉语就说标准汉语，没必要在汉语中夹杂维吾尔语词。"喀什地区行署一位49岁维吾尔族男性公务人员（鄯善县出生）知道全部词项，但使用率不高，他认为"汉语中的这些借词不规范，文化层次低的人才说，文化层次高的人应该讲标准汉语"。一些年长的维吾尔族知识分子表示，他们小时候经常接触或使用当地汉语方言，使用过维吾尔语借词，但随着受教育程度的提高，会逐渐向普通话靠拢，有意识地放弃了这些借词。

（三）性别对语言态度的影响

男性维吾尔语借词的"三率"普遍高于女性，特别是使用率和常用率。不少女性对"拿斯""索拉希""洋岗子"等词的语感是"土气""俗气"，听着别扭，不愿使用。有调查对象介绍，"黑肚子""索拉希"这样的词过去用过，工作后一般不再用。乌鲁木齐市明园社区维吾尔族一位30岁女性（市内出生，本科学历）解释："'牌档子'这个词我小时候不懂，也不会用，长大后学会使用。它是维吾尔语音译词，我过去用得比较多，上大学特别是工作后一般不会再用，因为觉得有些'土气'。"乌鲁木齐市明园社区一位39岁汉族女性（山东青岛出生，1993年入疆）虽然知道但不习惯使用"洋岗子""黑肚子"这类词，"因为这些词给人一种生硬的感觉"。

总之，一些借词的借用形式和语义色彩及其使用，能够体现语言使用者的文化价值判断。那些本族语已有、仍从其他语言借用的词语，常与本族语原有形式产生竞争，其扩散的可能性和扩散速度也与语言使用者的文化价值取向有关。即借用总有"凭据"，其语义指向、修辞和表达效果，反映了说话人对其赋予的文化内涵，体现了语言交际的文化心理。因此，对借词的认同度和接受度，直接影响着不同社会群体的借词使用情况。

四、对待借词及其使用态度的认识

（一）借词和语码夹杂

怎样断定一个外来成分是借词还是词语夹杂？依据什么标准断定它已进入本族语系统？外来成分被改造到什么程度才可以算作借词？依据什么

说"作秀""WTO"是借词，"萝莉""PK"是语码夹杂？以往的研究多以书面语或标准语为对象，较少关注口语或方言土语中的词语借用、变化和扩散特点。语言接触导致词语借用主要体现在两个方面：一是进入本族语系统的借词；二是语码夹杂中的词语夹杂。借词又分两类：一是"你有我无"，即从外族语借用本族语缺失的词语；二是本族语已有、仍从外族语借用的词语。语码夹杂也分两类：一是"临时夹杂"，即为交际方便或达到特定的交际效果，有意识地夹杂外族词语；二是在特定交际语境中无意识、有规律地夹杂某类词语，这类词语和借词的界限很容易混淆，或者说它们最有可能成为借词。

就新疆汉语方言、新疆地方普通话和维吾尔语的相互影响看，首先应当区分临时语码夹杂和有规律的语码夹杂。

笔者问及参与访谈的一位40多岁的维吾尔族男性调查对象（小学文化）能不能一起吃晚饭，他说：

（3）araq iʃ-sɛ-m,　　　　　　　nanʃy　bo-p

白酒 喝－条件式－单数人称1　难受汉借 是（减音）－副动词

kɛt-ti-Ø.

助动词－单纯过去时－单数人称3

我一喝白酒就难受。

例（3）中的nanʃy"难受"是临时词语夹杂。又如对新疆师范大学维吾尔族教师玩扑克牌时的隐蔽录音材料①：

（4）mɛn-dɛ　　dʒyp bol-ʁan　　　　　bol-sa-Ø,

我－方位格 对子 有－过去时形动词 助动词－条件式－单数人称3

sabudo　　bol-ar-ti-Ø.

差不多汉借 是－或然形动词－单纯过去时－单数人称3

如果我有对子的话，差不多就赢了。

（5）ular-da　　　　tijɛnwu　bar ɛmɛs mu?

他们－方位格 天五汉借 有 不是 吗

他们不是有"天五"吗？

---

① 这几位教师是维吾尔语中汉语借词使用调查的问卷调查对象，他们在做问卷时都强调使用本族语就说纯本族语，说汉语就说普通话，不会使用借词。

（6）qol-uŋ-da　　　　　　　　　　　dawaŋ,　ʃiwaŋ　bar

手－普称单数领属人称2－方位格　大王汉借　小王汉借　有

bol-ʁan-din　　　　　kɛjin

是－过去时形动词－从格　以后后置词

ʧyʃ-mɛ-m-sɛn.

出－动词否定形式－语气成分－普称单数人称2

你手里有大王和小王，你就出嘛。

（7）siz-niŋ　ʤupɛj　køp ikɛn!

您－领格　主牌汉借　多　后知语气词

您的主牌多啊！

（8）qandaq qil-i-mɛn？

怎么　做－现在时－单数人称1

fupɛj　　tygɛl-mi-sɛ-Ø.

副牌汉借　完结－动词否定式－条件式－单数人称3

副牌没有出完，你让我怎么办？

例（4）中的 sabudo"差不多"是汉语短语临时借用，很难成为借词；例（5）至例（8）中的 tijɛnwu"天五（红桃五）"、dawaŋ"大王"、ʃiwaŋ"小王"、ʤupɛj"主牌"、fupɛj"副牌"是专有名词，属文化词语范畴，极容易成为借词。

在传统规范观影响下，为保持语言"纯洁性"，规范机构和相关的研究者期望逐渐用本族词语替代借词特别是音译借词，甚至试图用书面语词代替方言借词，对词语夹杂现象更是严格规范。词语借用和语码夹杂除受交际影响，还受制于语言使用者的语言态度。语言态度常潜移默化地影响词语的借用和语码夹杂，这是以往语言接触研究重视不够的。

科学界定、系统描写借词和词语夹杂是语言接触研究的基础工作，以往的研究未能充分考虑无意识、有规律的词语夹杂现象。随着网络的发展和语言接触的深化，一些新的借用现象也未能引起重视。从文化交流看，以往的研究大都停留在揭示借词体现的社会、文化、生产和生活方式特点等层面，缺乏文化交际心理的探讨。借词既承载着借用语言的文化信息，特别是那些"你有我无"的借词；它们还是文化交流的"使者"，承载着语言使用者对某种事物和概念的认知及情感寄托，特别是本族语已有、还要借用的词语。就此而言，借词不仅是观察民族文化交流、民族关系的窗口，还是观察语言使用者文化交际心理的重要途径。

关于语码夹杂和借词的区分，以往的界定标准主要局限于是否经过本族语音的加工改造、是否符合本族语的构词规律，但这些只是形式标准，难以揭示不同社会群体的知晓率、使用率、常用率，以及交际对象与话题、语体和场合等的关联。此外，词语借用和语码夹杂除受交际影响，还受制于语言使用者的语言态度和语言选择。那种从书面材料到书面材料，以语音适应、构词规律以及研究者语感作为判断标准的做法，脱离了语言使用的客观实际，以及语言使用主体即人的主观因素。事实上，传统的构词规律会因社会使用被突破，而这种突破恰恰是语言发展的动力。

（二）借用类型和借用关系

布龙菲尔德（Leonard Bloomfield，1980）把借用分为"文化借用"和"密切借用"两种类型。"文化借用"指通过文化交流和其他方式接触借用其他民族的语言成分，借用的语言项目仅限于新的外来文化事物；"密切借用"指地理和政治同一生活共同体内两种语言相互渗透、相互影响产生的借用现象，可以是任何事物名称的借用。依此界定，新疆汉语方言和维吾尔语互借属于"密切借用"类型，涉及日常生活的不同领域。从借用关系看，布龙菲尔德认为，"文化借用"通常是相互的、双向的，只是弱势语言更多向强势语言借用；"密切借用"是单向的，弱势语言总是向强势语言借用。这一结论过于笼统。新疆自古就是多民族地区，不同地区和历史时期，不同语言使用者的社会文化地位各有高低。新疆汉语方言分布范围不如维吾尔语广，使用人口少，但新疆各地自古与中央政府存在隶属关系，古代官话和现当代中国推行的普通话一直占据社会文化优势地位。新疆汉语方言与古代官话和现代普通话有着更为直接的联系，维吾尔语中的早期汉语借词大多通过新疆汉语方言借入。在历史交往中，维吾尔族与使用汉语方言的汉、回等民族密切接触，语言上相互影响、彼此借用。

布龙菲尔德认为，"文化借用"主要是彼此语言中增加一些具有明显文化特征的"文化借词"。"密切借用"有多种结果：如果强势语言保持强势，便维持原样基本不受外来影响；如果弱势语言长期处于弱势，就会有大量音译、意译借词甚至外来句法进入，还有可能形成混合语或导致一种语言的消亡。我们的调查结论与该论述也不完全吻合，即无论维吾尔语还是新疆汉语方言，一直都是充满活力的语言，并没有形成混合语，也没有出现一方取代另一方的趋势。

（三）第二语言熟练程度和词语借用

豪根（Einar Ingvald Haugen，1950）指出，语言接触是通过双语使用者实现的，观察、研究双语者的语言使用，必然对语言借用的背景、过程、机制和特点有着不可低估的作用。借用外语时，外语熟练程度越高的人，越倾向于"输入"。如果针对书面语或标准语中的借词"输入"与传播，豪根的看法或许有一定道理。然而，在语言接触过程中，双语者的语言使用既涉及书面语，也涉及口语。我们对新疆汉语方言中维吾尔语借词和维吾尔语中汉语借词的调查结论与之相反，即越是熟练的维汉双语人，借词使用数量和场合越少、频率越低；越是维汉双语熟练程度不高的人越容易使用借词，词语夹杂或语码混用现象也比较普遍。

在多民族地区，不同语言使用者的交往既有熟练双语人，更有不完全的二语习得者。熟练双语人在交替使用两种语言时，一般会采用第二语言标准语的表达方式，借用母语词语或表达方式的现象不如不完全二语习得者普遍，即使借用也多能在形式上摆脱母语的影响。不完全二语习得者在学习目的语时，受制于母语表达习惯，更易出现语码转换或语码混杂，更多使用借词。一些不完全的维吾尔语习得者在不了解维吾尔语形态特征的情况下，连同词干和附加成分一起借入汉语，或一个词语混杂两种语言成分，如"洋岗子"等带维吾尔语尊称第二人称附加成分、"海买斯"等带维吾尔语第三人称附加成分的词语形式，"胡里马唐"等汉语和维吾尔语合璧词，就是维吾尔语或汉语不完全习得者的借用形式。久而久之，这些借用形式通过口语传播成为新疆汉语方言的固定表达形式，有些甚至扩散至新疆地方普通话。

（四）借词类推和扩散

"－子"缀丰富是兰银官话的重要特征。新疆汉语兰银官话北疆片的"－子"缀比兰银官话其他方言片区更加普遍，主要是因为受到维吾尔语的影响。比如一些原本以[-z]结尾的维吾尔语词，借入新疆汉语方言后自然以"子"结尾，像pijɑz"皮芽子"。维吾尔语原本不以[-z]结尾的词，也被连同带[-z]尾的尊称第二人称形式[ŋiz]一同借入，像"巴郎子""洋岗子"等。这些借词还具有类推功能，如：达当子（dɑdɑ父亲、大伯、大爷＋ŋiz），阿娘子（ɑnɑ母亲、大娘＋ŋiz），阿康子（ɑkɑ哥哥、大哥＋ŋiz），阿嫱子（ɑtʃɑ姐姐、大姐＋ŋiz），富康子（ukɑ弟弟＋ŋiz）。它们是不熟练的双语人在不了解维吾尔语结构特点情况下整体借用的结果。

有些早期维吾尔语借词已进入新疆地方普通话甚至全民普通话，且有较强构词能力。比如"馕"派生出了"油馕、小油馕、片儿馕、苞谷馕、窝窝馕（疙瘩馕①）、肉馕、锅盖馕、馕饼子"，以及与"馕"有关的"馕坑子、馕房子、打馕"等。维吾尔语有大量变音重叠形式，主要表示名词的泛指范畴，比如tʃɑj-pɑj（茶类饮品）、nɑn-pɑn（馕类食品）、pɑltɑ-mɑltɑ（斧子类工具）等。受此影响，新疆汉语方言也有类似变音重叠形式。在巴扎尔能听到这样的对话："一公斤多少钱？""十五块！""阿子麻子降一点吧！""阿子麻子"是维吾尔语变音重叠形式ɑz-pɑz/ ɑz-mɑz"少一点，稍微"的整体借用形式。朋友聚会有这样的劝酒词："两个晚上一晚上，今天晚上一晚上，大家麻家海买斯吃好玩好把酒满上。""大家麻家"是维吾尔语变音重叠形式dɑdʒɑ-mɑdʒɑ"大伙儿"类推至汉语的表达形式。

随着教育普及和普通话的推广，新疆汉语方言的使用群体和范围逐渐缩小，但仍有活力，其中的维吾尔语借词还有较强的构词能力和类推功能，一些借用形式甚至进入新疆地方普通话。它体现了特定社会文化条件下的语言生活状况以及新疆汉语方言和地方普通话特色，从一个侧面体现了语言使用者对不同语言文化的认同、吸收和兼容。

（五）对待借词的态度与借词使用的结构性差异

语言使用者的语言态度和语言行为常存在"言行不一"现象，即调查对象自报与其实际语言能力和语言使用不一致，或者对语言变体及其使用的情感认同、主观评价和客观认知，与其行为倾向和实际表现不一致。简言之，心理上抵触某类语言成分或表达形式，但又不自觉地使用。"言行

---

① 维吾尔语gerdɛ nɑn"疙瘩馕"：gerdɛ（谐音音译）+nɑn（音译），指"中间有窝窝的小馕"。

不一"现象表面看属个体行为，但个体均具有特定社会身份，个体交际总是在特定社会环境和文化语境中完成，因此，个体语言态度体现的是群体语言态度。如果群体语言态度和语言行为呈现显著的结构性差异，就会影响语言使用以及相关的语言态度。

新疆语言接触调查表明，知识分子的文化身份感、语言规范意识较强烈。一方面，他们强调语言纯洁化，认为借词和语码夹杂是语言使用中的不规范现象；另一方面，在访谈和隐蔽观察时发现，在说本族语时，他们会不经意使用汉语借词，或夹杂汉语词，甚至使用汉语表达方式。换言之，问卷自报时，他们对待借词和语码夹杂是一种态度，隐蔽录音观察时是另一种表现。自治区民语委一位民族语文干部在访谈和问卷调查时，向调查员介绍了词源学知识、语言规范化理念。由于问卷问题较多，占用了较多时间，他发牢骚说："你不要问得太多，不然我肚子胀呢！"其中"肚子胀"就是维吾尔语意译词。

站在社会语言学立场上，对待语言态度和语言行为的"言行不一"现象，即自报"不使用借词"，访谈交流和隐蔽录音时却不经意使用借词的现象，研究者仅凭调查对象自报，难以准确判断其真实的语言态度和语言使用。解决"言行不一"的办法，应当遵循社会语言学的"表现原则"，即以说话人实际表现而不是以其判断为准。研究者应当采取多种有效手段观察调查对象的语言运用，才能获取真实客观的语料及相关的语言态度。同时，研究者不能只关注某个群体或某个维度，而应当全面调查不同群体、不同维度的语言态度和语言行为特点，客观描述和分析语言态度、语言行为的结构性差异。

（六）语言规范和社会使用

维吾尔语和汉语互借词语是民族交往、文化接触、语言交流的必然结果。"文化借用"具有"自上而下"的特点，书面语、大众传媒是主渠道，"文化精英"是语言成分扩散的主力；"密切借用"具有"自下而上"的特点，民间交际是主渠道，普通民众是语言成分扩散的主力。借词的出现和使用有其自身规律，不以主观意志为转移，普通民众的口语更是很少受语言规划影响。面对不同类型的借词，以及借词使用的社会分层和文化交际心理，研究者应当采取全面观察、理性思考、深入分析的态度。

　　语言借用虽受借用形式、词义性质和附加色彩等因素影响，但不能忽略大众的社会使用。借词词义的引申、转义抑或泛化，都是社会交际的结果。如果有些词语及其使用会产生"负面效应"，那不是语言形式的问题，而是语言使用者文化程度及相应的文化交际心理使然。我们能做的是因势利导，不宜以语言规范为由，采取行政命令等手段。逆大众语言使用规律的语言规划，难以起到真正的规范作用，甚至会造成书面语和口语的脱节，给民众语言生活增添麻烦。说到底，外来成分能否进入、以什么方式进入本族语系统，适应本族语语音特点、语义和构词规律虽是衡量借词能否"安家落户"的重要指标，但不能忽略大众的社会交际和心理接受度、认同度。语言学家的任务是考察语言内部系统的运作特点，调查不同群体的语言使用状况，以及语言结构和语言使用之间的互动。

参考文献：

布龙菲尔德，1980. 语言论[M]. 袁家骅，赵世开，甘世福，译. 钱晋华，校. 北京：商务印书馆：568.

王远新，2009 — 2018. 新疆汉语方言中维吾尔语借词使用情况及语序特点调查[J]. 王远新. 语言田野调查实录（3、4、5、6、9、10、11、12、13、14），北京：中央民族大学出版社.

新疆维吾尔自治区民族语言文字工作委员会，2002. 新疆民族语言分布状况与发展趋势 [M]. 北京：北京语言大学出版社：83.

徐思益，等，1997. 语言接触和影响 [M]. 乌鲁木齐：新疆人民出版社：18.

HAUGEN E, 1950. The analysis of linguistic borrowing[J]. Language, 26: 210–331.

　　（原载于《民族语文》2021年第4期，中国人民大学复印报刊资料《语言文字学》2022年第1期全文转载）

少数民族语言资源的精准保护问题

—— 基于语保工程活态数据的考察

朱德康

摘要：从语保工程对中国少数民族语言资源采录的活态数据来看，少数民族语言资源具有不均衡性、地域性、交互性和共享性特点。通过进一步分析发现，语保工程对少数民族语言资源的调查布点不平衡，濒危语言布点单薄，藏缅语族布点超过其他语系、语族，而苗瑶语族布点稀疏。针对这样的事实，本文提出今后的少数民族语言资源保护工作应在已取得成果和经验的基础上，查漏补缺、科学分类、精确管理、精准保护。

关键词：少数民族语言；语言资源；语言保护

随着世界经济一体化的发展，全球范围内的语言多样性面临严峻挑战，人们开始认识到语言是一种有价值、可利用、出效益、多变化、能发展的特殊社会资源（陈章太，2008）。随着人们对语言资源认识的提高，保存、保护和开发利用语言资源的呼声越来越强烈。近年来，中国语言资源的保存、保护正在得到政府、高校、科研院所以及一些社会团体的关注，特别是十七大以来，强调"科学保护和发展各民族语言文字""弘扬中华优秀传统文化""繁荣发展少数民族文化事业""传承弘扬中华优秀传统文化"，语言资源的保存、保护很快上升为社会大众普遍关注的问题。

作者简介：朱德康，文学博士，中央民族大学中国少数民族语言文学学院副教授、硕士研究生导师，主要研究方向为南方少数民族语言、应用语言学、语言资源学等。

基金项目：中国语言资源保护工程"民族语言调查项目技术支撑"（YB1912B012B）。

2015年5月，教育部、国家语委印发了《关于启动中国语言资源保护工程的通知》，决定在全国范围内开展以语言资源调查、保存、展示和开发利用等为核心的重大语言文化工程，这标志着从国家层面以更大范围、更大力度、更加科学有效的方式来开展语言资源保护工作。少数民族语言调查作为中国语言资源保护工程（简称"语保工程"）的重要组成部分同步启动，计划用5年时间完成少数民族语言420个点的调查任务，其中，濒危语言110个点，非濒危语言310个点；至2020年底，已顺利完成430个点的调查，其中，濒危语言111个点，非濒危语言319个点，调查的范围、语言种类与语言数量均超过预期。调查获得的大量第一手语言资源活态数据，不仅有利于保存少数民族语言资源，也有助于学界对少数民族语言资源国情作出新的判断和认识。

本文基于语保工程民族语言调查的实践，梳理少数民族语言资源特性，并通过对已采录语言资源数据的考察和分析，尝试提出少数民族语言资源精准保护的理念和实施策略。

一、中国少数民族语言资源的特性

20世纪50年代，中国科学院少数民族语言调查工作队对中国少数民族语言进行了有史以来的第一次全面普查，基本摸清了中国少数民族语言的分布、使用情况，识别了几十种语言，并对其中一些语言的结构特征进行了初步的描写研究。20世纪80年代，在国家民族事务委员会的主导下，少数民族语言研究工作者对已识别的语言进行描写研究，其成果即为"中国少数民族语言简志丛书"。20世纪80年代中后期，根据学科规划，一些学者开始进行"中国少数民族语言历史比较研究""中国少数民族语言方言研究""中国少数民族语言词典编纂""中国少数民族语言文字调查""中国少数民族语言使用情况调查"，出版了一批高质量的研究成果和词典（孙宏开，2015）。20世纪90年代开始，根据课题设计，一些学者对50年代普查过的语言进行重新识别和调查研究，先后出版了近50种新识别或新发现语言的调查研究成果。同一时期，一些学者还进行了"中国少数民族书面语使用情况""中国少数民族语言使用情况""中国少数民族跨境语言""中国少数民族语言参考语法"等语言国情调查和语言本体研究，都取得了丰硕成果。到2007年，经过识别和取得调查研究成果的语言有129种，充分说明了我国语言资源的丰富性。但是，一些语言已经濒危或呈现濒危现象，保存语料和保护濒危语言迫在眉睫，语保工程的实施对保存、保护我国少数民族语言资源意义重大。

2015—2020年，语保工程少数民族语言调查获得重大进展，通过现代科学技术获得大量第一手活态语料，初步建成多媒体数据库，对保存、保护、传承中国少数民族语言有重要的现实意义。通过对语保工程调查所获少数民族语言资源活态数据的分析，我们发现我国少数民族语言资源有如下4个方面的特性：

第一，不均衡性。一个民族使用一种语言是人类语言格局的主体特征，但同一民族使用不同语言且语言间差别较大的实例不在少数。换句话说，不同民族的语言资源数量是不均衡的。如，瑶族使用属瑶语支的勉语，属苗语支的布努语、巴哼语、优诺语、炯奈语，属侗水语支的拉珈语；怒族使用属彝语支的怒苏语、柔若语和属景颇语支的阿侬语；裕固族使用属突厥语族的西部裕固语和属蒙古语族的东部裕固语。

第二，地域性。中国少数民族语言大都存在方言土语的差异，不同语言的方言土语的差异程度有所不同。方言是语言的地域变体，同时也是语言资源地域性的体现。中国少数民族语言资源的地域差异体现在不同语系、语族、语支中，如，阿尔泰语系语言资源的地域差异明显小于汉藏语系语言，彝语不同方言、苗语不同方言之间的差异要大于突厥语族不同语言之间的差异。同一语系不同语族的语言、方言资源的地域差异也不一样，如，侗台语族语言间的差异要远远小于藏缅语族语言。同一民族不同支系的语言之间的差别，有的已经超出方言的差别，成为独立的语言和语言资源，如嘉绒藏族、尔龚藏族、木雅藏族等使用的语言跟前藏、卫藏、后藏的藏族所使用的藏语属不同的语言和语言资源。

第三，交互性。中国各民族长期交往交流交融，各民族语言长期接触、相互影响，形成错综复杂的语言格局。民族大杂居、小聚居格局导致的语言借贷现象屡见不鲜，一些结构差异较大的语言由于深度接触，语言结构发生了质的变化，甚至形成了一种既非甲也非乙的新语言。如，甘肃东乡族自治县的唐汪话是汉语、东乡语交互的结果；四川雅江县的倒话是汉语、藏语康方言交互形成的；青海同仁县的五屯话是汉语、藏语、保安语交互形成的。

第四，共享性。中国的一些少数民族跨境而居，语言也呈跨境分布，跨境语言的所属国共享语言资源。如，中国与蒙古国共享蒙古语语言资源，中国与缅甸共享景颇语、佤语等语言资源，中国与哈萨克斯坦共享维吾尔语、哈萨克语等语言资源，等等。

二、对少数民族语言资源活态数据的考察与分析

语保工程少数民族语言调查项目采录的活态数据，让我们对中国少数民族语言资源有了更为全面的认识，同时也反映出中国少数民族语言资源的多种特性。就语言资源而言，北方少数民族语言和南方少数民族语言不同，有文字的少数民族语言和无文字的少数民族语言不同，跨境民族语言和非跨境民族语言不同，濒危语言与非濒危语言不同，濒危语言又与极度濒危语言不同。这些都要求我们尽快在考察和分析已采录活态数据的基础上，去发现问题，查漏补缺，采取对策。

2015 — 2020年，语保工程少数民族语言调查项目完成濒危语言111个点、非濒危语言319个点的活态数据采录，详见表1：

表 1　语保工程少数民族语言调查年度布点统计

年份	2015年	2016年	2017年	2018年	2019年	2020年	总计
调查的语言点	80	88	81	80	81	20	430
非濒危语言点	55	61	67	68	68	0	319
濒危语言点	25	27	14	12	13	20	111

从表1不难看出，2016年是少数民族语言调查的高峰，表现为：①调查点数多达88个；②濒危点布点多达27个；③非濒危语言点和濒危语言

点的布点数量差距最小，比例最优。由于濒危语言活态数据采录的迫切性、重要性，2020年特地增加了20个濒危语言点的调查并且已完成数据调查、采录和整理工作。

在2015—2020年语保工程项目语言调查过程中，中国少数民族语言调查的布点遍及汉藏、阿尔泰、南岛、南亚、印欧等语系，以及混合语和语系、语支未定的朝鲜语，基本实现了语种的全覆盖，见图1：

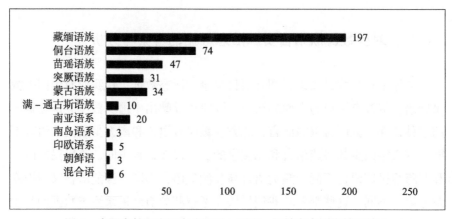

图1 中国少数民族语言分语系、语族、语种布点调查情况统计

从图1的统计数据不难看出，不仅不同语系的布点存在明显的差异，而且不同语族的布点也存在明显的差异和不均衡的现象，具体体现为：①汉藏语系藏缅语族语言布点高达197个，是居于第二位的侗台语族语言的2.66倍，更是远超其他语族语言；②苗瑶语族共布点47个，但苗瑶语族语言情况复杂，而且方言土语的差异较大，布点的密度还远远不够；③南岛、南亚语系语言的种类不少且部分语言内部差异较大，但因缺乏研究基础和研究人员以及其他一些不可控因素，整体布点数量并不理想。当然，也有规划较为合理、布点较均衡的，如，蒙古语族、突厥语族的语言、方言差异不大，布点相对均衡。此外，对朝鲜语和印欧语系的俄罗斯语、塔吉克语以及五屯话、唐汪话、五色话、倒话、扎话、艾努话等均进行了布点和数据采录。

藏缅语族语言布点较多的现象值得关注。经过对比分析发现，①藏缅语族布点众多主要是因为其语言种类较多，且各语言的方言、土语差异较大；②藏缅语族语言的布点并不均衡，各语支布点数和语种数有差异，倍数比例从大到小依次为：藏语支（12）>彝语支（6.4）>羌语支（2.83）>缅语支（1.33）>景颇语支（1.22），见表2：

表 2　藏缅语族各语支的调查布点统计

语支	藏语支	羌语支	彝语支	缅语支	景颇语支
语言数	4	12	15	6	9
调查点	48	34	96	8	11

综上可见，2015 — 2020年少数民族语言调查工作并不完善，特别是在整体布点上还存在很多盲区，个别语族的人才梯队还比较缺乏，需要在后续工作中及时查漏补缺，应主要考虑三方面内容：①进一步加大对濒危少数民族语言、方言活态数据采集的投入力度，加强"濒危语言志"丛书的撰写和出版工作，集中优势力量解决濒危语言布点薄弱和研究不足的问题；②扩大语保工程专家组和课题组的吸纳范围，特别是针对像苗瑶语族语言、南亚语系语言、南岛语系语言等内部差异较大且研究人员紧缺的实际情况，加快人才梯队培养，尽可能弥补布点密度稀疏的问题；③整合学界力量，以不同语支的语种数量为基准，均衡藏缅语族语言的新布点。

三、少数民族语言资源精准保护的理念与实施策略

中国是一个多民族、多语种、多文种的国家，如何"科学保护和发展各民族语言文字"，不仅是党和国家关心的重大问题，也是学界须深入探讨的重大课题。通过对语保工程现有活态数据的考察，我们发现除了调查布点上的不均衡外，现行的工作方法偏重于强调同质性，对语言资源的不同类型未能充分考量和区别对待。鉴于此，我们在总结已完成项目和数据建设经验的基础上，认为对中国的少数民族语言资源，不能一味地执拗于保存、保护，更不能不加分类地进行一刀切，而应强化语言的资源属性，

增强少数民族地区人民群众的语言资源观念，在对现有语言资源进行科学分类的基础上，既要有所"保存"，也要有所"保护"，共同构建起精准保护的整体格局，铸牢各民族共有精神家园，对此需要秉持如下理念：

（一）田野调查是基础

中国少数民族语言资源库藏丰富，类型多样，充满复杂性和多变性。复杂性在于不同语言或方言之间的通解度较低，不同语族语言间的差异较大，就连同一语族不同语支的语言，或者是同一语支的不同语言，甚至是同一语言的不同方言土语往往都存在着较大差别和彼此交际障碍；多变性在于不同语言或方言的保持状态并不是一成不变的，而是很容易受居住格局、语言生态、语言活力和语言态度等诸多因素影响的。20世纪50年代的语言大调查已经过去半个多世纪，60多年来，中国少数民族地区的经济、政治、文化快速发展，原有的语言功能已经无法满足人们的交际需要，语言面貌也发生了很大的变化。面对新形势和新问题，没有调查就没有发言权，广大少数民族语言文字工作者要抓住机遇，投身田野，完成对少数民族语言资源现状的全面摸底与调查工作，让语言资源保护工作有据可查、有理可循。

（二）信息化是手段

20世纪50年代的少数民族语言大调查虽然在语言识别、语言及方言土语的划分上有首创之功，但也有个别语言留下了一些悬而未决或不断争鸣的问题。究其原因，除了调查研究的不够深入外，在方法论上也存在一些问题。受限于时代，当时口耳听辨、纸笔记录的采集方法是语言调查研究的传统范式，纸质语料只保存了语言符号，无法保存活态音像，以致后来无法重新审辨当时记录的语音、词汇、语法和方言土语材料。随着现代科学技术的快速发展，信息化手段在语言学调查中已得到广泛应用，语保工程即是其中的集大成者。在语保工程启动之初，就规定了统一的技术规范，要求采用音视频同步摄录的方式展开资源数据采集工作，这是民族语言学界首次采用统一的范式对少数民族语言进行的大规模调查，信息化调查手段的引入在很大程度上保证了所采集语料的真实性、可靠性和科学性，同时也赋予了语料以新的视听性、多样性和可持续性，能够经得起时间的考验和学术的研判。

（三）科学分类是关键

中国已经识别的语言共计130余种，除分属汉藏、阿尔泰、南岛、南亚、印欧等语系的语言外，还有部分混合语以及若干语系、语族或语支归属学界尚有不同观点的语言，如朝鲜语、白语、土家语等。长期以来，传统的观念都认为人口数量和居住格局是影响语言保持是否完好的决定因素，但随着各民族不断的交往、交流和城镇一体化建设进程步伐的加快，语言生态、文字使用、语言态度、语言权力等主、客观因素的作用也发生变化，在较大程度上开始影响语言的保持和传承。据语保工程资源数据显示，部分使用人口在30万以上的语言或方言也已经开始出现衰退或濒危趋势，形势不容乐观。可以说，中国少数民族语言的现状较之60多年前已经发生了明显的变化，"资源"观念更加深入人心，从"资源"的角度重新对语言现状进行科学分类已势在必行。综合语保工程语料数据来看，中国少数民族语言资源主要表现为丰厚型、局部丰厚型、萎缩型、濒危型、极度濒危型等类型（丁石庆，2018）。深入探究这些不同类型的语言资源及其特征，厘清其中的异同，不仅可以为精准保护提供可靠的参考依据，还可以让保护工作切实有效、有的放矢。

（四）精确管理是保证

符合中国国情的政策和制度的实施离不开行之有效的管理机制，精准保护少数民族语言资源同样要依靠精确管理。要进行精确管理，需要做到以下三点：第一，建立语言资源信息网络系统。将语言资源的基本概况、实时信息和保护动态录入系统，实施动态管理。对不同类型的语言资源实行一个类型一个系统，确保保护政策制定的针对性和可行性。定期考察语言资源的变化情况，根据实际情况调整资源个体的类型归属，实现不同类型之间有进有出，使资源信息真实、可靠、有用。第二，明确保护事权。根据语言资源的类型对应建立不同的项目库和专家库，一个专家负责一种类型，在保护事权上做到不模糊、不重复、不分散，真正实现一对一的精准保护，整合专业力量，解决突出问题。第三，搭建意见反馈平台。语言使用者是语言资源保护成效好坏的直接见证者，搭建反馈平台来征集他们的意见和建议并通过信息网络系统及时反馈给相应事权人，让使用者和管理者直接对话，使保护措施真正有效地落到实处。

四、结语

2015—2020年，语保工程设计的语言调查和活态数据采集任务圆满收官，为探索如何保护和促进世界语言多样性提供了中国方案、贡献了中国力量。5年多来的实践，不仅充分证明了语保工程是一项功在当代、利在千秋的大业，同时也提醒我们，语言资源的保护应该是一项目标明确、方法精准的国家大计。精准保护概念的提出，是语言资源保护工作与时俱进的具体体现，是建设功能互补、美美与共的语言生活的必然要求，更是对"科学保护和发展各民族语言文字"理论体系的探索和实践。在新时代背景下，少数民族语言资源的精准保护对广大语言文字工作者来说已经不仅仅是一项任务，更是一种责任和使命。

参考文献：

陈章太，2008. 论语言资源[J]. 语言文字应用，（1）：9–14.

丁石庆，2018. 语言资源保持类型与数据采集层次：以北方民族语言为例[M]//张世方，语言资源（第1辑）. 北京：商务印书馆：21–36.

孙宏开，2015. 中国少数民族语言规划百年议[J]. 青海民族研究，26（2）：91–99.

（原载于《民族语文》2021年第3期）

文学与文艺理论研究

建构的现代性与超越的当代性：对本土化艺术符号学百年历程的理论审思

安静

摘要：艺术符号学本土化的历程始于20世纪二三十年代，在20世纪80年代初步发展，20世纪90年代主要体现为艺术符号学在各个门类艺术中的广泛应用；进入21世纪以后，我国艺术符号学无论从基本原理、自主话语系统建构以及批评运用都呈现出繁荣发展的态势。本土化艺术符号学的现代性含义，可以从三个方面来理解：一是中文"符号学"的命名与我国作为现代民族国家的诞生，二是现代艺术体系的建立，三是新文化运动以来艺术科学话语共同体的形成紧密联系在一起。本土化艺术符号学超越的当代性体现为：艺术符号学对唯科学认知思维的超越、我国当代俄苏文艺理论话语模式和语言中心主义的超越，以及对西方美学自上而下以及自下而上研究方式的超越。本土化艺术符号学的现代性与当代性与我国独特的民族文化语境密切相关，因此这种现代性与当代性共同构成了我国艺术符号学的民族性特征。

关键词：艺术符号学；本土化；现代性；当代性；民族性

作者简介：安静，文学博士，中央民族大学文学院副教授、博士研究生导师，主要研究方向为艺术哲学、文艺美学以及艺术符号学研究。

基金项目：国家社会科学基金重大项目"当代艺术提出的重要美学问题研究"（20&ZD050）；北京市高精尖学科-民族艺术学"舞蹈符号学的民族话语体系建构研究"（ART2020Y02）。

一、艺术符号学的西方理论来源及本土化研究的必要性

艺术符号学的研究应该在把握符号学研究总体思路的前提下，紧密结合艺术学的研究方法与学科特点，建构艺术符号的研究框架体系，其最终的理论落脚点与艺术的根本问题，如将艺术的分类、艺术性、艺术的定义与意义、艺术风格等问题有机联系在一起。艺术符号学的研究可以分为两个层次：一是在元艺术符号学层面的理论建构，主要从哲学、美学、逻辑学中汲取理论涵养；一是在门类艺术的对象与现象分析中进行衍义阐释。二者彼此联系，相互渗透。众所周知，符号学的两大奠基人分别是索绪尔和皮尔斯。索绪尔符号学发端于语言符号学，在艺术中的运用主要体现在结构主义文学批评的发展壮大，后来的塔尔图–莫斯科符号学派也可以从这里找到理论的源头，这个学派的突出特征是文化符号学。皮尔斯符号学在20世纪后半叶越来越多地渗透进艺术研究的领域中，特别是随着查尔斯·莫里斯（Charles W. Morris，1901 — 1979）、纳尔逊·古德曼（Nelson Goodman，1906 — 1998）的理论而广泛传播，成为当代世界符号学发展的重要推动因素。皮尔斯是美国当代的思想家，实用主义的主要创始人之一，符号学只是皮尔斯学术思想的一个部分，但是，皮尔斯的符号学却因它广泛的适用性和强大的生成性，突破了索绪尔的二分符号学观念及语言中心主义的研究倾向，成为当代符号学发展最重要的基础理论。[①]恩斯特·卡西尔及苏珊·朗格创立了新康德主义符号学派。这一派观点的学术起点是康德的认识论哲学。康德认为，我们对事件和对象的共同世界经验以空间和时间的直觉形式和理解力范畴为前提，我们将这些形式和范畴注入原始材料，赋予这些材料形式。我们绝不可能透过物自体而到达事物现象的背后。卡西尔在康德哲学的基础上，以三卷本的《符号形式哲学》试图构建起一个从具体文化现象出发的符号学体系。在这个体系中，语言和符号系统与人类赋予原始材料以形式的思想、直觉是一致的，它决定着我们周围世界的表现形式，"人是符号的动物"，"换句话说，人类精神文化的所有具体形式 —— 语言、神话、宗教、艺术、科学、历史、哲学等，

---

① 赵毅衡：《符号学原理与推演》，南京：南京大学出版社，2011年，第12页。

无一不是符号活动的产品"①。苏珊·朗格是第一位专门致力于探讨各门艺术符号的表现形式，并且在哲学层面建构了完整的艺术符号学体系的学者。《哲学新解》提出了符号理论的逻辑依据，《感受与形式》探讨了各门类艺术的符号学批评，《艺术问题》则在人类的认知领域中安顿了艺术符号的位置。这三部著作被称为"艺术符号学三部曲"。最后，分析哲学视野下的现代逻辑学也为符号学的发展注入了持续发展的动力。罗素、弗雷格、维特根斯坦和卡尔纳普、古德曼等学者对语言的意义问题、名词的指称问题，以及符号的空指、归纳悖论等问题所进行的论述，对20世纪的艺术哲学带来全新的启示，也让艺术符号学的发展获得了更为丰富的理论资源。这是我国艺术符号学研究所依据的西方理论来源。

西方艺术符号学形成了自己的传统，但也存在诸多重要的问题。首先从研究方法上来看，索绪尔符号学影响深远，但也造成了语言中心主义的研究倾向；在文学符号学转换为艺术符号学的过程中，索绪尔符号学并没有完全调整好其中的关系，文学符号学不等于艺术符号学，因为彼此的思想媒介具有诸多不同的特征；另外，索绪尔符号学不仅是语言中心主义的发端，而且还以语音为中心，德里达的巨著《论文字学》就是以彻底批判语音中心主义而展开的。当代皮尔斯的三元符号学使艺术阐释获得了广泛的空间，但问题是皮尔斯的符号学比较泛化，例如狗的叫声、动物的求偶行为都被认为是符号，当所有的事件形式都被认为是符号的时候，在面对艺术的定义时可能产生的两难问题就是，什么不是艺术。这种泛化的倾向在新近的研究中有所纠正。其次，从关注对象而言，特别是早期的符号学研究比较少地关注东方的艺术现象与艺术理论。就艺术符号学在我国本土化过程而言，从纵向的演进线索来看，其发展历程已近百年，其间蕴含了丰富的中国智慧，但目前还没有对其学术历史和自主创新的理论进行系统梳理。从横向的比较研究来看，当前艺术符号学的话语建构层面多以索绪尔、皮尔斯，或卡西尔、朗格，或海德格尔等西方学者的理论为主线②，没有结合中国本土美学与艺术生长过程中的自主性话语理论体系进行思

① 俞建章、叶舒宪：《符号：语言与艺术》，上海：上海人民出版社，1988年，第22页。

② 赵奎英：《艺术符号学基础的反思与现象学存在论重建》，载《南京社会科学》2017年第4期。

考，如源自中国古典的象思维与当代美学研究中形象思维等话题的理论成果，本土化视角的缺乏使中国当代的艺术符号学话语体系建设缺乏自主性的话语表达；从理论的接地性来看，我国学界存在大量直接运用艺术符号学进行批评的文章，特别是结合我国独有的艺术现象与艺术对象的批评文章，但缺乏对这些批评进行系统的理论提升与总结。

符号学的跨学科特质非常适于解决复杂的艺术问题，艺术符号学的本土化与自主创新成为学界共识。赵毅衡在《符号学原理与推演》（2011）中提到，从符号学的角度入手可以提供很多新的研究视角或清晰的思路，并专章讨论"艺术符号学"，限于篇幅没有深入展开。高建平的论文《形象思维的发展、终结与变容》（《社会科学战线》2010年第1期），重估两次形象思维讨论的美学意义，提出了"从形象思维到符号思维"的转变，但究竟如何展开，文章没有过多探讨。针对艺术符号学基本原理的建构，傅其林在《中国马克思主义文学理论的符号学维度审视》（《南京社会科学》2015年第8期）中也认为，符号学的本土化缺失是中国马克思主义文学理论集体失语的重要原因。我国学者已经远远不满足于跟随西方艺术符号学的亦步亦趋，在理论基础、层次建构、话语整合方面，体现出了中国学者的诉求和声音。那么，百年的本土化艺术符号学历程相对于西方的艺术符号学而言，具备怎样的现代性含义，在当代的发展过程中，又体现出何种意义上的超越性？如果我们能够剖析艺术符号学本土化过程中的现代性与当代性特征，那么就能够回答，中国的艺术符号学究竟具备怎样的民族性，进而为未来的发展提供具有民族特色的理论支点。

综上，在一个综合的体系内，结合中国当代的艺术实践与符号学研究，沟通符号学与中国艺术理论的独特问题，不但会形成自主创新的艺术符号学话语体系，而且对其他理论问题的研究亦可提供有价值的参考，为世界艺术符号学贡献中国智慧。

二、缺失的视域：本土化艺术符号学的现代性含义

本土化艺术符号学肇始于20世纪二三十年代，这个过程离不开符号学与艺术发展两个坐标系，其现代性含义也需从"符号学"的命名和艺术

研究的现代起点这两个层次入手；同时，中国文化的现代性进程中所引入的西方科学主义对国民精神产生了极为重要的影响，同样也渗透到了艺术符号学的本土建构之中，所以，本土化艺术符号学的现代性含义分别从现代汉语的规范化、现代艺术体系在我国的建立以及与中国现代科学精神的确立三个层面展开。在以往的研究中，这一部分的内容由于其鲜明的跨学科属性、汉语符号学命名影响力的暂时性局限以及对现代科学主义缺乏在艺术原理层面的总结等原因而被一笔带过，是我国艺术符号学本土化研究过程中名副其实的"缺失视域"。

（一）中文"符号学"的命名与民族国家的现代性建构

中文"符号学"的命名，是以现代汉语作为"国语"地位的确立以及语法建立为基础的，这与我国现代民族国家的诞生紧密联系在一起，这是本土化艺术符号学现代性含义的第一个层次。晚清时期的诸多知识分子，如裘可桴、陈荣衮、劳乃宣等有识之士都曾提出，用白话文来引导民智，[1]但其实并没有能够真正成功推行白话文的运用，社会意识形态的生产者即精英阶层还是继续运用文言文来著书撰文。只有到了新文化运动伊始，胡适、陈独秀高举起"文学革命"的大旗，才使得白话文运动从纸面上仅对民众的宣教而上升为知识分子的明确选择，1918年在段祺瑞执掌的北洋政府出现了"国语"一词，并建立起统一的书面语。[2]这个过程同时也是我国现代知识分子对"国语文法"的呼唤过程。1920年，黎锦熙与同人一道，在北京开办第一届国语讲习所，并在北京高等师范国文系开创《国语文学》。1921年，胡适提出"什么是国语文法？凡是一种语言，总有他的文法。……但是，有文法和有文法学不同"[3]。1924年，黎锦熙的《新著国语文法》第一次系统科学地揭示白话文内在的语言规律。如果没有现代白话文学，特别是对现代白话文语言规律的深刻揭示，没有前辈学者对语言、对符号规律的精准分析，作为研究符号通律的"符号学"是

---

① 周新民：《白话文运动与现代民族国家》，载《湖北民族学院学报》（哲学社会科学版）2000年第4期。

② 靳志朋：《白话书写与中国现代性的成长》，载《天津大学学报》（社会科学版）2014年第2期。

③ 胡适：《国语与国语文法》，载《新青年》第9卷第3号、第4号。

不可能诞生的。

1926年，赵元任提出"符号学"，并列出研究的大纲。在《符号学大纲》的基础上，赵元任还在《中国话的文法》《语言与符号系统》《谈谈汉语这个符号系统》《新诗歌集》等系列论著中，更加系统地建立起汉语符号学的研究构想，使中国符号学的现代建构不仅具备哲学层面的本体性要素，而且跨越了语言和音乐两个领域，使中国符号学从一开始就融入了独有的艺术特质。因此可以说，在我国，艺术符号学的译介和运用始于20世纪早期，本土化历程也应运而生，并结合中国古典美学和现当代艺术理论的滋养产生了不同于西方艺术符号学的独特创新特色。"符号学"的中文命名是赵元任在20世纪二三十年代独立研究的成果。①

在现代民族国家建立的过程中，语言的变革是历史潮流转向的重要基石。这种心理建构最终需要体现为各种文化表征的符号建构。对语言符号的关注成为时代的先锋，"诗界革命"与"小说界革命"就是明证。从语言的变革到语法的建立，再到对符号本体的追求，这个过程体现出鲜明的层进性关系。白话是中国作为现代民族国家的言说途径，语言的确立为国家的确立奠定了文化变革的合法性依据；语法研究为这种合法性注入了科学研究的严谨与现代特性，树立起更加明确的现代语言规范，为古典思想术语的现代转换铺平了道路，最终，现代符号学的建立则让符号具备了本体的意义。同时，由于赵元任的英语写作与他在美国的治学，使现代汉语的符号学研究从语言的层面进入文化比较研究的层面，从而将中国的符号学带入世界的语言学转向潮流之中。

（二）本土化艺术符号学的建立与中国艺术体系的现代性研究

从一个更加具体的艺术层面来说，本土化艺术符号学构成了现代艺术体系研究的必要维度，这是其现代性含义的第二个层次。我国现代艺术体系发端于清末民初，这是处在一个古今文化转型、东西文明交融的特殊时代，对传统文化的反思和对西方文明的向往，共同构成了20世纪初期中国文化的两个发展向度。中与西的对话与博弈，救亡与启蒙的变奏，传

---

① 赵元任：《符号学大纲》，载《科学》1926年第11卷第5期、第11期。赵元任的其他著作见吴宗济、赵新那编：《赵元任语言文学论集》，北京：商务印书馆，2002年，第177—208页。本段引述赵元任的观点，在《赵元任语言文学论集》第177页。

统与现代的交织与对抗，无一例外地体现为符号的根本性变革。中国现代艺术体系早在1904年就由王国维在《叔本华之哲学及其教育学说》一文中引入①："美术上之所表者……如建筑、雕刻、图书、音乐等，皆呈于吾人之耳目者。唯诗歌（并戏剧小说言之）一道，虽藉概念之助以唤起吾人之直观，然其价值全存于其能直观与否。"②这是非常重要的一段史料，据李心峰教授考证，这是王国维引介法国百科全书派达朗伯所提出的五种主要艺术"绘画、雕塑、建筑、音乐与诗"的结果，也是现代艺术体系"美的艺术"在我国确立的结果。相比于文字，艺术以其整体的感觉冲击力突破了文字符号线性阅读的限制，可以在知觉整体、直观的影响下介入民众的现代启蒙任务。1926年，宗白华在他的"艺术学"讲义中明确谈到了这样一段话："符号者（Symbol），必有其所代表之物，代表者何，颇不一致，大概可以内容二字概括之，借此符号，可以增人之联想（association），故符号系象征的语言文字，其最著者，艺术的象征物，即可以代表其内容者，唯非即内容，不过其内容因之可以代表而已。"③郭沫若在此时期的一些论文如《论节奏》《文艺论集续集·关于文艺的不朽性》等文章，体现出艺术研究的现代符号学视角萌芽④；真正在现代历史上明确将艺术作为一种符号，并且进行系统论述的是宗白华先生，宗白华正式开启了中国本土化艺术符号学的研究历程。

　　中西文化与艺术表达方式不同的区分，新的自身传统建立，诚如李欧梵先生所指出，中国的现代性问题始于20世纪初期，这是不同于西方的现代性表达，需要"借助比较扎实的史料进行研究和思考，或是多种文体的比较，或是多种资料的积累，慢慢呈现出现代性发展的面貌"⑤。在这个历史进程中，迫切需要能够在不同文体、不同艺术之间进行横向穿梭，进

---

① 李心峰：《论20世纪中国现代艺术体系的形成》，载《艺术学论集》，北京：北京时代华文书局，2015年，第318页。

② 王国维：《王国维文集》（下部），姚淦铭、王燕主编，北京：中国文史出版社，2007年，第197页。

③ 宗白华：《艺术内容》，载林同华主编：《宗白华全集》（1），合肥：安徽教育出版社，2008年，第519页。

④ 可参拙文《中国艺术符号学的现代萌芽》，载《学习与探索》2019年第10期。

⑤ 李欧梵：《未完成的现代性》，北京：北京大学出版社，2005年，第3页。

而在中西现代性发展的纵深比较中寻找中国现代性所彰显的民族特性。艺术作为民族心理文化的直接表达，各门类艺术的探索已经取得丰硕的成果，但作为研究艺术通律重要手段的艺术符号学本土化历史，至今尚未完善。所以说，提出艺术符号学的本土化，其实不仅是一个艺术的问题，同时更是通过艺术符号的现代性转换过程，来看待一个现代民族国家如何逐步探索并形成自己民族现代性的过程。启蒙运动以来，符号作为一个具有普遍意义的概念，是沟通神圣与世俗的桥梁，是联系精英与大众的中介，是意识形态与民间话语的互动，所以，通过艺术符号学的本土化，我们可以在时代最鲜明的风向标中探寻出一个民族国家现代性历程的具体表达，同时也不失在哲理层面的纵深思考。杜勃罗留波夫评价莎士比亚时曾经说道："哲学家只能在理论上预料到的真理，那些天才作家却能从生活中把它把握，动手把它描写出来。"①如果我们把天才的作家与天才的艺术家联系起来看待的话，艺术符号学正是结合具体的文本而综合提炼出有关时代的哲学维度，同时跨越艺术的具象研究与抽象研究，从一种艺术的通律中探寻时代深层的精神脉络。

（三）本土化艺术符号学的建立与艺术科学话语共同体

关于艺术符号学本土化现代进程中的第三个现代性含义，是伴随符号视角所推进的对于艺术科学话语共同体的建立，在艺术的层面上体现为对艺术形式的重视，并通过形式问题在艺术哲学层面与现代科学精神问题相关联，进而在认识论层面使科学与艺术并置共举。康德的三大批判奠定了现代美学的基石，他把自己的哲学称为"形式的科学"与"形式的唯心主义"，认为人类认识和知识的可能性建立在先验形式基础之上，而"美"则只涉及形式。在康德看来，美在于对象的单纯感性形式，因此美是无功利的与无目的的。对于艺术形式的重视，其根源是对艺术自律的重视，使艺术与完善脱离关系，因为完善与客观的合目的性相关，而作为审美的趣味判断，是与主观的合目的性相关，它的根据不是概念，而是美这样一个

---

① ［俄］杜勃罗留波夫：《黑暗王国中的一线光明》，载中国社会科学院外国文学研究所外国文学研究资料丛刊编辑委员会编：《莎士比亚评论汇编》上册，北京：中国社会科学出版社，1979年，第498页。

形式上的主观合目的性。①"这种对美与完善关系的脱离，是康德美学与之前的德国美学的根本区别。"②我们以中国艺术符号学的奠基者宗白华先生对艺术的定义来看，如前文所述，宗白华把艺术看成一种符号（symbol），而符号则是由两部分构成：内容（expression）与形式（impression）。"所谓'象征'就是'符号'，就是'形式'；'美是道德的象征'也可以说成'美是道德的符号'或'美是道德的形式'。"③可见，象征与形式之间，存在天然的密切联系。将艺术看成一种符号的观点为审美形式论和科学研究的客观性之间搭起了一座桥梁；同时，艺术形式观的渗透也让中国近代的科学主义大旗"赛先生"具备了信仰层面的意义④，实现了艺术与科学在中国文化现代进程中的彼此呼应，进而相得益彰。

步入近现代的历史，科学精神被认为是一切事物的公理，是"天演"之道，它同样深深影响了现代中国的艺术实践与创作。在创作实践领域中，岭南画派的"西洋画写实精神"，音乐的民族化觉醒，文学中的现实主义创作，这一切发生在艺术领域的革故鼎新，显然不是偶然的事件，而是存在密切的联系。"在绘画上企图通过引进'科学'的写实语言进而实现中国画的变革的新派画家，在'观念更新'上与文学领域的革命家绝无二致。"⑤宗白华将艺术看成一种符号，在符号观念下特别强调艺术的形式化过程，这不是个人经验的直接宣泄，而是现代科学精神在艺术研究中的渗透与彰显。自然科学研究对经验世界的方法可以借鉴到艺术与美学的研究之中，这一方面可以从宗白华引入时间与空间维度研究中国艺术的时空意识管窥一斑，另一方面也可以从宗白华构建中国艺术学体系的努力中得见现代科学的影响力。同时，宗白华将科学也看成人类在经验世界对客观

---

① [德]康德：《判断力批判》，邓晓芒译，北京：人民出版社，2004年版，第63—64页。

② 高建平：《美学的起源》，南京：江苏凤凰出版集团，2009年第19辑，第18页。

③ 赵宪章：《西方形式美学》，上海：上海人民出版社，1996年，第183页。

④ 可参拙文《从"赛先生"到科学主义批评：从符号话语系统变迁看当代中国文艺批评话语的建构》，载《西南民族大学学报》（人文社科版），2019年第7期。

⑤ 李伟铭：《图像与历史——20世纪中国美术论稿》，北京：中国人民大学出版社，2005年，第48页。

世界所进行的"'符号的重印'，以写照吾人的经验世界而已"①。所以，艺术与人类的其他认知一样，都是作为符号的表达，在人类认识的王国之中，艺术同样可以构成人类的有效认知，这对提高艺术的地位和意义具有重要影响，直接赋予艺术作品所展示的"印象"不仅仅是艺术家个人的印象，而是经过客观化与形式化之后，带有人类普遍认知效果的印象，艺术应该与科学一道，成为认知的有机组成部分。更难能可贵的是，宗白华并没有将科学主义化，而是非常有见地地提出，自然科学并不能完全解释精神现象以及生命现象②，艺术与科学应该并重。不仅宗白华有这样的认识，1915年赵元任与同在康奈尔大学的同学共同创办的《科学》，也将美术、音乐同样列入其中，因为艺术"关系国民性格至重，又为吾国人所最缺乏"③。艺术与科学在中国现代进程中同样具有不可或缺的重要地位。所以说，建立在符号学意义上的艺术观与认知观，不仅构成了中国现代以来科学话语共同的建构，同时，宗白华的艺术符号学也在现代艺术中为这种话语体系安放了应有之位。

三、超越的建构：本土化艺术符号学的当代品格

新中国成立以后，20世纪60年代中期，卡西尔和朗格的符号学派也已经进入我国学者的视野，李泽厚关于朗格的评介论文最早完成于1964年④，卡西尔和朗格所代表的新康德主义符号学在李泽厚的美学话语体系建构过程中，起到了至关重要的作用，李泽厚也在马克思主义立场上对来自西方的理论进行了自己的改造，是当代艺术符号学本土化的重要理论成

---

　① 宗白华：《科学的唯物宇宙观》，载《宗白华全集》（1），合肥：安徽教育出版社，2008年，第121页。

　② 宗白华：《科学的唯物论与唯物进化论》，载《宗白华全集》（1），合肥：安徽教育出版社，2008年，第128—129页。

　③ 《科学》创刊号，1915年1月25日，第2页。

　④ 李泽厚该文发表于由中国社会科学院哲学研究所美学研究室、上海文艺出版社文艺理论编辑室合编的《美学》第一期，上海文艺出版社1979年出版，俗称"大美学"，当时李泽厚以"晓艾"作笔名发表。该文后收入李泽厚：《美学论集》，1982年，上海：上海文艺出版社，关于朗格的论述见第480—487页。

果。①同时期还有一个重要成果来自钱钟书。钱钟书第一个引用皮尔斯的理论，提出艺术"虚而非伪"等一系列有关艺术符号学的命题。②十七年期间，我国对艺术符号学的研究虽然没有大规模展开，但对该领域关注的重要话题，如对形式问题的重视、艺术的独特性、定义与意义则与美学大讨论、形象思维讨论等相关话题紧密联系在一起，成为新时期艺术符号学研究蓬勃开展重要的基础准备。可以说，20世纪二三十年代是我国艺术符号学的起始期，而新中国成立的十七年间，是本土化艺术符号学系统化的筹备期。

20世纪80年代后，艺术符号学的译介蓬勃展开，这一时期可以定义为我国艺术符号学的系统化的阶段。这一时期，我国学者在"美学热""翻译热"中，如饥似渴地学习西方符号学的经典理论。"美学热"为这一时期的艺术符号学奠定了理论基调，康德美学中所体现的人性思想，深深浸润了刚刚经历十年浩劫的中国学者心田。因此，新康德主义符号学在此时几乎成为艺术符号学的代名词，而索绪尔符号学影响下的结构主义此时随着翻译热大规模进入我国，相关研究主要集中在文学研究中。进入新世纪以后，我国艺术符号学无论从基本原理、自主话语系统建构，还是批评运用都呈现出繁荣发展的态势。这得益于艺术学在我国的独立建制，也得益于我国符号学研究的进一步自觉。随着我国艺术学学科建制的逐步完善，各个门类艺术之间在符号学的介入之后，呈现出主体间性的研究态势。符号学与当代艺术哲学话题如"艺术体制""艺术界""何时为艺术"密切结合，在我国引起热烈讨论。我国学界出现了冯钢以《艺术符号学》（2013）命名的专著，也出现了将符号学运用于门类艺术研究中的专著（包括运用到我国少数民族艺术现象的著作），如杨昌国的《符号与象征：中国少数民族服饰文化》（2000）、黄汉华的《抽象与原型：音乐符号论》（2005）、臧策的《超隐喻与话语流变》（2006）、戴志中的《建筑创作构思解析——符号、象征、隐喻》（2006）、陆正兰的《歌词学》（2007）、辛衍君的《意象空间：唐宋词意象的符号学解释》（2007）、袁立本的《演

---

① 详细论证可参拙文《颠覆与整合：艺术符号学在李泽厚美学话语体系建构中的肯綮之功》，载《艺术评论》2020年第7期。

② 赵毅衡：《艺术"虚而非伪"》，载《中国比较文学》2010年第2期。

出符号学导论》（2010）等。2015年，中外文论学会符号学分会在四川大学建立，极大地推动了艺术符号学的研究，同年，以符号学作为独立主题的《符号与传媒》创刊，这都是我国艺术符号学发展过程中的重要事件。

在现代符号学、艺术学以及美学的历史视野中勾勒一部本土化艺术符号学的历史，主要目的并不在于对历史事实提供更多的阐释，而是试图在现代学术体系中安顿中国艺术符号学的应有位置，并且也将之视为一种鲜活的构成性力量，从而为当代蔚为壮观的符号学发展沟通历史的流觞，使中国的艺术符号学更加有力地介入当下的生活世界，彰显出中国艺术符号学的独特民族品格。在对本土化艺术符号学的现代性含义进行解析之后，其超越的当代性是为本文第三个应有的构成。

（一）本土化艺术符号学的当代伦理超越性

第一个当代性，本土化艺术符号学在当代研究中所体现出的伦理性超越。艺术符号学本土化为什么没有从中国古老的周易、观物取象的"象思维"开始？这是因为"象思维"不完全等同于现代符号学所开创的符号学研究范式，但"象思维"可以为当代的艺术符号学提供可贵的符号伦理性超越契机。首先，符号学是一个现代学科体系建立的事件性进程，如同现代美学这个学科建立之后，我们对历史材料有一种回溯性的把握，从而建立中国古代美学的体系一样，这是现代学术视野对历史重新整理和建构的结果。艺术符号学本土化与中国现代美学建立的过程有类似之理。其次，"象思维"并不完全等同于现代的符号思维整体性的直观感悟思维，现代符号思维说到底，是一种认识论意义上的认知思维，但"象思维"则追求所见之外的不可见，与现象学的意向性问题颇为类似。"象"就是甲骨文的"𧰼"，即大象的象形字。所以"象"具有感性直观的特征，《周易·系辞》有言，"见乃谓之象"。"象"还包括意的想象：《韩非子》所言"人希见生象也，而得死象之骨，案其图以想其生也，故诸人之所以意想者，皆谓之象也"。这里由象的骨架想象大象的活体，具有从部分到整体的特征。所以《周易·系辞》也谈道"兆见曰象"，也就是说，通过所见要推及未来的预兆之象，这就具备了象征之意。据学者考证，"象"还与翻译有关，《周礼·秋官》所言"通夷狄之言曰象"，这里具备了流转之意①。《淮南子·览冥》记载，"象犹随也"，"骄主而象其意"。因此，"象思维"不能简单等同于符号思维，它是建立在中华文化基础之上，包含外在感知、内在思考的思维方式，强调通过某种小的意象对象而把握宇宙整体内涵的气象或意象，以此感知本原之象和宇宙整体之象。在"象思维"之中，突出了感性与悟性的力量，强调了所见之象的气韵生动，并蕴含了对象与主体之间相互影响的关系。在此前提下，我们就不难理解中华美学为什么对艺术作品形外之意象，体现出对艺术作品所蕴含的生命气韵的关注，这一点贯穿了我国艺术创作与接受的整个过程。

当代符号学的一个新近发展同样是关注符号对生命症状的伦理特征，即伦理符号学（semioethics）。用伦理符号学的创立者意大利学者苏珊·佩特丽莉（Susan Petrilli）的话来说，之前的符号学"一直以来很大程度上是属于一种严格认知性质的、描述性的，在意识形态方面持中立态度的，与此不同，今天的符号学必须回复人类符号活动的价值论维度"②。所谓之前的符号学即"索绪尔式符号学"（semiology），只关注作为社会生活部分的符号学，而在这些符号之中，只研究意图性符号。因此，在索绪尔符号学模式下，存在以部分代整体和人类中心主义的倾向。符号伦理学要回归皮尔斯符号学（semiotics）中天然地对症状（semeiotics）的关注，恢复符号学研究中符号活动和生命关爱的彼此交叠。这种关爱（to care for）不同于治疗（to cure）。伦理符号必须克服偏狭的专门主义，以投射性的方式覆盖生物到社会文化生命的全部内容，同时关注个体表达的差异，从而探索生命之于人类乃至宇宙的意义。可见，当代符号学发展的重要维度是从万物有机联系、重视个体生命意义入手的研究方式，这与中国古典"象思维"过程中对万物一体、艺术作品中的气韵强调高度契合，而且，也正是这种对整体性认知方式的天然优势，使当代的本土化艺术符号学超越了科学主义的倾向，对生命本身具备了感性关爱的伦理学立场。

---

① 王树人、喻柏林：《论象与象思维》，载《中国社会科学》1998年第4期。

② ［意］苏珊·佩特丽莉、［意］奥古斯都·庞奇奥：《伦理符号学》，周劲松译，载《符号与传媒》2012年第2期，第183页。

（二）本土化艺术符号学的当代话语超越性

第二个当代性，要从新时期的形象思维话题入手，分析中国艺术符号学对语言中心主义与俄苏文艺理论话语模式的超越。形象思维最初来源于俄国的别林斯基，主要是在文学理论框架讨论文学独特性的一个话题，典型是形象思维的理想结果，是社会主义现实主义文学创作追求的理想。从文学理论领域中借鉴话语资源是当时通行的做法。在我国，新时期的形象思维讨论成为时代话语禁区开启的钥匙，成为重新讨论文艺独特性的风向标，成为一个时代启蒙的先锋力量。同时，新时期当几乎所有的文艺理论研究者以及艺术研究者，将所有的艺术独特性都纳入"形象思维"这个话题的大旗下时，其实也是在有意无意之间进行的逾越语言模式的运动，成为一种寻找艺术通律的集体努力，因为典型是不能成为所有艺术类型的理想的，非语言艺术有其自身的独特性。这既是中国的艺术研究者从文学中汲取理论话语的努力，也在辩证之道中让艺术超越文学中心主义、超越语言中心主义、超越俄苏话语模式的历史趋势。这一点与当代法国60年代的现象学运动是非常类似的。[①]形象思维主要与典型的话题联系在一起，本来属于文学创作的规律，但局限于当时的理论话语资源，文学的规律可以自动通约成艺术的规律，这样一来，在苏联意识形态主导的时代，文艺的规律要从强调语言的唯一性、确定性转变为强调语言的多义性、模糊性和不确定性，进而释放出时代解冻中隐含于符号中的创造性，使长期沉迷于俄苏模式的中国学者解脱出来，成为新时期社会思潮重建的启动力量。这一点，可以从形象思维讨论在新时期的再度回归中得到佐证。以中国社会科学哲学研究所美学研究室和上海文艺出版社文艺理论编辑室合编的《美学》为例，1979年第1期除了刊登朱光潜的《形象思维：从认识角度和实践角度来看》这一篇形象思维的美学研究之外，还刊登了赵宋光的《论音乐的形象性》、张瑶均的《电影艺术与形象思维》，这些文章无一例外地将艺术创作的思维特征归结为"形象思维"。除了在题目上显示探讨艺术的形象思维论文之外，像徐书成的《线与点的交响诗——漫谈传统山水画的美学性格》、王世仁的《试论建筑的艺术特征》等论文，均

---

① 高宣扬：《当代法国哲学导论》（上卷），上海：同济大学出版社，2004年，第107页。

在行文过程中秉持类似的观点。例如，徐书成在文章中谈道："倪云林和石涛……用'线'和'点'结构成不同的艺术形象。"①王世仁在文章中这样说："建筑的艺术形象，除了一些使用象征手法的以外，主要是通过意境的渲染，以激发人们的感情。"②其实作者已经敏锐地意识到了音乐与绘画的不同，是不同的艺术表现形式，各自使用不同的艺术语言。正是"借助着'形象思维'这个政治上正确、美学家认可的概念，艺术界找到了进入学科本体的话语依据和理论入口"③。也许是出于历史的巧合与耐人寻味的机缘，这一期同样也刊登了李泽厚以"晓艾"作为笔名所撰写的论文《美英现代美学述评》，正式向我国学者引介了朗格的艺术符号学理论。此时期的学者们虽然没有明确使用"艺术符号"这样一个蕴含巨大能量场的概念，但在形象思维的讨论过程中，已经触摸到"艺术语言"这个范畴。例如，1979年第5期的《美术》杂志上，发表了吴冠中的《绘画的形式美》，在这篇文章中，吴冠中提出"在造型艺术的形象思维中，说得更具体一点是形式思维。形式美是美术创作中关键的一环，是我们为人民服务的独特手法"④。随着李泽厚主编"美学译文丛书"，艺术符号学逐渐成为朗格学术观点的主要代名词，从形象思维到形式思维，再到艺术符号学，新时期以后的艺术符号学建设随着形象思维所带来的思想解放潮流，终于进入蓬勃发展的阶段，共同构成了当代中国艺术理论研究走出文学为代表的语言中心主义与俄苏话语模式。

（三）本土化艺术符号学的当代学术范式超越性

第三个当代性，是马克思主义实践观所带来的美学研究范式的超越性，这是西方艺术符号学所不具备的特征。这一方面是我国国家意识形态的主动选择，另一方面也是我国艺术发展史的必然结果。就国家意识形态的主动选择而言，十月革命的胜利和中国共产党的诞生，左翼领导下的文

---

① 徐书成：《线与点的交响诗——漫谈传统山水画的美学性格》，载《美学》1979年第1期，第159页。

② 王世仁：《试论建筑的艺术特征》，载《美学》1979年第1期，第155页。

③ 孙晓霞：《艺术学学科自觉的前奏——1978～1985年的门类美学研究扫描》，载《艺术探索》2016年第3期。

④ 吴冠中：《绘画的形式美》，载《美术》1979年第5期。

学艺术活动，以及新中国的成立，都成为我国艺术发展受到马克思主义影响的制度基础。从艺术发展历史而言，民族国家的危急状况也让艺术家们把更多的目光投向了现实的苦难，表达对国家危亡的现实关怀和对民族未来的美好期盼，艺术家们自发奔向延安寻找光明，特别是毛泽东《在延安文艺座谈会上的讲话》成为马克思主义文艺理论在20世纪40年代中国化的最新成果，确立了马克思主义在中国文艺理论中的领导地位。在新中国成立之后，美学大讨论、形象思维讨论、社会主义现实主义文艺等在政治纲领引导之下的美学与艺术理论运动，成为我国艺术符号学的独特背景资源，是我们进一步展开艺术符号学本土化研究的重要依据。在马克思主义哲学的宏大体系中，对美学与艺术研究影响深远的当数实践观。"实践"贯穿着马克思的一生，是马克思思想的主轴。[①]实践哲学观引入的重大意义，在于突破了西方近代哲学崇尚理性，进而转变为一种理性至上的迷信理性的认识论转向，就符号学的研究而言，实践哲学观赋予中国艺术符号学在学理上不同于西方符号学的一个重要特质——"实践"所强调的从主体和客体两个方面的双向互动关系来理解符号、阐释艺术的重要突破。

　　中世纪的希伯来文化是对崇尚感官体验的古希腊文化的规约与整合，在这个思想文化的重塑过程中，如果说理性开始还是对感性的合理干预的话，那么中世纪宗教哲学迫切推行的"苦修"则让尘世中的人超越了感官体验而挤压出一种神性，在此前提下，理性也不过是神性的过渡与桥梁。在此背景下，寻找超越理性之后的本质就成为哲学的终极任务，而科学也顺理成章成为"哲学的婢女"，黑格尔则是近代理性哲学的集大成者，最终也使艺术走向了"终结"的道路。马克思哲学建立的起点就是对黑格尔的批判。马克思的《1844年经济学哲学手稿》（又称《巴黎手稿》，下文简称《手稿》）中提出，自由自觉的劳动是人的本质，人在劳动的过程中，揭示了自己的丰富本质，所以人也才能够发现和欣赏它的美。相比于黑格尔抽象的概念与绝对精神理论，马克思主张以感性为基础，回到人的现实感性活动，并由此出发建立实践美学。马克思在《手稿》中，从根本上肯定了人的感觉之于人的重要意义："已经产生的社会，作为自己的恒定的

---

① 李双套：《马克思的实践哲学转向》，北京：人民出版社，2017年，第9页。

现实，也创造着具有人的本质的全部丰富性的人，创造着具有深刻的感受力的丰富的、全面的人。"①

马克思主义的实践哲学对感性的重视，与中国传统的象思维中从对象感受出发的整体性认知思维存在殊途同归的联系，与当代符号学新近产生的伦理关怀也有着对话的契机。从感性出发，自然不能偏废对象的整体，否则，这种感性就是不完善的；马克思主义所说的感性，不是黑格尔哲学的抽象感性，而是从人与社会关系出发的生动的、处于存在状态的感性，并且从对象与人的相互关系中产生一种彼此共生的间性关系，这就是"人的本质力量的对象化"，是人"自由自觉的生命活动"，不是唯心主义的精神主体活动，也不是费尔巴哈的机械唯物主义活动，而是一种让人之为人的自由自觉的生命活动；这个过程本身就具备了审美的特性。正是马克思主义的实践观对中国文艺理论、艺术学与美学长期的引领，使中国当代的艺术符号学研究具备超越西方美学"自上而下"哲学美学与"自下而上"经验美学两种非此即彼倾向，从而建立中国艺术符号学当代研究的话语特色，这也就解释了为什么我国的符号学研究在21世纪出现了越来越多结合现象学进行研究的呼声，这其实不过是在马克思主义实践铺垫之后所进行的理论完善，其根源还在于马克思主义实践观的指导。

四、结语

从赵元任提出汉语符号学开始，中文的符号学与索绪尔提出的semiology、皮尔斯提出的semiotics、卡西尔提出的symbolism以及维尔比提出的significs等西方符号学命名一样，具有独立属性。宗白华将艺术看成是一种"符号"，也随着中国的现代性进程而开启了独具特色的民族化研究道路。当代，我国艺术符号学已经成为世界艺术符号学的重要组成部分。邓晓芒在1995年的论文中曾预言："将胡塞尔现象学方法吸收进马克思的实践唯物论中，以在一个更高的层次上指导中国当代学术的发展，我

① ［德］马克思：《1844年经济学哲学手稿》，中共中央马恩列斯著作编译局译，北京：人民出版社，2000年，第88页。

认为是下一个世纪最有前途的理论构想之一。这一点尤其是应该体现在美学上，因为美学作为一门'感性学'（Asthetik），天然地具有适合于'回到事情本身'、适合于进行'现象学还原'的性质。"①当我们再次回眸20世纪学者对今天的希冀，在艺术符号学领域，可以说，中国当代的艺术符号学正在以马克思主义实践哲学为指导，以现代符号学为架构，以中国古典象思维为底色，正在走出一条超越语言中心主义、人类主义以及唯科学主义的具有当代特色的道路，在未来中国美学、中国艺术学以及中国符号学等多学科领域，本土化的艺术符号学必将能够产生更多富有创见与特色的成果，在当代"学科体系、学术体系与话语体系构建"中发挥符号学在艺术学理论研究、门类艺术学研究、美学研究等方面的多元优势。②

［原载于《西南民族大学学报》（人文社会科学版）2021年第8期］

---

① 邓晓芒：《胡塞尔现象学对中国学术的意义》，载《江苏社会科学》1995年第1期。

② 并不是说本土化艺术符号学不存在问题，如艺术符号学在当前所存在的学科归属不明确、欠缺逻辑学支撑等诸多问题，这需要单独撰文进行讨论。

"文史互证"何以可能

—— 以百年红学为例的考察

曹立波

摘要："文史互证"方法在近百年文史研究中产生重要影响。有公元前孟子"知人论世"理论、亚里士多德《诗学》观念的积淀，也不乏清代"朴学"的承袭和"实验主义"方法的西学东渐。胡适以"文史互证"法考证《三国演义》等小说，争议不多，考证红学的影响却相对复杂。1921年胡适考证《红楼梦》的初衷是强调"科学方法"，批驳索隐派，却导致百年红学步入索隐—考证—新索隐的曲折之路。而科学方法与文学性的兼容，对作者家中人与《红楼梦》中人进行系统性观照，统筹通性真实（民族记忆）与个性真实（家族记忆）的虚实关系，应是走出困境的可行之路。尝试古今与未来、国内与海外时空维度的兼顾，探寻新时代的诗史互动，为经典的阐释与传承提供可资参考的个案。

关键词：文史互证；红学；自叙说；过程性；前瞻性

"文史互证"，作为一种古今贯通、中西融合、文史跨界的综合性研究方法，古已有之。在公元前3世纪，孟子（公元前385—304年[①]）的

作者简介：曹立波，文学博士，中央民族大学文学院教授、博士研究生导师，主要研究方向为明清文学。

基金项目：国家社会科学基金项目《红楼梦》清代刻本海外流布与影响研究"（18BZW059）。

① 杨伯峻译注：《孟子译注》（典藏版），北京：中华书局，2016年，"导言"，第1页。

"知人论世"①，古希腊亚里士多德（公元前384 — 322年②）的"诗是一种比历史更富哲学性、更严肃的艺术"③，两者表达的诗书与历史互映的观念不约而同。"知人论世"作为中国古代文学研究的基本方法、文学阐释的基本范式，应是"颂诗读书"和"知人论世"两方面内容的提炼，涉及诗、书与人、世的辩证关系：一是先颂诗读书，再知人论世；二是从知人论世，到颂诗读书；三是诗、书与人、世的互动。"文史互证"涵盖"知人论世"所略"颂诗读书"中"文"的成分。

　　"文史互证"方法，在20世纪出现复兴与转型。跨越近两千年，到1920年前后，胡适、陈寅恪等从小适逢清代推行新式教育并且出国深造的学者，推进西学东渐的同时，也发掘出清代朴学的科学精神。在清代朴学与西方实验主义中西互补的背景之下，"文史互证"法得到进一步发展。胡适等强调朴学考证的科学性，侧重语言学、文献学等客观性较强的领域，而对文学的考证情况则较为复杂。六大古典小说中受史实影响较大者如《三国演义》《水浒传》《儒林外史》等，"文史互证"法还可行；但对虚构性较强者如《红楼梦》，虽从科学考证的方法入手，则难免遇到曲折与瓶颈。1921年胡适发表《〈红楼梦〉考证》开启"新红学"至今，百年红学的进程，为我们探讨"文史互证"何以可能的问题，提供了一个典型案例。

一、文史互证法与自叙说的学术肌理

　　20世纪20年代初期，西学东渐形势之下，以科学方法研治文史成为时代趋尚。诸如，胡适、陈寅恪、汤用彤早年出国留学，回国后运用实证

---

　　① 杨伯峻译注：《孟子译注》（典藏版），北京：中华书局，2016年，"万章章句下"10.8条，第275页。

　　② [古希腊]亚里士多德：《诗学》，陈中梅译注，北京：商务印书馆，2009年，"引言"，第1 — 3页。"诗是一种比历史更富哲学性、更严肃的艺术，因为诗倾向于表现带普遍性的事，而历史却倾向于记载具体事件。"

　　③ [古希腊]亚里士多德：《诗学》，陈中梅译注，北京：商务印书馆，2009年，第9章，第81页。

研究方法"考证敦煌文献等新材料，从20世纪20年代后半期开始在佛教史的研究中发表具有突破性的力作"①。20世纪20年代新文化时期，不仅史学研究取得突破，胡适等在文学研究方面亦有相关论著，其中对《红楼梦》的考证用力较多，成就较大。"中国古典文学研究中，胡适和鲁迅对古典小说的考证，陈寅恪和闻一多对古代诗文的考证，往往自觉地将'知人论世'的古训建立在坚实可靠的实证基础上，是现代考证方法的典范性成果。"②胡适在《〈红楼梦〉考证》中考察曹雪芹家世与《红楼梦》本事的主要方法为文史互证，其成果"自叙"说，成为1921年后文史互动的"现代考证方法的典范性成果"。胡适开创了有别于"旧红学"的"新红学"，二者的区别主要在研究方法上，旧红学依赖的是索隐，新红学所凭借的方法是考证。

"文史互证"在百年红学的历程中产生了多重影响。胡适1921年发表的《〈红楼梦〉考证》，通过对曹雪芹生平、家世和《红楼梦》诸多版本和批语的考察，考证出"《红楼梦》的著者是曹雪芹"③，进而指出成书的历史背景，以及家史与小说的关系，提出了"《红楼梦》是一部隐去真事的自叙"④之说。在文与史的内涵上，索隐与考证所面对的"文"相同而"史"有别，两者对应的"史"则从帝王家、纳兰家，转移到曹家。根本区别在哪里呢？胡适认为，根本区别在于牵强附会与科学考证两种研究方法上。

《文心雕龙·知音》曰："沿波讨源，虽幽必显。"探寻胡适考证《红楼梦》研究方法的来源，参看胡适考证《红楼梦》期间的其他著作，可见其对杜威"实验主义"和对"清代学者的治学方法"的关注与思考，以及二者与胡适考证方法的关联。

---

① 冯涛：《试论胡适、陈寅恪、汤用彤的佛教史研究——以禅宗史为例》，载《淮北师范大学学报》（哲学社会科学版）2020年第2期。

② 郭英德：《论"知人论世"古典范式的现代转型》，载《中国文化研究》1998年秋之卷总第21期。

③ 胡适：《〈红楼梦〉考证》，载《胡适文存》卷3，上海：上海三联书店，2014年（民国沪上初版书复制版），第232页。

④ 胡适：《〈红楼梦〉考证》，载《胡适文存》卷3，上海：上海三联书店，2014年（民国沪上初版书复制版），第232页。

首先看胡适的考证方法与西方实验主义的关系。胡适在《〈红楼梦〉考证》发表之前，曾撰写《实验主义》，推崇杜威实验主义为"科学试验室的态度"①。在关于"近代科学家的方法进步"中，论述了"实验的方法"，胡适认为实验方法这两层意义都很重要。一是凡是试验不出什么效果的观念，不能算是真知识；二是思想的作用不是死的，是活的，是要能根据过去的经验对付现在，根据过去与现在对付未来的②。关于胡适论述杜威实验主义理论的时间背景，有两个时间点值得注意：一为1859年，杜威出生的时间③；二为1917年，胡适写《实验主义》时引用的杜威文章较近的时间。而《实验主义》落款的时间为"民国八年春间演稿，七月一日改订稿"。相关信息显示，1917年至1919年，胡适对"实验主义"的关注，对其文学研究，尤其是《红楼梦》考证产生了直接影响。

胡适1920年前后谈论西方"实验主义"的同时，也关注"清代学者的治学方法"，着力探讨清代"朴学"确有"科学"精神的问题。胡适《清代学者的治学方法》中说："中国旧有的学术，只有清代的'朴学'确有'科学'的精神。"④从文后"附记"可知《清代学者的治学方法》写于1919年至1921年间，与《〈红楼梦〉考证》时间相仿。胡适举例说明"汉学家的科学方法"时，指出"清代汉学的成绩，要算文字学的音韵一部分为最大"，并赞叹"我们看了这种校勘学方法论，不能不佩服清代汉学家的科学精神"⑤。他提出科学方法的两点要素："（1）大胆的假设，（2）小

① 胡适：《实验主义》，载《胡适文存》卷2，上海：上海三联书店，2014年（民国沪上初版书复制版），第80页。
② 胡适：《实验主义》，载《胡适文存》卷2，上海：上海三联书店，2014年（民国沪上初版书复制版），第138页。
③ 胡适：《实验主义》，载《胡适文存》卷2，上海：上海三联书店，2014年（民国沪上初版书复制版），第109页。
④ 胡适：《清代学者的治学方法》，载《胡适文存》卷2，上海：上海三联书店，2014年（民国沪上初版书复制版），第216页。
⑤ 胡适：《清代学者的治学方法》，载《胡适文存》卷2，上海：上海三联书店，2014年（民国沪上初版书复制版），第240页。

心的求证。"①强调"但宜推求，勿为株守"是清学的真精神。上述可见，胡适提出《红楼梦》为作者"自叙"之说，有上古知人论世理论、清代朴学思想的学术基础，也受到西方实验主义理论和方法的影响。

　　文史互证的研究方法，施用于不同的研究对象，产生的效果与反响不尽相同。从图1我们不难发现，除《红楼梦》外，在史学领域，以及文学领域的其他方面，均可采用文史互证法进行研究。

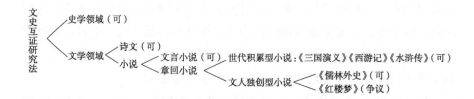

图1　文史互证研究法应用于不同领域可行性示意图

　　小说文体中的文言小说，如唐传奇等，世代积累型小说，如《三国演义》等，文人独创型小说中的《儒林外史》等，均有不少采用文史互证法且为人称道的研究论著。如卞孝萱的《唐传奇新探》《唐人小说与政治》、胡适的《〈三国志演义〉序》、金和的《〈儒林外史〉跋》等。

　　值得关注的是，20世纪20年代，胡适借鉴清代朴学、杜威实验主义等领域的方法，在历史学、史传题材小说等研究方面，取得丰硕成果。至今，有些研究依然有良性的延伸。我们归纳胡适撰写的几篇章回小说的考证时间：《〈三国志演义〉序》为"1922.5.16"；《〈水浒传〉考证》为"1920.7.27"；考证《儒林外史》的《吴敬梓传》写于"1920.4.8"，与《〈红楼梦〉考证》的时间——"1921.3.27初稿"和"1921.11.12改定稿"——几乎在同一时段当中。1920年至1922年，胡适借助文史互证的方法研究几大古典小说，多有创获。从《三国演义》到《儒林外史》，其引领的研究之路，相对平坦。至今此种方法的成果也多被学术界认同，如陈美林对

---

　　①　胡适：《清代学者的治学方法》，载《胡适文存》卷2，上海：上海三联书店，2014年（民国沪上初版书复制版），第242页。

陈翔华《诸葛亮形象史研究》的评价："继承和发展了我国古代学术研究文史互证的优良传统。我国古代文化学术向来是文史一家，因而形成了文史互证的治学之道。陈翔华同志深得这一传统方法的三昧，但又有所发展。"①他对《儒林外史》的评批："《外史》故事托为明朝，实则糅合明清两代史实于其中。"②可见其"文史互证"的治学思路与方法。③实践证明，史传题材小说采用文史互证方法，较为可行。但同样的方法用于《红楼梦》，文史互证法的研究之路，却困境重重。

二、文史互证与自叙说的困境及成因

《红楼梦》考证的成果，"自叙说"和"续书说"等结论，一百年间争议频繁。"关于《红楼梦》的作者的姓名、他的家世、性格、遭遇、《红楼梦》的题旨、版本，等等，乃至李煦的被抄家、大观园的地点问题、秦可卿死亡之谜，等等。胡适在对这些相关材料的搜集上，花费了大量的精力，为《红楼梦》的考证工作立下了汗马功劳，这些材料至今还成为很多'新探'的例证。"④胡适意在"创造科学方法的《红楼梦》研究"之路和科学的研究范式，但也让百年红学步入索隐—考证—新索隐的曲径，诗史互证如何促进《红楼梦》研究科学性与文学性的结合，还有许多尚待解决的问题。

（1）对20世纪20年代"胶刻"考据法的反思。如俞平伯在1953的《〈红楼梦〉的著作年代》中，反思自已1923年继胡适《〈红楼梦〉考证》之后刊行的《红楼梦辨》中曹家与贾家互证的研究。他说："若用这'胶刻'的方法来求它，便是另一种的附会，跟索隐派在伯仲之间了。"⑤

---

① 陈美林：《一部具有开拓意义的专著》，载《社会科学辑刊》1993年第6期。

② 吴敬梓：《清凉布褐批评儒林外史》，陈美林评注，北京：新世界出版社，2002年，第393页。

③ 近年相关成果如叶楚炎：《权勿用原型为全祖望考》，载《清华大学学报》（哲学社会科学版）2018年第4期等。

④ 陈维昭：《红学与二十世纪学术思想》，北京：人民文学出版社，2000年，第68页。

⑤ 俞平伯：《〈红楼梦〉的著作年代》，载《俞平伯全集》第5卷，石家庄：花山文艺出版社，1997年，第527页。

（2）对20世纪50年代"新索隐"的修正。1953年周汝昌《红楼梦新证》初刊，第七章为"新索隐"①，并有75条从人物到物件的索隐，呈现出"新索隐"与"自叙说"合流的征兆。1976年版目录中没有出现"新索隐"一章②。

（3）对2000年前后"新索隐"的批评。20世纪末到21世纪初，新红学的困境是某些研究貌似科学考证，实为"新索隐"，如霍氏姐弟和刘心武的研究。"霍氏姐弟和刘心武却巧妙利用了考证派最重要的成果 —— 自传说和曹雪芹的家世背景资料，使他们的学说披上了'科学考证'的外衣。"③张庆善指出："新旧索隐派都是一样的。他们的区别在于，旧索隐派虽然牵强附会，但他们索隐的人和事历史上都有，只是与《红楼梦》毫无关系。而新索隐则没有任何的材料，完全是猜测和编造。"④

探究百年红学现实困境的主要成因，我们姑且从胡适为《红楼梦》考证设定的"正当范围"入手，探讨一下"朴学"与红学存在哪些交集，索隐的方法"怎样走错了道路"。

①胡适《清代学者的治学方法》一文在其认为确有"科学"精神的文字学、训诂学、校勘学、考订学中指出："考订学是考定古书的真伪，古书的著者，及一切关于著者的问题的学问。"⑤这可与胡适对《红楼梦》著者问题的考订建立起联系。

②胡适为什么说索隐派"都走错了道路"？他们不是关注"著者"，而是附会"情节"。胡适认为："他们并不曾做《红楼梦》的考证，其实只做了许多《红楼梦》的附会！"⑥对此，胡适说："我们若想真正了解《红楼梦》，必须先打破这种种牵强附会的《红楼梦》谜学！"进一步指出："其实做《红楼梦》的考证，尽可以不用那种附会的法子。我们只需根据可靠

①　周汝昌：《红楼梦新证》，上海：棠棣出版社，1953年，"目次"，第3页。

②　周汝昌：《红楼梦新证》，北京：人民文学出版社，1976年，"目次"，第3页。

③　郭皓政主编，陈文新审订：《红学档案》，武汉：武汉大学出版社，2007年，第316页。

④　张庆善：《〈刘心武"红学"之疑〉序》，载《红楼梦学刊》2006年第2辑。

⑤　胡适：《清代学者的治学方法》，载《胡适文存》卷2，上海：上海三联书店，2014年（民国沪上初版书复制版），第216—217页。

⑥　胡适：《〈红楼梦〉考证》，载姜义华主编：《胡适学术文集：中国文学史》，北京：中华书局，1998年，第776页。

的版本与可靠的材料，考定这书的著者究竟是谁，著者的事迹家世，著书的时代，这书曾有何种不同的本子，这些本子的来历如何。这些问题乃是《红楼梦》考证的正当范围。"①考证红学的"正当范围"不包含附会《红楼梦》里的"情节"。

从文学性较强的"情节"出发，寻找历史或家史的对应，自然行不通。"如果不过渡到这个'自叙传'的结论上，胡适的《红楼梦》考证就不能使他自己满意；但是，把考证的结果过渡到'自叙传'上，则又使胡适不得不陷入自我消解的境地，混淆还原与诠释的界限，回避《红楼梦》的虚构性。"②吴组缃认为评论一部小说，不能脱离两样东西，"一是作者所处的历史文化背景 …… 二是要遵循小说的艺术规律，不能脱离小说人物情节的形象体系作天马行空式的臆断"③。重视虚构性、艺术规律，都在强调小说的文学性问题。

③强调"科学方法"，关注史学的角度，不能忽视文学的要义。胡适希望将科学方法"用来研究国故"。他认为：

> 清朝的"汉学家"所以能有国故学的大发明者，正因为他们用的方法无形之中都暗合科学的方法。钱大昕的古音之研究，王引之的《经传释词》，俞樾的《古书疑义举例》，都是科学方法的产品。这还是"不自觉的"科学方法，已能有这样的成绩了。我们若能用自觉的科学方法加上许多防弊的法子，用来研究国故，将来的成绩一定更大了。④

然而，他考证《红楼梦》，没有从文学之美的角度去思考。其实胡适

---

① 胡适：《〈红楼梦〉考证》，载姜义华主编：《胡适学术文集：中国文学史》，北京：中华书局，1998年，第785页。

② 陈维昭：《红学与二十世纪学术思想》，北京：人民文学出版社，2000年，第68页。

③ 石昌渝：《四十年学术工作回顾》，载刘跃进主编：《古代文学前沿与评论》第4辑，北京：社会科学文献出版社，2020年，第70 — 86页。

④ 胡适：《论国故学 —— 答毛子水》，载《胡适文存》卷2，上海：上海三联书店，2014年（民国沪上初版书复制版），第286 — 287页。

也曾论述过"什么是文学"：

> 我尝说："语言文字都是人类达意表情的工具；达意达的好，表情表的妙，便是文学。"但是怎样才是"好"与"妙"呢？这就很难说了。我曾用最浅近的话说明如下："文学有三个要件：第一要明白清楚，第二要有力能动人，第三要美。"①

既然要把文学研究当成一门科学，那就必须寻求文学之所以为文学的一般通则，即研究其文学性。胡适以考证的方法研究红学，初衷是创造科学方法，打破穿凿附会的红学："我希望我这一点小贡献，能引起大家研究《红楼梦》的兴趣，能把将来的《红楼梦》研究引上正当的轨道去：打破从前种种穿凿附会的'红学'，创造科学方法的《红楼梦》研究！"②1921年之后这种貌似"科学的方法"，也去穿凿附会，甚至走向了伪科学。因而，运用科学方法探讨文学现象，尊重文学的独立性，诗史兼顾，应是走出困境的可行之路。

三、文史互证与红楼人物典型化路径

"文史互证"方法，对于《红楼梦》研究，与抒情言志的诗词、史传小说相比，存在诗与史的疏离甚至矛盾。传统诗文分析，"颂诗"与"读书"往往从"知人论世"入手。《红楼梦》中人物的阐释也因循这一路径，作者与作品的关系、作者家中人与书中人的关系等问题，从胡适提出"自叙"说开始，在百年红学史上，其就为常讲常新的话题。其争论过程，也呈现出小说人物走向艺术典型的趋向。

诗史互证论点之一，关于作者在书中的角色问题。《红楼梦》自叙说遭遇的尴尬在于，作者不等于贾宝玉，作者的感情倾向在书中是一对多

---

① 胡适：《什么是文学——答钱玄同》，载《胡适文存》卷1，上海：上海三联书店，2014年（民国沪上初版书复制版），第297页。

② 胡适：《〈红楼梦〉考证》，载姜义华主编：《胡适学术文集：中国文学史》，北京：中华书局，1998年，第811页。

的，而不是一一对应的。

《红楼梦》中到底有没有与曹寅、曹雪芹家世相关的事情？如果有，又如何看待这些"本事"与小说的关系呢？《红楼梦》有些人物和情节是有曹家的影子的。这方面，前人的关注也较多，比如贾母、贾政等形象的生活原型问题。笔者近年关注到李纨和贾兰的形象，以及有关孙绍祖出身的情节中，流露出与曹雪芹的祖辈、父辈相关的信息。这基于相关论文披露的文献资料和考证成果。

关于曹寅的祖父曹振彦的任职情况，胡适在《〈红楼梦〉考证》中只写其"原任浙江盐法道"。《〈重修大同镇城碑记〉考辨》又介绍道："顺治九年（1652）春，曹振彦又擢升大同知府。这种极快的晋升，不排除他在吉州任上的政绩，但同样与大同的战功有关。"①曹寅祖上军职、大同等信息，出现在迎春的夫婿孙绍祖的家事中。即《红楼梦》第七十九回所写："这孙家乃是大同府人氏，祖上系军官出身，乃当日宁荣府中之门生，算来亦系世交。"这里，"大同"和"军官"等词语与曹振彦的信息相呼应。小说中的"大同"与"金陵""扬州"等地名一样，都曾是曹家祖上任职或居住过的地方，它们成为作者构想艺术情节的地理背景资料。《红楼梦》在此没有炫耀家史，只是讲述了中山狼"全不念当日根由"的劣迹，以忘恩负义、趋炎附势，写世态炎凉。

关于曹雪芹的生父问题，胡适考证贾政的原型是曹頫，"贾宝玉即是曹雪芹，即是曹頫之子"。其实，曹頫是由曹寅的侄子过继为子的，如果曹雪芹是曹頫的儿子，他便不是曹寅的嫡孙。还有一种看法认为曹雪芹是曹颙的遗腹子，但在曹颙之子曹天佑与曹雪芹之间是否能建立起联系，还缺乏直接证据。张书才认为"曹雪芹的生父乃曹寅之长子曹颜"，他在"康熙五十年三月因意外事故卒于京城"，曹雪芹为曹颜"遗腹子"。②无论曹颜还是曹頫，作者为"遗腹子"的考证结论如果成立，似乎可以解释贾珠、李纨、贾兰的问题，即贾兰身上应有作者的影子。这或可解释书中对遗孀李纨形象的尊敬和呵护，似含有对寡母的尊重。另外要考虑到的

---

① 邹玉义：《〈重修大同镇城碑记〉考辨》，载《红楼梦学刊》2003年第2辑。

② 张书才：《曹雪芹生父新考》，载《红楼梦学刊》2008年第5辑。

是：如果曹雪芹把自己的真实身世付诸贾兰，艺术的构思则倾注于宝玉形象上，一个生活原型便对应两个艺术形象。某些曹家家世资料与小说人物对应时呈现出的复杂现象，说明生活原型和艺术形象之间是一对多，或多对一的，而不是简单的一对一的关系。

诗史互证论点之二，关于书中人物的原型问题。从曹雪芹的原意来看，秦可卿的病是他要着力渲染的，因为他所钟爱的女性形象几乎都在以病来体现美。只是在写到秦氏之死时，开始构思为悬梁自缢，后来改为病死。与秦可卿的死因相比，她的病因似乎更为重要，更有助于挖掘这一形象的情感世界。秦可卿孤苦伶仃身世的设计，与书中女性形象的系统思考，构成互补关系。《红楼梦》中塑造了较多有身世缺憾的人物形象。据初步统计，红楼女子中，父母双亡者9人，缺少父亲或母亲者10人。书中写红楼女子的身世缺憾，意在渲染"千红一窟（哭）"与"万艳同杯（悲）"的人生悲剧，共性之中不乏个性特征。

陈寅恪关于"古典"与"今典"，通性真实与个性真实的观点，有助于我们解读《红楼梦》中的诗史关系。"自来解释哀江南赋者，虽于古典极多诠说，时事亦有所征引。然关于子山作赋之直接动机及篇中结语特所致意之点，止限于诠说古典，举其词语之所从出，而于当日之实事，即子山所用之'今典'，似犹有未能引证者。"①有关陈寅恪"以小说证史"的回忆指出：

> "个性不真实，通性真实"——以小说证史之思路。……《水浒传》所记梁山泊人物之事迹，多属民间传说甚至虚构，但这类人在当时环境下，从事这类活动，则是真实的。先师称之为："个性不真实，而通性真实。"……先师还曾简要地举过《红楼梦》为例，说尽管故事纯属虚构，但也反映了清代前期康雍乾盛世、上层社会之文化水平，及其日趋腐败、中衰状况。②

---

①　陈寅恪：《读哀江南赋》，载《陈寅恪集·金明馆丛稿初编》，北京：生活·读书·新知三联书店，2001年，第234页。

②　石泉：《先师寅恪先生治学思路与方法之追忆（补充二则）》，载胡守为主编，中山大学历史系编：《陈寅恪与二十世纪中国学术》，杭州：浙江人民出版社，2000年，第157页。

虽然作者开篇强调"亲睹亲闻的这几个女子"，但《红楼梦》的艺术真实，远远高于个性真实——家族的历史。解读《红楼梦》如果还按照其他史传题材小说研究"本事"探寻的惯性，难免误入迷途。甲戌本《脂砚斋重评石头记》凡例中有一首七律：

> 浮生着甚苦奔忙，盛席华筵终散场。
> 悲喜千般同幻渺，古今一梦尽荒唐。
> 谩言红袖啼痕重，更有情痴抱恨长。
> 字字看来皆是血，十年辛苦不寻常。

此诗作者是脂砚斋或曹雪芹，说法不一，但道出了创作过程和体会。"千般"，空间之多；"古今"，时间之久。不止一家一户个体的悲欢离合，而是古今千万个家庭的通性历史真实。

"个性不真实、通性真实"的理论有助于我们分析《红楼梦》中的典型人物。如林黛玉、薛宝钗两位婚恋悲剧女主角外在形象的构思，需开拓视野，从家族的个性真实拓展到民族的通性真实。作为中国古代文学的集大成之作，《红楼梦》对于女性形象的塑造在创新中亦不乏继承，这一点在林黛玉、薛宝钗形象的塑造上体现得尤为突出。

清代学者章学诚评价《三国演义》为"七分史实，三分虚构"，与历史演义小说不同，《红楼梦》是文人独创型世情小说，其虚构的成分较多。而且，从林黛玉、薛宝钗形象的塑造中可知"出浴太真"和"捧心西子"蕴含着"前代文学的基因特征"[①]。红楼人物艺术形象的构成大致有三方面因素：有"亲睹亲闻"的家族成员的个性史实，有民族传统文化的通性史实，有作者的艺术虚构。通性史实包含艺术传承和艺术凝练，个性史实在生活素材的基础上也不乏艺术加工。

针对《红楼梦》中的通性史实与个性史实的兼容，俞平伯的论述较有说服力。俞平伯在论述《唐六如与林黛玉》时，认为曹雪芹写黛玉葬花是受到了唐六如的暗示：

---

① 曹立波：《〈红楼梦〉佳人形象的文学基因探究》，载《中国人民大学学报》2019年第5期。

　　这是凡读过《红楼梦》的人，都有这个经验的。但他们却以为这是雪芹底创造的想象，或者是实有的经历，而不知道是有所本的。虽然，实际上确有其人、其事，也尽可能；但葬花一事，无论如何，系受古人底暗示而来，不是"空中楼阁"，"平地楼台"。①

　　黛玉葬花与唐伯虎葬花有异曲同工之妙，系受古人暗示，得前代文学传承。《红楼梦》作者和原型问题，因研究方法与视角不同，所带来的诗史矛盾，从与时俱进的角度而言，借助系统论的理念，有望得到缓释与化解。系统论"强调整体与局部、局部与局部、整体与外部环境之间的有机联系，具有整体性、动态性和目的性三大基本特征"②。系统论的整体性、动态性的理念，为思考现代红学的诸多复杂问题，提供了全局观念和发展眼光。

　　新时期红学虽然不乏从系统论的视角出发去研究《红楼梦》人物或情节的论文，但从系统论的视域整体考察红学还是从新世纪开始形成研究规模的。从1978年钱学森在科学领域倡导系统论③，至1997年新世纪红学展望之际，梅新林倡导带有系统论意味的"文献、文本、文化研究的融通和创新"④，"三文"的结合，其实是一种诗史兼容。三文并重与系统论的观念，二十年后，隔代共识。红学的热点与自然科学等领域的热点相比，虽呈滞后性，但在文学领域亦可谓与时俱进。

四、文史互证与红学未来走向

　　文史互证之于红学，其未来走向亦应为诗和远方的交集。这与新历史

---

　　①　俞平伯：《唐六如与林黛玉》，载《俞平伯全集》第5卷，石家庄：花山文艺出版社，1997年，第265页。

　　②　顾新华、顾朝林、陈岩：《简述"新三论"与"老三论"的关系》，载《经济理论与经济管理》1987年第2期。

　　③　"钱学森打通了科学与哲学之间的门径，构建起系统科学中国学派。"参见王斯敏：《钱学森：系统工程中国学派蔚然成林》，载《智慧中国》2018年10期。

　　④　参见梅新林：《文献·文本·文化研究的融通和创新 —— 世纪之交红学研究的转型与前瞻》，载《红楼梦学刊》2000年第2辑。

主义的文化诗学理论，存在不谋而合之处。"人们只承认《红楼梦》是一部伟大的现实主义文学巨著，它是否也是一部作者对当时社会百态干预和改写的文学作品呢？20世纪80年代出现的新历史主义的文学创作即持这种主张。曹雪芹创作《红楼梦》就是一部文史交响旋律谱成的历史名著，并对未来的历史提出了自己的主观要求。"①新历史主义如何能阐释《红楼梦》研究中的诗史关系问题，目前来看，大体有过程性和前瞻性两个切入点。

其一，红楼版本动态轨迹过程性考察。新历史主义文化诗学认为"历史高于本文，过程大于结果"②。胡适倡导新红学以来逐渐产生了对原著、早期文字过度追求的倾向和怀旧、探佚的情结。而从过程性出发，考察红楼版本的动态变化，有助于科学审视文学经典的生成过程，对小说创作和修订过程所有轨迹的诗性意义，给予足够的尊重。

在此，举一个关注版本过程性考察的实例。我们根据题名的不同，将《红楼梦》现知的15个版本分成《脂砚斋重评石头记》《石头记》《红楼梦》三个版本组。通过小说第二十二回《更香》的灯谜诗，对诸版本中的出韵、改韵，以及署名等复杂异文加以梳理，归纳分析出相应的版本关系（见图2）：

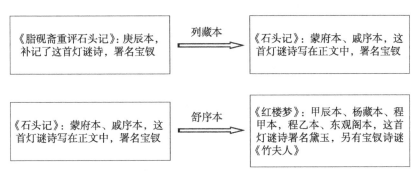

图2　《红楼梦》三个版本组的"灯谜诗"所显示的过渡关系简图

---

① 胡德平：《说不尽的红楼梦：曹雪芹在香山》（增订本），北京：中华书局，2019年，第1页。

② "历史语境使本文构成一种既连续又断裂的感觉和反思空间。历史高于本文，过程大于结果。"参见王岳川：《新历史主义的文化诗学》，载《北京大学学报》1997年第3期。

如图2所示，第二十二回的灯谜诗，从出韵现象到版本异文，显现出这部小说三类书名系统的演变过程，而且在《脂砚斋重评石头记》与《石头记》系统之间，《石头记》与《红楼梦》系统之间，存在的过渡和关联也清晰可见。通过三个版本组的异文比对，推知《更香》和《竹夫人》等灯谜应非曹雪芹手笔。香菱《咏月》诗第三首的出韵现象，亦可通过同样的方法加以考察。①《红楼梦》是一部多次增删的小说，诸多版本代表不同的修订状态。小说开篇即道出了这部巨著披阅增删的成书过程。十几种版本的动态过程，如同月亮的运行轨迹，阴晴圆缺，各美其美。

其二，红楼文本诗意空间的前瞻性阐释。《红楼梦》的传世价值，梁启超早在1920年《清代学术概论》中即直言："以言夫小说，《红楼梦》只立千古，余皆无足齿数。"②突出了《红楼梦》在清代小说史上"只立千古"的历史地位和对未来的影响。文化诗学作为"一种阐释性的文化实践，其生命力正在于对文学文本所提供的开放性、对话性、富有生命力的阐释进程"③。从文史互证的视角，赋予红学的未来以开放性、前瞻性的诗意空间。

（1）从"原意"探寻，走向诗意对话。就诗史关系而言，与"索隐"和"考证"等研究方法不同。开放性研读诸如叶嘉莹的"兴发感动"，与文化诗学的阐释方法相近。叶嘉莹关于"读《红楼梦》本身之意义与价值的探讨"认为：

> 整体地说起来，则无论是索隐一派之说，本事一派之说，或以西方哲学及文学体系立论的各家之说，自表面看来，他们的着眼和立说虽然各有不同，可是他们实在却有着一个共同的缺点，那就是要把《红楼梦》一书的意义与价值，完全纳入他们自己所预先制定的一种成见之内。因此，当然也就造成了对《红楼梦》一书之真正意义与价

① 参见曹立波：《〈红楼梦〉律诗出韵现象与小说的补遗订讹——兼谈三个版本组的演变关系》，载《明清小说研究》2020年第2期。

② 梁启超：《清代学术概论》，朱维铮校订，北京：中华书局，2016年，第154页。

③ 陈太胜：《走向文化诗学的中国现代诗学》，载《文学评论》2001年第6期。

值的一种歪曲和拘限。①

叶嘉莹的看法，与新历史主义文学研究反对"旧历史主义"学术研究的观点相仿：

> 过去的文学评论家在谈论某一文学作品的"语境"时，总是假定这个语境——历史背景——具有文学作品本身无法达到的真实性和具体性。文学研究的任务就是试图再现作者的原意、他的世界观、当时的文化背景，因此这些学者把研究重点放在版本、校注和探讨社会政治实况上。②

《红楼梦》真正的意义与价值的探讨，不应"纳入他们自己所预先制定的一种成见之内"，不应只关注"再现作者的原意"和"探讨社会政治实况"。"漫言红袖啼痕重，更有情痴抱恨长"，《红楼梦》的艺术内涵不仅仅在作者对婚恋悲剧的感伤、对女性命运的同情，更有对家族盛衰的叹惋，对人生百态的思考，等等。历史与文学在互相塑造中生成着，试想从"春蚕到死丝方尽，蜡炬成灰泪始干"到"粉骨碎身浑不怕，要留清白在人间"，虽然李商隐、于谦有具体的创作背景，但千百年后打动读者的，未必是历史"本事"，而是精神魅力。同理，解读《红楼梦》这部经典，也应是一种"开放性、对话性、富有生命力的阐释进程"。

回首百年红学，考证方法的"实证主义式的阅读"③对于研究一部文学经典，其文献角度的前期工作还是必要的。"自经清代考证学派二百余年之训练，成为一种遗传，我国学子之头脑，渐趋于冷静缜密。此种性

---

① 叶嘉莹：《从王国维〈红楼梦评论〉之得失谈到〈红楼梦〉之文学成就及贾宝玉之感情心态》，载《文学与文化》2019年第3期。

② 张京媛主编：《新历史主义与文学批评》，北京：北京大学出版社，1993年，"前言"，第4页。

③ 张京媛主编：《新历史主义与文学批评》，北京：北京大学出版社，1993年，"前言"，第5页。

质，实为科学成立之根本要素。"①科学考证，不应为解读《红楼梦》"文学本文"设置障碍，而应为批评者与本文的关系成为相互影响的"同谋者"，搭建鹊桥。

（2）从原本考证走向全本品读。《〈红楼梦〉考证》除了"自叙说"，还有"续书说"。新的百年，我们应从传统观念走出，用开放性的视角考察《红楼梦》后四十回。我们目前尚无确切的资料证明胡适所言高鹗是后四十回的续作者，但是从乾隆五十六年（1791）初刊本（程甲本）上程伟元和高鹗的序言，以及次年程乙本上二人的《红楼梦引言》中，可以确定他们的修订工作。吴贵夫妇的增设、柳五儿的复活等迹象表明，后四十回中存在疑似程、高补笔的成分。不过，通过分析后四十回中珍珠与袭人、鹦哥与紫鹃、大姐与巧姐等疑团，可见后四十回中应有曹雪芹的残稿。迄今，我们还不能单纯地用"续书说"或"全璧说"去概括《红楼梦》后四十回和一百二十回本。不过，以科学的态度，从诗意的角度去欣赏《红楼梦》这部小说，则是红学同好共同的心愿。从"原意"走向诗意追求，从"原本"走向全本阅读，渐成时尚。

未来红学的前瞻性，是由古今到未来的时间维度、由国内到海外的空间维度的兼顾。未来红学，应借鉴文化诗学的眼光，归纳百年红学史上考证、索隐等方法的得失，尝试解开沉溺于历史旧梦的原意、原本情结的紧箍，走向诗意品鉴和全本解读。从前瞻性出发，让源于作者诗意生活的《红楼梦》，干预并改写读者的未来，让古典名著获得创新性发展，"不仅要善于总结本土优秀传统文化的经验与智慧……而且拥有基于本土而又超越本土的世界性意义"。具体诸如从时间维度去考察《红楼梦》古今刊行历程，从空间维度探讨《红楼梦》刊本的跨境流布轨迹，以及跨时空的多媒体传播等。让这部古典名著从文本的阐释，到经典的传承，呈现新时代的诗史互动。

（原载于《文学评论》2021年第2期）

---

① 梅新林：《〈红楼梦〉之于当代文化建构的典范意义》，载《红楼梦学刊》2018年第5辑。

味、气象与诗

敬文东

摘要： 在古老的汉语思想中，有不同本体支持下的多种创世-成物论，而气的崇高地位来自味觉化汉语对它的宠幸与偏爱。正因为气具有无所不至的可入性和可感性，所以，味觉化汉语的使用者在面对气的所成之物——生活世界——时，是以入和感来零距离地"舔舐"的。诗引发的是感思，唯有以感思为途径，才能正确地理解诗。味觉化汉语思想甫一出世，就乐于在气本体和德、诚之间，建立起不可分割的联系，因此，本文从气与感、感与诗、象与诗、有机生活与诗以及想象的危机五个方面来对此进行分析论述。

关键词： 味觉化汉语；气象；感思；诗

一、气，感

在味觉化汉语思想的腹心地带，味与和（当然，还有与"和"不弃不离的"中"）乃万物（亦即世界）之魂魄，或本质；气则是世界（亦即万物）之本体，或始基。从很早开始，气就赢得了与道相等同、与一相颉颃的地位①。因此，李泽厚先生才乐于如是放言："'气'在中国文化中是首屈一

作者简介：敬文东，文学博士，中央民族大学文学院教授，主要研究方向为现代诗学、中国现当代文学思想史。

① 参见[日]小野泽精一等编：《气的思想：中国自然观与人的观念的发展》，李庆译，上海：上海人民出版社，2007年，第91—100页。

指、最为重要的基本范畴。"①在味觉化汉语思想的最深处，很可能存在着不止一种可以被用于创世－成物的本体（比如道、气、易、一，以及大名鼎鼎的无，如此等等）。这就意味着：在古老的汉语思想中，有不同本体支持下的多种创世－成物论②；但不同本体宠幸或者支持的所有创世－成物论，尽皆不可能自外于味觉化汉语随身携带的伦理（亦即诚）。理由颇为简单：没有这等样态的汉语及其伦理从旁侍候，就不可能有那番模样的生成宇宙的方式存乎于人心，也不会有那种颜值的生成宇宙的观念内置于人脑——这原本就是语言哲学的ABC，毋庸多论。一言以蔽之曰，气的崇高地位来自味觉化汉语对它的宠幸与偏爱。

与此迥乎不同的是：气在顺利完成它的工作（亦即创世－成物这个任务）之后③，只愿意承认"人事有代谢，往来成古今"（孟浩然《与诸子登岘山》），却从不居功自傲。它对万物持宽容、谦逊的态度；它更愿意环绕它们、装饰它们，继续服务于它们，从来不会对它们颐指气使，吆三喝四，犹如母亲怜爱自己的孩子。气在实施创世－成物的行动时，总是严以律己，宽以待物。它不仅要得时，以便为万物从容得体的诞生承担责任、寻找最恰切的时机，最终，成就万物以及万物之美；还得对时有专属于自己的理解和祝愿："时行则行，时止则止，动静不失其时，其道光明。"④ "光明"是气之所成之物的理想状态，是被成之物们念想中的美满境地。《白虎通》有言："天地者，元气之所生，万物之祖也。天地成于元气，万物成于天地。"⑤虽然从总体上看，味觉化汉语天生羞涩、内敛，其举止含蓄、得体⑥，但《白虎通》在口吻上依然显得态度坚定（而非强硬），

---

① 李泽厚：《华夏美学》，北京：生活·读书·新知三联书店，2008年，第68页。

② 比如"道生一，一生二，二生三，三生万物"（《老子》第四十二章），比如盘古开天辟地（参见《太平御览》卷2引《三五历纪》），以及女娲创世等。

③ 当然，气并非从一开始就占据了本体或道的地位，气获取本体地位自有其漫长、曲折甚至不乏机缘巧合的过程（参见涂光社：《原创在气》，南昌：百花洲文艺出版社，2012年，第1—40页）。

④ 《易·艮·象》。

⑤ 《白虎通·天地》。

⑥ 这个问题可以参见敬文东：《李洱诗学问题》（中），载《文艺争鸣》2019年第8期。

额外还有一缕无法被抑制住的热情存焉其间[①]。

《易》云："是故阖户谓之坤，辟户谓之乾，一阖一辟谓之变，往来不穷谓之通。"[②]对这几句意在轻松描述气本体开天辟地 —— 而非上帝制造某个开端 —— 的汉语言辞，高亨先生有佳注：

> 阖，闭也。辟，开也。坤为地，此坤谓地气，即阴气也。乾为天，此乾谓天气，即阳气也。秋冬之时，万物入，宇宙之门闭，是地之阴气当令，故曰："阖户谓之坤。"春夏之时，万物出，宇宙之门开，是天之阳气当令，故曰："辟户谓之乾。"[③]

对于高亨先生之佳注，张义宾亦有精辟、深湛的理解。张氏有言："阖、辟是生活（阴阳之道）的两种势能。'辟'为始物能力，即生活之门自行打开，由无形的乾从幽深之所推出形物；'阖'为成物能力，即生活之门自行关闭，使来自乾的'始'力'冷却'、'凝聚'，成为具有确定性的形、器。"[④]张义宾将阴阳两气辟阖而成之物名之曰生活（或生活世界），显得极富眼力和远见，只因为生活世界（或者生活）这个名号暗示的内里，正与味觉化汉语的本性相匹配。即使是在高度视觉化并且自带客观性的逻各斯看来，世界也既不是由中性的事实（fact）所造就（像维特根斯坦认为的那样[⑤]），也不是由客观的物（thing）叠加而成（像斯特劳

---

① 《老子》第四章王安石注：气有如道那般"自本自根，未有天地，自古以固存"，有类于上帝自有永有（I AM WHO I AM，《出埃及记》3：14），气由是可为宇宙的本源。

② 《易·系辞上》。

③ 高亨：《周易大传今注》，济南：齐鲁书社，2009年，第479页。周敦颐也有同样的看法："天以阳生万物，以阴成万物。"（周敦颐：《通书·顺化》）有意思的是，在汉语的早期思想中，阳气在地，阴气在天，很久以后才颠倒为阳在上阴在下（参见庞朴：《一分为三》，深圳：海天出版社，1995年，第58 — 59页）。

④ 张义宾：《中国古代气论文艺观》，太原：山西人民出版社，2003年，第57页。此处仅就地而论。赵沛霖认为，地有两德（参见赵沛霖：《兴的源起》，北京：中国社会科学出版社，1987年，第154 — 155页）。《礼记·郊特牲》"正义"："地载万物者，释地所得神之由也。地之为德以载万物为用故也。" —— 此为第一德也。《易·坤》"正义"："生长之德。"《礼记·孔子闲居》："天无私覆，地无私载。" —— 此为第二德也。

⑤ 参见[奥]维特根斯坦：《逻辑哲学论》，郭英译，北京：商务印书馆，1985年，第22页。

森[P.F.Strawson]认为的那样①），它由不断涌动并且总是在整体性涌动着的事情（affair）所组建（像陈嘉映认为的那样②）。因此，气本体支持与宠幸的创世－成物论的所成之物，向来就不可能是自称客观、中性却并非没有脾气的物理世界，也不像某些纯粹的物质财富那样，仅仅是对有些人——比如 O. 威尔斯（Orson Welles）——的一种"冷冰冰的安慰"③，而是从一开始就具有原始体温的生活世界，几乎能够自动安置和安慰各色人等。此中关键或曰机枢，仅在于味觉化汉语从其娘胎处获取的诚；是散发热气、饱含热情的诚而非其他任何元素，促成了具有原始体温的气本体，气本体进而造就了饱含热度的天下万物——"其道光明"。所谓原始体温，就是生活世界在被气本体造就、出炉的那一刻，理论上应当获取的那种温度；所谓具有原始体温的生活世界，只可能是整体涌动并且始终涌动着的全部事情的集合，它鲜活、可感，满是腾腾热气④。因此，有一天，当诗人昌耀突然发现自己原来一直"垂立在人海"时（昌耀《象界》之一），不"禁"恍惚起来，进而"禁"不住如是写道：

　　我恍然觉得自己是一个孩子也就跟着信口唱了起来：

　　故事故事当当
　　猫儿跳到缸上
　　缸扒掉，油倒掉
　　猫儿姐姐烙馍馍
　　馍馍呢？狼抬掉

---

　　① 参见杨玉成：《奥斯汀：语言现象学与哲学》，北京：商务印书馆，2002年，第142—147页。

　　② 参见陈嘉映：《语言哲学》，北京：北京大学出版社，2003年，第233—237页。

　　③ [英]彼得·沃森：《20世纪思想史》，朱进东等译，上海：上海译文出版社，2006年，第403页。

　　④ 子产曰："君子有四时：朝以听政，昼以访问，夕以修令，夜以安身。于是乎节宣其气，勿使有所壅闭湫底以露其体。兹心不爽，而昏乱百度。今无乃壹之，则生疾矣。"（《左传·昭公元年》）这里的意思是：气造就了万物，人作为万物之一种，必须遵从气指定的规则行事，否则必病。此病可以从隐喻的角度观察，亦即凡不遵从气之规则者必病。

狼呢？进山了

山呢？雪盖了

雪呢？化成水

水呢？调成泥

泥呢？拌成墙

墙呢？猪毁掉

猪呢？一榔头砸死了

猪头顶门扇

猪耳朵抹掉碗

猪尾巴扫案板

猪蹄脚架掉火

古瑟古瑟当当

昴衷窕岛冈桑

（昌耀《象界》之一）

从猫到缸，到油，再到猫儿姐姐烙馍馍，一路疾奔，终于抵达被"一榔头砸死"的猪，以及被砸死之猪的每一个零部件仍然被浓郁的事情所包围，所环绕，或者，围绕死猪的每一个器官依然组建起了一系列永不停息与衰竭的事情：这就是气本体在味觉化汉语自身伦理的协助下，所能达至的最高果位，所能成就的生活世界①。生活世界生生不息的形貌和体态，那蜂拥而至的特征和禀赋，在看似胡乱联想并随机生产事情的童谣中，反而得到了更加生动、更为显眼的体现：童谣必须仰赖的诗性思维，正绝好地暗示了生活世界的活色生香与热气腾腾②。

---

①　作为一个哲学/思想概念，生活世界在古老的汉语思想中从不是问题，但它在欧洲却出现得很晚；其高贵的血统或血统的高贵，很可能主要来自胡塞尔对它的偏爱和宠幸（参见[德]胡塞尔：《欧洲科学危机和超验现象学》，张庆熊译，上海：上海译文出版社，1988年，第73页）。

②　以维柯之见，所谓诗性逻辑，意味着对事物的认识是感觉的和想象的，其中最重要的方式是诗歌，童谣则是诗歌中最基础形式的诗性逻辑的体现（参见[意]维柯：《新科学》，朱光潜译，北京：人民文学出版社，1986年，第161—163页）。

打一开始，这个可以被味觉化汉语热情舔舐的世界，就是有味的生活世界，以及生活世界本身之有味，正所谓"天有六气，降生五味"①。味自气出，这正是气本体的题中应有之义。而在某些特殊的时候，也会有乾坤倒置那般气从味来的情况发生，正所谓"声味生气"②；甚至气与味还可以处于相互平行、相互并置的关系之中："故有形者谓之味，无形者谓之气。"③但这些偶尔生发的例外，反倒更有能力证明：在味觉化汉语思想中，气的本体地位拥有颠扑不破的特性④；附带着，还额外体现了味觉化汉语偶尔出现的顽皮特性：这种语言的主观性之强，以至于在某些特定的时刻乐于自己跟自己唱反调、开玩笑⑤。因此之故，在气本体的无为而治之下，有味的生活世界——而非纯粹的物理世界——对于说汉语的中国人来说，才显得更为根本；或者，是生活世界暗含的那种味道。张义宾因之而有言："从中国传统的无差异的本体观出发，则知气作为本体，不是西方的与人类生活无关的物理世界的本体，而是人类的生活世界的本体；又因这种本体观是本体与现象无差异的本体观，此气隐身于诸物，每物都含有'气'，中国人看世界的最高境界是'看出'物中之'气'，看出其中的生活'意味'。"⑥也许，品咂物中之气、尝出物中意味，才更符合味觉化汉语的终极真相。但这也仅仅是因为气实生物⑦，而气却

① 《左传·昭公元年》。

② 《国语·周语下》。

③ 刘完素：《素问病机气宜保命集·草木论第九》。

④ 和自然科学规律不容忍例外、没有例外是自然科学规律的基本条件不同，人文社会规律——假如这个规律存在——刚好建立在有通常就必须有例外、没有例外就没有通常的基础之上（参见[英]卡尔·波普尔：《猜想与反驳》，傅季重等译，上海：上海译文出版社，2005年，第329页）。

⑤ 某种具体的文明——比如汉文明——中某个具体的人文观念的内涵有相互矛盾和冲突处，是很正常的现象。正因为有冲突和矛盾，反倒更能显示某个具体的观念的主流是不可辩驳的事实（参见赵汀阳：《思维迷宫》，北京：中国人民大学出版社，2010年，第39—41页）。

⑥ 张义宾：《中国古代气论文学观》，太原：山西人民出版社，2003年，第13—14页。缪希雍与张氏所论有共同处，亦即气依存于味、味相和于气："炎黄言味而不加气性者何也？盖古文尚简，故只言味。物有味，必有气，有气斯有性，自然之道也。气味生成，原本乎是。"（缪希雍：《神农本草经疏》卷1）

⑦ "气实生物"的构词法模仿了"和实生物，同则不继"（《国语·郑语》），特此说明。

只能隐藏于物，正所谓"物有味，必有气"①；味既是气的产物，又是万有之魂魄。因此，味虽有气，却终归隐气于味；或者，必须归气于味，故而，气本体所成诸物有着急需要被品尝的强烈欲望，亦即许慎所谓的"口味之也"②——而不是被看，或不仅仅是被看，当然更不可能居然首先是被看。

对此，涂光社，中国气思想、气本体的另一个有成就的研究者，也有精到的论说："从'气'是万物的始基可以理解到：古代理论中的'有生于无'之'无'并不是一无所有的真空，而是具有气之希微、空灵性状的虚无。……'气'具有可入性；'气'是既可感的，又常为无形之物；……其浑融虚柔、弥漫充斥、氤氲升降、流动聚散以及可以化无形为有形等特点，显示它的运用者所选择的是一种重视运动变化和模糊把握优势的思辨模式。"③此处的"思辨模式"，似乎首先应该从比喻的层面加以理解，才有可能跟味觉化汉语相与以和：正因为气具有无所不至的可入性和可感性，所以，味觉化汉语的使用者在面对气的所成之物（亦即生活世界）时，采取的方式一定是，或只能是入和感；以感和入面对阴阳两气辟阖而成之物（亦即生活世界），就是对生活世界所能作出的"思辨模式"——一种典型的以味觉为原型的思维进路。气本体成就的世界唯有感和入才能得到体认、得到辨识；入与感是生活世界唯一合法的认识论。唯此，杜甫才可以"感时花溅泪"（杜甫《春望》），焦仲卿之妻才可以以惋惜更兼埋怨的口吻对焦仲卿说"感君区区怀"（佚名《孔雀东南飞》），而殷尧藩才能够"老去谁知感慨生"（殷尧藩《端午日》），欧阳文忠公才可以"感事悲双鬓"（欧阳修《秋怀》）……在气本体治下，时可感、怀可感、慨

---

① 缪希雍：《神农本草经疏》卷1。

② 《说文解字》卷5。

③ 涂光社：《原创在气》，南昌：百花洲文艺出版社，2012年，第19页。

可感、事可感，一切皆可感，而一切唯有感①。

许慎云"到者，至也"，而"至者，鸟飞从高下至地也。从一，一犹地也"②。叔重先生还说："感，动人心也。"③有理由认为：所谓"感到"，就是像"鸟飞"那样灵巧、像"飞鸟"那样机敏地将"感"迅速投"至"生活世界。作为句式的"我感到……"则意味着：我对生活世界有所感，并且是零距离地有所感、快速而无滞碍地有所感，但更是与生活世界同步性地有所感。"我感到……"的关键与机枢，是我必须永远跟生活世界构成一种共时性的所感关系。气本体苦心孤诣地所成之物，那些整体涌动并且始终涌动的事情，也就是那些从猫到缸直至被一榔头砸死的猪隐喻着的生活世界，更倾向于在"动人心也"的刹那间，迅速地被感到；而不是"悠然见南山"那般，随意地被看见。被感到的本质或精髓，就是快速地被舔舐。舔舐充满了强烈的主观性，大方、满是性情、从不将自己当外人，更醉心于同生活世界共时性地打成一片，更乐于跟味觉化汉语的本性暗通款曲；被看见则意味着生活世界被生活者尽收眼底，生活者却更愿意与生活世界保持恰切、适当、稳定、足够安全的距离。被感到更多意味着对生活充满了热情，被看见更多意味着清醒地看待生活，冷静地评估生活，客观地展开生活。在被看见那里，理性从其初潮时或其起始处，就先在地取代、置换了热情；或者，热情必须建立在理性的基础之上，具有说一不二的后置性，仅仅居于第二性征的地位。在"我看见……"那里，甚至"对于某人身体的纯粹感受（也）只不过是一种抽象。如果不感受到外在世界

---

① 对于味觉化汉语时期的中国人来说，在"一切皆可感""一切唯有感"的"一切"中，感时可能是最重要的感，诚如陆机所言："遵四时以叹逝，瞻万物而思纷。悲落叶于劲秋，喜柔条于芳春。心懔懔以怀霜，志眇眇而临云。"吕正惠认为："'叹逝'是因看到'万物'在'四时'的变化而产生的。是从'四时更变化，岁暮一何速'之中，我们才体会到时间的迅速，以及人生的短暂。'感'物，所'感'为何，就是时间的流'逝'；叹'逝'，所'叹'为何，因见物之变化而觉察时间之推移，因此而'叹'。"（吕正惠：《抒情传统与政治现实》，武汉：华中师范大学出版社，2011年，第53页。）

② 许慎：《说文解字》卷12。

③ 许慎：《说文解字》卷10。

的某物，一个人并不能真正地从身体的角度感受到自身"①。金岳霖先生精辟而令人信服地论证过：看见更偏向思，思更多意味着概念和意义，主脑；感到则更倾向于想，想更多意味着万物自身暗含的意味、意味，最后还是意味，主心②。与看的纯粹性和纯正性比起来，感能够动用以及可以动用其至必须动用的，并非某个单一的器官，而是整体性地将眼耳鼻舌身意迅速、快疾地投到（亦即投至）感中，让心顷刻间为之萌动，以便零距离地舔舐生活，也就是"以身体、精神相统一的'整个的人'为（感的）承担者"③。属人的事情（亦即围绕人组建起来的事情）总是在整体性地涌动，与人有关但非人的事情（比如刮风下雨打冰雹）则处于达至自身的永无休止的道途。它们都在人的感与入中，快速地得到了抚摸；人也在入与感中，迅速地获取了对它们的认识——它们的气与味有机会被人如此这般地品尝、品呷和品味，以至于味有回甘。

咸卦的卦象为兑上艮下④，以暗示究竟何为感、到底该怎样去感。对于味觉化汉语思想中这个重大的问题，古今学者多有注意也多所辨析。明人来知德有云："又如咸卦艮为少男，兑为少女。男女相咸之情，莫如季之少者。故周公立爻象曰'拇'、曰'腓'、曰'股'、曰'憧憧'、曰'脢'、曰'辅颊'、曰'舌'，一身皆感焉。"紧接着，来知德还有意犹未尽的品呷，"啧啧"称奇声暗含于、遍布于如下字句："盖艮止则感之专，兑悦则应之至。是以四体百骸，从拇而上，自舌而下，无往而非感矣。"⑤依照来氏之见，咸象征着阴阳交合，所以咸有感义，有皆义，有和义。但其间的重心，仍然得落实于"一身""皆"有所"感焉"、"一身""皆"有能力用于"感焉"——感尤其"敏"于"感"，才是其间的关键。对咸卦的经文和来氏对经文的精彩解析，贡华南有着更加深入骨髓的理解与

① [美]理查德·舒斯特曼：《身体意识与身体美学》，程相占译，北京：商务印书馆，2011年，第106页。

② 参见金岳霖：《金岳霖全集》第3卷（上），北京：人民出版社，2013年，第328页。

③ 贡华南：《味与味道》，桂林：广西师范大学出版社，2015年，第214页。

④ 《易·咸》的全文是："《咸》：亨。利贞。取女吉。初六，咸其拇。六二，咸其腓，凶。居吉。九三，咸其股，执其随，往吝。九四，贞吉。悔亡。憧憧往来，朋从尔思。九五，咸其脢，无悔。上六，咸其辅颊舌。"

⑤ 来知德：《周易集注·象》。

道说："'感'是以'味'为原型的一种存在者之间的交往方式、思考方式，同时也是一种存在方式，即物与人这种持续交互作用的方式。"①感是味的延伸，但更是味的形象化，或者肉身化。感的核心和内里，皆被认为必将落实于品与尝，落实于共时性地知生活之味；而人顶好以自己为兑（或艮），以生活为艮（或兑），以便人与生活最终达至"艮止则感之专，兑悦则应之至"的两情相悦、两相交融之境——这便是气本体所要求的那种特殊的"思辨模式"。它跟体温适宜的身心（意味）——而不是跟终日算计和计算着的大脑（概念、意义）——相偎依。此中情形，正如蜀人宋炜对放荡的渴望，对隐秘之快感的殷切期许——

> 整整一生的耳鬓厮磨中，每一天
> 他们都在别离：一个房间中的咫尺天涯。
> 但每一个情人都是无穷尽的，每一个
> 一住无复的情人都仅仅走出了一步。
>
> （宋炜《对手》）

王树人在分析"道可道，非常道"时指出："'道'只可'体'，而不可'言'。只有'体'，才能入于'道'内，而与'道'通。整体直观之'观'，'观其复'、'观其妙'之'观'，不是'道'外之'观'，而是入于'道'内之领悟。"②既然王氏以"入"释"体"（还有原本视觉性的"观"），其体就等于或者至少约等于贡华南所说的感；感、体（还有观）尽皆以入为其基本特性与进路。王树人试图以体为基础，开出他心目中中国文化特有的象思维；贡华南慧眼独具，他以感为基础，成功地开出了他心目中中国文化特有的味思维③。为此，贡华南还专门发明了一个特殊并且形象化的术语：感思，亦即以"一身皆'感'焉"的整个身-心去思。感思的含

---

① 贡华南：《味与味道》，桂林：广西师范大学出版社，2015年，第99—100页。

② 王树人：《回归原创之思："象思维"视野下的中国智慧》，南京：江苏人民出版社，2012年，第3页。

③ 为此，贡氏除了《味与味道》外，还另有大著《味觉思想》（北京：生活·读书·新知三联书店，2018年），以彰显味思维的内涵与味思维对中国传统思想强劲的解释力。

义是：思就是感，感就是思，思与感不分，感与思水乳交融。因此，感思不如沉思那般，必须在思和思的对象之间拉开距离。贡氏认为，所谓感思，就是"由'感'而思，所思的不是思考对象确定的、如实的'所是'，而是对象对于自己意味着什么"①。感思要求思者尽可能感知对象之饱满，与此同时，去仔细品味对象之真味（亦即万物自身之甜、美以及甘）②。沉思建基于作为句式的"我看见……"，它更乐于追逐客观真相。以德勒兹（Gilles Deleuze）之见，沉思"首先是看和说，但是在此条件下：眼睛不是停留在事物上，而是提高到'可见性'上；语言不是停留在字词或句子上，而是提高到陈述上"③。与沉思大不相同，感思建基于气本体所成之物的基本要求和嗜好，亦即作为句式的"我感到……"；"我感到……"首先意味着人必须入乎生活之内，进而与生活世界进行深度交合，以达至"无往而非感矣"的交融之境。因此，味觉化汉语的直观特性（或曰肉体特性）、世俗特性的核心实质④，必将落实于感思之上；唯有感思，才是味觉化汉语舔舐万物的思维利器，是气本体所成之物所要求的那种特定的认识论。

二、感，诗（兴）

有一段极为著名的甲骨卜辞是这样的：

> 癸卯卜，今日雨。
> 其自西来雨？
> 其自东来雨？

---

① 贡华南：《味与味道》，桂林：广西师范大学出版社，2015年，第214页。

② 参见[日]笠原仲二：《古代中国人的美意识》，北京：生活·读书·新知三联书店，1988年，第18页、第97页。

③ [法]吉尔·德勒兹：《哲学和权力的谈判》，刘汉全译，北京：商务印书馆，2001年，第109页。

④ 关于古代汉语的直观性和肉体性可参见敬文东：《词语：百年新诗的基本问题——以欧阳江河为中心》，载《中国现代文学研究丛刊》2017年第10期；敬文东：《从超验语气到与诗无关》，载《中国现代文学研究丛刊》2018年第10期。

> 其自北来雨？
> 其自南来雨？①

　　傅道彬为这段甲骨卜辞给出的精妙解释，涉及兴观群怨之中的兴，"看似寻常的祈雨卜辞其实是宗教祭祀中的诗歌孑遗，原始兴舞与歌诗一起表现着宗教祭祀的庄严与宏大，祭祀与歌舞的不断重复，积淀在早期人类的情感世界，成为引发人类兴致的心理结构……诗总体现着原始人类热烈而兴奋的生命情感，风习既久，兴便是兴趣、兴致，是诗的情感内容，从而演变成诗的艺术形式，兴于是成了诗的同义语"②。傅氏之言暗含了一个结论：所谓起兴，就是面对纷纭、驳杂的生活世界，人必得真有所感并且深有所感（"动人心也"）；叶嘉莹女士恰当地谓之为"兴是由物及心的"③。李仲蒙则说："触物以起情，谓之兴，物动情者也。"④唯有由物而心，才能让心有感于物，才能"触物以起情"。气本体所生、所造之物被人有所"感"以"入"于人心，故而成兴；因此，兴乃饱满的情感、生命的激扬、内心的动荡，它急需要"一身皆感焉"作为必要的物质基础。子曰："《诗》可以兴，可以观，可以群，可以怨。"⑤夫子之所以乐于将兴置诸兴观群怨之首，是因为四者当中，兴恰如傅道彬暗示过的那样，很可能真的最得感思之精髓。或者，较之于其他三者，兴更能在凝结感思的过程中，把感思肉身化；或在肉身化感思的过程中，迅速将感思凝结起来⑥。因此，兴在本质上，是对万物贴身性和及肉性的饱满之感；感物乃

---

① 郭沫若：《卜辞通纂》第375片，北京：科学出版社，1982年，第368页。

② 傅道彬：《诗可以观》，北京：中华书局，2010年，第161页。

③ 叶嘉莹：《叶嘉莹说诗讲稿》，北京：中华书局，2008年，第21页。

④ 胡寅：《斐然集·致李叔易》引宋李仲蒙。

⑤ 《论语·阳货》。

⑥ 王夫之之言也许可以为傅道彬做一旁证："于所兴而可观，其兴也深；于所观而可兴，其观也审；以其群者而怨，怨愈不忘；以其怨者而群，群乃益挚。"（王夫之《姜斋诗话》卷上）

是一种零距离的应物方式①。兴从一开始，就不是远距离地看，更不可能是视觉中心主义规定的那种沉思；和感物相比，看物乃是一种远距离的应物方式②。正是在零距离应物方式（亦即感物）的观照下，世界才能以情理交融、情理难分的混沌和囫囵状态，被递交到有心人那里，为有心人所品咂，被有心人"口味之也"。

贡华南的观点来得既干脆，又简洁："'感'不是情，不过感可生情，情为实，由感而知人生的实在。儒家立足于'感'，'感'是实在且可以推己及人。他们认为，这种'感'是确证人生实在的基础，换言之，无感则无实在的人生。"③在现象学家那里，所谓情，不过是"生存时间结构造成的意义波澜"而已④。正是在贡华南已经道说分明的这个层面上，兴意味着具备"实在人生"的诸多人等对外物（亦即生活世界）深有感焉；而深有所感于时间之中的物，就一定会获取"生存时间结构造成的意义波澜"——对时间的极度敏感，乃是味觉化汉语的基本特性之一⑤。不用说，发出"关关"之声的"雎鸠"，让闻之者莫名心动；虽然莫名心动还远不是纯然之思（或情），但已经包含着思（或情）最原始的胚胎。依其本义，

---

① 李泽厚对这种应物方式、这种能够起兴之感，有生动而富有启发性的猜测：以乐舞为基本形式的巫术祭祀"不是某种被动的请求、祈愿，而是充满主动精神（从行为动作到心理意识）的活动成了关键……它是身心一体而非灵肉两分，它重活动过程而非重客观对象。因为'神明'只出现在这不可言说不可限定的身心并举的狂热的巫术活动本身中……'神'的存在与人的活动不可分，'神'没有独立自足的超越或超验性质"。（李泽厚：《己卯五说》，北京：生活·读书·新知三联书店，2008年，第164页。）

② 关于远距离的应物方式和零距离的应物方式请参见敬文东：《李洱诗学问题》（之一），载《文艺争鸣》2019年第7期。

③ 贡华南：《感思与沉思》，载《中国哲学史》2004年第3期。

④ 张祥龙：《拒秦兴汉与应对佛教的儒家哲学》，桂林：广西师范大学出版社，2012年，第33页。

⑤ 这方面的例子真是举不胜举，比如在《古诗十九首》中，感叹时间流逝的诗句太多了："人生天地间，忽如远行客"（《青青陵上柏》）、"人生寄一世，奄忽若飚尘"（《今日良宴会》）、"四时更变化，岁暮一何速"（《东城高且长》）、"浩浩阴阳移，年岁如朝露"（《驱车上东门》）、"出郭门直视，但见丘与坟"（《去者日以疏》）。《庄子·知北游》则谓："人生天地之间，若白驹之过隙，忽然而已。"曹植则说"人生处一世，去若朝露晞"（《赠白马王彪》）、"人居一世间，忽若风吹尘"（《薤露》）。《北史·韩凤传》有言："更可怜人生如寄，唯当行乐，何用愁为？"

思与感在其起始处，就必须相互交织；而作为感思之中的那个思，亦即君子试图"寤寐求之"的"窈窕淑女"在被"关关"着的"雎鸠"深有所感的某个顷刻间，就已经必然性地出现在兴（或感）之中。正是在这个角度上，可以同意傅道彬的精辟断言：兴是诗的同义语。事实上，感思或者兴都不是纯然之思；与气思想、气观念相依偎的味觉化汉语也不支持纯然之思。对物的感思，也就是气本体的所成之物让人心动而起兴，深刻且有趣地意味着：被感之物对有感于此物的那个人究竟意味着什么、应该意味着什么，却不是被感之物自身之"所是"（概念或意义）到底是什么。不用说，味觉化汉语随处、随时都可以起兴，都能够起兴①，它当然有能力搞清楚被感之物的"所是"究竟是何模样、有何颜值；但在味觉化汉语看来，对于感物者而言，被感思的那个物自身之"所是"到底是什么一点都不重要。

　　自古以来，衡文论诗以气者，其来尚矣，良有以也。李泽厚恰如其分地认为，气是一个很难被诉说清楚的概念。假如真要想"强为之名"②那般强为之解的话，李氏建议不妨这么看："'气'身兼道德与生命、物质与精神的双重特点；它作为一种凝聚理性而可以释放出能量来的感性生命力量，是由孟子首先提出来的。"③正所谓"我善养吾浩然之气"是也④。李泽厚的看法固然很精辟，却似乎解除了气的本体地位和始基身份，还将气给刻意地道德–伦理化了。事实上，历代以气衡文论诗者，基本上走的都

---

　　① 此处说味觉化汉语"随处、随时都可以和能够起兴"并不冒险。张枣对汉语诗性的深刻体认可以道明这一点（张枣：《朝向语言风景的危险旅行——当代中国诗歌的元诗诗歌结构和写者姿态》，载《上海文学》2001年第1期），费诺洛萨关于汉语最适宜于诗的观点，也能证明这一点（[美]费诺洛萨：《作为诗歌手段的中国文字》，赵毅衡译，载[美]庞德：《庞德诗选——比萨诗章》，黄运特译，张子清校订，桂林：漓江出版社，1998年，第249页）。

　　② 《老子》第二十五章。

　　③ 李泽厚：《华夏美学》，北京：生活·读书·新知三联书店，2008年，第69页。

　　④ 《孟子·公孙丑上》。

是非本体论、非始基化的路子①：

> 文以气为主，诗亦然。诗者，所以发越情思，而播于声歌者也。是气也，不抑则不张，不激而不扬。②
>
> 诗有本末，体气本也，字句末也。本可以兼末，末不可以兼本。……今之学者，专心于字法、诗眼，于古人所称佳句已不能识，又安知有体气耶？③
>
> 文章当以理致为心肾，气调为筋骨，事义为皮肤，华丽为冠冕。④
>
> 凡文不足以动人，所以动人者，气也；凡文不足以入人，所以入人者，情也。气集而文昌，情深而文挚。气昌而文挚，天下之至文也。⑤
>
> 散句易于散漫，故白话文不能增长意气……排句整饬，然排句玩熟了，易成滥调。……为文须用排句以壮其"势"，以散句易畅

---

① 关于这个问题，无须征引浩若烟海的文献，仅看看杨星映女士如何解析曹丕的文气说即可："孟子的'知言养气'论对文学理论产生了很大影响，但这是指'至大至刚'的道德境界而言，属于儒家伦理哲学范畴。'气'作为文学范畴，以曹丕《典论·论文》为开端，其中有三段五处说到'气'。第一段说：'文以气为主，气之清浊有体，不可力强而致。譬诸音乐，曲度虽均，节奏同检，至以引气不齐，巧拙有素，虽在父兄，不能以移子弟。'这里'文以气为主'的气，指作家的主观精神与创作个性所形成的气质才性。'气之清浊有体'的气，指作为宇宙万物基始物质的气。'引气不齐'的气，指人的体气。第二段说：'王粲长于辞赋，徐干时有齐气，然粲之匹也。'第三段说：'孔融体气高妙，有过人者；然不能持论，理不胜辞；以至乎杂以嘲戏；及其所善，扬、班俦也。'这两处'气'指作家气质才性在作品中的体现，还涉及地理环境和民风民俗等作家生活环境对气质才性的影响。可见，文气范畴一出现就具有浑融性、多义性的特点，涵盖了文学的本源、创作主体的身心特征及其环境映射、创作主体精神意志对创作客体的投射贯注等诸多方面。其后以气范畴论文学，就分别从文学的本源、创作主体的精神品格和创作客体的审美特质三个方面衍生开去。"（杨星映：《试论以气、象、味为核心的中国古代文论元范畴》，载《西南大学学报》2011年第6期。）

② 卫宗武：《秋声集》卷5。

③ 许学夷：《诗源辩体》卷34。

④ 颜之推：《颜氏家训·文章》。

⑤ 章学诚：《文史通义·史德》。

其"气"。①

…………

此类言论在中国文论史（包括诗学史）上比比皆是②。在不太多的例外者中，享乐主义者白居易的道说显得既很有趣，也十分打眼："天地间有粹灵气焉，万类皆得之，而人居多；就人中，文人得之又居多。盖是气，凝为性，发为志，散为文。"③气作为"万类"之始基和本体，人、诗、文作为"万类"当中体量极小的一部分，在白氏笔下得到了很好的呈现：气本体所到之处乃有"万类"，因而有人、有性、有志、有文（或诗）④。古人颇为坚定地认为："民有好恶喜怒哀乐，生于六气。是故审明宜类，以制六志。"⑤作为本体的六气在聚散、撒播、升降的过程中，得以降生六志（亦即"好恶喜怒哀乐"）。依照气本体的基本脾性和特殊嗜好，六志只可能零距离地被人体、被人感，不能远距离地被人看、被人观。六志的外在形貌——所谓喜怒形于色所推重的那个色——并不重要，或顶多拥有表面上的重要性；对六志自身之兴味的仔细品咂，才是真正的关键，才是重中之重。"好恶喜怒哀乐"是失和、违和的产物，是心之"平"被打破才出现的局面（所谓"大凡物不得其平则鸣"⑥），因此，六志意味着"动人心也"，意味着感思和兴，但归根到底意味着诗。有如白居易说过的那样，诗乃气本体所生、所造之物；它是生活世界的一部分，虽然体量过于矮小，其重要性却与其体量恰成反比关系，俗语所谓"秤砣虽小压千斤"。在味觉化汉语思想的最深处，诗被认为只能被品咂，亦即只能被感、被入。诗引发的是感思；唯有以感思为途径，才能正确地理解诗，亦即从诗自身的层面和自身的角度理解诗，也就是老子乐于倡导的"以身观

----

① 顾随：《中国古典文心》，北京：北京大学出版社，2014年，第160页。

② 但也有例外，今人夏静对气与文学之间的关系在本体论的层面上颇有斩获（参见夏静：《文气话语形态研究》，北京：商务印书馆，2014年，第123页以下）。

③ 白居易：《白氏长庆集·故京兆元少尹文集序》。

④ 有意思的是，以气为本体论诗的白居易，却没有逃脱以气为非本体论诗之人的责难：元白"力勍而气孱,乃都市豪估耳"（司空图《与王驾评诗》）。

⑤ 《左传·昭公二十五年》。

⑥ 韩愈：《送孟东野序》。

身，以家观家，以乡观乡，以邦观邦，以天下观天下"①。就连气本体也只有以感思为方式，才能在如其所是（as it is）的层面上得到理解 —— 这是味觉化汉语的题中应有之义，无须多论。因此，从气的非本体化、非始基化路数出发理解古典汉语诗歌而获取的所有概念，比如气韵、气象、气势、气脉、神气、清气、逸气，甚至以气为主，等等，都具有说不清道不明的特性。但诸多概念到底抹不去各自内部原本就暗藏的气本体的痕迹，因而诸多概念仍然可以被感、被入；它们在以味觉化汉语为母语的有心人那里，自动拥有了"可以意会，而不可以言传"②的基本特征。所谓意会者，感思也，入也，兴也，"口味之也"。张枣在其诗作中，早已颇具"会心"地展开了与"会心"相匹配的行动：

> 船长呵你的坏女人
> 还没有打开水之窗。而我开始舔了
> 我舔着空气中明净的衣裳
>
> 我舔着被书页两脚夹紧的锦缎的
> 小飘带；直到舔交换成被舔
> 我宁愿终身被舔而不愿去生活。
>
> （张枣《祖国丛书》）

三、象，诗

有人经过一番辛苦爬梳后进而认为，在古典中国，与"形"连言合称而为"形象"的那个"象"，曾经经历过一系列漫长的演变：作为动物的象（亦即 elephant）→模仿、效法→想象→舞曲名、乐官→天象③。犹如众多诗家更愿意从非本体化的层面看待气一样，象在如此这般的演变过程

---

① 《老子》第五十四章。

② 刘大櫆：《论文偶记》。

③ 参见杨星映等：《中国古代文论元范畴论析》，上海：上海古籍出版社，2015年，第167—175页。

中，也通常被看成非本体化的。非本体化的好处，是可以较为容易地将象落到实处，以便从纯粹鉴赏学的角度，务实地解决具体而微的诗学问题（或其他重要问题）①；其缺点，则是有可能过度矮化了与气本体相连之象更为丰富的内涵，附带着，还有可能抹去了气本体治下的象更为内在的质地②。张义宾认为，象的本体化地位颇为完美地出现在《周易》中："在天成象，在地成形，变化见矣。"③对于这份十二字真经，张义宾乐于给出的解释是："阳、乾、天作为本体都是'象'，为无（形）；阴、坤、地作为现象都属'形'，为有（形）。"④依高亨先生之佳注，天乃乾，为阳气，主辟，它始物；地乃坤，为阴气，主阖，它成物。道分开即为阴阳二气（老子所谓的"一生二"），阴阳二气合则为一（道）。道与气从根本上是一致的。以此为基础，张义宾另有大胆的发挥："由于阴阳不可分，故形与象可并称为'形象'。……在确定的'形'中含有不确定的'象'，有（形）中含着无（形）。由于'象'（乾）具有本体意义，是物之本源，因为它比'形'（坤）更加重要，故'形象'一词在指称某物有确切之定形的同时，更强调此物所具有的本体论意义。"⑤循此理解－解释的思路，在张义宾看来，《老子》似乎也有大致相若的看法："大象无形。"⑥象是看不见的，它尚无定形⑦。总而言之一句话，和有定型的形比起来，无定型之象的存在状态毋宁是：它恰似"将飞而未翔"⑧的鸟儿那样，将"现"而"未形"⑨。

---

① 关于中国传统诗学的重心主要在鉴赏学方面的论述请参见敬文东：《说诗话》，载《汉诗》2016年冬季卷。

② 因为从非本体化层面亦即意象、具象的角度谈论象的论著很多，故此处从略，本书主要从与气本体相连的角度论象。特此说明。

③ 《易·系辞上》。

④ 张义宾：《中国古代气论文学观》，太原：山西人民出版社，2003年，第55页。

⑤ 张义宾：《中国古代气论文学观》，太原：山西人民出版社，2003年，第55页。

⑥ 《老子》第四十一章。

⑦ 贡华南对此的解释是："老子之'大象无形'崇尚的是具体未分化特征的'象'，而表现出贬低形体之分化、分离的趋向。'象'既指形式，又指实质，乃形式与实质未分之统一体。"（贡华南：《从无形、形名到"形而上"》，载《学术月刊》2009年第6期。）此亦可聊备一格。

⑧ 曹植：《洛神赋》。

⑨ 参见贡华南：《味与味道》，桂林：广西师范大学出版社，2015年，第193页。

　　仔细揣摩似可发现，《周易》的本义也许是：阳气"在天成象"，阴气"在地成形"，故而出现了生活世界生生不已的万千变化。"成者，就也。"①"《广韵》曰：'就，成也。迎也。即也'。"②在此，"成象""成形"之"成"字似有生产义、生成义，无呈现义。形、象因其被生产和生成，才会有万千变化出现（"变化见矣"）；形、象因其不被呈现于天空和地面，而无本体义。张义宾的精辟之论或有可商榷之处：象是阳气的产物，它本身并不等同于阳气；象即使碰巧可以成为本体，相较于气本体也只能是、只可以是次一级的本体，它更有可能是临时性的、替代性的③。象可以与形构成对等和对称关系，一般情况下，却不可以也不可能对称、对等于气，张载因之而有笃定之言："有气方有象，虽未形，不害象在其中矣。"④《荀子》也曾先于正蒙先生提到"奸声感人"而"逆气成象"，"正声感人"而"顺气成象"⑤。虽然形和象尽皆受孕和出源于气而均非本体，但也唯有成象、成形两相叠加，才能最终成物（亦即成象＋成形＝成物）。《列子》说得很睿智，也颇为机巧："有形者，有形形者。……形之所形者实矣，而形形者未尝有。"⑥形者当然出自形形者（亦即赋形者）；形者自有其固定之型（亦即"实矣"），形形者却是不可得而见之的本体，亦即无、道和气（亦即"未尝有"）——而"阴阳，气之大者也"⑦。除此之外，《列子》还似乎意犹未尽地说："有味者，有味味者……味之所味者尝矣，而味味者未尝呈。"⑧味者当然出自味味者（亦即赋味者）；凡味者必有其可被品尝之味，而味味者却是不可得而见之的无、道和气（亦即"未尝呈"）。所谓成物，就是从根子上、从骨殖深处意味着成味；或者：成物原本就是成味——味乃万物之魂⑨。唯有有形有象于同一时刻、

---

①　许慎：《说文解字》卷14。

②　许慎：《说文解字》卷5段注。

③　象只在功能论的意义上有可能成为本体，但这个是替代性的。详论见后。

④　张载：《易说·系辞下》。

⑤　《荀子·乐论》。

⑥　《列子·天瑞》。

⑦　《庄子·则阳》。

⑧　《列子·天瑞》。

⑨　参见敬文东：《味与诗》，载《南方文坛》2018年第5期。

同一地点者，方能有物，方可为物。因是之故，将"现"而"未形"之谓"象"就暗含着一个基本的道理：唯有形与象合，才能让形与象分别有味；单独的形、单独的象尽皆无味。这一秘密，就隐藏在气本体支持的创世－成物论之中：气同时造就物之象（天）和物之形（地），没有象，形毫无意义；没有形，象无所依附。在味觉化汉语思想的腹心地带，气为万物赋味时，会必然性地遵循"一阴一阳之谓道"①的基本准则。因此，它令形与象（阴阳）彼此配合、不可偏废；要达至不可偏废、彼此配合的绝佳之境，最行之有效的办法，也许就是让形与象在各自单身、寡居的情况下均不可得味。因此，有形有象的"清欢"在东坡居士那里可以有味："人间有味是清欢"（苏轼《浣溪沙·细雨斜风作晓寒》）；出于完全相同的道理，得形又得象的"世事"在放翁那里，当然也可以有味："世味年来薄似纱"（陆游《临安春雨初霁》）……诸如此类，不一而足。

《孟子》颇为自得地说："万物皆被于我。"②五百年后，赵岐有注云："物，事也。"再过了一千多年，王阳明终于将赵岐之注给具体化了："意在于事亲，即事亲便是一物；意在于事君，事君便是一物；意在于仁民爱物，即仁民爱物便是一物；意在于视动言听，视动言听便是一物。"③物与事之间的随意转换、如意切换，"意"始而与有力焉，继而与有荣焉。以味觉化汉语之见，气本体之所成与其为物，远不如为事："意"致而已矣。万事围绕万物以组建自身，因此，万事先在地囊括了万物；无物便无事，有事必有物。在味觉化汉语的念想中，万事之合和所能构成的，不是机械性的物理世界，只能是整体涌动着的生活世界，也就是从猫到缸到油到猫儿姐姐烙馍馍，快疾抵达被"一榔头砸死"的猪。更加重要也更为关键的是：气本体唯有以"在天成象""在地成形"为途径，才能创生万花筒般的生活世界。有如万物那般，万事（亦即生活世界）不仅有形，也尽皆有象；事围绕物为中心以组建自身，事之象与形必然尽皆有味。将"现"而"未形"谓之象，因此，事（物）既有形，也有向形迈进却始终不彻底走向定形的象。形与象不可分：说到形，就意味着象必定同时在场；说到象，

---

① 《易·系辞上》。

② 《孟子·尽心上》。

③ 王阳明：《传习录》卷1。

就意味着形必定随时恭候在侧——恰如张义宾所言。贡华南雄辩地证明过：以感或入为基础的范畴，在早期汉语思想中被称为象；或者：象意味着被感，尤其意味着时刻等待着被感①。形与始终向形发展的象彼此合作，以至于在成物（成事）的同时得以成味；对象深有所感不仅意味着以"一身皆感焉"的整个身心去感事（物）而思，更是感事（物）之味而思。《周易》因之而有言："易无思也，无为也，寂然不动，感而遂通天下之故。"②易无思、无为、无动，却处处皆感。《世说新语》亦有大致相同的道说："易何以为体？答曰：以感为体。"③感、体都意味着入。易无思是感的前提——无思意味着专心致志地开放自己的所感功能；体则是通的条件——正所谓"往来不穷谓之通"④。而"圣人立象以尽意"⑤。就这样，味觉化汉语思想甫一出世，便以"我感到……"为其基本句式，立即将感、象、意统合在一起：感就是深有所感于生活世界之象（形自在象旁或象侧）；而意在味中，意始终是有生命的意、有机的意；象无形却可以被感，象因此能够极好地尽意——唯有通过感，象方可一尽其意。在味觉化汉语思想中，"我"只有调动全部身心以便真切而朦胧地"感到"象（亦即"我"深有所"感"于象），"我"才能获知生活（或生活世界）之意、尽得万事之味。

气本体创造的生活世界在吁请有心人对它有所感、有所入。所谓有所感于生活，主要是感生活世界之象，却非生活世界之形。这是因为形实有、坚固、定型、执拗、轮廓分明，它似乎更倾向于视觉。事实上，"'形'指与视觉（目）相对应的形状"⑥。象模糊、氤氲、朦胧、有蒸腾貌，它一片混沌，似乎更倾心于肌肤。因此，将"现"而"未形"谓之象自有其深刻的内涵：象始终在作势走向形、蓄势迈向形，却始终不愿也不会成为形；象仅仅停留在蓄势、作势的状态，并不打算真的有所行动。因此，

---

① 参见贡华南：《味与味道》，桂林：广西师范大学出版社，2015年，第215页。

② 《易·系词下》。

③ 《世说新语·文学》。

④ 《易·系辞上》。

⑤ 《易·系辞上》。

⑥ 贡华南：《从无形、形名到形而上》，载《学术月刊》2009年第6期。

韩康伯说："兆见曰象。"①象以几微之"兆"的方式被呈现；但这种性状和方式的呈现只可感，不可视，因为"兆"既小到难以被肉眼所分辨的地步，却又留下了让感可以有所感的恰当空间，既不多，也不少。生活之象（亦即"兆"）暗含的趋势（亦即蓄势、作势等），乃是富有包孕性的动作：势是行动的胚胎，势在孕育行动，但势本身还不是行动，却又有特定而具体的趋向——向形迈进。在这里，势乃矢量（vector）也，无所谓"白天的残余"（day residues）②。因此，感生活世界之象更深层、更具体的意思，是感生活世界之势（亦即感势）。刘咸炘提出了感势的基本路径或者基本要义："观事实之始末，入也；查风势的变迁，出也。"③生活之势需要感势者能够入乎势之内，还得出乎势之外。势乃蓄势待"发"却始终未"发"并且最终不可能"发"的趋势、走势、态势和形势；它孕育行动却自身并非行动则自有其意味：势暗含着抑制不住的勃勃生机，它就像汩汩泉水，像熊熊地火，在地下暗自涌动或燃烧。势就是生机、生气和生意的微型仓库，或微型培养基。因此，感生活世界之势（感势）更深层、更精微的意思，是感生活世界之生机、生意和生气（亦即感生）。这就是"生生之谓易"④最真实的含义。熊秉明说得好，达·芬奇的"宇宙论里没有神，只有神秘；没有恶魔，然而充满诱惑"⑤。对于中国人来说，宇宙的诱惑力主要来源于生，恰如《周易》之所说："夫乾，其静也专，其动也直，是以大生焉。夫坤，其静也翕，其动也辟，是以广生焉。"⑥

　　在味觉化汉语思想里暗含着一个被隐藏多时的观点：感生才是古典汉语诗歌的核心之所在。"满眼不堪三月喜，举头已觉千山绿"（辛弃疾《满江红》），"春风春雨花经眼，江北江南水拍天"（黄庭坚《次元明韵寄子由》），"朝来新火起新烟，湖色春光净客船"（杜甫《清明二首》之一），

　　①　韩康伯：《易·系辞上》注。

　　②　[英]彼得·伯克：《文化史的风景》，丰华琴等译，北京：北京大学出版社，2013年，第27页。

　　③　黄曙辉编校：《刘咸炘学术论集·文学讲义编》，桂林：广西师范大学出版社，2007年，第233页。

　　④　《易·系辞上》。

　　⑤　熊秉明：《熊秉明美术随笔》，北京：人民文学出版社，2008年，第66页。

　　⑥　《易·系辞上》。

"小楼一夜听春雨，深巷明朝卖杏花"（陆游《临安春雨初霁》），"啼莺舞燕，小桥流水飞红"（白朴《天净沙·春》），"残雪暗随冰笋滴，新春偷向柳梢归"（张来《春日》）……这种以感生为务的诗句，这些极尽感生之能事的妙语，在古典汉语诗歌史上可谓在在皆是，其数量早已"多于"（而非"多如"）过江之鲫。即便是"千山鸟飞绝，万径人踪灭"那种看似无生可感的枯萎境地，在气本体的精心关照下，也大有生在，可供诗与诗人尽情地感之、快乐地入之：一叶孤舟上披着蓑衣独自钓雪的孤单老者，正以其大写意的方式，不动声色地把将"现"而"未形"的迫人的生机、生意、生气和盘托出。而"人生得意须尽欢，莫使金樽空对月"（李白《将进酒》），"偏坐金鞍调白羽，纷纷射杀五单于"（王维《少年行》其四），"但使龙城飞将在，不教胡马度阴山"（王昌龄《出塞》其一）云云，则将人生的快意、豪迈、掩饰不住猛生巨动纳入诗中，让诗顿时有如牛的前腱、后腱那般，充满了力量①。即使是哀叹式的"万里悲秋常作客，百年多病独登台"（杜甫《登高》）、"夕阳无限好，只是近黄昏"（李商隐《乐游原》）、"白骨露于野，千里无鸡鸣"（曹操《蒿里行》）、"眼枯即见骨，天地终无情"（杜甫《新安吏》）……也必须从生意、生机和生气的反面看过去，才能更好、更深入地得到理解：正因为缺乏生，所以，以感生为务的古典汉语诗歌反而对这种状况更感兴趣，更有热情；缺乏生既要呼唤更多的生，也让诗更醒目地感知生之缺失，因而更能清晰地觉察到感生之宝贵②。一切委顿之物唯有在生意、生机和生气的映衬下，才更能显出枯萎中暗含的顽强的生意，尤其是对生意的渴望。"眼枯即见骨"的反面是渴望健康的生意；因此，味觉化汉语诗歌始终和善紧靠在一起，与悲悯相依偎。

古典汉语诗歌③以感生为务，因此，感生是古典汉语诗歌的总主题和

---

①　一般来说，汉文化以主静而不主动为特色（参见徐复观：《中国艺术精神》，上海：华东师范大学出版社，2001年，第16—20页），但这并不意味着汉文化忽视动。事实上，它更强调静中之动，亦即被汉语的羞涩感有意掩藏起来的那种动，这在古典汉语诗歌中得到了极为完美的表现，比如王维的名句"雨中山果落，灯下草虫鸣"（王维《秋夜独坐》）。

②　参见钱钟书：《七缀集》，北京：生活·读书·新知三联书店，2002年，第115—132页。

③　龚鹏程认为，诗很早就跟歌分家了，因此，将"诗"说成"诗歌"仅仅是习惯使然（参见龚鹏程：《中国文学史》，北京：东方出版社，2015年，第60页），此处依然以尊重习惯为务。

总任务；感生是气本体给出律令，律令之严格，几近于康德所谓的"绝对"（亦即绝对律令），因此，感生具有本体化的功能。这就是说，感生是气本体通过创造将"现"而"未形"之象，进而创造汉语古典诗歌的桥梁；感生就像是气本体派出的钦差大臣，在味觉化汉语自身伦理的帮助下，接受气本体的委托，创生了古典汉语诗歌，①恰似光居然可以是水火不容之波和粒子组成的共同体。在此，和感生的受造物身份（亦即器）相比，它的创造者身份（亦即本体）也许更为重要。感生的创造者身份意味着：被感之象在功能论的角度 —— 也仅仅是在功能论的角度 —— 具有本体地位，而又不被视为僭越，因为它只是在功能上被委以重任，以至于被认为它可以代天（亦即气本体）行事（亦即创造以感生为表达对象的汉语古典诗歌）。朱良志说得很肯定："真正能够体现中国独特的艺术精神的正在于由'象'所展开的艺术论述中，正是它决定了中国的艺术起源论、审美体验论、艺术表达论、批评方法论，决定了中国审美意象体系的整体框架。正是在这个意义上，与其说中国艺术以'情'为核心，毋宁说它以'象'为核心。"②但仔细考察却不难获知，朱良志所论及的象，只相当于此处所说的形 —— 有定型的那个可视之形；或者，朱氏只是在"形"与"象"连言合称的层面上，去谈论有象定居其间的那个固定之形，那个视觉的对象③。在气本体自成一体的疆域内，形不可能为自己认领到本体地位，它被梦蝶庄生毫不犹豫地认作"物之粗也"，只因为形属于"可以言

---

① 参见[德]本雅明：《发达资本主义时代的抒情诗人》，张旭东等译，北京：生活·读书·新知三联书店，1989年，第189页。

② 朱良志：《中国艺术的生命精神》，合肥：安徽教育出版社，1995年，第171页。

③ 事实上，中国古典诗学上的象基本上只相当于本文的形；它更应该叫形论。今人所谓的具象，实际上就是可视的各种形状的物事等。韩少功的《暗示》就是一部论形的大著，但他用的词却是具象。"具象在《暗示》中根据需要，有时也被称作具象符号或象符。据韩少功及其《暗示》不厌其烦地介绍，具象最常见的面孔有事象（比如张三打了李四一拳）、物象（比如一棵歪着脖子的枣树）、媒象（比如电视里或者报纸上的汽车广告）、环境或氛围（比如让人触景生情的故乡，比如公事公办的办公室）。我们尽可以说，韩少功为具象寻找子孙辈的方法或许略有瑕疵，因为他的分类尺度确有不尽一致之处；但我们只要牢记具象在韩少功那里，始终是与'言'、'文'相对照的东西，大体上也就差不多了。"（敬文东：《具象能拯救知识危机吗？ —— 重评韩少功的〈暗示〉》，载《当代作家评论》2014年第5期。）

论者"的范畴，将"现"而"未形"之象归属于"可以意致者"的领域①。正是在象可以代天行事这个看似不可思议的层面和角度，叶秀山先生才很机智地说："一切艺术作品，作为艺术来说，都是通过'形'来'显示'（指示，zeigen、show、discover……）那个'本体'性的'象'。"②叶先生之所说意味着：通过定型之"形"，去显示、暗示、标识只可以"意致"的"象"，那个几微之"兆"，那个不可视只可感之"兆"。因此，拥有本体身份的感生创造了受造物身份的感生（亦即古典汉语诗歌）；与此同时，受造物身份的感生则完好地体现了本体身份的感生的自由意志——此乃古典汉语诗歌被隐藏起来的大根本，或曰大本根。

四、有机生活，诗

在味觉化汉语自动形成的整一性语境之内，古典汉语诗歌原本就是至为有味之物。因此，它可以被赏诗者们所舔舐，有望被读诗者们所"口味之也"。依麦克卢汉之见，诗乃人的知觉器官的延伸物③。因此，有望被"口味之也"和可以被舔舐的古典汉语诗歌，总是在饱含热情地舔舐着万物（亦即万事）④。舔舐者，感也，入也；而感者，舔舐也，亦入也。在古典中国，诗始终在舔舐（亦即感）万物之生机；诗必须以感生为务。"生生之谓易"当中那个"生生"，不仅意味着作势、蓄势，还在蓄势、作势的基础上，特意强调生出变化（亦即生—变）、生出生本身（亦即生—生）⑤。作势、蓄势意在行动的趋势（亦即有行动的欲望、该欲望具有特定的方向性）；生—变意味着变趋势为行动而意在万物常新，正所谓"日

---

① 《庄子·秋水》。

② 叶秀山：《叶秀山学术文化随笔》，北京：中国青年出版社，1999年，第38—39页。

③ 参见[加]麦克卢汉：《理解媒介》，何道宽译，南京：译林出版社，2011年，第63页。

④ 巴赫金认为，在俄国，至少是陀思妥耶夫斯基式的小说应该是一种知觉器官，不过这跟俄语关系不大，它之得来仅仅归功于俄语的某种特殊用法（参见[美]卡特琳娜·克拉克、[美]迈克尔·霍奎斯特：《米哈伊尔·巴赫金》，语冰译，北京：中国人民大学出版社，2000年，第319页），这和古代汉语诗歌的知觉器官功能直接来自味觉化汉语完全不同。

⑤ 参见杨立华：《一本生生》，北京：生活·读书·新知三联书店，2018年，第3—18页。

新之谓盛德"①、"苟日新，日日新，又日新"②；生 — 生则同样意味着变趋势为行动，而意在万物拥有不竭的生之意志、万事拥有能够不断促成自身涌动的内驱力，不竭且绵长，绵长且强劲。味乃万物（亦即万事）之魂，万物总是处于生生（趋势、生 — 变、生 — 生）构成的大化之流当中。因此，在万物的最深处，生与味必定两相交织，不可分割，也根本无从分割。生（势）安居于味，则生（势）自有意味；味安居于生（势），则味自有生意（势）。正是在此紧要关头，生 — 味成焉，生 — 味出焉，生 — 味兴焉。感生活世界之生气、生机和生意（亦即感生）的真正实质，乃是感生 — 味或对生 — 味有所感。诗以感生为务的实质，是感生 — 味或者有所感于生 — 味。感生 — 味意味着：诗在感生、起兴、生情的同时，必须舔舐万物之味，必须入于万味之中。在味觉思维的统摄和要求下，古典汉语诗歌暗含着一个被长久隐藏起来的自我循环：诗舔舐万物，并将万物之味（亦即万味）纳于自身，让自身成为至为有味之物；作为有味之物，古典汉语诗歌可以被赏诗者和读诗者所舔舐；作为可以被舔舐之物，也作为人的知觉器官样态奇异的延伸物，诗拥有舔舐万物的强烈欲望。这个循环正处于"生生之谓易"的题中应有之义当中：自我循环自当永不止歇；自我循环每发生一次，其周长就会在原来的基础上有所扩大，有所增长③。

以感生 — 味为务的古典汉语诗歌植根于有机生活；有机生活不仅是古典汉语诗歌得以成就自身的优质土壤，还是不二之土壤。有机生活与古典汉语诗歌相辅相成，不可须臾分离。在所有可能的生活形式中，唯有有机生活现实性地成就了古典汉语诗歌；有机生活自身得以存在的前提（或曰枢机），乃在于人为自己谋得的关系主体之身份，但说成人被味觉化汉语赋予了关系主体之身份，也许更合乎实际情形。关系主体首先指涉的是

---

① 《易·系辞上》。

② 《礼记·大学》。

③ 闻一多认为，古典汉语诗歌到两宋之时，无论诗的主题或形式已经完备，此后在体式和主题方面再无发展（参见闻一多：《神话与诗》，上海：上海人民出版社，2005年，第165页）。闻氏之论至为精辟，却并不影响古典汉语诗歌自身在生生不已地循环这个结论，只不过宋以后汉语诗歌的循环有可能其周长不再扩展罢了。

人 — 人关系。在有机生活的场域内，人和他人之间并不构成互为对象的单独主体（或曰单子式主体、对象主体），甚至不构成气色较为温和、不那么剑拔弩张，也不那么怒目金刚般的主体间性（Intersubjectivity）。在古典中国，人从来就不是他人的对象；人作为主体，必定不见容于有机生活。或者，有机生活从来不承认人的单子式主体（对象主体）之地位。陈来因之而有言："正如仁字本身已经包含着个体与他人的联结关系一样，承认他人并与他人结成关系，互相关爱，和谐共生。"[①]其次，关系主体还必然性地意味着人 — 物关系。在古典中国，物（亦即事）从来不是人的对象，或者观照物。

埃里希·弗罗姆（Erich Fromm）曾经比较过英国诗人坦尼森（Alfred Tennyson）和日本诗人松尾芭蕉的诗。他们各自都有一首诗作，用于描述野外散步遇见花朵时生发的感慨。坦尼森的诗这样写道："在墙上的裂缝中有一朵花，/我把它连根一起拿下。/手中的这朵小花，/假如我能懂得你是什么，/根须和一切，一切中的一切，/那我也就知道了什么是上帝和人。"松尾芭蕉的俳句则是这样的："凝神细细望，/篱笆墙下一簇花/悄然正开放！"[②]弗洛姆更赞赏松尾芭蕉面对花朵时的态度，因为后者不像坦尼森那样，以占用花朵为目的；松尾只停留于礼赞花朵自为自在地开放这个生机益然的层面。殊为可惜的是，埃里希·弗罗姆没有机缘领略古典汉语诗歌之妙，否则，他很有可能就不会拿松尾芭蕉作比于坦尼森。松尾笔下的花朵的确在自我开放，却必须仰赖松尾的眼睛；和诗中有我的松尾芭蕉比起来，诗中无我的中国诗人比比皆是：

采菊东篱下，悠然见南山。

（陶渊明《饮酒》其五）

寒波澹澹起，白鸟悠悠下。

---

① 陈来：《仁学本体论》，北京：生活·读书·新知三联书店，2014年，第31页。

② 参见[美]埃里希·弗罗姆：《占有还是生存》，关山译，北京：生活·读书·新知三联书店，1989年，第20 — 21页。

（元好问《叙事留别》）①

"我"何之？"我"消融、散布，以至最终无形于万物。陶渊明、元好问没有像松尾芭蕉那般礼赞万物（花朵）的自在运行，而是干脆将自己无间于万物。因此，所谓有机生活，就是在人与人和睦相处、物与人和谐共生的状态中，方能出现的那种整体性的生活，那种整体性涌动着的事情的集合。在理想情况下，有机生活因预先排除了异己之物，排除了自我矛盾更兼自我冲突之物，更加有利于生生（趋势、生—变、生—生）毫无滞碍地运行自身、把控自身，直至生生无所驻心——亦即无我或忘我——地工作。这种质地饱满的状况，让人的知觉器官以及知觉器官的延伸物更有利也更有力地敏感于生，更有效也更经济地醉心于味和贪心于味。有机生活意味着生—味汁液浓郁、醇厚；生—味无论是被欲望强劲的古典汉语诗歌精心舔舐，还是被古典汉语诗歌纳于自身而让自身终成有味之物，生—味都处于极为饱满、充盈的状态。有机生活是以感生—味为务的古典汉语诗歌的绝配；与其说古典汉语诗歌在舔舐万物、在感万物之生而起兴与生情，远不如说它陶醉于有机生活浑身上下汩汩萌动着的生—味，并将之纳入自身而让自身有味、让自身怀揣勃勃生机。因此，王士禛才说："诗有正味焉。"②令人殊感遗憾的是，王氏居然忽略了与正味私相授受而可以被诗深有所感的生生（趋势、生—变、生—生），但尤其是充盈其间的生—味。

在味觉化汉语思想的稠密地带和腹心地带，有机生活只能出源于气本体，但有机生活也备受宠幸于气本体。对于这个看似隐蔽、难解的问题，张义宾有着极为妥帖并且善解"气"意——而非仅仅善解"人"意——之言："'生'即从无形到有形，由'象'转为'形'，是辟之功用。……'活'是指由无人有而'生'出的'形'具有定相定体，不致消解，保持相对稳定性，此乃阖之作用。故'生活'也即阴阳之'易'，它强调了'世

---

① 在谈论诗词的无我之境时，静安先生很坚决地以这四句诗为例证（参见王国维：《人间词话》，上海：上海古籍出版社，1998年，第1页）。此处当然有拉大旗作虎皮的嫌疑。

② 郎延槐编：《师友诗传录》。

界’的生生本性，‘世界’在生活着，‘生活’就是‘变易’。”①在气本体无微不至地关照下，有机生活（亦即浓郁的生 — 味）成为这个世界的根本所在。围绕关系主体组建起来的所有事情之集合（亦即生活），就是世界的本质；而关系主体仰仗味觉化汉语前赴后继地进行事情生产②，则让这个世界总是处于变动不居的生活状态之中（亦即“‘世界’在生活着”）；居于生活状态的世界充满了生 — 味，只因为气本体治下的生活永远是有机生活，有机生活则在呼唤古典汉语诗歌的诞生，或者，它在暗中为古典汉语诗歌默默地提供有机的养分，并期盼着它的诞生。更重要的是：味觉化汉语行经之处，不仅中国生活是有机的，连中国思想也是有机的。李约瑟（Joseph Needham）的观察很准确，也很有说服力：“在希腊人和印度人发展机械原子论的时候，中国人则发展了有机宇宙哲学。”③这是因为气本体在创世–成物时，时时刻刻都无法离开人，这和希伯来的神有意创造了人迥然有别；气本体创世–成物原本就是为了人，尤其是为了给人提供有机生活。有机生活总是倾向于跟关系主体 —— 尤其是关系主体的生命 —— 联系在一起，因此，关系主体迫切需要有机思想作为自己展开有机生活的行动指南，或者行为准则。关于这个至关重要的问题，牟宗三说得颇为诚恳，也颇为朴实：中西“两个哲学传统的领导概念，一个是生命，另一个是自然。中国文化之开端，哲学观念之呈现，着眼点在生命，故中国文化所关心的是‘生命’，而西方文化的重点，其所关心的是‘自然’或‘外在的对象’（nature or external object），这是领导线索”④。在气本体看来，有机思想和有机生活是配套的，而配套本身，就意味着有机；唯有有机思想，才能保证有机生活的安全，进而保障生 — 味不受到打扰，进而保证了古典汉语诗歌也必将是有机的。

　　有机生活最为直白地意味着生 — 味汁液浓郁、醇厚。因此，主静很

　　① 张义宾：《中国古代气论文学观》，太原：山西人民出版社，2003年，第59页。

　　② 人只能仰仗语言生产事情以改变世界，有关这一点请参见敬文东：《随“贝格尔号”出游》，郑州：河南大学出版社，2010年，第37 — 42页。

　　③ [英]李约瑟：《中国科学技术史》第3卷，《中国科学技术史》翻译小组译，北京：科学出版社，1975年，第337页。

　　④ 牟宗三：《中西哲学之会通十四讲》，上海：上海古籍出版社，1997年，第11页。

可能在动的层面有所减弱，甚或不足（至少动可以被认作没有受到足够的重视），却在生的层面呈现出勃勃之态，大有升腾之象。之所以认定智者喜动，是因为智者更有可能从动中体会到居于趋势之上的生——变，察觉到万物常新，所以，智者不惑[1]。仁者喜静，是因为仁者被认为更容易也更乐于从静中体会到生——生，察觉到"生生之谓易"这个命题自身具有不变性和不易性[2]，所以，仁者无忧[3]。动并不一定是生的最佳体现或形式；生中之静或静中之生或许更有可能成为生的上佳形态，就像没人真的肉眼看见草木生长但草木时刻都在不停地生长。理由似乎很简单：生中之静和静中之生更有利于中国古人感生——味，生中之动或动中之生则像泥鳅一般滑腻，不那么容易被感生——味的中国古人所把握，更何况远超泥鳅之滑那样的剧烈之动呢。动似乎更容易被目击，更适合视觉或者眼睛，不太适合感思，也不太适合零距离的应物原则。有理由认为：仁者比智者更能在静中感生——味；和智者相比，仁者更靠近感思一端[4]。

想象不仅像特里·伊格尔顿（Terry Eagleton）一口咬定的那样，乃是一种特殊的意识形态[5]；在味觉化汉语时期的古典中国，想象更是感生——

---

① 徐子问于孟子，"徐子曰：'仲尼亟称于水曰："水哉！水哉！"何取于水也？'孟子曰：'源泉混混，不舍昼夜；盈科而后进，放乎四海：有本者如是，是之取尔。苟为无本；七八月之间雨集，沟浍皆盈，其涸也，可立而待也！故声闻过情，君子耻之。'"（《孟子·离娄下》）这是对智者的生动解释。

② 钱钟书曾引《易纬乾凿度》等古典著述的言论："易一名而含三义，所谓易也，变易也，不易也。"（钱钟书：《管锥编》卷1，北京：生活·读书·新知三联书店，2007年，第8页。）钱氏以此回应黑格尔对汉语的偏见，但也由此可以看出，仁者能从变动中找出不变、不动的恒常之理。

③ 《孔丛子》写道："子张曰：'仁者何乐于山？'孔子曰：'夫山者，岿然高。'子张曰：'高则何乐尔？'孔子曰：'夫山，草木殖焉，鸟兽蕃焉，财用出焉，直而无私焉，四方皆伐焉。直而无私，兴吐风云，以通乎天地之间；阴阳和合，雨露之泽，万物以成，百姓咸饷。此仁者之所以乐乎山也'。"（《孔丛子·论书》）这当然是对仁者乐山的另一种解释。

④ 仁者中必定有智者的成分，智者中必定有仁者的成分。正是这一点，保证了智者不会被视觉所完全掌控，味觉化仍然是主流。事实上，在中国从来没有绝对分离的思想，甚至连水火都可以兼容，"火，水妃也"（《左传·昭公九年》），"水，火之牡也"（《左传·昭公十七年》）。

⑤ 参见[英]伊格尔顿：《二十世纪西方文论》，伍晓明译，西安：陕西师范大学出版社，1986年，第23—24页。

味的极端形式，最起码也称得上更有力的形式。所谓想象，不过是人对自己头脑中储存的诸多表象进行加工、改造、打磨以形成新形象的心理过程。因此，无论在任何时刻，想象之"象"都将不等同于"在天成象"之"象"，它反倒等同于"在地成形"中的那个"形"；在头脑中加工以成"象"的过程，乃是不折不扣地成"形"的过程①。关于这个问题，庞德在《关于意象主义》一文中，有很好的道说：

> 意象可以有两种。意象可以在大脑中升起，那末意象就是"主观"的。或许外界的因素影响大脑；如果如此，他们被吸收进大脑融化，转化了，又以与它们不同的一个意象出现。其次，意象可以是"客观"的。攫住某些外部场景或行为的情感，事实上把意象带进了头脑；而那个旋涡（中心）又去掉枝叶，只剩那些本质的、或主要的、或戏剧性的特点，于是意象仿佛像外部的原物似的出现了。②

"在天成象"之"象"是气本体的产物；在味觉化汉语时期的中国，以"想象"而"成形"，乃是人以其"一身皆感焉"去深切感受生 — 味的产物。因此，想象的核心在于：感浓郁、醇厚之生 — 味以成形；想象乃是以感生为务的古典汉语诗歌成就自身的渠道之一。不用说，形（亦即想象之"象"，亦即庞德所谓"意象"）乃古典汉语诗歌的根本。王廷相说得很动情："夫诗贵意象透莹，不喜事实黏著，古谓水中之月，镜中之影，可以目睹，难以实求是也。……嗟乎！言征实则寡余味，情直致而难动物也。故示以意象，使人思而咀之，感而契之，邈哉深矣，此诗之大致也。"③这很可能就是古典汉语诗歌需要仰赖、依凭想象的终极原因，或

---

① 屈光先生在引用了李东阳的观点（"意象具卒，始为难得"），尤其是何景明的观点（"意象应曰合，意象乖曰离"）之后，下结论说，所谓"'意之象'就是诗人之意所赖以寄托的物象，'意象'就是意和象"（屈光：《中国古典诗歌意象论》，载《中国社会科学》2002年第3期）。很显然，屈先生那里的"象"正是本文此处的"形"。

② 转引自[英]彼得·琼斯：《〈意象派诗选〉·原编者导论》，载[英]彼得·琼斯编：《意象派诗选》，裘小龙译，桂林：漓江出版社，1986年，第44 — 45页。

③ 王廷相：《与郭价夫学士论诗书》。

根本理由。在仁者那里，静中之生 — 味（亦即有机生活）更易于被感思，因此，中国古典诗歌在整体上更倾向于素静，陶渊明和王摩诘被认为是其中最为杰出的代表；钱钟书则从中西文学比较的角度，干净利索地下结论说："和西洋诗相形之下，中国旧诗大体上显得情感不奔放，说话不唠叨，嗓门儿不提得那么高，力气不使得那么狠，颜色不着得那么浓。"①

《管子》倾向于用生 — 味厚重的语气，如此这般盛赞气本体："凡物之精，比则为生。下生五谷，上为列星。流于天地之间，谓之鬼神；藏于胸中，谓之圣人。是故此气，杲乎如登于天，杳乎如入于渊，淖乎如在于海，卒（崒）乎如在于己。"紧接着，《管子》终于图穷匕见，很是笃定地道出了气与德之间的亲密关系："是故此气也，不可止以力，而可安以德；不可呼以声，而可迎以意。敬守勿失，是谓成德，德成而智出，万物毕得。"②在气本体治下，唯有成德者，方可成物。万物出源于气，而气必与德连。有德之气生万物，人则以德为方式纳气于自身并确保精气勿失，是为成德；气不仅生物，人还能因气而理解万物。对于《管子》在德与气之间构筑的亲密关系，道家几乎持完全赞同的态度："子列子问关尹曰：'至人潜行不窒，蹈火不热，行乎万物之上而不栗，请问何以至于此？'关尹曰：'是纯气之守也，非知巧果敢之列 …… 壹其性，养其气，合其德，以通乎物之所造。未若是者，其天守全，其神无郤，物奚自入焉！'"③儒家不仅完全同意《管子》和道家对气、德关系的相同见解，还更进一步指出：诚不仅是德之内核，甚至是德的最高形式。周敦颐认为，诚意味着人伦道德之大成④。以周氏之见，连圣人也不过是唯诚而已矣⑤；甚至连圣人之教也依然不过是唯诚而已矣。阳明子目光如炬，在他的念想中，"子思括《大学》一书之义为《中庸》首章"，而"大抵中庸工夫只是诚身，诚身之极便是至诚；大学工夫只是诚意，诚意之极便是至善"⑥。周敦颐在论

① 钱钟书：《七缀集》，北京：生活·读书·新知三联书店，2002年，第16页。

② 《管子·内业》。

③ 《庄子·达生》。

④ 参见吴凡明：《周敦颐对"诚"的理论重构》，载《南通师范学院学报》2001年第3期。

⑤ 周敦颐：《通书·诚上》。

⑥ 王阳明：《传习录》卷上。

说诚为德之首时，来得尤为恳切、真挚，并且格外严肃："圣，诚而已矣。诚，五常之本，百行之源也。静无而动有，至正而明达也。五常百行，非诚非也，邪暗塞也，故诚则无事矣。至易而行难，果而确，无难焉。故曰：一日克己复礼，天下归仁焉。"①味觉化汉语思想甫一出世，就乐于在气本体和德、诚之间，建立起不可分割的联系；它们彼此交织，直至你中有我我中有你，以至于达到了牵一发而动全身的地步。

味觉化汉语思想从一开始就知道：想象的本质不仅是感浓郁、醇厚之生 — 味以成形；其所感还自有它特定的方向，只因为感自始至终都必然是矢量：它必须顺着诚给出的特定方向，深有所感于醇厚、浓郁之生 — 味。气本体、德和诚三者密不可分，因是之故，气本体治下的有机生活以及所有的关系主体，还有指导、规范有机生活与关系主体的那些有机思想，都必定以诚为最高德性；有机思想、有机生活、关系主体原本都是诚的承载体 —— 这就是味觉化汉语疆域中想象必须听命于诚的根本理由。虽然诚有能力给如何感思生 — 味指明路径，但诚自身却听之弗能闻，视之弗能见，唯有用感这种以味觉为其思维原型的认知方式，才能获知诚的热切与体温。诚不但因其可感而在本质上更接近于静中之生，而且诚还是生生（趋势、生 — 变、生 — 生）的最高存在状态：生生被诚牢牢掌控因而也必然是矢量。顺着诚给予的特定方向，感生 — 味既可以起兴，还可以成形（亦即想象）。起兴是为了生情，此情必为诚所规范、所感染；在理想情况下，情必定是"能以精诚致魂魄"的那种炽热、正派、健康之情，但本质上更倾向于深情。成形则是为了让兴之产物（亦即情）得以定形，让情获得固定、恰切的轮廓，以至于让赏诗者可以更好地有感于兴带来的深情，这种性质的形也必定在诚的掌控之中，它乃是"天地有正气，杂然赋流形"（文天祥《正气歌》）定义下的那种可以固定健康、正派、炽热

---

① 周敦颐：《通书·诚下》。

之情的形，但它在本质上，必定是得正气而后获取的"正"形①。在味觉化汉语形成的诗学空间中，兴与想象乃一母所生（它们都得之于感生——味），却相互配合，一个生情兴，一个定情于形。更加重要的是：古典汉语诗歌始终处于气本体、德、诚构成的疆域内，它不仅因诚的静中之生特性而显得颇为素静，也因诚乃生生的最高存在状态，而获取了它自身的有机特性。

五、想象的危机

视觉化汉语的意义极为重大，似乎可以被认作中国历史上空前未有之大变局；和王国维的著名论断——"中国政治与文化之变革，莫剧于殷、周之际"②——相比，此等判词来得更为准确，也更加沉重。视觉化汉语的影响力和它实际上所起到的作用，至今未能得到恰如其分的估量。正是视觉化汉语而非其他看似更为有力的东西，从根本上意味着现代中国的诞生。马歇尔·麦克卢汉令人新奇，甚或让人不解地认为："媒介即讯息。"紧接着，麦氏有些同义反复地争辩道："所谓媒介即讯息只不过是说：任何媒介（即人的任何延伸）对个人和社会的任何影响，都是由于新的尺度产生的；我们的任何一种延伸（或曰任何一种新的技术），都要在我们的事务中引进一种新的尺度。"③紧随着视觉化汉语而来的，是这种性质的语言随身携带观物方式：一种远距离的应物原则。它迥然有异于

---

① 英伽登认为，文学作品仅仅是靠近真理的准判断（quasi-judgment）而已。（R. Ingarden, *Selected Papers in Aesthetics*, Washington: The Catholic University of America Press, 1985, p.161.）R. Fowler则说："文本不是客体，它是行动或过程。"（R. Fowler, *Literature as Social Discourse: The Practice of Linguistic Criticism*, Bloomington: Indiana University Press, 1981, p.80.）但古典汉语诗歌的根本在诚，唯诚为真，而不以真为诚，更何况较为纯正的以真为标准的"准判断"或"客体""行动"和"过程"。

② 王国维：《观堂集林·殷周制度论》。

③ [加]麦克卢汉：《理解媒介》，何道宽译，南京：译林出版社，2011年，第18页。

味觉化汉语自带的零距离的应物原则（亦即感思）①。爱默生（Ralph Waldo Emerson）乐于一口咬定："一切语言均为过渡性的媒介。它像渡船和驮马，起传送的作用，和附属于家园的农庄与房舍迥乎其异。"②和爱氏对语言的蔑视与悲观失望截然相反，麦克卢汉的看法是这样的："言语是人最早的技术，借此技术人可以用欲擒故纵的办法来把握环境。"③任何一种语言自诞生起，就一直在不断地变换姿势，不断地改变自身的样态。如果遵循麦氏发明的"新的尺度说"，倒不妨试做如下判断：有不同形态的应物原则，就必定有不同款式的世界图示，也一定会有不同样态的世界模式。语言哲学的ABC始终不曾变更其内涵：改变语言无异于改变世界④；世界总是在不同的句式中，变换它的身位；也在不同的句法中，改变它的形态和性质⑤。关于这个显而易见的问题，麦克卢汉早有先见之明："如果要问'言语的内容是什么'，那就需要这样回答：'是实际的思维过程，而这一过程本身却又是非言语（nonverbal）现象。'"⑥现代中国当然不是区区一个"非言语现象"就能打发或描摹之物（现代中国应该远远大于任何一种"言语现象"），但它确实是被视觉化汉语及其随身携带的应物原则所造就：它就是它们的"内容"。视觉化汉语造就的古今断裂，古今断裂给众多国人带来的陌生感，恰如钟鸣在其诗中咏诵过的那样——

---

① 关于视觉化汉语如何最大限度地取代味觉化汉语，以及远距离的应物原则如何最大限度地替换零距离的应物原则，请参见敬文东：《李洱诗学问题》（之一），载《文艺争鸣》2019年第7期。

② 参见盛宁：《二十世纪美国文论》，北京：北京大学出版社，1994年，第15页。

③ [加]麦克卢汉：《理解媒介》，何道宽译，南京：译林出版社，2011年，第77页。

④ 参见耿占春：《改变语言与改变世界》，北京：社会科学文献出版社，2000年，第38—69页。

⑤ 比如有人说"把艺术的呐喊（call of art）"当作了"对艺术的呐喊（call to art）"。本人对此有过解说："词序的如许挪移，或许仅为优秀、巧妙的文字游戏，却并非不足为训：因为词序挪移乐于对应的，刚好是艺术生活中实际存在的情形，也是西方现代艺术史随身携带的内部结构，以及近乎荒谬的激情。"（敬文东：《从心说起》，载《天涯》2014年第5期）假如此说有些微道理，倒不妨放到这里证明此处的这个小结论。

⑥ [加]麦克卢汉：《理解媒介》，何道宽译，南京：译林出版社，2011年，第18页。

> 我们得来谈谈那时一个金币等于多少
> 那时餐盘里冻僵的一条鱼是否还活着
> 像叶塞宁在绳扣里咽气，像珂丁诺夫
> 像你，像我，突然间好像一切都变了
> 　　　　　　（钟鸣《珂丁诺夫》）

　　从视觉化汉语给予的方向一眼望过去，人们最容易看见（而非感到）的基本事实是：气本体以成象、成形为途径构筑的有机生活永久性地结束了，它结束于视觉化汉语探出头来的一刹那——而佛说："一弹指顷，有六十五刹那。"[①]与有机生活一同结束的，还有人的关系主体之身份：关系主体被单子式对象主体所取代。从此，人与人不仅彼此间互为对象、互为孤岛或刺猬，还处于彼此抛弃的状态：一个对象主体和除他之外的其他所有对象主体之间互为多余物；而多余物的另一个名称，乃是不洁的垃圾，它冷眼、歪头，吊儿郎当地斜视着这个喧嚣的世界[②]，这种"过于喧嚣的孤独"[③]。无机生活的实质正在这里：打一开始，绝对的孤独就是单子式对象主体的内涵之所在。对于这等境地，赵汀阳有悲观到极致的解说："现代人的孤独是无法解决的问题，孤独不是因为双方有着根本差异而无法理解，而是因为各自的自我都没有什么值得理解的，才形成了彻底的形而上的孤独。"[④]在味觉化汉语自动形成的整一性语境当中，古人的孤独更多和时间相关，空间大体上被克服、被消化或者被包容在时间当中；那是一种饱满、多汁、丰腴并且充沛异常的孤独，存乎其间的，甚至不乏隐隐约约的甜味。"前不见古人，后不见来者"蕴含的真实的意思是：此刻之前本该有古人，此刻之后本该有来者，只是他们竟然（或者居然）没被此刻之人所遇见。"夜中不能寐，起坐弹鸣琴"的真实意思是：只需弹琴长啸，就能一解夜中的寂寞与夜间的孤独。"我见青山多妩媚，料青山见我

---

① 《俱舍论》卷12。

② 参见敬文东：《艺术与垃圾》，北京：作家出版社，2016年，第10—23页。

③ 此处盗用了[捷克]赫拉巴尔一部著名小说的题目——《过于喧嚣的孤独》（杨乐云译，北京：北京十月文艺出版社，2011年）。

④ 赵汀阳：《第一哲学的支点》，北京：生活·读书·新知三联书店，2013年，第133页。

应如是"则极为明显地意味着：在有机生活构成的整一性语境当中，关系主体的孤独很容易得到消解，人与物总是倾向于彼此间互感其生 — 味。虽然辛稼轩和陈子昂一样，乐于使用的也是同一个"见"字，却依然意味着"我感到 ……"，而非"我看见 ……"。寄居于"江畔何人初见月？江月何年初照人？"中那轻微、温柔、低婉的疑问，正好在同样低婉、温柔、轻微的语气和口吻中，随风飘逝，只剩下无限接近于地表的袅袅余音。很容易观察 —— 而非感思 —— 到：在无机生活构筑、堆砌的世界上，对象主体的孤独更愿意相关于空间，它是一种随时可以存在或出现的孤独因此反倒无关乎时间，"就像到处都是空气，空气近于不存在"。（欧阳江河《玻璃工厂》）在视觉化汉语时期的中国，对象主体感到的，总是倾向于一种和空间相关的扁平性的孤独①：

　　静极 —— 谁的叹嘘？

　　密西西比河此刻风雨，在那边攀援而走。
　　地球这壁，一人无语独坐。
　　（昌耀《斯人》）②

　　对象主体以及它不得不认领、接管的无机生活源于视觉化汉语；更加准确地说，无机生活与对象主体尽皆源于白话文运动为视觉化汉语赋予的分析性能。远距离的应物原则意味着看的客观性，还额外保证了看的纯正性，这让视觉化汉语拥有的分析性能力道十足；十足的力道则让视觉化汉语拥有了超强的拆分事物的能力③。拆分事物的能力不仅让万物中的每一

---

　　① 参见敬文东：《感叹诗学》，北京：作家出版社，2017年，第83 — 90页。

　　② 1989年，我曾经反昌耀之意而写有《邻居》一诗："当我收到你的信，秋雨下落了／在地球另一面我同样的位置／收到信的是位金发姑娘还是棕面小伙？／他们是在痛哭呢还是高兴得揪头发？／其实我们都是邻居，告诉我／你的屋离他的屋要近些／要不现在就打开你的门／让他进来吧，你好生长谈／反正秋雨已经在下了／在另一间屋子里／我听得见你们的窃窃私语。"现在看来这种一厢情愿除了虚拟的美好祝愿外，更多是孤独的不可解。

　　③ 关于这个问题的详细论述，请参见敬文东：《汉语与逻各斯》，载《文艺争鸣》2019年第3期。

具体之物处于绝对孤单的状态，类似于单子式对象主体接管的局面，还能对每一具体之物进行内部的拆分，最终，让每一具体之物的各个器官处于孤单、分离的态势，像被"一榔头砸死"的猪的每一个零部件都被不同的事情所环绕。

跟以感生一味为方式认识万物相比，拆分事物能在定量的层面，更为精确、更加深入地认识事物。不仅整体的某物难逃视觉化汉语在拆分的过程中投出的目光；单个之物被拆分出来的每一个零部件，更难逃这束光的照耀和辨析。面对如此这般因被拆分而处于孤独之境的万物以及万物的碎片，单子式对象主体所能拥有的经验，也必将是孤独的、碎片式的。在有机生活中，感物之生一味是一种可以被多次重复的有机经验，得时之甘蔗必定永远是甜的，月亮总是唤起相思之情，菊花总是让人联想到高洁之士。在无机生活中，拆分事物唤起的经验是一次性的，因为对某个具体之物的拆分本身是一次性的，上一刻和下一瞬都必将不同于眼前这一秒。所以，新诗凝结现代经验——而非感生一味于农耕的古典经验——需要遵循的，必定词语的一次性原则：在同一个诗人笔下，甘蔗不可能每次都一样甜，菊花不被允许两次代表高洁，月亮只可以表示一次相思[1]。

无论是由意寻象（比如李白《行路难》其一："欲渡黄河冰塞川，将登太行雪满山。"），还是由象生意（比如宋之问《度大庾岭》："度岭方辞国，停轺一望家。魂随南翥鸟，泪尽北枝花。"），意象都必将是想象的产物[2]。金岳霖先生认为，"想像底内容是像，即前此所说的意象；思议底内容是意念或概念。想像底对象是具体的个体的特殊的东西，思议底对象是普遍的抽象的对象"[3]。话虽如此，随着味觉化汉语被视觉化汉语所取代，生发想象的方式却生发了翻天覆地的变化。在味觉化汉语的念想中，想象意味着在诚给予的方向上，零距离地感物之生一味以成形（亦即气本体治下的"形"，而非气本体所成之"象"）；它是"一身皆感焉"的关系主体对有机生活与有机经验进行的零距离感思，更是对感物之生一

---

[1] 对此问题的详细论述请参见敬文东：《从唯一之词到任意一词》（上），载《东吴学术》2018年第3期。

[2] 参见屈光：《中国古典诗歌意象论》，载《中国社会科学》2002年第3期。

[3] 金岳霖：《金岳霖全集》第3卷（上），北京：人民出版社，2013年，第328页。

味而来的兴与情的定型化，主心不主脑。被感思凝结而成的意象鲜活无比，彼此间从不生分，有如焦不离孟。在马致远那里，枯藤、老树、昏鸦、小桥、流水、人家、古道、西风、瘦马，还有西下的夕阳、身在天涯的断肠人，等等，这些看似八竿子都不可能打着的意象紧密地团结在一起，形成了无法被分割、无法被拆解的有机关系，有如天造地设那般若合符契①。味觉化汉语的世俗特性和直观特性尽在感生 — 味之中；被味觉化汉语始终直观着的，乃是关系主体充满世俗特性的有机生活。这让味觉化汉语在凝结意象时必然以直观的描述居多，钟嵘更乐于称之为"直寻"："'思君如流水'，既是即目；'高台多悲风'，亦惟所见；'清晨登陇首'，羌无故实；'明月照积雪'，讵出经史？观古今胜语，多非补假，皆由直寻。"②虽然喜欢说理的宋诗倾向于也乐于被"理"所包围，而略有窒息、生涩之感，但毕竟其根底依然在感生 — 味于有机的农耕经验。作为诗句的"不识庐山真面目，只缘身在此山中"（苏轼《题西林壁》）之所以成立，首先是因为有一座可以被感、被直观的庐山，否则，那个粗浅的道理根本无从说起。味觉化汉语因其直观特性，而更多直观式的想象，正所谓"遇景入咏，不钩奇抉异"③，亦即直接感物之生 — 味以成意象，又所

---

① 唐君毅对于这种有机之感的来历从肉体的角度说得极为生动："吾人之此身直立于天地间，手能举、能推、能抱、能取；五指能指；足能游、能有所至而止；有口能言；有耳能听；有目能见；有心与首，能思能感，即其一切生命心灵之活动之所首发。中国哲学中之基本名言之原始意义，亦正初为表此身体之生命心灵活动者。试思儒家何以喜言'推己及人'之'推'？庄子何以喜言'游于天地'之'游'？墨子何以喜言'取'？老子何以言'抱'？公孙龙何以言'指'？……故真知手之'推'，亦可知儒家之推己及人之'推'。真知足之'游'，亦可知庄子之游于天地之'游'。充手之'抱'，至于抱天地万物，而抱一、抱朴，即是老子。尽手之取，至于恒取义，不取不义，利之中恒取大，害之中恒取小，即是墨子。穷手之指，至于口说之名，——当于所指，即公孙龙子也。"（唐君毅：《中国哲学原论》，北京：中国社会科学出版社，2006年，第4—5页。）

② 钟嵘：《诗品·序》。

③ 皮日休：《郢州孟亭记》，尤袤编：《全唐诗话》卷1。宇文所安从另一个角度很精辟地指出："在中国文学传统中，诗歌通常被假定为非虚构；它的表述被当作绝对真实。意义不是通过文本词语指向另一种事物的隐喻活动来揭示。相反，经验世界呈现意义给诗人，诗使这一过程显明。"（[美]宇文所安：《中国传统诗歌与诗学》，陈小亮译，北京：中国社会科学出版社，2013年，第16页。）古典汉语诗歌的非虚构特性正是皮日休所谓的"遇景入咏，不钩奇抉异"。

谓"池塘生春草，园柳变鸣禽"（谢灵运《登池上楼》）是也①。因此，古典汉语诗歌的想象一如钱钟书早已断定过的那样，既单纯、素朴，又满是生机——它是有机的。

在此，叶秀山先生的解说来得可谓相当及时："西方人比较重视'地'上的'器'（形），而中国人则比较重视'天'上的'象'；西方人趋向于从'地'上的'器'、'形'来推断其'背后'的东西，而中国人则趋向于'直接'从'天'（上的'象'）来'观察'、'思考''地'上的'形'、'器'。"②但叶氏此处所说的中国人，更应该理解为被味觉化汉语掌握的古代中国人；他此处所说的西方人，更应当理解为被视觉化汉语掌握的现代中国人——自白话文运动以来，味觉化汉语就委身相向，主动接受了逻各斯的深度感染。天上的"象"是气本体用于创世–成物的中介，是感生—味的实质所在，它在视觉化汉语中大规模地消失了。现代中国人受制于视觉化汉语，也许习惯于从"器""形"来推断其"背后"的东西，但对于作诗者，也就是那些对象主体们而言，他（或她）更乐于以远距离的沉思（亦即金岳霖所谓的"思议"）为方式，要么将"意"投射到事物被拆分而来的碎片之"形"，以收获意象；要么面对碎片之"形"在沉思中生发感慨，以获取意象。这两种想象方式的实质，都不过是为无机经验和无机生活赋形而已，主脑不主心。这等性状的意象，让新诗有能力将目光投至事物的最深处（亦即本质，或叶秀山所谓的"背后的东西"）；这等性状的意象在通常情况下，将令新诗较之于始终直观着的古典汉语诗歌深刻得多，也犀利得多③。在视觉化汉语的境域内，万物和无机的现代经验有如对象主体一般，尽皆处于孤独之中。因此，两种想象方式获取的意象彼此间界限分明，不容混淆；新诗诗人像马致远那样去有机地驱遣意

---

① 古人更愿意将这些直接感生—味而来的意象称之为景语。王夫之说得好："不能作景语，又何能作情语耶？古人绝唱多景语，如'高台多悲风'，'蝴蝶飞南园'，'池塘生春草'，'亭皋木叶飞'，'芙蓉露下落'，皆景也，而情寓其中矣。"（王夫之《姜斋诗话》卷2）

② 叶秀山：《叶秀山学术文化随笔》，北京：中国青年出版社，1999年，第291页。

③ 达难达之情亦即对表达之难的追求和克服，是视觉化汉语对使用这种语言进行文学创作者的基本要求，是现代中国文学的技术性指标之一（参见敬文东：《作为诗学问题与主题的表达之难》，载《当代作家评论》2016年第5期）。这是一个事实判断而非价值判断，因此，不能据此认为新诗较之于古典汉语诗歌更高级。

象、制造意象，是不可思议之事。如此这般的想象的危机，出源于视觉化汉语拆分事物的超强能力；视觉化汉语习惯于将某物从万物中孤立出来，将某个零部件从某物中抽取出来，以便更好，尤其是更准确地打量某物、算计某物，直至让某物吐露它的全部真相。视觉化汉语不是有意反对"感"生——味以成形的想象方式，而是它对这种顺着诚给予的方向进行想象的方式本身无"感"。但打一开始，想象的危机并不是负面的，它反倒是新诗得以成就自己的好机会：新诗以想象的危机为条件。张枣从汉语新诗自身的本质规定性——而不是简单可见的外部形式或者诗歌观念——出发，将鲁迅而非胡适认作新诗之父，将《野草》而非《尝试集》认作第一部新诗集，就自有非同寻常的道理①。无论是以《秋夜》作为《野草》的第一首诗，还是以"在我的后园，可以看见墙外有两株树，一株是枣树，还有一株也是枣树"作为《秋夜》的第一个诗句，都显得意味深长：新诗打一开始，其意象就是孤独的，是互不往来的。后园的两株枣树就像《诗经》中那两棵分别生于道路两边的"有杕之杜"②，彼此间互不相识。它们宁愿沉浸于"独木不成林"的尴尬状态，也不相互联合以成和谐之林；它们凭借各自独享的孤独，却造就了一首伟大的新诗——但如果说成造就了有关新诗自身最早的隐喻，也许更为妥当。危机在一定的范围内，可以成为积极性的因素，就像配伍得当、用量得体的砒霜可以救命，就像偶尔适度的感冒可以增加人体的免疫力。但如果一任想象的危机自行发展、极端推演，主脑的沉思式想象就会自我沦陷于词生词一类的诗之癌③；诗之癌中互不统摄的意象将把互不统摄这种状况推到极致，毕竟危机归根到底首先是负面的，就像砒霜首先是毒药，感冒本来就是病——

　　　　庄子从太古那边打的过来，
　　　　中间穿越了佛的肺叶。

---

① 参见张枣：《张枣随笔选》，北京：东方出版社，2018年，第120页。

② 《诗经·有杕之杜》。

③ 关于词生词在汉语新诗中之由来的详尽讨论，请参见敬文东：《从唯一之词到任意一词》（下），载《东吴学术》2018年第4期。

手机里的孔夫子

听见讲中文的尼采先生在咳嗽。

不朽，只剩一小时的锂电。

存入银联卡的马尔克斯

消磁之后，还剩半个马克。

（欧阳江河《四环笔记》）

痒以为

史料被咬出了奇香，咬出了玉。

但被咬的不是你的今生，

是你的古代，是比童话还小的你。

痒就是公主与王子相对而痒，

两个痒在时间之外对秒，也不知

今夕何夕

…………

我们坐在痒的酒吧，听雨，听巴洛克。

巴赫坐在星空中，弹奏管风琴之痒。

但今夜痒怎么听都欠缺肉体感，

因为调音师不知道什么是痒。

（欧阳江河《痒的平均律》）

　　不能轻易将这场微型诗学事故的责任，全部推给事故的制造者；欧阳江河不过是依据自身的诗学风格与诗歌方法论，将想象的危机极端化和扩大化了而已[①]。但无论从哪个角度观察，这场诗学事故都是极为深刻的：如果新诗的想象方式过于远离 —— 就更不用说完全抛弃 —— 感物之生 ——味以起兴、以生情、以成形，与诚无关的诗之癌就是必然的结局。诗之癌意味着：汉语新诗已经丧失了替对象主体有效表达无机生活的可能性，沦

---

　　① 对于这个问题的详细分析，可参见敬文东：《从唯一之词到任意一词》（上），载《东吴学术》2018年第3期；参见敬文东：《从唯一之词到任意一词》（下），载《东吴学术》2018年第4期。

陷于不知所云的语词的泥淖，直至成为语词装置物，远离诚恳与诚意而没有温度。以此为基础，诗之癌还进一步意味着：想象的危机的极端化直接等同于新诗的死亡；或者，新诗已经或正在沦为无可无不可之废物。

荷尔德林曾在某处说过，哪里有危险，哪里就有拯救。看起来，事情的转机正好寓于危机之中，就像北岛的吟诵："从星星般的弹孔中，将流出血红的黎明。"（北岛《宣告》）爱德华·霍尔（Edward T. Hall）的观点极为精辟：文化的大部分成分是习得的（acquisition），不可能通过教学去传授，也就是不可能是学习的（learning）[1]。味觉化汉语和视觉化汉语固然有着本质的区别，但两者一定有共同的东西，否则，就不会被呼为同一个名称（亦即汉语）；在任何时候，这个共同的东西都是不可被撼动的，因此，它只能"习得"，不能经由学习以"获得"。作为汉语的本质内涵之一，气本体及其要求和呼吁的思维方式，亦即在诚指引的道路上感生 — 味以起兴、以生情、以成形，就不可能被视觉化汉语剔除殆尽[2]，更不用说汉语更为基本的内涵，亦即舔舐性能 —— 舔舐不仅是感生 — 味的前提，更意味着感生 — 味本身。或许，正是有意无意间对此大有所悟，昌耀才如此写道：

> 一只刚从树上采摘的苹果摆在茶几。
>
> 我抱起脚掌横陈膝头，然后用一把刮削器刨除那层苔藓般包垫在脚底及其周围的老趼。我丝毫不觉疼痛，直到这段苍老如同阴沉木的脚跟透出红嫩而圆润的光泽。……然后我收集起掉落在地板的皮屑去室外抛向草丛。心里想着，觅食的母鸡会很快啄尽其中大部，余下的细碎皮屑也将成为微小生物或草根的养料。其实在长年累月中我身体的每一部分早已潜移默化地一点一滴变作他物了，而他物又已成为他物的他物。

---

① 参见[美]爱德华·霍尔：《无声的语言》，何道宽译，北京：北京大学出版社，2010年，第33页。

② 汉语的本质规定性当然不止于气本体，还有诸如感叹语气（可细分为悲悯语气和沧桑语气）、汉语的羞涩感、汉语的诚伦理等。它们都是不可被撼动与更改的（参见敬文东：《李洱诗学问题》，载《文艺争鸣》2019年第7期至第9期）。

············

> 我想，我就是万物，死过了，但还活着。
>
> 奥妙的宇宙啊，你永远有理。
>
> 于是我不由兴致勃勃仰身承接阳光搓洗双手。想起阳光底下的苹果树也是这样捧起阳光搓手。想起了树的馈赠。于是取过红苹果操起小刀品尝甜美多汁的果肉，直到掌心只剩了一颗果核。我没有扔进火炉，而以手帕携往野地投进泥土。炉火将使苹果树疼痛。
>
> 其实又是我的疼痛。谁能模仿我的疼痛。
>
> 山巅一只假肢开着苹果花。
>
> （昌耀《苹果树》）①

假如昌耀是在无意间触碰到气本体要求的思维方式，因而得到了如此有机的想象和有机之诗，那刚好能证明气本体自身的伟大。如果昌耀是有意识地启用气本体要求的思维方式，以解除内含于视觉化汉语腹心地带的想象的危机，那就能极好地证明：汉语中不可撼动的部分在无机生活的时代，在对象主体那里，仍然值得信任，仍然青春常在，生生不已。

（原载于《文艺争鸣》2021年第1期）

---

① 实际上，不仅味觉化的汉语在像昌耀这样进行诗歌工作，受到味觉化汉语侵染的现代英语也在像昌耀这样进行诗歌工作。[美]加里·斯奈德有一首短诗名曰《松树冠》（The Pine Top）："在蓝色的夜里/微霜，天空散着微光/月儿明/低垂的松冠雪蓝/融入天空，霜，星光/靴响嘎然/兔的足迹，鹿的踪影/我们怎能知道。"有加里·斯奈德的中国研究者认为，《松树冠》就是以感生—味为想象方式成就了自身："该诗前六行为写景，叙述者隐而不见，景物完全按照自己的气韵律动自然呈现。蓝色的夜空笼罩着淡淡的雾气，月光泻下，星光满天，平添一层朦胧。松冠上盖着一层薄霜，在蓝天的映衬下，月辉呈现出一抹淡蓝色的弧线，融入背景之中。和谐静谧、朦胧虚幻的画面渲染了中国古典诗歌中虚、静的意境。第七行引入人的活动，但空山不见人，只闻'靴响嘎然'，表现了自我在自然中的虚化，而这寂中之音更烘托出幽幽的虚静。且'靴响嘎然'与'兔的足迹，鹿的踪影'并置呼应，暗示着人与自然中的其他生命之和谐共存，体现了与物齐的观念。在这种空灵玄静的禅家自然之境中，末句'我们怎能知道'点明抒情主体。但主体不用思虑、不落言筌，真有诗家所谓'无我之境'的韵味。"（毛明、罗琳会：《美国诗人加里·斯奈德与中国文学》，载《当代文坛》2006年第5期。）

在"微弱的叙述"的内面

——《洪子诚学术作品精选》读后

冷霜

摘要：洪子诚先生在最近二十年的学术研究中，既保持了他一以贯之的学术立场和思想关切，也更为生动、有力地向我们展现出他的文学史研究工作的独有品质。在《我的阅读史》《材料与注释》等学术论著中，他表现出对历史事实和文本细节极为敏感和细致的辨析，和对当代文艺家道德问题的复杂审慎的探讨，尽管这些研究和论述常常带着"微弱的叙述"的表征，但它们一方面将他的文学史研究积累和个人阅读经验完美地融合在一起，另一方面也使他在文学史家的面貌背后，显现出一个既富于生命热度，而又怀有对自身认识价值的限度意识的批评家的声音。

关键词：洪子诚；文学史研究；文学批评；"微弱的叙述"

作为一位文学史家，洪子诚先生在中国当代文学史研究领域取得的成就已经为学界所共知。他在《中国当代文学史》《中国当代文学概说》《问题与方法——中国当代文学史讲稿》等著作中采取的研究方法、提出的概念与命题，都深刻地影响和形塑了中国当代文学的研究，使他成为"中国当代文学学科化和学术研究传统确立的核心人物"（贺桂梅语）。这几部著作，连同《1956：百花时代》，均完成出版于20世纪末21世纪

作者简介：冷霜，文学博士，中央民族大学文学院副教授、硕士研究生导师，主要研究方向为中国现当代文学与新诗。

初，正值他于北大中文系退休前后。然而，它们并非洪子诚先生学术研究工作的终点，在此后的将近二十年时间里，他又先后出版了《我的阅读史》《材料与注释》《读作品记》等多部著作，这些著作或者开辟了"阅读史""相关性研究"等新的研究界面，或者探索了"以材料编排为主要方式"的文学史研究与叙述的方法，从而一再地更新了我们对当代文学史研究的可能性的认知。在2020年面世的《洪子诚学术作品精选》一书中，即使不算作为存目的选自《材料与注释》的三篇文章，他的十余年来的新作也已占据了全书一半以上的篇幅，这些都是对这种愈老弥坚的学术创造力的直观呈现。这些新作（尤其是选自《我的阅读史》和《读作品记》的文章）在文体上与洪子诚先生此前的著作有明显可见的差异，与此同时，它们又体现出他一贯的思想关切和学术立场，并且也帮助我们更好地理解了他的文学史研究的独有品质。这里所要谈的，就是我个人阅读洪子诚先生这部分著作的一些粗浅的体会。

　　洪子诚先生在他的文章和访谈中不止一次提到对教学本身的看重，以及身处知识更迭迅疾的当代文学研究领域而担心落伍的心理，这使他在任教期间始终不敢懈怠，直到退休后，这种紧张感才有所减弱。在我看来，与这种变化同步的，是他在退休后的著作中，特别是在那些从一个特殊读者视角出发的学术随笔中，他开始剖陈他在当代不同历史时期的个人阅读体验，这在他关于契诃夫、《鼠疫》和《日瓦戈医生》的多篇文章中都有醒目的表现。这种对个人情感与体验的表露，更早也曾出现在《1956：百花时代》的前言和后记中，并使熟悉他的一些读者和同行为之惊喜。洪子诚先生对这样的表达始终保持着警醒的态度，然而，恰恰是在这些并非一时兴起而不曾自觉的个人情感与体验的表述中，文学史研究者和历史亲历者两种身份和声音同时出现，让我们看到谨严的文学史研究背后具体而鲜活的"人"的因素，因而丰富了我们对无论是当代文学史还是文学史研究工作本身的理解。

　　而在以"我的阅读史"为线索的系列文章中，他开创了一种独特的处理个人阅读经验的方式，在袒露它们的同时又对其作出反省、剖析和整理，并有意让不同历史时期有所变化的经验在对照中形成对话，从而一方面在保留了个人经验的生动性的同时避免将它们绝对化，另一方面，在呈现出个人意识与时代语境的关联性的同时，也不欲使前者被后者简单回收。这样一种处理方式，也很清晰地展现出洪子诚先生自身的阅读经验、他对这些阅读经验的反省和整理与他的文学史研究性格之间的内在联系。他在《"怀疑"的智慧与文体》一文中写道："在契诃夫留给我们的遗产中，值得关注的是一种适度的、温和的'怀疑的智慧'：怀疑他打算首肯、打算揭露、批判的对象，但也从对象那里受到启示，而怀疑这种'怀疑'和'怀疑者'自身。""他从不把问题引向一个确定的方向，他暴露事情的多面性，包括前景。……他的思想捕捉各种经验与对象，而未有意将它们融入或排斥于某种始终不变、无所不包的一元识见之中。"这一描述，用来观察洪子诚先生的文学史研究工作应该也是恰当的。他在文学史研究中时时注意"事情的次要方面"或另外的面向，力求"让不同声音建立起互否或互证的关系"，坚拒那些以不同"主义"的面目出现的专断性和排他性思想论述，显然这都是一种"文学史智慧"的体现，它形成于对当代历史经验的反省，但也汲取自对个人阅读经验的整理。

　　洪子诚先生的文学史著述风格历来与"严谨""冷静""克制"这样一些评价联系在一起，他自己也接受用"犹豫不决"或"微弱的叙述"等词语来概括自己的学术个性。不过，这些评价和概括也许仍不足以说明他的学术品格。所谓"微弱的叙述"，实际是与研究对象和研究者自身所处时代的强势话语均保持反思距离的结果，因而其中仍保有研究者的主体性。在今天，这种叙述方式也不是没有可能被从它的表层，通过弱化叙述主体的声音学到，而变成一种与研究者个体精神世界无关的技术操演，成为人文学术研究中缺乏确切的思想关怀和精神志趣的一种掩饰，乃至沦为一种看似客观的面貌下含糊和乡愿的措辞。正如赵园先生曾点出的，在洪子诚先生的学术个性中存在着某种坚硬的东西，因此，值得我们进一步探究的，是他在"微弱的叙述"背后所坚持的价值。

　　他仍然力图在对历史的复杂性的把握中去贴近事实真相。他尤其关注在有关历史规律、真相或原则的种种论述中被忽略却不应放弃的那些事实的细节，关注事物之间具体细微的差异性及其缘由。在他的《中国当代文学史》出版后的一次学术通信中，面对这本书在运用某些理论和方法方面不够彻底的批评，他的回应是，相对于理论和方法运用的不彻底，让他感到更不满意的"还是缺乏对具体、变化、差异的东西的敏感和细心"。而这样的关注和敏感，在《我的阅读史》《读作品记》《材料与注释》等书中得到了更充分的展现。

也是在这几本书里，我们可以发现他保持着对道德问题的关切。这里的道德问题，涉及的是个体在具体历史事件和处境中的表达、反应和选择，在坚持对道德问题的关切的同时，又尽可能给予研究对象以同情和尊重的理解，而不是以鲜明的道德评判姿态出之。在《材料与注释》一书中，他以注释这样一种"微弱的叙述"的形式装置，展示了文学史研究与叙述的另一种可能。

这种对历史事实和文本细节的敏感和细致的辨析，以及对道德问题的复杂审慎的探讨，使他的文学史研究尽管呼应了近三十年来人文领域深受其影响的福柯谱系学的理论方法，也明显引入了文学社会学的研究视角，但其间也存在不可不辨的差异性。这在他十多年来的很多文章中得到更多的凸显，它们一方面仍然秉有深厚的文学史品格，另一方面却也不时闪现出某种独特的批评质地。

洪子诚先生有个为人熟知的自谦之辞，他说20世纪80年代也曾想做文学批评，因为自感缺乏文学批评的才华，才选择了做文学史研究。的确，如果把他的著作放在80年代的文学批评氛围中，那种朴实和庄谨的文风与其时很多文学批评文章在风貌上的差异是一望可知的。那些文采焕然、激扬蹈厉的批评文字当然构成了我们对80年代文学的怀念的一个方面，然而，今天看来，其中的相当一部分却也由于对新的逐渐占据主流的观念与话语的无保留信任，往往不免染有与它们所批判的过往时代意识形态相似的那种不容置疑的"夸张、坚硬、含糊"的文体特征。而在洪子诚先生近年将文学史研究积累和个人阅读经验完美融合在一起的一些文章里，可以感受到一种我们在杰出的文学批评中曾领略过的品格，它也连通着杰出的文学作品应有的品格："对细节的关注，害怕夸张，拒绝说教，避免含混和矫揉造作，以真实、单纯、细致但柔韧的描述来揭示生活、情感的复杂性……"或许可以说，在他的文学史家面貌里，内含着一个有生命热度而同时又保持着对自我认识价值的限度的批评家的声音。也是在这一意义上，我们才能理解他何以把他所写的关于丸山升先生的文章命名为“批评的尊严”。值得一提的是，和他在文学史叙述中选择了那种“微弱的叙述”的“叙事假面”相似，他有意识地将这种批评家的声音纳入一个特殊的个体读者的维度中，这也再次体现出他的限度意识。

（原载于《南方文坛》2021年第3期）

"痴病"与"情痴"：晚明情感话语在《红楼梦》中的回响

刘紫云

摘要："痴"是理解《红楼梦》的重要概念。在《红楼梦》中，基于"痴"与疾病、情感的互动关联，又形成"痴病""情痴"等范畴及相关叙述，而这些皆可视为晚明情感话语的延伸与回响。在晚明通俗文学的情感书写中，有关"情痴"的叙述以"情欲有别""情有真伪"为观念基础，致力于演绎"去欲从情"的情感故事。《红楼梦》中宝玉、黛玉共犯"痴病"的设定，以及对"情痴情种"的叙述，包含了对晚明通俗文学传统的继承与突破。《红楼梦》对"情""病"关系的重组，对"真情发泄"困境的思考，迥异于晚明富于戏剧性的情感奇观，蕴含着曹雪芹对"真情"的全新认识。

关键词：《红楼梦》；晚明；痴病；情痴；痴情

一、引语："病也比人家另一样"

作为贾府中的最年迈者，贾母在很多场合显得比年轻一辈更有活力，

作者简介：刘紫云，文学博士，中央民族大学文学院副教授、硕士研究生导师，主要研究方向为明清文学与古代小说。

基金项目：国家社会科学基金后期资助项目"古代小说日常物象描写的理论阐释"（18FZW045）。

也不止一次提及年轻一辈的体弱多病。①而在体弱多病的年轻一辈中，与其他姊妹患病情形不同，宝玉、黛玉、宝钗三人的病是与生俱来的。其中，如贾母所言"偏是这两个玉儿多病多灾的"（第八十三回）②，作者对宝玉、黛玉二人的病又着墨尤多。小说前八十回从未正面写过宝钗发病，但据其自述可知，她的病乃是"从胎里带来的一股热毒"所致，发病的时候"也不觉甚怎么着，只不过喘嗽些"（第七回）。③黛玉先天有不足之症，气弱血亏，常年服药，自长住贾府以后，病情不断发展，最终因病殒命，但她的不足之症和宝钗的热毒之病一样，还可以在传统医学经验框架内加以解释。唯有贾宝玉的病——"痴病"，如湘云打趣他的话"病也比人家另一样"（第五十八回），已经溢出传统医学的解释框架，也超出了疾病叙事的范畴。

在学界已有的研究中，与"情痴"相关的讨论基本上集中于对宝玉之"痴"的阐发。这些研究多将"痴"视为理解宝玉这一人物形象的核心概念，从情感视野、心理学等角度分析其艺术内涵。最近几年也有不少学者从翻译学的角度探讨"痴"这一概念的转译现象。相较而言，对"痴病"这一概念的关注与相关的讨论则较少，主要从疾病叙事的角度将"痴"作为一种疾病隐喻加以论述。因此，已有的研究总体上沿着"情感"与"疾病"两条路径分别触及有关"痴"的分析，但却未能在"情感"与"疾病"的同构框架中阐释"情痴"与"痴病"的互生关系，而这一点，正是本文论述的起点。

---

① 例如，第七十一回贾母八十寿辰，南安王妃前来祝寿，问及众小姐们，贾母笑道："他们姊妹们的病，弱的弱，见人腼腆，所以叫他们给我看屋子去了。"第七十六回中秋赏月，贾母兴致最高，品酒听曲，直至四更，除了探春之外，年轻一辈都熬不过，散去睡了，贾母笑道："也罢。你们也熬不惯，况且弱的弱，病的病，去了倒省心。"

② 本文中的《红楼梦》引文均出自中国艺术研究院红楼梦研究所校注《红楼梦》，北京：人民文学出版社，1996年。此版《红楼梦》前八十回以庚辰本为底本，后四十回以程甲本为底本，并参校诸本而成。下文随文标注回数，不再一一出注。

③ 后四十回对宝钗之病的叙述颇为不同，第九十一回宝钗犯病，竟至于"不能说话，手也不能摇动，眼干鼻塞"，凤姐打发人送了十香返魂丹来，连治了七八天，终不见效，后来还是宝钗自己想起冷香丸，吃了三丸，病才见好。这一情节对宝钗犯病症状、服药细节的描写，与八十回前迥异。

二、同"病"相怜：宝玉、黛玉的"痴病"

如果说黛玉是《红楼梦》中的"头号病人"，那宝玉便堪称"二号病人"。黛玉因为多病，被贾府下人悄悄唤作"多病西施"（第六十五回）；宝玉因为经常发病，贾府中人也多以"宝玉之病亦非罕事"（第五十七回）。

小说前八十回叙及宝玉发病共三次①，均与黛玉有关：第一次，初见黛玉，得知天仙如黛玉竟然没有玉，因此"痴狂病"发作；第二次，黛玉探望烫伤的宝玉，二人正在密谈之际宝玉突然发狂②；第三次，紫鹃戏言黛玉日后当返苏州老家，宝玉信以为真而病发。尽管这三次发病诱因不尽相同，但发病时都有失魂落魄的症状。因此，虽然后两次发病并未明确提及病名，但前后比照可知仍是宝玉旧病——"痴狂病"——发作。宝玉第一次发病时，狠命摔玉，尽管情绪失控，但仍未丧失理智。后两次发病，则近乎失常。

贾宝玉三度发作的"痴狂病"，仍是传统医学可以应对的疾病。清人张璐《张氏医通》收录专治各种疾病的医方，其中"胜金丹"，专"治痴病狂怒叫号，远年近日皆效"。③其中，第三次发病，惊动了贾母，请太医、用秘方，才暂时治好。这一次发病的影响深远，小说后四十回多次提到宝玉"旧病"④，均指的这一次。

《红楼梦》中与宝玉有关的"病"，除了上述"痴狂病"，还有"痴病"、"呆病"（第四十七回）、"昏愦的病"（第九十七回）。当然，"病"的语义有轻重之分，有时指生理上精神上的疾病，有时则泛指一种毛病或习

---

① 第七十回中宝玉因受到一连串刺激（冷遁了柳湘莲，剑刎了尤小妹，金逝了尤二姐，气病了柳五儿），兼之仲春天气，"弄得情色若痴，语言常乱，似染怔忡之疾"。但这一回染病不甚严重，袭人百般逗他玩笑，最后病情得到了缓解。

② 第二次虽病起于马道婆魇魔法，但发病前一刻宝玉正欲对黛玉倾诉肺腑之言："宝玉拉着林黛玉的袖子，只是嘻嘻的笑，心里有话，只是口里说不出来。此时林黛玉只是禁不住把脸红涨了，挣着要走。"

③ 张璐：《张氏医通》，北京：中国中医药出版社，1995年，卷14"狂门"，第381页。

④ 第九十七回、第九十八回、第九十九回、第一〇八回、第一〇九回、第一一三回、第一一五回、第一一六回、第一一八回均有提及。

气。"痴狂病""昏愦的病"，属于前者，"呆病""痴病"属于后者。值得一提的是，"痴病"并非"痴狂病"的简称，而另有所指。

小说前八十回中，仅第二十八回、第二十九回提及"痴病"。《红楼梦》首次提及"痴病"一词，是黛玉葬花时因闻悲叹之声有感而发："人人都笑我有些痴病，难道还有一个痴子不成？"（第二十八回），之后又由叙述者道出宝玉、黛玉共犯"痴病"：

> 原来那宝玉自幼生成有一种下流痴病，况从幼时和黛玉耳鬓厮磨，心情相对；及如今稍明时事，又看了那些邪书僻传，凡远亲近友之家所见的那些闺英闱秀，皆未有稍及林黛玉者，所以早存了一段心事，只不好说出来，故每每或喜或怒，变尽法子暗中试探。那林黛玉偏生也是个有些痴病的，也每用假情试探。因你也将真心真意瞒了起来，只用假意，我也将真心真意瞒了起来，只用假意。如此两假相逢，终有一真。其间琐琐碎碎，难保不有口角之争。（第二十九回）

"痴病"一词，源出佛典，起初为"愚痴病"的简称。北凉昙无谶译《大般涅槃经》总结众生三病，分别是"贪欲病""瞋恚病"和"愚痴病"。到了南宋景德寺僧法云编《翻译名义集》中，"愚痴病"就被简称为"痴病"："佛知众生有三种病，一者贪病，二者瞋病，三者痴病。"众生"三病"中，"痴病"指因无明、未闻四种真谛而生之烦恼、执着，以"病"称之，本是一种比喻义，意味着佛家智慧对愚痴的启迪发蒙，如同医患之间的拯救与被拯救的关系。然而，"痴病"的涵义在后世进一步泛化，泛指"迷恋于世情而不知自拔者"，也因此区分于"生理上的低智或癫痫"。[1]

《红楼梦》中的"痴丫头"傻大姐，其"心性愚顽，一无知识，行事出言，常在规矩之外"（第七十三回），其"愚顽"即为佛典所谓"愚痴"。傻大姐的"痴"，用的是本义。《说文解字》解释"痴"为"不慧也。……痴者，迟钝之意。故与慧正相反。此非疾病也，而亦疾病之类也，故以是

---

[1]　周汝昌：《红楼梦与中华文化》，北京：中华书局，2009年，第110页。

终焉"。值得注意的是，"痴"虽"非疾病也"，但又属"疾病之类"，这就为"痴病"在《红楼梦》中的模糊化处理创造了可能。宝、黛的"痴病"及其"痴"，显非本义，而应另有所指，但其既是病又不是病的模糊性质则源自本义。宝玉被叙述者称为"痴公子"（第七十八回），被警幻仙子称为"痴儿"（第五回），他的意淫被称为"痴情"（第五回），他说的话被旁人视为"痴话"（第七十七回），他看龄官画蔷是"痴看"（第三十回），听黛玉吟唱《葬花吟》"不觉痴倒"（第二十七回）。周汝昌先生指出，"痴"是理解宝玉其人的核心概念，而这一概念在《红楼梦》中的内涵承袭自六朝传统，即"从它的本义引申成为不懂事、昧于人情世故等方面的意思"①，"逐渐离开了'生理'的'低智'，而走向了思想、品德、器量等方面来了"②。

然而，仅仅从雅文学的概念史角度梳理、诠释"痴"在《红楼梦》中的内涵，显然是有所欠缺的。因为《红楼梦》中有关宝玉、黛玉之"痴"的叙述，乃是在具体情境中呈现的，而这一叙述情境又是在与晚明话语的对话关系中确立起来的。

三、以情为病："痴病"与"情痴"的同构

诚然，"痴"是理解宝玉的关键概念，而宝玉也是诠释"痴"之内涵的重要对象，但是，要获得对"痴"的全面周到的认识，就必须将书中具有统领意义的表述纳入考查视野。小说第一回空空道人向石头提出书中"只不过几个异样女子，或情或痴，或小才微善，亦无班姑、蔡女之德能"，根据"小才微善"的用法可以逆推"或情或痴"的"情"与"痴"是同类互参、相互界定的关系，"有情"即"痴"，谓之"情痴"。

"情痴"一词最早见于《世说新语》，其本义"全指天伦骨肉之爱，与男女之情真是风马牛之不相及"③。但在《红楼梦》中，曹雪芹更多的是在晚明以来的情感话语传统中使用这一概念，即仍旧将"情痴"限定于男

①　周汝昌：《红楼梦与中华文化》，北京：中华书局，2009年，第111页。
②　周汝昌：《红楼梦与中华文化》，北京：中华书局，2009年，第112页。
③　周汝昌：《红楼梦与中华文化》，北京：中华书局，2009年，第116页。

女之情。由于"痴"与"情"可以相互指称，"痴病"与"情痴"之间也便可以相互指涉，而这正是晚明通俗文学中情感话语的延续。

在元代戏曲小说中，才子多自称"多情"，或以"多情"代指娇羞佳人。"痴病"一词，始见于万历后的小说戏曲，如《醉乡记》《花阵绮言》《有情痴》；明末清初的戏曲小说中，如《梦花酣》《醉乡记》，才子佳人多以"情痴"或"痴情"自矜自诩，而这正源于晚明对"情"的推崇。例如，晚明神仙道化剧《有情痴》，讲述一位名为"有情痴"的书生被度化的过程。书生甫一上场，便与此后度化他的道士展开一段颇有象征意味的交谈：

【末】贫道有个痴病。

【生】（笑介）怪也，却与小生同病相怜也。师父这病可医的好么？

【末】医便好医，俺等待个有情人来才可下药哩。

【生】（异介）又奇了，竟指着小生身上来，他怎晓得我唤做有情痴？难道是个神仙不成？①

在这场富于戏剧性的对话中，书生通过煞有介事的询问，将道士所患"痴病"之"病"的比喻义还原成本义，即作为一种医学意义上的疾病；针对书生的询问，道士超越"痴病"的疾病本义而用比喻义回应如何医治"痴病"，即用"有情人""下药"。这一问一答，完成了"情"与"病"的同构对话，即"痴病"的本质是情，因此"痴病"的医治需由"情"入手，而"有情人"便是治病的药。因此，"有情人"是对身患"痴病"之"情痴"的拯救。这样的话语逻辑，发端于《西厢记》。《西厢记》中张生罹患相思病，崔莺莺手书药方命红娘授予张生，尔后又以己身为"药"治愈了张生之"病"。金圣叹评《西厢记》时，也用病与药的关系隐喻张生与莺莺的情爱关系："譬如药，则张生是病，双文是药，红娘是药之炮

---

① 沈泰编：《盛明杂剧》，北京：中国戏剧出版社，1958年，据民国十四年董氏诵芬室刻本，二集卷16《有情痴》，第3页。

制。"①李渔所谓"一心钟爱之人，可以当药"②，同此情理。

对于像"痴病""情痴"这样有着晚明背景的情感话语以及"情""病"的同构关系，曹雪芹既信手拈来，又有所保留。在《红楼梦》中，"痴病"与"情痴"都不再值得自我标榜，而被叙述者模拟世俗口吻贬为"下流"。"痴病"的发生，总是与暧昧"心事"相始终。第三十二回贾宝玉错认袭人为林黛玉，遂向其剖明"心事"：

> 宝玉出了神，见袭人和他说话，并未看出是何人来，便一把拉住，说道："好妹妹，我的这心事，从来也不敢说，今儿我大胆说出来，死也甘心！我为你也弄了一身的病在这里，又不敢告诉人，只好掩着。只等你的病好了，只怕我的病才得好呢。睡里梦里也忘不了你！"

宝玉所说的"心事"，无疑是指他和黛玉的"情事"。但是，这番"心事"告白无一字提及"情"，反而通篇说的是"病"。"一身的病""你的病""我的病"究系何病？前文所述之病，无论是黛玉的不足之症，还是宝玉的痴狂病，均不至于让听完此番话的袭人"魄消魂散""可惊可畏"。如果联系晚明清初才子佳人小说中主人公惯犯"相思病"的故套，我们便不难看出，这是对"相思病"的变形书写。尽管曹雪芹一再通过叙述者和人物之口声明对才子佳人小说的拒斥，但在实际写作中，才子佳人小说的许多方面构成他创作的前文本，也成为他进行对话的潜在对象。

当然，曹雪芹没有让宝、黛罹患才子佳人式的"相思病"，宝玉所言"一身的病""你的病""我的病"始终暧昧不明；"痴病"取代"相思病"，为宝、黛"同病相怜"提供了更为具体的情境。"痴病"也正是在这样一个语境下产生并被赋予特定内涵的。"痴病"不同于"相思病"，虽然冠名为"病"，却是语义较轻的"病"，并不是医学意义上的疾病，可以视为对宝玉、黛玉生命情境的隐喻，"先验地暗示着不可逆转的人生大

---

① 金圣叹：《金圣叹全集》第3册，南京：江苏古籍出版社，1985年，第17页。

② 李渔：《闲情偶寄》，江巨荣、卢寿荣校注，上海：上海古籍出版社，2000年，第384页。

患"①。前引第二十八回中，黛玉出于"同病相怜"之故，将"痴子"宝玉视为知己。而在第二十九回中，叙述者通过"痴病"这一"共病"，在宝玉、黛玉之间建立起非同寻常的联结，确认了二人对彼此而言的唯一性与排他性。

从情感书写的角度看，曹雪芹用疾病或类疾病表达情感状态，促成人物彼此的认同与联结，实则与"邪书僻传"等才子佳人小说中用"相思病"写爱恋一脉相承。然而，二者之"情""病"互动，却是沿着不同的逻辑展开的："邪书僻传"等才子佳人小说中先有"情"才生"（相思）病"，而《红楼梦》则沿着先有"（痴）病"再生"情"的逻辑展开。因此，"相思病"为"痴病"所取代的背后，是曹雪芹在情感认知上的根本性转变。

在曹雪芹所面对的文学传统中，才子佳人式的情感书写是极富戏剧性的，"相思病"的描写便属于戏剧性的一部分。爱情是一个突发事件，爱情的萌发与实现意味着向外寻找另一个客体，甚至被简化为"偷香窃玉"的一系列事件，而"相思病"不过是这一系列事件的发端而已。但在《红楼梦》中，爱情成为一个日常过程，宝玉、黛玉的相遇相知被置之于日常情境中，宝玉、黛玉甚至不用出门去寻找、发现彼此，戏剧性也因此被消解。"曹雪芹正是在存在的根底处把握到了宝黛之爱最深刻的内涵。"②"痴病"是宝玉、黛玉情感萌生之前既已内在于他们自身的，是对他们生命忧患的隐喻；也正是基于这一共同的生命情境 —— 对自我存在的忧患及其自觉，他们的情感才得以同频共振。于是，主体性先于爱情而存在，爱情不再只是对外界的探询，爱情是完成主体认知的一个环节。正如宝玉"悟禅机""识定分"那般，爱情从主体向外寻找客体的过程，转变成主体自我向内的认知与体悟过程。也正是在这个维度，曹雪芹重新界定了一种自我完成的"真情"，而如此的"真情发泄"是"邪书僻传"所没有的。

---

① 胡传吉：《吾之大患，为吾有身 ——〈红楼梦〉的疾、癖、痴》，载《红楼梦学刊》2006年第4辑，第322页。

② 李鹏飞：《不灭的真情 —— 说"宝黛之爱"》，载《文史知识》2013年第11期，第80页。

四、凡情皆痴："情痴"话语的晚明背景及其叙事范式

如前文所述，宝玉、黛玉因"病"生"情"，在《红楼梦》中"痴病"与"痴情"可以相互指涉。如果考虑"痴情"与"情痴"互为表里，那么"痴病""痴情"与"情痴"则共同构成晚明以来情感话语在《红楼梦》中的变奏。综览《红楼梦》一书的用语习惯，"痴情"可作动词用，即痴迷于情感之意；也可作名词用，指令人痴迷的情感；"情痴"是名词，指痴情之人，即痴迷于情感之人。无论是"痴情"还是"情痴"，都由更小的语义单位构成，即"痴"与"情"的语义组合，同时又属于更大的情感话语。而把握"情"与"痴"的内涵演变，晚明通俗文学是至关重要的一环。

在对"情"与"痴"分别展开的讨论中，二者与晚明的关联虽然已被较多地提及，但主要的着力点还在于观念层面。①至于观念如何影响叙事，又如何演变成一种叙事逻辑，进而作用于《红楼梦》的情节设计与人物命运，这一类的问题却未见论及者。

在晚明诸多富于创造性的文人话语中，"癖"与"痴"颇能代表晚明文人精神追求的新方向。张岱在《祁止祥癖》一文开头用一种不可辩驳的口吻断定："人无癖不可与交，以其无深情也；人无疵不可与交，以其无真气也。"②这个如宣言般的论断，不妨视为张岱对包括他自己在内的晚明文人主体性的自我确认与总结。"癖"与"疵"的本义都指向生理病症，后来分别引申为嗜好、习惯与瑕疵、缺点之义，象征某种对正常、健全状态的偏离，这种偏离可能是过度，也可能是匮乏。在张岱围绕友人祁止祥展开的情感叙述中，"癖"甚至被升格为一种毫无保留的、无关利害得失

---

① 例如侯会《〈红楼梦〉与张岱》（1989年）、梁归智《前卫与先锋 —— 论李贽思想对曹雪芹的影响》（2000年）、李希凡《〈红楼梦〉与明清人文思潮》（2004年）以及张蓉《晚明"情本观"与〈红楼梦〉"大旨谈情"》（青海师范大学2015年硕士学位论文）等文，均侧重从思想观念的层面，或钩沉晚明文人及思想与《红楼梦》的关联，或梳理晚明思潮对曹雪芹及《红楼梦》创作的影响。过常宝、郭英德《情的探险：从汤显祖到曹雪芹》（1997年）与邹自振《汤显祖与〈红楼梦〉》（2007年）则将晚明与《红楼梦》的广泛关联聚焦到汤显祖与曹雪芹及其创作这一点上。

② 张岱：《陶庵梦忆　西湖梦寻》，夏咸淳、程维荣校注，上海：上海古籍出版社，2005年，第72页。

甚至超越生死的主体情感投入。在提倡"过犹不及"的儒家文化中，"癖"是危险的耽溺，是奉行中庸之道的士人要加以警惕的。但是，在以张岱为代表的晚明文人中，"癖""疵"是"深情"与"真气"的担保，是更为深沉、真挚的生命体验的起点。从这个逻辑出发，我们就不难理解，何以在《红楼梦》中唯独宝玉、黛玉二人先天有"痴病"，这"痴病"正是曹雪芹为"发泄"宝玉、黛玉之"深情""真气"而设。

张岱在《自为墓志铭》中试图通过一生的癖好整合曾为纨绔子弟的自我形象："极爱繁华，好精舍，好美婢，好娈童，好鲜衣，好美食，好骏马，好华灯，好烟火，好梨园，好鼓吹，好古董，好花鸟，兼以茶淫桔虐，书蠹诗魔。"①每一个癖好都包含一个具体的对象，或人或物，均为可供享乐的客体。文人主体性被一系列客体所界定，文人主体和客体之间通过"癖"即一种把玩、欣赏、沉溺的态度或行动被联结起来。尽管关于"癖"的话语实践，始终有一个明确的意义指向，即情之真、情之深，但"情"本身在张岱笔下从来没有成为"癖"的对象。

而只有在"情痴"的叙事中，"情"才真正代替"美婢""娈童"等具体客体，成为文人确立主体性、投射认同感的对象，所谓"情之所钟，正在我辈"。"痴"是"癖"的深化，正如李东阳《济医马图》一诗所戏言，"王郎爱马癖成痴，病马情多手自医。马病只应医便得，不知医癖更须谁？"（《怀麓堂集》）如前文所述，"痴"或"情痴"作为一种观念出现得很早，但作为一种主题并与特定的叙事逻辑、情感观念相结合，则主要归功于晚明文人。

就对情感书写的敏感和自觉而言，冯梦龙的《情史》无疑是一个集大成之作。在为《情史》所作的序言中，冯梦龙从自我经验"现身"说"情"：

情史，余志也。余少负情痴，遇朋侪必倾赤相与，吉凶同患。闻人有奇穷奇枉，虽不相识，求为之地。或力所不及，则嗟叹累日，中夜辗转不寐。见一有情人，辄欲下拜；或无情者，志言相忤，必委曲

---

① 张岱：《琅嬛文集》卷5，栾保群点校，杭州：浙江古籍出版社，2013，第157页。

以情导之。①

　　"情痴""有情人""无情者"之"情"，指广义的"情"，即包含且不限于男女之情。但是，在一些具体的主题类型下，则往往比较清晰地指向男女之情，比如《情史》卷七的"情痴"类。

　　这一类共收录了二十则故事，如其在《老妓》一则中所言"天下事尽有不可解者"②，其中所载多为挑战世俗价值观的古今情事。虽然冯梦龙所界定的"情"，不局限于男女之情，但这一类故事所涉之"情"实则不出男女之囿。在这一类中，冯梦龙尝试通过"情"重新评价古今人物。在他一手构建的"情榜"中，市井小民与帝王将相"平起平坐"，并且按照"情痴"的程度深浅而在"情"的世界中获得或高或低的位置。获得最高评价的是尾生，由于他的殉情被冯梦龙称为"万世情痴之祖"③。次一等的，是为所爱而自残的，冯梦龙称其"此岂特童心而已哉"④。然而，冯梦龙对这一类极端做法的态度颇为复杂，一面极力推崇、褒奖，但另一面又不无警惕与反省。如《洛阳王某》叙一男子为见所爱而净身，冯梦龙大发感慨："相爱，本以为欢也，既净身矣，安用见为？噫！是乃所以为情也。夫情近于淫，而淫实非情。……情之所极，乃至相死而不悔，况净身乎！虽然，谓之情则可，谓之非痴则不可。"⑤冯梦龙既肯定情的超越性，即情是超越欲望、超越生死的，又对极致之情的破坏力持保留甚至否定的态度。冯梦龙的矛盾态度在他评价普通人的情与帝王将相的情时体现得尤为明显。他认为，在对待"情"的态度上，有必要区分评价公共人物与普通人

①　冯梦龙：《龙子犹序》，载魏同贤主编：《冯梦龙全集》第7册，南京：凤凰出版社，2007年，第1页。

②　冯梦龙：《龙子犹序》，载魏同贤主编：《冯梦龙全集》第7册，南京：凤凰出版社，2007年，第221页。

③　冯梦龙：《龙子犹序》，载魏同贤主编：《冯梦龙全集》第7册，南京：凤凰出版社，2007年，第226页。

④　冯梦龙：《龙子犹序》，载魏同贤主编：《冯梦龙全集》第7册，南京：凤凰出版社，2007年，第232页。

⑤　冯梦龙：《龙子犹序》，载魏同贤主编：《冯梦龙全集》第7册，南京：凤凰出版社，2007年，第224页。

的标准。因此，在这一类的总结性评价中，冯梦龙再度重申其对"情"的态度，尤其突出对君王耽溺于情的危害的反思：

> 情主人曰："人生烦恼思虑种种，因有情而起。浮沤石火，能有几何，而以情自累乎？自达者观之，凡情皆痴也，男女抑末矣。……死者生之，而生者死之，情之能颠倒人一至于此。往以戕人，来以贼己，小则捐命，大而倾国。痴人有痴福，惟情不然，何哉？"①

其中"死者生之，而生者死之，情之能颠倒人一至于此"，从字面上看，似乎是对汤显祖深情之论的积极响应，但实际上，通过具体叙事情境，冯梦龙重新诠释了这一观点。"死者生之""生者死之"分别被挪用来概括"情痴"叙事中的特定人物或情节，前者指为所爱而苟延残喘，后者则指为所爱而自残献身。前者在"情痴"类叙事中仅有一则，而后者则几乎构成"情痴"叙事的主体。汤显祖笔下可以超越生死、沟通生死的情，一旦失去"还魂"的担保，就徒余"贼己""戕人"的破坏性力量。那些为情所累乃至危及性命的人被视作"情痴"，成为冯梦龙笔下需要加以同情之批评的对象。

由此可见，早在晚明时期，通俗文学作家已经通过具体叙事情境，开启了对情的超越性的反思与批判，这比鼎革之际思想界的反应要早得多。同时，晚明通俗文学中关于情的超越性话语，并没有随着改朝换代而中断，也没有因为思想界对晚明文化的批判而退出文学舞台，而是延续到清代的通俗文学创作中。清初鸳湖烟水散人《女才子书》卷十一《郑玉姬》的"引"中自称"余情痴人也"②，又于《合浦珠》第十回借人物钱生之口，道及何为"有情"、何为"深情"：

> 余情痴人也。每阅稗史，至君虞之负小玉，王生之负桂英，未尝不掩卷三叹，而尤其孤恩薄倖。然世上又有一等，入秦楼而窃玉，过

---

① 冯梦龙：《龙子犹序》，载魏同贤主编：《冯梦龙全集》第7册，南京：凤凰出版社，2007年，第232页。

② 鸳湖烟水散人：《女才子书》，沈阳：春风文艺出版社，1983年，第143页。

芝馆而迷香，情欲摇摇，而歆彼羡此者，则亦好色淫乱之徒耳，而非所谓深情之士也。若夫信誓旦旦，终始不渝，生而可以死、死而可以生者，方谓之有情耳。①

作者托钱生之口所发表的这一番"有情"论，尤其是对情的超越性的强调，上承《牡丹亭》与《情史》，仍是在晚明以来的情感话语脉络中进行的。作为生死不渝的"深情之士"的对立面，"情欲摇摇""好色淫乱之徒"的"迷香""窃玉"被视为与"情"无关，甚至有辱"情"名。

对明末清初才子佳人小说中的"情""欲""淫"之辨，曹雪芹的态度是比较复杂的。一方面，通过警幻仙姑所说"好色即淫，知情更淫"可知，曹雪芹反对主张"好色不淫""情而不淫"的假道学，肯定了"情"所包含的"悦其色"的成分，但是同时又借由"意淫"这一创造性的概念赋予"淫"以脱离"欲"的新内涵，因此，宝玉的"意淫"便可与黛玉的"痴情"相互界定、相互补充；另一方面，如果我们不只是简单地将警幻仙姑视为曹雪芹的替身的话，那么根据小说情节可以逆推曹雪芹在"情"和"淫""欲"之间还是作出了区分。这两个方面，实则正是冯梦龙在《情史》里所主张的"夫情近于淫，而淫实非情"这两个层次。

《红楼梦》不止一次批评明末清初风月故事里的"偷香窃玉"者（第一回），理由是他们的"淫邀艳约""私订偷盟"之举，玷污了"真情"，"不曾将儿女之真情发泄一二"，因而有违于《红楼梦》的"谈情"之"大旨"。但是，去"欲"从"情"的呼声，也出现在这一时期。正是基于对"情"与"欲"区分，曹雪芹笔下的"情痴"才得以更为纯粹地呈现何为"有情"和"深情"。

五、耽溺与反思：《红楼梦》"情痴"叙事的展开

与晚明文人以"情痴人"自诩一般，曹雪芹也通过叙述者之口自称

---

① 鸳湖烟水散人：《合浦珠》，载《古本小说集刊》第1辑第92册，上海：上海古籍出版社，1994年，第288—289页。

"千古情人独我痴"（第五回）。同时，基于"情""欲"之辨，曹雪芹通过警幻仙子之口否定了"世之好淫者"，而将他的目光聚焦在"情痴情种"上。贾宝玉无疑是"情痴情种"的代表，但却不是曹雪芹塑造的唯一"深情之士"。除了贾宝玉"天分中生成一段痴情"之外，尚有三个人物被叙述者认定为"痴情"之人：第二十九回回目"痴情女情重愈斟情"中的"痴情女"直指林黛玉（第五十七回"慈姨妈爱语慰痴颦"、第八十二回"病潇湘痴魂惊恶梦"也多以"痴"形容林黛玉）；第六十六回回目"情小妹耻情归地府"中的"情小妹"即尤三姐，而她死后托梦柳湘莲时亦以"痴情"自许；第六十七回叙述者称柳湘莲"见尤三姐身亡，痴情眷恋"[①]。这两对"痴情眷侣"，共同演绎曹雪芹对"真情"表达困境及其出路的思考。

　　即便是在《红楼梦》中，"生者死之"仍然是对"痴情女"施之有效的叙事逻辑。早在宝玉、黛玉之爱萌发之前，"木石前盟"已经预言了黛玉终将为宝玉泪尽而亡的情感命运。尽管"还泪说"为宝玉、黛玉之爱蒙上了一层浪漫色彩，但终究无法掩盖黛玉为情殒命的残酷事实。在黛玉自尊自爱的背后，是孤注一掷的奋不顾身，表现为其对身体健康近乎自弃的刻意回避与忽视。黛玉在这一段亲密关系中的投入程度，与她患病的严重程度是成正比的。投入越多，病得越深；只有病之深，才能印证情之深。尤其是在后四十回中，黛玉对情感的投入与依赖，被渲染为一种完全失去自我的病态，正如通过紫鹃所透露的："我们家的那一位越发痴心起来了，看他的那个神情儿，是一定在宝玉身上的了。三番五次的病，可不是为着这个是什么！"情与病相互隐喻，痴情如同绝症一般，或长期折磨消耗青春，或突然发作夺走生命。

　　如果说林黛玉的香消玉殒是在意料之中的，那么尤三姐的自刎殉情则是出人意表之举。"绰约风流"如尤三姐，一旦受到真情的感召，便改过守分，矢志不渝。可是，她为柳湘莲守候五年，却换来怀疑与嫌弃；为了

---

　　① 上述提及"痴"的诸回回目或文字表述中，唯第二十九回回目存在版本差异。其中，上半句各个版本并无差异，下半句各版本存在差异。庚辰本作"斟情女情重愈斟情"，戚序本、蒙府本、列藏本作"痴情女情重愈斟情"，甲辰本作"惜情女情重愈斟情"，梦稿本、程甲本、程乙本、舒序本作"多情女情重愈斟情"。其中，梦稿本"多"覆盖"痴"字，可知原抄为"痴"。舒序本目录页作"痴情女"，而正文页的回目也又改作"多情女"。

不玷污、不辱没这一份真情与痴情，她最终用性命担保其情之真与情之深。从贾珍眼中"无耻老辣"的风月女子到柳湘莲口中"可敬"的"刚烈贤妻"，尤三姐完成了一次戏剧性反转。①而正是戏剧性反转，创造了晚明以来情感叙事的种种奇观。尤三姐之死，再度演绎"真情"令"生者死之"的超越性力量。在尤三姐身上，"真情"构成了人物主体认同的基础，一旦"真情"遭受质疑，便意味着主体自我蒙受羞耻，因而，为了捍卫情的纯粹性付出生命也在所不惜。通过尤三姐，我们可以窥见情感奇观叙事在《红楼梦》中的延续；反过来说，晚明的"情痴"叙事以及情感话语，仍适用于对尤三姐之情及其死亡的理解。

　　但是，"生者死之"的叙述逻辑却不适用于柳湘莲与贾宝玉这两个男性人物，因为他们都"因空见色，由色生情，传情入色，自色悟空"（第一回），成了觉悟的"情僧"。而恰恰是"情痴"，如尤三姐与林黛玉的死亡，为情僧们的"觉悟"提供了契机。在这两段情感叙述中，无不倾注着作者对亲密关系中情感表达的关切。"真情""发泄"之难，以及个体在亲密关系中的终极困境，是贯穿这两段情感关系乃至整部小说的一个主题，也构成了两位男性人物觉悟的基础。宝玉、黛玉的"心事"受制于内外因素，"不好说出来"，只能用"假意"相互试探，以至于"其间琐琐碎碎，难保不有口角之争"（第二十九回）。面对这些"琐琐碎碎"的"口角之争"所带来的烦扰，黛玉经常是耽溺其中、越陷越深的，而宝玉在不胜其苦之际会短暂抽身，并距离化地审视自我及周遭一切。这些亲密关系中的烦恼、孤独与痛苦，在宝玉身上转化为其日后觉悟的情感基础。在宝玉、黛玉亲密关系的叙述中，真情表达的困难更多地来自宝玉、黛玉内部，而在柳湘莲、尤三姐的情感叙述中，困难更多地来自外部。

　　柳湘莲原是世家子弟，因喜串风月戏文而被薛蟠误认为"风月子弟""优伶一类"并试图加以轻薄，结果是薛蟠反遭戏弄。在贾府中，柳湘莲与宝玉最为相厚，却对其他人横眉冷对，便不免招致贾府其他男性成员的不满，称其"最是冷面冷心""无情无义"（第六十六回）。与柳湘莲

---

①　尤三姐从"淫奔女"到"痴情女"的戏剧性转变及其形象塑造，体现了曹雪芹创造过程中艺术构思的变化。参见刘上生：《试论曹雪芹的尤三姐形象构思 —— 兼解"误被情惑""耻情而觉"》，载《曹雪芹研究》2019年第3期，第67 — 79页。

的处境相似，尤三姐也被贾珍、贾琏之流误认为风情女子而试图加以轻薄，但最后贾珍、贾琏反遭尤三姐戏弄。此外，二人表面上"放浪形骸"，但内心都有"爽侠"气概。柳湘莲虽然也"眠花宿柳"，但精神上却高度洁癖，作为一个冷眼旁观者，曾称"东府里除了那两个石头狮子干净，只怕连猫儿狗儿都不干净"（第六十六回）。尤三姐虽是风情万种，但认定柳湘莲后便矢志不渝。他们都属于作者要塑造的"正邪两赋"之人，均为"情痴情种"。他们之前都曾短暂地沾染欲望，但最后因为真情又完全地背离了之前的欲望。尤三姐的去"欲"从"情"如此坚决，乃是基于她对柳湘莲的惺惺相惜之情，以及基于相惜之情而生发的对柳湘莲势必能报之以同情理解的信心。然而，受到世俗浅见的困扰，柳湘莲未能领会尤三姐的相知相许，最终辜负了尤三姐的慧眼识珠。在将情看得比生命更重的尤三姐面前，柳湘莲的"冷面冷心"与"无情无义"无疑成了生命难以承受之轻。在被尤三姐的"刚烈"所洗礼的同时，柳湘莲也感到前所未有的虚无。情之所至，可令"生者死之"，如果情的纯粹与真挚只能通过死亡来加以检验的话，那么本该最为尊贵的生命本身便沦为至上之"情"的工具。而正是柳湘莲委婉的拒婚，将尤三姐推上了自证其情的审判庭上。既然情从根本上无法言传，那就只有付诸生死了。晚明以来情的超越性叙述中所包含的对个体生命的暴力性压迫，在尤三姐的自刎殉情中得到了极致的体现。而柳湘莲的断发出世，也使尤三姐的殉情变成一出宗教剧。情感叙述被嵌入自我觉醒的框架中，从而寄托了曹雪芹对情的超越性叙述的批判性反思。

　　综上而论，《红楼梦》中对"儿女之真情"与"痴情"的叙述，主要沿着两个方向同时展开：一方面，延续晚明以来的"情痴"叙述，即耽溺于情，推崇极致之情；另一方面，反思晚明以来的极端情感叙述，试图借助宗教话语矫正超越性情感叙述。在上述两对"情痴"的情感叙述中，曹雪芹展开了对真情表达与情感叙述困境的思考。真情不仅难以用语言来表达，同时还受到性情差异带来的隔膜、世俗浅见的干扰。为"情"所感召的男女，不仅不能畅通无阻地交流，反而经常陷入更加孤独、绝望的处境。归根结底，这种困境源于人和人之间的不透明性，而这本质上是一个哲学问题。[①]正是这样的哲学思考，支撑起《红楼梦》的"情痴"叙事。

六、余论　引觉情痴："痴病"的"治愈"

"痴病"的本质是"情痴"，而"情痴"之所以被视为"痴病"，乃是基于以"情"为"病"的文化逻辑。既然"情"被视为一种"病"，那么医治和疗愈就成为"情痴"叙述的方向。从医学和宗教的层面对宝、黛二人的"痴病"和"情痴"加以疗愈和救赎，是《红楼梦》后四十回展开的一条线索。

有趣的是，"痴病"的内涵和表征在后四十回中被扭曲了。通过词频对比，我们可以更加清晰地看到宝玉状态的变化。"痴痴的"一词，在全书共出现3次，分别出现于第二十三回、第三十六回和第八十一回，均用来描写宝玉；"痴痴呆呆的"出现一次，在第七十九回；此外，叙述者还用"痴顽"（第二回、第五回）、"憨痴"（第二回）、"呆痴"（第十七回）等词来形容宝玉。"呆呆的"一词，前八十回中出现了3次，后四十回出现了14次，仅第九十二回就出现了2次，第一一六回出现了3次。另外，在后四十回中也出现了用"呆呆的"（第八十七回出现1次，第八十九回出现2次）形容黛玉的情形，这是前所未有的。这就不难解释何以"痴痴的"宝玉到了后四十回变成了"呆呆的"宝玉，连他的"痴话"（第七十七回）都变成了"呆话"（第八十五回），"痴看"（第三十回）变成了"呆听"（第一一三回）。尽管基于不同版本的统计，结果会有一些出入，但是就前八十回与后四十的总体而言，"相比之下，曹雪芹更强调'疾'（心病、痴病）的隐喻性，'疾'作为一种深刻的修辞手法、一种覆盖身体的'形式主义'被曹雪芹所用，可惜续书者则更看重'疾'对身体机能的破坏性、对生命能量的攫取性"[②]。

尽管延医救治的情景反复出现于《红楼梦》中，但医学手段在治疗宝

---

① 参见[法]萨特：《论人和人之间的不透明性》，载《他人就是地狱——萨特自由选择论集》，天津：天津人民出版社，2007年，第165—168页。

② 胡传言：《吾之大患，为吾有身——〈红楼梦〉的疾、癖、痴》，载《红楼梦学刊》2006年第4辑，第321页。

玉、黛玉的"共病"上最终宣告失败。第九十七回贾母从袭人处探知黛玉病情，不无失望地说道："我方才看他却还不至糊涂，这个理我就不明白了。咱们这种人家，别的事自然没有的，这心病也是断断有不得的。林丫头若不是这个病呢，我凭着花多少钱都使得。若是这个病，不但治不好，我也没心肠了。"令贾母欲说还休的"心病"，是"相思病"的一种别称。在既往的才子佳人小说中，"心病"因情而起，是情痴之症，非医家所能疗治，有效的拯救之道是"以情治情"。因此，依照这一叙述逻辑，对于情路受阻的黛玉而言，就只剩死路一条了，而续作者也正是沿着这一思路将黛玉的死亡浪漫化的。第九十七回"林黛玉焚稿断痴情"，如回目所示，黛玉的"痴病"非但没治愈，反连同她的"痴情"也随着燃烧的诗稿一同化为灰烬，归于虚无。黛玉死后，宝玉大病一场，此后"虽然病势一天好似一天，他的痴心总不能解，必要亲去哭他一场。贾母等知他病未除根，不许他胡思乱想，怎奈他郁闷难堪，病多反复。倒是大夫看出心病，索性叫他开散了，再用药调理，倒可好得快些"（第九十八回）。在这两回中，宝玉、黛玉共犯的"痴病"都被更加明确地称为"心病"，退回到元明以来通俗文学中"相思病"的模式和传统中去了。

　　同样的叙述逻辑，重现于《红楼梦》后四十回的前半部分。宝玉与宝钗成婚之后，又对小红想入非非，为宝钗察觉之后，"未免赧颜抱惭。宝钗看他这样，也晓得是个没意思的光景，因想着：'他是个痴情人，要治他的这病，少不得仍以痴情治之。'"（第一〇九回）然而，宝钗并非"痴情人"，她的"痴情"终究未能治愈宝玉的"痴病"。"以情治情"的叙述逻辑在贾宝玉身上失效了，取而代之的是"引觉情痴"的新路径。在接近小说尾声的一次夫妻私话中，宝钗向宝玉推心置腹，百般劝诫，无意中唤醒了宝玉"跳出迷人的圈子"的意识——"我们生来已陷溺在贪嗔痴爱中，犹如污泥一般，怎么能跳出这般尘网"（第一一八回）。续作者重返"痴病"最初的佛教语境，并将这种对自我境况的觉察意识纳入佛教的框架内，为"情痴"指出了一个新方向——觉悟。

（原载于《红楼梦学刊》2021年第6辑）

古桥传说与运河文脉传承

王卫华　　孙佳丰

摘要：运河文脉以大运河文化为核心，具有时间与空间双重维度，是北京历史文脉、城市空间文脉的组成部分。运河古桥与大运河相生相伴，是运河文化形成与发展的见证者与记录者。与大运河古桥相关的传说故事，在运河文化时空中生成与流传，它见证了漕运的历史变迁，记录了城市的建设发展，讲述了民众的文化生活，承载着丰富而鲜活的运河文化记忆，是运河文脉的重要载体。运河文脉的传承是运河历史文脉、北京城市文脉的传承，是中华传统文化根脉的守护，是历史文化与当代文化的接续，也是文化建构下的空间生产。运河古桥传说在运河文脉传承中发挥重要的作用，它以记忆性叙事融合运河文化包含的多元内容，构建运河文化遗产存在的时空整体，是古都城市风貌恢复与保持的文化资源，也是凝聚民众价值共识的文化纽带，这是运河古桥传说及其传承的重要价值。

关键词：文脉传承；运河文化；古桥传说

作者简介：王卫华，法学博士，中央民族大学文学院教授、博士研究生导师，主要研究方向为民间文学、民俗学；孙佳丰，中央民族大学民俗学专业博士研究生，主要研究方向为民间文学、民俗学。

基金项目：国家社会科学基金项目"北运河流域民间文学资源传承与区域文化建设研究"（19BZW168）；北京市委宣传部重点委托项目"北运河流域民俗文化普查及民俗文化志编纂"。

　　文脉这一概念源自文学理论，最初借"脉"的"血理"①之意，指称文章结构的内在线索②。在中国传统风水学中，文脉与地脉相通相融，是古时人们行风水之法的核心要义，体现了古人对自然生态与人文环境之和谐的追求。如今，文脉的概念被延伸、扩展并得以广泛运用：在建筑学、城市学、环境学等应用科学领域，文脉主要指城市文化特质的延续，突出了空间建设与规划理念中的历史文化因素；在社会学、文化学、历史学等社会科学领域，文脉意为文化形成与发展的脉络，强调了对历史文化、城市风貌、民俗生活等文化事象的记忆与传承；在由政府、学者与民众共同参与的文化遗产和非物质文化遗产保护实践中，文脉传承被视为遗产保护的基本理念与重要目标。总体而言，文脉既指文化的时间脉络，也指文化的空间脉络，它既是一种可知的历史记忆，也是一种可感的文化呈现，而文脉传承则意味着保持文化事象在时间上的持续性，以及在空间上的系统性。

　　大运河在北京地区形成与发展的历史悠久，它是一种流淌的文明、一种线性的文化遗产，是对具有时间与空间双重维度的文脉概念的生动诠释。它集合了物质和非物质形式的文化，串联了运河沿线众多文化遗存与文化景观。这些丰富的运河风物遗存是北京地区元、明、清及近现代各个历史时期人类活动的文化印记，见证了北京城演进的历史，反映了大运河动态发展的过程。作为大运河文化的重要组成部分，运河古桥是北京段大运河上具有代表性的风物遗存，是塑造着北京城市文化风貌、凝结着北京深厚历史意蕴的文化地理标识。而与运河古桥相关的传说故事，在民众中口口相传，承载了民间关于北京城市建设和漕运兴衰的记忆与想象，在朴素的民间叙事中，生动地呈现出北京大运河久远而广阔的时空跨度与文化脉络。因此，从时空脉络中分析大运河北京段古桥传说，通过传说叙事探寻民众记忆的历史与生活，能够对运河古桥传说在文脉传承中的实际价值作出更为深入的阐释。

---

① 张玉书原撰，马涛主编：《康熙字典（现代版）》第3册，北京：北京九州图书出版社，1998年，第2030页。

② 庄涛、胡敦骅等主编：《写作大辞典》，上海：汉语大词典出版社，1992年，第321页。

一、运河文脉：古桥传说的文化时空

运河文脉是北京历史文脉、城市空间文脉的重要组成部分。"文脉"在北京民间常以"龙脉"为代名词。明清时期的北京形成两条"龙脉"：其一为"陆龙"，它俯卧在北京的中轴线上，东西长安街为龙须，故宫为龙身，景山与地安门为龙尾；其二为"水龙"，它以南海为龙头，中南海和北海为龙身，什刹海为龙尾。①北京民间的"龙脉"之说是北京百姓受传统风水理念及皇权文化长期影响而形成的文化认知，它也在一定程度上反映出北京民众对城市格局与水系分布等生活环境的关注。与之相比，运河文脉的时间跨度更长、空间规模更大。从时间维度来看，北京大运河文脉的形成始于元代。至元九年（1272），北京始为京都。作为全国的政治和文化中心，漕运水源和城市供水问题至关重要。至元二十八年（1291），都水监郭守敬奉诏主持兴修并完成了白浮泉引水工程，又于至元二十九年（1292）八月开凿通惠河，于至元三十年（1293）八月竣工，形成了自白浮泉，经高粱河、积水潭至通惠河的漕运河道。从空间维度来看，今天大运河北京段以白浮瓮山河、南长河、玉河故道、通惠河与北运河为主线，串联起北京城的西北和东南，流经昌平、海淀、西城、东城、朝阳、通州六区。这一广阔的大运河时空脉络，承载了北京数百年的文化发展史。

历史上，大运河北京段主线上的古桥是重要的交通建筑和地域标识。在白浮瓮山河下游入昆明湖处曾建有青龙桥，②由玉泉山诸泉水汇流而成的长河，则是经玉泉山东石桥③和颐和园玉带桥流入昆明湖。西山诸泉自昆明湖流出，又经颐和园绣漪桥入南长河。绣漪桥是南长河的起点，南长河向东南方向流经海淀区中部的长春桥、海淀区西部的麦钟桥，过广源闸桥入西直门外以西的紫竹院湖，后经其东侧白石闸桥，及西城区与海淀区交界处的高粱桥后注入西城区积水潭。德胜桥将积水潭分为西侧西海与东侧什刹海两部分。运河在积水潭经德胜桥由西海入什刹海，再经什刹海与后海连接处的银锭桥流入后海，然后向东从位于北京城中轴线上的万宁桥

① 树军编著：《细说北京往事》，北京：九州出版社，2006年，第6—7页。

② 参见段天顺、王同祯：《京水名桥》，北京：北京美术摄影出版社，2003年，第104页。

③ 梁欣立：《北京古桥》，北京：北京图书馆出版社，2007年，第171页。

进入通惠河玉河故道段。万宁桥是玉河故道的起点，玉河曾流经东城区东不压桥、东板桥、涵碧桥、皇恩桥、北玉河桥、中玉河桥、南玉河桥、泡子河桥，至元代北京城东南角东便门外的大通桥。①大通桥为通惠河主干线起点，通惠河向东流曾经过朝阳区二闸桥、双桥，至今朝阳区东南部永通桥后进入通州区。元通惠河故道（今朝阳区杨闸村向东南折，至通州区张家湾村）上曾有通流闸桥、广利桥、东门桥、虹桥。②通州城北门外近通惠河口处曾有通济桥。伴随着北京城市的建设与发展、漕运的兴盛与衰颓，运河古桥也经历了几多变化，许多古桥因其功能的丧失而被废弃遗忘，也有一些古桥在经历历代的修葺或改建后仍保留至今。这些得以留存的古桥不仅继续延续其交通功能，也留下了与之相关的民间传说。

　　记忆的存在与文化的延续密不可分，作为记忆载体的古桥传说与凝结时空脉络的运河文化正体现了这种相辅相成的关系。承载文化记忆的民间传说是真实与虚构的结合体，其中真实的部分依托于历史事实，虚构的部分则源自思想意识。所以，大运河北京段古桥传说是基于历史或现实中运河古桥的客观存在，以及特定社会文化背景中的民众主观意识塑造而形成的。文化记忆理论认为，"思想只有变得具体可感知才能进入记忆，成为记忆的对象，概念与图像在这个过程中融为一体"，而"回忆形象需要一个特定的空间使其被物质化，需要一个特定的时间使其被现实化，所以回忆形象在空间和时间上总是具体的"③。也就是说，作为思想意识层面的文化心理与文化认知，通常要借助具体时空中的文化符号或文化事象才得以延续与表达。因此，运河古桥传说是民众将对于大运河文化的抽象记忆，凝结在对运河古桥这一具体对象的记忆之中而形成的叙事。也正是在有迹可循的时空场景中，运河古桥传说被民众不断回忆与讲述。可以说，古桥传说是运河文化记忆的叙事载体，运河文脉则构建起古桥传说的记忆空间。

---

① 梁欣立：《北京古桥》，北京：北京图书馆出版社，2007年，第27—33页。

② 梁欣立：《北京古桥》，北京：北京图书馆出版社，2007年，第290—292页。

③ [德]扬·阿斯曼：《文化记忆：早期高级文化中的文字、回忆和政治身份》，金寿福、黄晓晨译，北京：北京大学出版社，2015年，第30—31页。

二、古桥传说：记忆中的历史与生活

北京被人们称为"运河上飘来的城市"，这不仅是因为从运河上运来的漕粮供养着北京的皇室与百姓，也不仅是因为从苏州和临清运来的砖石建起北京辉煌的宫殿与牢固的城墙，更是因为北京城市的建设与发展始终离不开大运河在北京的开凿与发展。元、明、清三代，北京城市的发展一直伴随着通州至北京的运河开凿。大运河河道主线贯穿北京的城市中心，是北京漕运、防务和排水的主要河道，也是与民众日常生活联系最为密切的城市水道。它的形成一方面是基于北京的自然地理条件，更主要的是北京作为都城以来的几百年间，历朝对河流进行人工改造的结果。关于运河古桥的传说是一部生动的北京建城史、漕运发展史和民众生活史，它记录了北京城市空间的建设发展，见证了北京漕运兴衰的历史变迁，也呈现了北京居民的社会生活图景。

（一）漕运变迁的见证

隋唐大运河永济渠段的开凿开启了由水道运粮至北京的历史。辽金时期，北京地区发展为漕运中心，先后开凿萧太后河、金口河、闸河、漕渠等人工运河。元代是大运河的发展和完善阶段。元代建都北京后，将大运河南北取直，于大都开通惠河，实现京杭大运河全线通航。元代形成的运河线路在明、清两代基本被沿用。明代迁都北京后，首都物资的运输更加依赖于运河，因此又在其基础上进行了大量的疏浚和建设。清代，大运河依旧是京城经济命脉所在，但水源问题更为凸显。不仅通惠河时断时续，北运河也时常面临河道淤塞、舟楫不通的困境。近代以来，铁路、公路的兴起对运河漕运产生了巨大影响，并最终替代漕运。

运河古桥传说，从侧面反映了北京大运河的形成，以及由盛转衰的发展过程。在"八里长桥不挽桅"①传说的开篇，就描述了南方漕船过八里桥进京城时的场景：时逢北方大旱，京城急需粮食，粮船队伍从永通桥一直排到通州西门。《通州志》记载："永通桥，在州城西八里，明正统十一

---

① 参见郑建山：《大运河的传说》，北京：文化艺术出版社，2004年，第36—40页。

年（1446）敕建。"①八里桥建成以后，就成为京通粮道上的重要交通建筑。据史料记载，辽金以前，通州至燕京要道为通惠河河畔大道，元代京杭大运河形成之后，通州张家湾为运河北端码头，由码头至大都必须穿过通惠河。因此"尝架木为桥，或比舟为梁，以通往来，数易而速坏，舆马多至覆溺，而运输者尤为艰阻，劳费烦扰，不胜其患"②。"土桥镇水兽"③传说中的土桥，其正式名称广利桥是因近广利闸而得。通惠河上的广利上闸与广利下闸，是元代大运河二十四闸中的最后两座闸，都在张家湾镇内，上闸就在土桥村中。通惠河入潞河处正是张家湾下码头，建设北京的木材、供给北京的粮米以及各种物品都在此卸船上岸储存，或从通惠河"梯航入京"。从下码头车运百货或木材去北京，要穿过横在土桥村中的通惠河，因此便有了木架结构的土桥，后因重负难当改为石制桥。可见土桥在大运河北端码头到京城的交通中亦发挥重要作用。明代迁都北京后，此地更为京通之要塞，遂建此石桥。通州漕运繁忙时实有"千樯万艘，辐辏云集，商贾行旅梯山航海而至者，车毂织路，相望于道"④的情景。可见元明两代大运河码头人群熙攘、车水马龙，可以想象当年漕运之繁盛。

　　"银锭观山水倒流"的传说，则反映了运河漕运在清代由盛转衰的历史。银锭桥初建于明正统年间。辽金时期银锭桥一带水域广阔，驳船可直达积水潭，这里建有木便桥。元代营建北京大都时，这里已有千帆万船往来，两岸商事繁荣。明代初年木桥的形状为半圆形，像一个倒扣着的银元宝，桥因此得名。明正统年间，木桥被改建为一座单孔石拱桥，银锭桥的名字就沿用下来。明代史籍《燕都游览志》记载："银锭桥在北安门海子三座桥之北，此城中水际看两山第一绝胜处也。桥东西皆水，荷芰菰蒲，不掩沧漪之色。南望宫阙，北望琳宫碧落，西望城外千万峰，远体毕露，

---

①　王维珍编：《通州志》卷2《城池》，光绪五年（1879）版，第27页。

②　北京市通州区文化委员会、北京市通州区文学艺术界联合会编：《通州文物志》，北京：文化艺术出版社，2006年，第171页。

③　参见郑建山：《大运河的传说》，北京：文化艺术出版社，2004年，第63—65页。

④　北京市通州区文化委员会、北京市通州区文学艺术界联合会编：《通州文物志》，北京：文化艺术出版社，2006年，第234页。

不似净业湖之逼且障也。"①可见清代时银锭桥在人们心目中的地位。清人吴荦曾作《过银锭桥旧居》："鼓楼西接后湖湾，银锭桥横夕照间。不尽沧波连太液，依然晴翠送遥山。旧时院落松槐在，仙境笙簧岁月闲。白首炼师茶话久，春风料峭暮鸦还。"以此形容桥周围的美景，从侧面体现了运河河道之通畅，源头水源之充沛。1918年银锭桥大修，把穹隆形面改为有纵坡的平缓桥面，彼时由于政府更迭，军阀混战，社会处在动荡之中，什刹海无人管理疏通河道，从积水潭由西向东，从后海流向前海，年复一年，水底淤积渐厚，当银锭桥东侧水底淤泥高于西侧时，后海南流的李广桥下河道也堵塞，这时当积水潭水量少时，前海水面高于后海水面，前海水就会由东经过银锭桥向西流，形成了"银锭观山水倒流"的特殊景观。②如今，"银锭观山"的美景已被现代建筑所包围，"水倒流"的奇景都只存在于传说之中了。

（二）城市建设的记录

北京漕运的发展与城市的建设几乎是同步的，且二者总是在相互影响中进行，与运河相伴相生的运河古桥就是这一过程的见证者。从建造年代上来看，大运河源头区白浮翁山河上的青龙桥③，南长河上的广源闸桥、白石闸桥、高梁闸桥，以及玉河故道澄清上闸的万宁桥、东板桥，通惠河上的二闸桥、双桥，以及通惠河故道上的广利桥等古桥建造于元代；南长河上的麦钟桥，积水潭一带的德胜桥、银锭桥，玉河故道上的东不压桥、涵碧桥、皇恩桥、玉河三桥、泡子河桥、大通桥，以及通州八里桥、通流闸桥、通济桥等古桥建造于明代；而西郊昆明湖一带的玉泉山东石桥、玉带桥和绣漪桥则建于清代。这与元、明两代对北京漕运终点位置的设定，以及明清时期运河上游引水线路的调整有关。

在北京城市兴建之前，历史上曾多次引永定河的水作水源，供应北京城市的用水。但是永定河的洪水在当时的技术条件下难以控制。④所以元

---

① 于敏中等编纂：《日下旧闻考》卷54《城市》引《燕都游览志》，北京：北京古籍出版社，1981年，第879页。

② 梁立新：《北京古桥》，北京：北京图书馆出版社，2007年，第55页。

③ 段天顺、王同祯：《京水名桥》，北京：北京美术摄影出版社，2003年，第104页。

④ 中央电视台编：《话说运河》，北京：中国青年出版社，1987年，第14页。

代定都北京后，开通通州至大都运道，运河漕粮可从江南运抵通州，但是其运输能力仍不能适应漕运需要。为了运输方便，至元三十年（1293）按元代都水监郭守敬的规划，由张家湾至大都之间凿通了通惠河，漕船可以由张家湾直抵大都积水潭。而明永乐年间营建北京城时，将大通桥以上河段全部圈入皇城之内。这样通惠河玉河故道段便穿过皇城的"子午"方位，为了不破坏皇城"龙脉"风水，不再沿用元代的积水潭，而在通州土坝、石坝建港。通州便成了名副其实的大运河北起点，通州的经济与文化也在这一时期迅速发展起来。①"徐达一箭射出中轴线"②"吴仲建闸遇鲁班"③"东不压桥西压桥"④和"高亮赶水"⑤的传说都是以明成祖朱棣修建北京城为背景，讲述运河古桥的来历。

北京的中轴线是北京城市历史风貌的重要载体，这条中轴线南起永定门，经正阳门、天安门、端门、午门、穿过皇城后门地安门、万宁桥、钟楼、鼓楼，⑥是元、明、清历代王朝城市建设的结果。元代，大运河北京段的全线开通，为北京城市的发展奠定了最基础的条件，北京旧城中轴线的确定时间便是在元大都时。⑦"徐达一箭射出中轴线"传说中的万宁桥始建于元代（1285），是北京中轴线上的第一桥，北京城里最古老的桥，因其建在玉河通往什刹海的入口处，所以俗称"海子桥"。又因在皇城后门外，又俗称"后门桥"。据传说，20世纪50年代，后门桥曾出土石鼠一对，在桥两侧，与正阳门瓮城内石马组成北京城市中心的"子午线"（鼠在地支中为"子"，马为"午"）。另一传说是桥下刻有"北京城"三字，每当夏季雨水多的时候，水位上涨到"北京城"三字时，就表明北京积水多了。⑧所以，在北京流传着"火烧潭柘寺，水淹北京城"的古训。

① 傅崇兰:《中国运河传》,太原:山西人民出版社,2005年,第104页。

② 参见杨建业编著:《前门传说》,北京:北京美术摄影出版社,2012年,第33—34页。

③ 参见马燕晖编著:《老北京的传说大全集》,武汉:武汉大学出版社,2013年,第236页。

④ 参见刘一达:《走进什刹海》,北京:中国社会出版社,2007年,第207—208页。

⑤ 参见刘守华、陈丽梅主编:《中国民间故事》,武汉:长江文艺出版社,2019年,第25—29页。

⑥ 李建平:《北京城市历史文脉研究》,北京:经济科学出版社,2017年,第106页。

⑦ 李建平:《北京城市历史文脉研究》,北京:经济科学出版社,2017年,第19页。

⑧ 李建平:《北京城市历史文脉研究》,北京:经济科学出版社,2017年,第129页。

　　水闸是通惠河上的重要建筑，是漕船能够随运河水在北京城畅通的关键设施。通惠河闸的修建与两位人物有关：一位是元代的郭守敬，一位是明代的吴仲。元代开凿通惠河时，为控制漕运的水量，自上游河口至通州的通惠河上设二十四闸，节水行舟，解决了北京地区地势西北高东南低的难题。"高亮赶水"传说中提到的广源闸位于海淀区万寿寺东侧，横跨长河，是通惠河上游的头闸，也是目前保存最完好的桥闸，素有"通惠第一闸"之称。早年间该闸具有调水、桥闸、码头等多种作用。^①广源闸桥就是广源闸上的梁桥，它兼有控制水流与方便通行的功能。"土桥镇水兽"传说中的位于张家湾元代通惠河故道上的土桥，官方名称为"广利桥"，就是因近广利闸而得名。"吴仲建闸遇鲁班"传说则讲述了明代官员吴仲重修通惠河，建通惠河五闸的故事。明代朱棣改建北京城，南城墙相对于元大都往南扩展了二里，文明闸至惠和闸段通惠河被包入城中。正统三年（1438），以东便门外大通桥作为通惠河的新起点，从此通惠河即指大通河至张家湾河段，也被称为大通河。因上游水源不足、河道淤塞等原因，一直到嘉靖初年，通州至京城的货物运送大多依靠陆运。嘉靖七年（1528），吴仲疏浚玉泉、瓮山泊等上游水源，弃元代通惠河经由通州城至高丽庄的下游故道，直接向东接入白河，修通惠河大通桥闸、庆丰闸、平津上闸、平津下闸、普济闸五闸。^②通过五座船闸，提升航道水位，以解决运粮漕船负重逆行进入大都的难题。

　　"东不压桥西压桥"传说中西压桥和东不压桥名称的变化，就是在明代扩建城墙时，根据城墙与东、西布粮桥的位置关系而形成的。明代北京城的修建是在大都城的基础上进行改建的。大都的改建，首先是缩减北城，然后开拓南城，形成北京内城的轮廓。世宗嘉靖三十二年（1553），又加筑南面外城。在改建大都城的同时，皇城和宫城也进行了改建。宣德年间，皇城北墙、东墙外推，将相邻的通惠河引入皇城，船只无法驶入积水潭码头。传说中提到的刘伯温，是明代的开国元勋。事实上，刘伯温在洪武八年（1375）就逝世了。那时的北京城还没有进行较大规模的改建。

<hr>

① 户力平：《光阴里的老北京》，北京：新华出版社，2017年，第38页。

② 云亦编著：《大运河艺文录》，北京：北京出版社，2018年，第3—4页。

后人把北京城的修建归功于刘伯温，大概是出于人们对他的敬重，所以难免对其人有神话传说的渲染。^①这一传说生动地反映了明代在元代基址上改建北京城的历史。

大运河不同区位河段上的桥梁不仅建设于不同的时期，也具有不同的功能。与运河下游河段相比，运河上游段的玉带桥与绣漪桥更多地体现出御用性和园林造景的审美意趣，而不是漕运通航与行人往来的一般交通功能。颐和园玉带桥与绣漪桥的结构与造型基本相同，皆为单孔高拱券桥，其桥拱高耸，形态灵秀，雕栏玉砌，颇具苏杭韵味，且便于皇家游船从其下驶过。与之相关的"慈禧骑驴过玉带桥"^②和"罗锅桥"^③传说也都是内容与皇室相关的趣闻逸事。瓮山泊是大运河上游重要的蓄水池。元代昌平白浮泉一带水源充足，白浮翁山河一线有泉百眼，明清两代则逐年减少。明代北京城规模扩大，城市水源主要依靠西山诸泉，所以玉泉山和瓮山泊的规模也逐渐扩大。明代瓮山泊一带种稻植荷、风景秀美，明武宗、明神宗都曾在此泛舟钓鱼取乐。清乾隆十五年（1750），兴建清漪园（即今颐和园），将瓮山泊拓宽，形成今天的昆明湖。颐和园中的各式古桥就是在这一历史背景中修建的。

（三）民众生活的讲述

北京漕运的文化记忆附着于运河及其遗存之上，并根植于民众的日常生活之中。运河古桥作为漕粮运输和城市交通的重要建筑，与百姓日常生活息息相关。古桥是静止的建筑，传说却是生动鲜活的记忆。人们关于漕运文化的历史记忆与生活记忆很多都是通过运河古桥的传说得以保留并传承的。

"高亮赶水"的传说中提到北京曾经是一片苦海，叫作"苦海幽州"，因为高亮在战龙王时，只刺破了盛着苦水的鱼鳞篓，而盛着甜水的鱼鳞篓被逃跑的龙公带去了玉泉山，所以北京城里的井里大部分是苦水，玉泉

---

① 侯仁之：《侯仁之谈北京》，长沙：湖南少年儿童出版社，2010年，第45—47页。

② 参见《趣闻圣经》编辑部主编：《老北京的趣闻传说》，北京：旅游教育出版社，2013年，第365—366页。

③ 参见吴蔚主编：《清代帝王笔下的颐和园》，北京：中国电影出版社，2015年，第136—137页。

山的水则是甜水。事实上，传说中的"苦海幽州"确实是历史真实的投射。北京地区古时称为幽州，处于永定河冲积扇中部，历史上曾有良好的地下水。但北京市区的地下水水质，因受人类长期活动的影响，生活污水渗入地下，从而使表层地下水受到污染，水质变硬，水中硫酸盐等矿物质提高，总含盐量上升，形成所谓的苦水，不适于饮用。①而深层地下水及山泉水则矿化度较低，成为所谓的甜水。旧时北京的居民都是用老式的水井，而甜水井很少，大部分是苦水井，也有半甜半苦的二性子水。北京的水井随着时代的更替，如今大都无处可寻，不过关于苦水的生活却成为北京居民的记忆。那时候，一般人家都预备三种水：苦水、甜水与二性子水，人们用苦水洗衣服，用二性子水做饭，用甜水喝茶。而皇宫中皇室成员则直接用玉泉山之水。明清时期，西直门是玉泉山向皇宫送水的水车的必经之门，因此有"水门"之称。由于那时候北京苦水多、甜水珍贵，给人们留下了深刻的生活记忆，所以"高亮赶水"的传说也就流传开来。

历史上，随着漕运的繁荣，大运河沿线的经济文化得到进一步发展。沿着运河自南方而来的漕船、商船推动了沿岸的商品贸易，随之在运河一带产生了大大小小的集市，如积水潭一带、通州城、张家湾镇等。通州流传着乾隆帝下江南的奇闻逸事。传说乾隆帝途经通州北运河沿岸时念道："南通州，北通州，南北通州通南北。"随行的纪晓岚见运河沿岸商店、餐馆、当铺颇多，街市甚为繁华，于是对道："东当铺，西当铺，东西当铺当东西。"此对联虽出于传说，但据此可以想象，北运河沿岸城镇经济发展之盛，以及桥梁在沟通运河两岸商品贸易中的重要作用。民间传说片段式地记录下了运河沿岸居民的经济生活。"扒拉桥"传说中，贡献建桥砖石的是八里桥边上卖茶水的老妪；"八里长桥不挽桅"传说中，启发人们改装桅杆的是跑大棚的厨子；"东不压桥西压桥"传说中，说东不压桥一带在元代曾是交易布匹和粮食的集市；在"吴仲建闸遇鲁班"传说中，在通惠河疏通工程的工地旁，成百上千的工匠聚集，一时间形成了热闹非凡的集市。不论是传说中推动传说情节发展的关键人物的身份，还是关于故事场景的描述，都在一定程度上反映了大运河沿岸人们的经济生活。所

---

① 水润之编著：《北京自来水博物馆》，北京：同心出版社，2013年，第23页。

以，关于运河古桥的修建历史和原初样貌，大多能从史料文献中找到记载，但要真正理解运河古桥与北京历史空间的文化关系，以及漕运文化影响下运河古桥与民众生活的内在联系，需要从流传在民间的传说故事中寻找答案。

三、文脉传承：古桥传说的当代价值

从隋唐时期永济渠开凿，到辽金时期北京始为漕运中心，到元代大运河进入繁荣时期，再到明清时期的进一步建设，大运河在北京经历了悠久的历史。虽然北京的漕运已随着清末现代铁路的兴起而终止，但大运河在北京的发展历程中所形成的文化时空脉络，已成为北京历史文脉的重要组成部分，并传承延续下来。作为运河文脉载体的运河古桥及其传说，在运河文脉传承中发挥了重要的作用。作为运河文化遗产的组成部分，它以记忆性的叙事构建文化遗产存在的整体时空；它在重构过去的同时组织着当下与未来的经验，为北京城市建设提供历史文化资源，并在对历史文化的传承中，凝聚民族精神，增进中华民族共同体的文化认同。

（一）促进运河文化遗产的整体保护

大运河是重要的人类文化遗产，大运河北京段作为运河的北起点，是运河文化遗产的重要组成部分，它的普遍价值、真实性和完整性在国内与国际均得到充分肯定。2006年，国家文物局将大运河列入《中国世界文化遗产预备名单》。2007年，国家文物局正式启动大运河申报世界遗产的工作。此后，北京市也积极投入到保护规划的编制工作当中。2012年，作为大运河申报世界文化遗产的基础性和关键性工作，北京市文物局制定并发布了《大运河文化遗产保护规划（北京段）》。2014年，卡塔尔多哈第38届世界遗产大会批准"中国大运河"列入《世界遗产名录》，其中包括了大运河河道遗产27段，以及运河水工遗存、运河附属遗存、运河相关遗产共计31个组成部分，共58处遗产，河道总长度1011公里。其中，大运河在北京市有河道遗产2段，分别是通惠河北京旧城段和通惠河通州段，有遗产点4个，分别为玉河故道、澄清上闸（万宁桥）、澄清下闸（东不压桥）和什刹海。

中国大运河申报世界文化遗产的过程及成功经验，对文化遗产保护理念产生了重要影响，主要表现为对运河文化遗产时间性与空间性认识的加深。在时间性方面，大运河是静态与动态相结合的，由古代遗址、近代史迹和当代遗产共同构成的"活着的、流动的文化遗产"；在空间性方面，大运河是由文化要素与自然要素相互作用而形成的"文化景观"，是物质要素与非物质要素结合形成的"文化空间"，是由点、线、面共同构成的"线性文化遗产"。①这些大运河保护和申报世界文化遗产中产生的进步认识，是对运河文脉及其传承的阐释与实践。运河文脉的传承，既意味着运河文化在时间上的连续性，即历史文化与现代文化的接续，又意味着与空间上的连续性，即运河沿线各文化遗存与事象的联结，更重要的是，运河文脉的传承要实现时间文化与空间文化的结合。只有实现时间与空间的结合与互动，使不同性质、不同形式的文化事项相结合，运河文脉才能真正成为一个活态的、流动的文化线路，呈现生动的历史文化与社会生活，从而实现对运河文化遗产的整体性保护。大运河古桥传说，正是运河时间文化与空间文化结合的产物，它的传承对运河文化时空的构建与延续具有重要意义。

2012年《大运河文化遗产保护规划（北京段）》，提出以元明清时期的京杭大运河作为北京段大运河遗产保护的核心，以元代白浮泉引水沿线、通惠河、坝河和白河（今北运河）一线河道作为北京段大运河遗产保护的主线，保护非物质文化遗产及物质文化遗产。其中，桥梁是物质文化遗产的重要组成部分，包括德胜桥、银锭桥、永通桥、通济桥遗址、广利桥、通运桥、张家湾东门桥和虹桥等；非物质文化遗产中有经典的八里桥的故事——"扒拉桥"和"不挽槐"传说。可以看出，随着对大运河文化的挖掘与保护，运河古桥的文化价值也受到关注。但从保护现状来看，包括运河古桥在内的运河风物，其景观、艺术价值与历史、文化价值并没有很好地统一起来。民间流传的许多运河古桥传说的文本，远比规划文件所列名单中的文本内容更为广泛。虽然这些文本趋于碎片化，但其内容朴素而生动、贴近生活、符合大众审美趣味，承载了丰富的运河民间记忆。

---

① 参见单霁翔：《大运河飘来紫禁城》，北京：中国大百科全书出版社，2020年，第211页。

同时，作为物质文化遗产的运河古桥本身又是古桥传说的实物载体。从运河古桥传说的文本内容与传承情况来看，古桥本身的现存状况与相关传说的流传程度间存在着必然的关联。传说中出现的古桥，都有相关的实物遗存，如高梁桥、广源闸桥、八里桥、通运桥、万宁桥、银锭桥等桥梁及其传说。这与民间风物传说的传承特点有关。风物传说是对风物的来历、特征、命名原因等进行说明解释，所以风物的存在就为相关传说提供了讲述的语境，这是风物传说传承与传播的重要条件。也正因如此，古桥传说对于唤起人们保护运河文化的意识可起到重要作用。

（二）提供北京城市建设的文化依据

大运河是活态的线性文化遗产，其遗产的分布具有点、线、面结合的特点。北京段大运河流经北京市昌平、海淀、西城、东城、朝阳、通州六区，串联了北京西郊、北京老城区、北京东南郊的历史风物，形成具有历史性、空间性的文化脉络。作为重要的运河风物，运河古桥是运河文化遗产的重要组成部分，是大运河上的标志性节点建筑，在古都历史风貌保护和城市文化建设方面具有重要意义。而承载城市记忆的运河古桥传说，具有延续运河文脉的历史价值，是传承城市文脉的记忆基点和文化依据。

2015年，北京市文物局提出包括"运河文化带"在内的"三个文化带"的保护利用规划，并写入2016年的《北京市"十三五"规划纲要》。2017年6月，习近平总书记对建设大运河文化带作出重要指示："大运河是祖先留给我们的宝贵遗产，是流动的文化，要统筹保护好、传承好、利用好。"根据这一指示，2017年9月发布的《北京城市总体规划（2016—2035年）》中再次强调要将"大运河文化带""长城文化带"和"西山永定河文化带"作为北京历史文化名城保护体系的重要内容。在2019年发布的《北京市大运河文化保护传承利用实施规划》和《北京市大运河文化保护传承利用五年行动计划（2018年—2022年）》中，又进一步明确了大运河北京段构建"一河、两道、三区"的文化带发展格局。"一河"，即以大运河北京段为轴线，组织推进大运河文化保护传承利用，建设大运河文化带；"两道"，即全线滨河绿道和重点游船通航河道；"三区"，即运河文化展示区、运河生态景观区和疏解整治提升区。①近年来，北京也不断创新大运河保护利用发展模式，将运河文化保护与城市建设发展有机结合，在进行运河历史文化街区保护、风景名胜区建设的同时，推进沿线特色小镇、美丽乡村建设，打造城市文化旅游综合体。

通惠河玉河故道曾是北京城重要的运河水道，它北起位于北京中轴线上的万宁桥，向东南流，过东不压桥后沿今正义路南流，于南玉河桥（江米桥）东流至东便门大通桥处汇入通惠河。历史上，玉河故道一带市井繁华、人口密集，运河之上除具有标志性意义的万宁桥、东不压桥、南玉河桥、大通桥外，还建有东板桥、涵碧桥、皇恩桥、北玉河桥、中玉河桥和泡子河桥等大大小小的桥梁。后来随着明代皇城的扩建，明清两代北京城内的通惠河段（即今玉河故道）失去了水运功能，变成排洪排污的渠道。1925年，北玉河桥以南河段首先被砌为暗沟，两侧建成马路，就是今东城区的正义路；北玉河桥以北的河段后来也被改造成暗沟和马路，就是今东城区的南河沿大街、北河沿大街、北河胡同、东不压桥胡同等。②这些地名记录了通惠河玉河故道曾经存在的历史。如今在东城区政府2006年开启的"北京玉河历史文化恢复工程"中，位于什刹海东的万宁桥到地安门东大街路北的玉河故道已从暗河变为明河，两岸修建为城市公园。东不压桥遗址作为玉河故道上唯一的运河文物遗迹，与其相关的传说为玉河景观增添了生活化的历史文化元素。而除了大运河流经的颐和园、紫竹院和动物园外，海淀区南长河段、西城区积水潭至什刹海一带和通州区通惠河、北运河段也分别建成了南长河公园、什刹海－汇通祠－西海湿地公园、后海公园、西海子公园、运河公园和大运河森林公园等以大运河为主题或突出运河文化的公共空间。在这些公共文化空间的建构过程中，运河古桥传说为恢复北京的历史风貌提供了记忆支持。

在2018年《大运河文化带旅游规划及实施方案》中，进行了详细的城市空间规划，以实现大运河文化带旅游突破性发展，即"一核心、两主轴、三区段、九组团"的空间布局。"一核心"是指以通州大运河旅游核

---

① 关桂峰、李嘉瑞：《构建"一河、两道、三区"：北京发布大运河文化保护传承利用实施规划》，新华网http://www.xinhuanet.com/politics/2019-12/05/c_1125313557.htm。

② 尹钧科：《北京古代交通》，北京：北京出版社，2000年，第68页。

心（区）作为大运河文化带旅游发展的核心，成为发展空间上的重点突破；"两主轴"包含通惠河轴线和北运河轴线；"三区段"分别是河源区段、都市区段、通州区段；"九组团"有白浮泉水源文化与乡村旅游组团、昆明湖水上休闲与皇家文化组团、什刹海历史街区与滨湖休闲组团、高碑店运河民俗与文化创意组团、通州运河历史文化与水城休闲组团、城市绿心生态观光与文化体验组团、张家湾古镇文化旅游小镇组团、潞县历史古镇与湿地观光组团、潮白河民俗休闲与滨河度假组团。在这一建设规划中，运河古桥及其传说应当发挥传承与传播运河文化的作用。具体而言，就是应当保护古桥实体及周边环境，以保护古桥传说的实物载体。同时应当在旅游项目的设计中，通过展示板、导游词等创造传说的讲述情境，促进运河文化的传播，使运河古桥传说的传承成为北京城市文化保护与空间生产的重要手段。

（三）系牢民众文化认同的精神纽带

运河文脉的核心在于文化，它包含了漕运历史文化、运河文物古迹、民间传说故事等文化事象，也承载了中华民族共享的文化传统、共同的历史记忆与共识的价值观念，并在此基础上形成民众的历史文化认同、地域文化认同、多元文化认同和价值观念认同。运河古桥传说则体现了文化、记忆与认同三者的互构关系，成为民众文化认同的叙事表达，并以记忆的形式在文化认同的形成与发展过程中起到纽带作用。

北京城是中华文明发展的历史缩影，北京的大运河文化也是在中华民族融合发展的宏大历史背景中形成的。尤其在元、明、清时期，北京文化体现出极大的包容性特点，大运河则在北京包容性文化的形成中起到重要作用。元代通惠河的竣工标志着京杭大运河的全线贯通，成为南北经济交通的大动脉，来自南方的漕粮和物资直达都城。明代紫禁城建造之初，大量的建材与工匠也都是从运河而来。清代康熙、乾隆等帝王多次顺大运河南下，吸取南方文化。在这一过程中，大量的人才、各地区独具特色的文化，都通过大运河源源不断地进入北京城。因此，大运河为不同地区、不同民族的文化在北京的融合起到了促进作用。所以说，北京民众所认同的历史文化与地域文化本身具有中华民族多元文化的属性。而北京民族融合的历史文化具有物质与精神两种形式，包括建筑、工程、器物等可见实物，可以通过遗迹或遗存的形式留存，而民间信仰、价值观念等精神层面的文化，往往通过传说或故事的形式传承下来。

　　鲁班信仰是中华民族传统的民间文化，它源于古代工匠的历史记忆，并在中华各民族文化间不断重构与丰富，形成中华民族共有的民间信仰文化。鲁班是一位被神化的历史人物，因其在发明创造及土木建筑方面成就突出，故成为我国古代劳动人民智慧的象征。人们把古代劳动人民的集体创造和发明很多集中到他的身上，于是就诞生了有关鲁班的诸多传说故事。尤其是鲁班造桥的故事，更是有诸多版本。在北京流传的大运河古桥传说中，鲁班式的形象十分普遍。在"扒拉桥"①传说中，鲁班化身为白胡子老汉，在八里桥建造工地旁终日凿打石块，凿好后便默默离开了。最后，鲁班凿打的石块刚好填补了桥洞处的大窟窿，解决了工匠们的燃眉之急。"颐和园的十七孔桥是怎么修成的"②传说也讲述了鲁班帮助修十七孔桥的故事，情节与八里桥修建传说十分相似。"八里长桥不挽桅"③的传说异文中，在故事的结尾强调做饸饹提醒船员们改造桅杆的厨子就是鲁班，或是鲁班的儿子、鲁班的徒弟。"吴仲建闸遇鲁班"④传说则讲述吴仲在疏通通惠河工程中因地势落差陷入困局时，鲁班化身为卖炸糕的白发老翁，以谐音启发吴仲采用建闸之法的故事。总之，这些传说都直观地反映出民间社会对中华民族文化精英鲁班的感激与崇拜，反映了民众对传统中华文化的普遍认同。

　　文化认同也表现为具有共识性的价值观念。运河古桥传说中，对英勇、智慧人物的歌颂与赞美，和对奸诈、贪婪之人的讽刺与唾弃，体现了中华民族共通的道德标准和共同的价值观念。在"高亮赶水"传说中，人们将高亮描述为危急时刻挺身而出、面对敌人英勇无畏、为造福人民而舍生忘我的英雄。而在"卧虎桥"传说中，人们则借严嵩饿死桥上、化为饿

---

　　① 参见郑建山：《大运河的传说》，北京：文化艺术出版社，2004年，第35—36页。

　　② 《趣闻圣经》编辑部：《老北京的趣闻传说》，北京：旅游教育出版社，2013年，第107页。

　　③ 参见郑建山：《大运河的传说》，北京：文化艺术出版社，2004年，第36—40页。

　　④ 参见马燕晖编著：《老北京的传说大全集》，武汉：武汉大学出版社，2013年，第236页。

虎的故事，表达对陷害忠良，压榨百姓之奸臣的痛恨。此外，"徐达一箭射出中轴线"传说中，徐达张弓弩箭的武将气势，刘伯温运筹帷幄的军师智慧，"罗锅桥"传说中刘墉机智过人的才子之气，"吴仲建闸遇鲁班"传说中吴仲运河建闸的贤官之能，都表达了人们对英雄人物的崇敬。而在人们对这些传说的不断回忆与讲述中，元世祖忽必烈、明成祖朱棣、水利专家郭守敬等北京大运河修筑的决策者和设计者，以及为修河筑桥工程挥洒汗水的千万工匠和无数奔忙于运河及沿岸的船工与百姓，都集合了民众所认同的中华民族智慧、勇敢、勤劳、务实的品格与美德，体现了民众在精神文化层面的价值共识。而在运河古桥传说的传承与传播中，这种文化认同也被不断强化与巩固，并在更广的时空范围产生影响。所以，古桥传说承载的运河文脉，也是民众文化认同的纽带。

总而言之，运河古桥传说的传承，就是运河历史文脉和北京城市文脉的传承。古桥与运河相生相伴，它伴随着北京城市的建设发展，见证了北京漕运的兴衰变迁。从山水秀丽的西郊，到热闹繁华的市井，再到京东要道通州，运河及其串联起的古桥，勾勒出一个底蕴深厚、水气灵光的北京城。从这一意义上说，运河古桥承载了大运河文化的时间脉络与空间脉络，是北京历史名城的文化符号与地理标识。而文脉的传承重在文化心理的延续，它通过记忆的方式与传说的形式来实现。传说使作为运河古迹的桥梁生动起来，使北京运河文化的历史鲜活起来，使大运河风物遗存的景观价值、艺术价值与文化价值统一起来，将宏观的历史叙事与具体的生活细节相融合，使悠久而广阔的运河文脉成为人们内心对民族文化的认同与坚守。文脉传承意味着在守护传统文化根脉的同时，紧紧把握住时代的脉搏。在城市发展迅速、文化日新月异的今天，古桥传说更凸显出其在文化传承、遗产保护、城市建设、经济发展与构建和谐社会中的作用，这是运河古桥传说独特的文化价值。

［原载于《北京联合大学学报》（人文社会科学版）2021年第3期］

《儒林外史》原型人物研究的方法、路径及其意义

叶楚炎

摘要：《儒林外史》是在原型和本事使用方面"堪称代表"的一部小说，立足于所有现在已知的原型人物，可以总结出《儒林外史》原型人物的几个规律性特征，这些特征能够成为考辨新的原型人物的重要指引。对于小说人物的塑造过程而言，原型人物的揭示也让我们得以更为清晰地探讨吴敬梓如何在原型人物的基础上生成小说人物，以及原型人物小说化过程的共同规律。在原型人物的映射下，我们也能更为透彻地看到小说人物在叙事层面所发挥的作用及其与文化语境之间的密切联系。吴敬梓在小说虚构性的文体特质中找到了提取原型人物现实性要素的方式，并由此创造出一个比现实更为真实的儒林世界，在其背后，原型人物既提供了最为重要的资源，也是促发这一切的原动力。

关键词：《儒林外史》；原型人物；本事；吴敬梓

《儒林外史》是一部全面、深刻地展现科举社会士人生存境遇的经典之作。在《儒林外史》中存在着一个重要的现象，即小说写到的诸多人物并非完全出自作者吴敬梓的虚构，而是往往有现实人物作为小说人物的原型，对此，在金和为《儒林外史》所写的跋语中有明确的揭示："全书载

作者简介：叶楚炎，文学博士，中央民族大学文学院教授、博士研究生导师，主要研究方向为中国古代小说、明清文学等。

基金信息：国家社会科学基金后期资助项目"《儒林外史》原型人物考论"（19FZWB004）。

笔，言皆有物"，"若以雍乾间诸家文集细绎而参稽之，往往十得八九"①。由于金和的母亲是吴敬梓的堂侄孙女，因此金和的这句话得到了研究者相当程度的重视，鲁迅在《中国小说史略》中便肯定了金和所说，认为"《儒林外史》所传人物，大都实有其人"②，而此后的一系列研究也在不断印证金和的说法和鲁迅的这一判断。

　　事实上，依据原型和本事进行创作，是古代小说的一个重要特质，而在所有的古代小说中，《儒林外史》在这一方面又显得尤为突出，并由此被视为在原型和本事使用方面"堪称代表"③的一部小说。从研究可行性的角度说，《儒林外史》原型人物研究具有较为特殊的优势。首先是作者吴敬梓的家世、生平、交游等都历历可考，并且吴敬梓的著述如《文木山房集》《文木山房诗说》等也都留存下来，这为《儒林外史》的原型研究提供了诸多便利。更为重要的是，《儒林外史》是一部士人题材的作品，而吴敬梓写入小说的又都是与之同时的雍乾之际的士人。与吴敬梓一样，这些士人也多有著述流传至今，通过对这些著述的钩稽梳理，可以获得有关原型人物的丰富资料，这也是金和所说的"若以雍乾间诸家文集细绎而参稽之，往往十得八九"缘由所在。

　　可以看到，经由几代学者的努力，《儒林外史》原型人物研究已经积累了颇为丰硕的成果，但不应讳言的是，其中也存在着一些缺憾并蕴含着可以充分延展的可能。具体说来，主要体现于以下两个方面：其一，此前对于《儒林外史》原型人物的研究都是以单个人物为中心的探讨，对于《儒林外史》原型人物的研究方法和途径则缺乏整体性的理论观照；其二，《儒林外史》原型人物的考证提供了相关研究的基石，但很多原型人物研究却也止步于此，事实上，原型人物的考证只是原型人物研究的第一步，而相关的考证成果只有充分与叙事层面的研究相结合，并与小说写作的文化语境相勾连，才能产生更大的研究意义。本文便从这两个方面入手，探讨《儒林外史》原型人物研究的方法、途径及其意义指向。

---

①　金和：《〈儒林外史〉跋》苏州群玉斋本，载李汉秋编著：《儒林外史研究资料集成》，上海：上海古籍出版社，2017年，第302页。

②　鲁迅：《中国小说史略》，上海：上海古籍出版社，1998年，第157页。

③　刘勇强：《古代小说创作中的"本事"及其研究》，载《北京大学学报》2015年第4期。

一、原型人物考辨的方法和途径

以往的原型人物研究多是以金和、张文虎、平步青等清人提供的信息为基础，并根据这些信息确立大致的框架进行讨论。这样的研究方式不可取，一则很难摆脱既往的藩篱，甚至还容易陷入前人的讹误，二来也难以在单个原型人物之外获得整体性的突破。实际上，立足于所有现在已知的原型人物，完全可以总结出《儒林外史》原型人物的几个规律性特征，这些特征既能增进我们对于这些原型人物的整体认知，也能成为考辨新的原型人物的依据。

首先，所有的原型人物都与吴敬梓的交游圈有着非常密切的联系。对此又可分为两类情形：第一类是有明确证据表明他们是吴敬梓的友朋，如吴培源、程廷祚、冯粹中、吴檠、金榘等人皆是，也包括近年来陆续发现的宁楷（武书之原型）、李本宣（蘧公孙之原型）、汪思迴（匡超人之原型）、郑江（周进之原型）、司徒宜（诸葛天申之原型）、周榘（宗姬之原型）、涂逢豫（余爘之原型）等；第二类则是尚无明确资料表明他们与吴敬梓有直接的交游，但或与吴敬梓参加过同一士人活动，或与吴敬梓的交游圈之间有诸多的交集，如商盘、汪洽闻（王玉辉之原型）等都可归入此类。综合以上所论的两类情形可以看到，吴敬梓基本是立足于与自己关系紧密的交游圈在进行《儒林外史》的写作，并将自己曾细致观察且有深切了解的这些现实人物塑造成了相关的小说人物，这种写作方式是让我们每每觉得其中的人物真切可感的重要原因。更为重要的是，以吴敬梓的交游圈为限，也为《儒林外史》原型人物的考证划定了一个明确的边界，从最为谨严的角度来看，不越过这条边界，是确保考证有效性的前提。

其次，原型人物的姓名字号基本都与相关小说人物有紧密的关联。金和所说的"或象形谐声，或廋词隐语"[①]，既成为原型人物身上的显著标志，也提供了考证原型人物的重要线索。吴敬梓通过象形谐声、廋词隐语等方式，在原型人物姓名字号的基础上形成了小说人物的姓名字号，并经

①　金和：《〈儒林外史〉跋》苏州群玉斋本，载李汉秋编著：《儒林外史研究资料集成》，上海：上海古籍出版社，2017年，第301页。

由这种方式透露了其最初的笔意所指。现今发现的原型人物基本都符合这一特征，在这一方面，也可以大致分为两种情形：第一种是通过"象形谐声"等较为直接的方式形成小说人物的姓名字号。如匡超人（匡迥）的姓名字号就是通过这一方式从其原型人物汪思迥转化而来。第二种则是通过"廋词隐语"等较为婉曲的方式形成小说人物的姓名字号。吴敬梓的好友司徒宜转化为小说中的诸葛天申用的就是这一方式①。经由"象形谐声""廋词隐语"，吴敬梓向读者透露出小说人物和原型人物之间的确切关联，就小说的接受而言，亦会产生一种奇妙的阅读效果：在当时的文化语境中，同样熟悉这些原型人物的读者会通过姓名字号的联系迅速勾连起对于这些原型人物的印象和认识，这足以在小说文本所提供的人物信息之外蔓生出更为丰富的意蕴。而对于原型人物的考证而言，通过"象形谐声""廋词隐语"所提供的的线索去探寻原型人物也便成为一条重要的途径。事实上，由于时过境迁，随着读者对于这些原型人物的逐渐陌生化，原本更为丰富的小说意蕴也被封锁在文本之内。而这些原型人物的揭示，其实也是在还原本初的接受语境，并为这些意蕴的再度蔓生创造条件。

最后，在原型人物的行迹和相关小说人物的情节之间有比较多的关联。吴敬梓不仅将原型人物写进小说，还往往将原型人物的形貌特征、家世背景、科举经历、仕宦履历、性格癖好等也都带入小说写作，这些原型人物真实行迹的大量融入，为儒林世情的呈现增添了现实的斑斓色彩和细致的工笔描摹，并由此形成了探讨人物塑造和意旨阐发的一个重要维度。从原型考证的角度看，立足于吴敬梓交游圈所划定的边界范围，通过对于交游圈内所有士人诗文著述，以及相关资料的全面梳理，也可以获得足以与小说情节相互勾连和生发的大量文献资料，通过这些文献资料我们可以大致还原吴敬梓写作的现实基础，也能够使之成为考证原型人物的基石：经由这些往往与小说情节有诸多勾连的资料，以前面所论姓名字号之间的关联为指引，再结合对于叙事时间、人物关系等方面的细致考察，以及在形貌特征、家世背景、科举经历、仕宦履历、性格癖好等方面的绵密联

---

① 参见叶楚炎：《诸葛天申、宗姬原型人物考论——兼论〈儒林外史〉中次要人物的叙事意义》，载《江苏师范大学学报》2018年第3期。

系，便可以基本确定相关的原型人物。

以上所论及的三点既凸显了《儒林外史》原型人物的普遍特征，也可以成为我们考证原型人物的三个必要条件。除此之外，已知原型人物之间的联系也能成为新的原型人物确定的重要参照。《儒林外史》中的士人都处于复杂的人际关系网络中，他们或与其他士人存在着师生、同年、同案、同学、姻亲、经济等多重关系。而这些关系也往往有现实的人际关系作为依托，这同样提供了由此及彼地考证原型人物的契机。在小说中，虞育德是全书最被标榜的士人，而从人物关系看，以虞育德为核心，也勾连起了诸多士人，这些人物关系多能从原型人物身上找到依据，仅在虞育德之原型吴培源的《会心草堂集》中，便有与涂逢豫、程廷祚、李本宣、吴敬梓等人相关的诗词作品，而这也构成了小说中虞育德与余夔、庄绍光、蘧公孙、杜少卿等人交往的现实基础。因此，现实的人物关系也成为考索原型人物的一条重要渠道。需要说明的是，基于小说的文体特性，我们当然不能把所有小说中叙及的人物关系都机械地与现实交往一一对应，但对于现实人物关系的梳理和考察往往能够呈现原型人物考证的诸多线索，这同样是我们在研究中应当予以重点关注的一个方面。

就人物关系而言，在《儒林外史》中写到了若干士人群体，例如莺脰湖名士群、西湖名士群、莫愁湖名士群等，而从原型人物的角度看，非但个体的士人多有其原型作为基础，这些士人群体也多以现实的士人群落为原型生发而成。例如小说中莺脰湖名士群的原型便应是以"扬州二马"为核心的韩江诗社。因此，就莺脰湖名士的原型考证来说，这便在前面所论吴敬梓的交游圈之内又进一步划定了一个更为集中且明确的考索范围，而"韩江诗社"中相关士人由此及彼的现实联系也成为考证原型人物的线型链条：一系列原型人物的浮现可以在这一链条的牵引下接踵而出，这也能跨越以往单个原型人物考论的局限，从而获得整体性的突破。

通过以上总结出来的这些规律性特征，我们不仅可以考索未知的原型人物，对于此前悬而未决或是未经进一步证明的原型人物也可以作出更为清晰的考辨。在金和的跋语中提及了诸多原型人物的信息，这段话成了此后原型人物研究的原点。而金和所说的杜少卿、杜慎卿、虞育德、马二先生等人物的原型也被此后的研究者完全接受。可需要指出的是，在提供了许多研究线索的同时，这段跋语亦存在很多问题，据现有研究，武书的原型应是宁楷而非金和所说的程文；金和说赵雪斋的原型姓宋，但其原型应是姚莹①；金和曾明确说到"牛布衣之为朱草衣"②，但其实朱卉（朱草衣）并非牛布衣的原型，而是窃取了牛布衣名号的牛浦郎的原型③。因此，在原型人物方面，我们既要重视金和的这篇跋语，同时更要以审慎的态度细致考察、辨析他所提供的这些信息，而前面所论及的这些规律性特征正提供了考辨、检验原型人物的有效手段。此外，由于《儒林外史》是依据原型人物进行写作，这也就意味着，小说相关情节的写入时间一定滞后于原型人物相关本事的发生时间，就也成为衡量原型人物的一个重要标准。受金和、张文虎等人的影响，此前学者都认为是镜应是权勿用的原型。但通过考证可知，原本被视为权勿用退场事件本事的是镜为胞弟告发案，发生于吴敬梓去世的乾隆十九年（1754），从时间上看，根本不具备被写入小说的条件，这也从根本上动摇了是镜是权勿用原型人物之说的基础。

除了从已知原型人物中总结出的这些必要条件，近来不断发现的新材料也为原型人物的考辨提供了关键的助力。例如正是经由郑志良对于《修洁堂初稿》中《〈儒林外史〉题辞》的发现，程文为武书原型的谬误得以纠正；同样是通过郑志良所找到的《后新乐府》六首，可以明确得知萧云仙的原型并非姓江，而此前论者所怀疑的萧云仙与李侲南（即李宙）之间的关联则被证实④，此外，从新发现的《怿堂诗钞》中可以确切考知其作者涂逢豫是余夔的原型⑤。可以说，新文献的发现和新原型人物的发掘是彼此依存、相辅相成的：新文献的发现固然会引发原型人物研究新的进

①　郑志良：《〈儒林外史〉新证——宁楷的〈儒林外史题辞〉及其意义》，载《文学遗产》2015年第3期；郑志良：《新见吴敬梓〈后新乐府〉探析》，载《文学遗产》2017年第4期；郑志良：《〈儒林外史〉的人物原型及其意义——以蘧公孙、赵雪斋为中心》，载《中国文化研究》2017年第1期。

②　金和：《〈儒林外史〉跋》苏州群玉斋本，载李汉秋编著：《儒林外史研究资料集成》，上海：上海古籍出版社，2017年，第301页。

③　叶楚炎：《〈儒林外史〉牛浦郎原型人物考辨》，载《国学学刊》2021年第2期。

④　李汉秋、项东升校注：《吴敬梓集系年校注》，北京：中华书局，2011年，第198页。

⑤　叶楚炎：《新见〈怿堂诗钞〉作者与吴敬梓关系考论——兼论〈儒林外史〉人物原型》，载《文献》2019年第2期。

展，而随着越来越多原型人物的涌现，更多的文献也会进入《儒林外史》的研究视野，由此可以进一步地延展文献查考的范围，而这也势必拓展了原型人物的研究空间。

除了以上所谈到的研究路径，对于《儒林外史》原型人物而言，还有一个重要的理论问题有待厘清，便是"原型"与"本事"的区别。刘勇强曾提出："不少本事研究实际上被等同于人物原型研究。这两者虽然存在着一定的联系，但从总体而言，本事研究更关注的应是事迹或情节，而原型研究更偏重人物身份、样貌、性格，间或顾及其关系、经历等。"①由于《儒林外史》在原型和本事的使用方面格外突出，对于"本事"与"原型"的分辨也便显得尤为关键。可以通过现有研究看到，在《儒林外史》的人物写作中，作者会以某个人物为基础塑造小说人物，但与此同时，作者往往又会将其他一些人物的行迹带入进来，附着在小说人物的身上，这两者之间显然是有所区别的，前者是"原型"，而后者则是"本事"。

但着眼于"原型人物"，这一对于"原型"与"本事"的区分也带来了细致分辨原型人物的契机：作为小说人物塑造基础的现实人物是"原型人物"，而某些行迹被带入小说并附着在某一人物身上的现实人物则是"本事人物"。原型人物是人物塑造的基础和核心，而本事人物所起到的作用则相对次要。事实上，在其他小说中，原型人物和本事人物或许很难区分，可在《儒林外史》中却没有那么复杂：如前所论，吴敬梓通过对于原型人物姓名字号的转化，形成了小说人物的姓名字号，两者之间的联系也自然成为区别原型人物和本事人物的重要依据。以沈琼枝的人物塑造为例，从宁楷《避雨文木山房赠茸城女子歌》及吴敬梓《后新乐府》之《茸城女》等材料可知，沈琼枝的原型是沈珠树，而非此前学界所关注的张宛玉，沈琼枝与沈珠树姓名之间的联系便证明了这一点。但张宛玉对于沈琼枝的人物塑造并非全无贡献，其逃离盐商夫家寄居南京的经历被赋予了沈琼枝这一人物②。依据原型人物和本事人物的分别，我们便可知道，沈

① 刘勇强：《古代小说创作中的"本事"及其研究》，载《北京大学学报》（哲学社会科学版）2015年第4期。

② 井玉贵：《金陵惊鸿——奇女子沈琼枝形象的诞生及其文学意义》，载王萍主编：《中国古代小说戏剧研究》第13辑，兰州：甘肃人民出版社，2017年。

枝树是原型人物，而张宛玉则是本事人物，在两者主次分明的共同融合之下，才形成了沈琼枝这一人物形象。

如上所论，此前的原型人物研究存在一些讹误，而这些讹误的产生也和"原型人物"与"本事人物"有密切的联系。以荀玫的原型人物为例，平步青首先明确提出荀玫的原型人物是卢见曾，此后的研究者也多沿袭此说。通过对比可以看到，在姓名字号方面，卢见曾和荀玫两人全无联系，并且在家世、家境、年岁、科名等诸多方面，卢见曾也都与荀玫有显见的差异，这些差异还都发生在人物形象极为关键的地方①。因此，卢见曾并非荀玫的原型人物。从另一方面看，吴敬梓又确实是将卢见曾的某些行迹写入了小说，仅仅立足于原型人物，当然很难解释这一现象，但从原型人物和本事人物着眼，对此就可以进行一个清晰的观照：卢见曾并非荀玫这一人物的原型人物，而只是其本事人物。平步青其实是将本事人物等同于原型人物，由此产生了荀玫的原型人物是卢见曾的误判。

可以看到，沈琼枝、荀玫等都是经由原型人物和本事人物的融合塑造而成的小说人物，这也就意味着，这一塑造人物的方式并非只是局限于某一个体的特例，而有可能是《儒林外史》中较为普遍且重要的写作手法：吴敬梓既以某个原型人物作为相关小说人物的基础和核心，并在姓名字号之间显现出两者之间的联系，同时又将本事人物带入进来，附着在这一人物身上。尽管有主次之别，但原型人物与本事人物共同熔铸了《儒林外史》中这些经典的人物形象。换言之，在考索新的原型人物以及考辨现有原型人物之外，对于本事人物的探寻也应是《儒林外史》原型人物研究的重要议题，并且蕴含着可以充分延展的研究潜质。

以上所论及的是《儒林外史》原型人物考辨的方法和途径，但需要说明的是，原型人物的考证只是原型人物研究的第一步。吴敬梓如何在原型人物的基础上生成小说人物，在原型人物小说化的过程中是否有某些共同性的规律，以及原型人物与小说的结构、意旨表达及其产生的文化语境之间存在着怎样的联系，凡此等等，都需要依托对于原型人物的精微考辨进一步做深入探讨。

---

① 叶楚炎：《荀玫原型为袁枚考》，载《明清小说研究》2019年第3期。

二、人物塑造：从原型到小说

原型人物既是小说人物塑造的基础，同时也是我们研究小说人物的出发点。在原型人物的映射下，小说中很多看似是虚构的描写，其实多是基于现实的小说化书写。可需要指出的是，即便原型人物与小说人物再相像，原型人物也绝不等同于小说人物，他们之间虽然有千丝万缕的联系，却是生活于现实与文学两个不同空间的独特个体。就此而言，原型人物与小说人物之间的相似性与差异性具有不同的研究价值。两者的相似性可以用来考证原型人物，也能够增进我们对于小说人物塑造基础的认识，而他们的相异性既是小说人物区别于原型人物的关键，也应是考证完成之后研究的重点。所有的差异性其实都可以指引我们细致追索小说人物的生成过程，以及剖析人物塑造背后的动机和原因。也正是通过对于这些相异性的解读和分析，我们可以探寻原型人物小说化的复杂命题，并能在原型人物的映射下看到小说人物更为深沉而丰富的多重叙事功能。从这一意义上说，对于《儒林外史》这样一部以诸多现实士人为基础，同时又实现了经典化写作的小说而言，原型人物与小说人物的差异性也应比相似性更具探讨的价值。

从相异性的角度看，原型人物与小说人物的差别在于《儒林外史》往往遮蔽了原型人物在现实中的多重面相，而只选择性地将其中的某些单一面相赋予小说人物并在小说中予以凸显。通过这种共通的"遮蔽"手法，原型人物身上诸多方面的才能被消泯，而保留下来的单一面相经过作者的有意强调和夸张，也常常与正面的维度无关，却只成为衬托人物可笑、可悯特质的背板。经过这样的处理，现实中的这些显宦、学者、诗人、名士，在小说里却陷入几乎一无所长的窘境，而脱离了显宦、学者、诗人、名士身份的遮掩，他们也只能凭借自己的性情进行本色的出演，这也成为淋漓尽致地展现他们内在性情的绝佳机缘。

而具体到每一个具体士人身上，作为整体塑造惯例的"遮蔽"又各有微妙的不同。就匡超人而言，在遮蔽其原型汪思迴作为东流县的乡贤、南京城中名贤耄士身份的同时，根据人物不同阶段的塑造需要，又凸显了其选家以及拔贡的身份；对于杨执中，则是在消磨其来自原型王藻的诗人身份的同时，又在这段故事中通过一反常态的数处韵文的使用颇为婉转地暗示杨执中与"诗人"原型的潜在联系；而在宗姬的身上，则是完全遮蔽了其在天文、文字、诗文、音乐等方面的才能，却借一个"小照行乐"来显露其原型周榘被称为"周家老画师"①的人生面相。这些不同的"遮蔽"手法既使得每一个士人都与他们的原型人物拉开距离，成为完全独立的个体，又隐约保留了其与原型人物的联系，提供给读者通过对于原型人物的认知体会更为复杂的意蕴的可能性。而在全书的人物谱系中，由于遮蔽的具体方式不同，每个人物都有区别于其他人物的显著特色，他们也由此可以分别居于由举业、杂览等划分而成的士林的不同区间。

　　可以看到，就相异性而言，小说上半部（即第一回至第二十五回）写及的人物与下半部塑造的士人有显著的不同。相对说来，上半部的人物和原型人物之间的相异性更为明显，下半部的士人特别是主要人物和其原型之间的相异性则较小。这一差异的产生与上、下半部主旨的不同截然相关：上半部侧重于对于科举制度下士人生存境遇的呈现和反思，而下半部则转向书写士人建构礼乐以挽回士林颓势的努力及其结局。正是由于主旨的不同，大致说来，上半部的士人多趋向于负面，下半部的士人则多趋于正面。这也造成了以往原型人物考证中的一个特殊状况，即已知原型人物中的大部分都是下半部出现的人物，这显然也是由于这些人物与其原型有更多的相似性，确定起来更为便宜。与此相反，更为显著的相异性使得对于上半部中原型人物的考证变得困难重重，但从另一个角度看，这也同时成为更为充分地探讨这些人物塑造方式的有利条件。

　　与下半部写及的士人相比，上半部出现的人物与其原型人物之间不仅有更大的相异性，就作者所投射的情感倾向而言，也有根本的区别。如前所论，现在所知的原型人物都与吴敬梓的交游圈有着密切的关联，其中还有很多是吴敬梓的密友。但在小说中，这些至交好友所受到的待遇却大相径庭：身为吴敬梓的知交，吴培源和程廷祚被塑造成全书中品行最受推崇的两个士人——虞育德和庄绍光，而同样是吴敬梓的好友，汪思迴和朱卉却被写成品行至为低劣的匡超人和牛浦郎。据现有资料，吴敬梓和这几

_____

　　①　郑虎文：《吞松阁集》卷14，《和水轩木芙蓉韵》，清嘉庆刻本，第14b页。

个友朋之间的亲疏关系并没有太大的区别，甚至无论是程晋芳写的《文木先生传》，还是吴敬梓自己的诗词作品，都向我们展现出吴敬梓与汪思迥、朱卉之间可能还有着更为深厚的友情。因此，在这些共同的友朋身上，我们通过小说所看到的那种明显而悬殊的情感差异无疑令人费解。

从最基本的层面说，这种差异的产生或许与作者对于原型人物的现实情感有关。例如汪思迥虽然一度是吴敬梓的密友，但汪思迥在科举书市场的春风得意，以及由此激发出的名利之心或许会使得两人的交情产生变化，这可以用来解释吴敬梓在小说中对于匡超人负面情状的种种描写。但以现实情感为基础去破解这一情感差异的难题并不总是有效的，从相关诗文作品看，吴敬梓和周榘、涂逢豫都颇为交好，可在小说中的宗姬、余孽的身上，我们却很难看到那种期许中的温厚友情。对此，有两个可能的原因：一是材料的限制。根据有限的材料，特别是吴敬梓的《文木山房集》未收入其四十岁以后的作品，我们难以确知吴敬梓和这些友朋的交情是否始终如一。二是文体的差别。诗文作品一般较少呈现友人的负面情状，并且在现实的文化语境中，诗文、传记等往往还带有交际与应酬的实用功能，因此仅仅以诗文材料为依据判断吴敬梓对于某一人物的真实观感，或许会产生偏差。

需要注意的是，当我们谈及现实情感的时候，是将现实情感视为小说人物塑造的基础，甚至是决定小说人物性格维度的决定性要素，可对于小说人物塑造而言，可能并非如此简单。例如时任安徽学政的郑江曾举荐吴敬梓参加博学鸿词之试，尽管对于当时已与科名渐行渐远的吴敬梓而言，很难说这一举荐究竟是莫大的知遇之恩还是在强人所难，但从吴敬梓的诗作可以看到，他对于郑江的感激是颇为真诚的。可在小说创作中，吴敬梓却并没有将对于郑江的这一感激之情带入周进的写作，而是以极为冷静的态度塑造了一个既让人悲悯又令人感叹的周进，所有的这些情绪都与感激没有任何联系。换言之，在郑江这一人物身上，他试图挖掘的是体现了群体性士人命运的某些共通的特质，而不是去呈现往往会被个人情感所左右的对于这一人物个体性格的片面认识。

正因为如此，在这一系列以原型人物为基础塑造的小说人物身上，我们似乎隐约可以看到现实情感的某些影响，但我们不应过多地夸大这些影响实际的效力，甚至我们应该忽略这些影响，去进行更为客观的分析。事实上，这些人物之所以如此经典，并不是这些现实情感在发生作用，而是恰恰相反：吴敬梓并没有被这些现实情感所束缚，或者说他找到了摆脱现实情感束缚的方式。他会运用种种手法去调和并舒缓人物身上可能会过于浓郁的某些特质，例如匡超人前期令人动容的孝子孝行的加入，以及周进耐心地一连观看三遍范进考卷的细致描摹等都是如此。正是经由这些手法，所有这些人物都不是色调单一的存在，而是在不同角度不同情境的审视下会呈现出不同的色泽，即便我们可以笼统地说他们的形象都趋于负面，但细致看来，他们其实都均匀地分布在负面的不同区间，这些人物的存在极大地突破并丰富了我们对于所谓"负面"的简单认识，而这一切，都是由吴敬梓对于这些原型人物现实情感的收敛、超越而实现的。

就此而言，之所以此前较少有形象趋于负面的原型人物被楬橥出来，或许正源于我们忽视了吴敬梓在面对原型人物时对于现实情感的这种收敛和超越。尽管我们可能会意识到原型人物不同于小说人物，但在面对具体人物时，还是会不由自主地将这种等同关系带入进去。特别是此前我们对于《儒林外史》原型人物的认识基本建立在形象趋于正面的小说人物的基础上，对于这些人物而言，现实情感与小说情感的差异性似乎并不明显。而以情感的相似性为纽带，这种原本应当警惕的带入反倒显得合乎情理、顺理成章。换言之，吴敬梓对于现实人物的情感会影响我们对于原型人物的判断和探讨。就现实情感对于原型人物研究的影响而言，可能又以杜少卿最为典型。毫无疑问的是，吴敬梓是杜少卿的原型，可我们对于杜少卿这一人物的很多隔膜和误解，或许正来自这一特殊的原型。

因此，对于从原型人物到小说人物的小说写作来说，情感差异并不是一个关键的问题，着眼于全书的人物谱系，我们看到的是吴敬梓投诸所有这些儒林中人的共通的情感：以悲悯的笔触呈现所有士人所面临的生存困境以及他们在困境中的沉沦、挣扎和无奈，尽管呈现方式会有不同，但这种悲悯的情感线索则贯穿全书始终。而从这一角度也可以充分理解《儒林外史》为何要通过融合原型人物与本事人物的方式形成小说人物。从一方面看，将本事人物的某些行迹加入相关小说人物的身上，可以借助这些与原型人物相异的本事，冲淡小说对于原型人物的影射，同时也是在小说人物身上缓解作者对于原型人物可能会具有的较为强烈的主观情感。而从更为重要的方面来说，与相关本事人物行迹的融合也使得小说人物成为交织不同士人命运的复合体，因而可以进一步摆脱作为个体而存在的孤立状态，并具有了更为深广而复杂的群体性意蕴，得以成为一个言有尽而意无穷的小说形象。

从牛浦郎的人物塑造中，我们可以清楚地看到这一点。牛浦郎的原型人物是吴敬梓的好友朱卉，但除了朱卉，在写作牛浦郎时，吴敬梓还将王冕的某些事迹引入小说，附着在了刚一出场时的牛浦郎身上。因此，我们也可将王冕视为牛浦郎的本事人物。王冕在整部《儒林外史》的地位颇为特殊，他不仅是全书第一个出现的士人，同时也以其高洁的品行成为此后所有士人可望而不可即的儒林楷模。但奇怪之处也便在此：吴敬梓既将王冕树立为儒林楷模，又将他作为本事人物，参与塑造了全书中最卑劣的士人牛浦郎，在这两者之间显然存在着巨大的抵牾。

应当看到的是，牛浦郎是《儒林外史》上半部书出现的最后一个身份为士人的主要人物，恰好与全书第一个出现的士人王冕遥相呼应。因此，就上半部所展现的儒林状况而言，我们可以清楚地看到士人品行经历了从王冕到牛浦郎的极速滑落，并且牛浦郎以"下流无耻极矣"的状貌充分展现了士人已经跌落到怎样的品行底线。但往往为我们忽略的则是，即使是如此极速而彻底的堕落，在初始的起点，牛浦郎与王冕之间却也并没有太大的差异，甚至两者就是从"好学"的同一地点开始了两条完全不同的人生历程。从人物塑造的角度看，王冕本事的加入，不仅调和了牛浦郎通过其他情节所展现出来的下流卑鄙的整体印象，更使得牛浦郎不再仅仅只是一个特殊的个体，而是具有了凝聚某类士人集体性生存情状的深刻意义：牛浦郎与王冕出身相类、所处环境相似，同时向学之心又相同，却在小说中演绎了两条天差地别的人生轨迹。而通过这样的演绎和对比，我们不仅可以清楚地看到世风日下背景下儒林的极度衰颓，连牛浦郎这样的末流士人也不可避免地深深浸染其中；更可以去反思其背后的原因：王冕对于

"文行出处"①的深切忧虑成为此后每一个士人都难以脱身的魔咒，即使是人生起点看似与其完全一致的士人，也无法从这样的宿命中摆脱出去。而这一塑造意旨，正是通过原型人物和本事人物的叠加去实现的。

由此可以看到，对于小说人物的塑造过程而言，其原型人物以及本事人物的揭示都提供了全新的探讨视角，并且这样的视角往往是其他的研究角度所无法取代的。经由原型人物，我们也能对《儒林外史》写作中虚构与写实的关系有更深的体认，随着《儒林外史》原型人物研究的持续深入，越来越多的原型人物和小说本事还会被揭示出来。这也就意味着，此前我们认为往往是小说中虚构的成分，许多都有现实的人物及其行迹作为基础，是偏向于写实的。表面看来，这种写实与虚构的比例变化会影响《儒林外史》的"伟大"。但事实上，写实成分的增多并不意味小说成就的降低，相对于没有现实依据的纯粹虚构而言，以事实为基础的有限虚构可能更具写作的难度，同时也更具探讨的价值。事实上，就原型人物所呈现的整体状况而言，吴敬梓总能摆脱现实的人物和事情对于创造力的拘禁，也能穿越主观情绪对于小说写作的抑制，通过对于原型人物及其他本事的巧妙嫁接组合幻化出比现实本身更具穿透力与表现力的人物和情节，就《儒林外史》所面对的题材而言，这是比单纯的虚构更为恰切且高明的手法，而从原型人物的塑造过程入手，正可以清晰地看到这一点。

三、叙事功能与文化语境：原型人物的研究意义

如前所论，现在已知的原型人物都与吴敬梓的交游圈有着密切的关联。同时，这些原型人物之间也有着千丝万缕的联系，他们彼此之间亦形成了一个原型人物圈。除此之外，这些士人各有自己的交游圈，在这些延伸出去的交游圈之间，同样存在着盘根错节的复杂关系，而这些交游圈又合成了考察《儒林外史》更为广阔的士人交游网络。因此，以身处这一广阔交游网络中的士人的诗文著述等相关文献资料的搜罗和探讨为中心，勾

---

① 吴敬梓：《儒林外史汇校汇评本》，李汉秋辑校，上海：上海古籍出版社，1999年，第279页、第13页。

勒还原当时士人交游的实际状貌，既能为原型人物的发掘或确证提供线索，更能呈现小说写作的现实文化语境，并对这些以原型人物为基础塑造的小说人物所发挥的叙事功能有更为深入的了解。

着眼于这些原型人物所处的复杂的现实人际关系网络可以看到，吴敬梓不仅挪用了原型人物的个体属性，还往往将其人际关系也同样写入小说，最为明显的例子便是小说中的杜少卿、杜慎卿以及余大先生、余二先生，他们都有属于自己的故事，同时这几个人物之间也都有亲缘关系：杜少卿和杜慎卿是族兄弟，与余大先生、余二先生则是表兄弟，这些亲缘关系正完全从以上几个人物的原型人物——吴敬梓、吴檠、金榘、金两铭——而来，并且在串联几个人物的故事方面发挥了重要的作用。就此而言，运用了原型人物的现实身份和人际关系，并使之发挥了更为重要的结构作用的则是周进的原型郑江。

时任安徽学政的郑江曾举荐吴敬梓参加博学鸿词之试，此外还曾两次担任顺天乡试同考和一次山东乡试主考，因而，郑江不仅是乡试的房师、座师，还是一省士子的宗师，特别是郑江与吴敬梓之间的交往，也属于师生之谊。正是因为"老师"是郑江的重要身份，《儒林外史》也将这一身份挪借到了周进的身上，小说不仅以作为馆师的周进起首，开始了正文部分的叙述，而且让他拥有了众多的学生，如范进、魏好古、荀玫、王惠、严监生、严贡生、王德、王仁等人都是周进的学生。从结构层面看，恰是经由周进的老师身份所勾连起来的众多师生关系，串联起了以上所列举的诸多人物，并使得小说第二回至第九回所叙述的周进传、范进传、二严传、荀玫传、王惠传等得以秩序井然地依次流转，并形成了一个自足自洽的叙事单元。

从小说的时间和空间两个维度来看，原型人物也提供了极为重要的研究助力。就时间维度而言，原型人物与吴敬梓交游的时间，以及原型人物相关情节本事的发生时间多是清晰可考的。因此将所有这些时间进行汇集和连缀，便能梳理出一条较为完整的时间轴，据此不仅可以考察这些原型人物及其相关情节进入小说的时间节点，从而细致探寻小说的写作过程，还能够在小说自身的叙事时间之外形成与之平行的"本事时间"。尽管影响的具体方式会呈现多样化的状貌，但从根本上说，这一本事时间其实决定了小说叙事时间的形成，因此对于叙事时间的梳理和探究具有极为关键的意义。而对于小说原貌问题的研究来说，这一本事时间也异常重要，叙事时间是此前章培恒、谈凤梁、商伟等诸位学者切入《儒林外史》原貌问题的重要角度，而本事时间的清晰呈现以及对其与小说叙事时间之间关系的考察无疑也会带来推进小说原貌问题研究的契机。

从空间维度来看，《儒林外史》中的地域设置也与原型人物有着密切的关联。就此而言，值得特别关注的是原型人物的籍贯所发挥的叙事作用。吴敬梓往往会对原型人物的籍贯做一些调整，以形成小说人物的籍贯。杜慎卿的故事由诸葛天申引出，其中发挥了关键作用的，便是两位小说人物的籍贯。在小说的第二十九回，诸葛天申认出了坐在轿中的是"天长杜宗伯的令孙"，且"是我们那边的名士"①，从而正式开始杜慎卿故事的叙述。杜慎卿的原型吴檠的籍贯是安徽全椒，在小说中则被挪移到安徽天长。诸葛天申的原型司徒宜是江宁府溧水县人，诸葛天申则被改换成南直隶盱眙县人，溧水在南京的南边，盱眙则在南京的北边，吴敬梓实则是以南京为圆心，将人物的籍贯做了一个南北调换。同时，两位小说人物调换后的籍贯天长与盱眙正好毗邻，这也便成为诸葛天申认出杜慎卿并由此引发杜慎卿故事的直接因缘。

从地域的角度看，与吴敬梓生平行迹最为相关的安徽、南京、扬州，也同样与原型人物及其相关的空间叙事关系紧密。在此之前，以冯粹中、吴檠、金榘、李葂等人为代表的安徽士人群，以及以程廷祚、樊明征、宁楷等人为代表的南京士人群都得到了学界诸多的关注。相对而言，对于扬州士人群的关注则稍显不足。实际上，由于吴敬梓"出游江淮间，留扬最久"②，并且这段留扬最久的时间也与其写作《儒林外史》的时间相重合，因此扬州士人群与《儒林外史》之间的关系应当引起我们更多的重视。对于扬州士人群来说，有两种类型，一种是本身便是扬州人，如蘧公孙之原型李本宣，其二则是寄寓于扬州的外地人，如杨执中之原型王藻。《儒林

---

①　吴敬梓：《儒林外史汇校汇评本》，李汉秋辑校，上海：上海古籍出版社，1999年，第360页。

②　沈大成：《学福斋集》卷5《全椒吴征君诗集序》，载《清代诗文集汇编》影印清乾隆三十九年（1774）刻本，上海：上海古籍出版社，2010年，第62页。

外史》将蘧公孙的籍贯从扬州府江都县挪至浙江嘉兴府，并让其大部分故事在湖州展开，同时又将王藻的籍贯也改换到浙江湖州府，从中可以看到，与原型人物的籍贯会发生挪移一样，士人群落的活动地同样在发生挪移。因此，包括蘧公孙和杨执中在内以湖州为活动基地的莺脰湖名士群其实写的应当就是扬州士人群，而在吴敬梓交游范围之内的扬州士人——既包括扬州本地的士人，也包括流寓在扬州的外地士人，都应是《儒林外史》原型人物考论应予以重点关注的研究对象，而当时扬州的地域文化特质亦应该是考察相关人物和情节时不可忽视的内容。

　　事实上，将扬州的地域文化特质以及原型人物在扬州的相关活动合观，我们也能对原型人物在小说意旨层面所发挥的作用有更为明澈的观照。从叙述方式上说，韵散结合是古代小说普遍的叙述特质，但《儒林外史》却背离了这一叙述传统，几乎"把诗词的数量压缩到最低限度"①，而这一叙述方式的形成也能从原型人物在扬州这一地域的活动中探寻到某些缘由。从原型人物的角度可以看到，《儒林外史》中的莺脰湖名士是以扬州的韩江诗社为模板塑造而成的。韩江诗社所组织的文人雅集，几乎都是"以诗歌创作为主要内容的文学活动"②，从参与者的记载中我们可以想见当时的盛况："当其令辰佳夕，胜地名园，吟席参差，酒场稠叠时，则操觚之士骋妍抽秘，各效其能"③，并且"诗成即发刻。三日内尚可改易重刻。出日遍送城中矣"④。因此，在韩江诗社中，"雅集"和"写诗"互为因果地紧密联系在一起：没有这些雅集，也就不会有这些诗作；倘或没有诗歌创作，这些雅集同样也便不会存在。正是因为韩江诗社的文人雅集都需写诗，几乎无诗不成雅集，在这样的现实语境下，以韩江诗社为模板的莺脰湖之会却因完全没有写诗才会形成一个意义悠长的反讽，这种反讽借由丁言志所说的"怎有个莺脰湖大会不作诗的呢"充分点染出来，也可与杜慎卿所说的"雅的这样俗"形成一个微妙的对照。就此而言，莺脰湖之

---

　　①　杨栋：《杨执中其诗与其人》，载《明清小说研究》1989年第3期。

　　②　胡祥云、方盛良：《论"小玲珑山馆"为中心的文学活动》，载《安庆师范学院学报》2009年第7期。

　　③　张世进：《著老书堂集》卷首闵华序，清乾隆刻本，第1a页。

　　④　李斗撰：《扬州画舫录》，汪北平、涂雨公点校，北京：中华书局，1960年，第180页。

会最为强烈的喜剧性特质不是来自与会的九大名士面目各异、令人"笑杀"的表现，而是对于韩江诗社所组织的这类文人雅集的变形书写，通过刻意删除了此类文人聚会中必不可少的写诗元素，吴敬梓呈现了一个名存实亡的雅集，而放在当时"那里有这些大名士聚会，竟不做诗的"①的文化语境下，这种书写也就比诸名士打哄说笑、怪模怪样的热闹表现具有更为深刻的反讽力度和文化内涵。

由此我们也能够明了《儒林外史》为何会极度压缩小说中的诗词韵文，实际上，不仅是莺脰湖之会、莫愁湖之会没有出现诗，就连以诗歌唱和为主题的西湖之会同样没有出现诗，这与小说中对于诸多原型人物"诗人"面相的遮蔽也是一脉相承的，而其根源便在于吴敬梓对于"诗"的反思，这一反思也正从这些原型人物及其士人群落而来。实际上，《儒林外史》对于诗词韵文的小说化屏蔽并不意味着吴敬梓对于诗歌本身的反感，他反思的其实是被科举制度的功利化思维异化的诗歌写作。在全书中，唯一在回目里被称为诗人的只有牛浦郎，而通过牛浦郎的原型人物诗人朱卉，再进入牛浦郎的故事我们可以看到，诗可以被剥离了实际内容，只凭诗题而存在；也可以进一步简化成为一个空洞的符号，乃至变成纯粹的交际工具、逐名工具、秋风工具，最后则沦落为"借着讲诗为名，顺便撞两处木钟，弄起几个钱来"②的行骗工具。在士人品行跌落到底线的时候，诗歌也同样在进行着急速的堕落。因此，更进一步看，吴敬梓在小说中呈现并予以深刻反思的并不是这些原型人物个体的生存状态以及仅属于一己的特殊性格，而是被当时的文化语境深深浸染、左右甚至扭曲的士人属性，其所体现的也不是吴敬梓对于个体的态度，而是对于整体文化语境的现状及其未来的愤懑和隐忧。

因此，正是在原型人物的映射下，我们可以清晰地看到吴敬梓对于文人雅集、诗歌唱和等文化现象的反讽。商伟将"反讽"而非"讽刺"视为《儒林外史》的核心特质，并认为其中的反讽"不只是一个叙述手段和技

---

① 吴敬梓：《儒林外史汇校汇评本》，李汉秋辑校，上海：上海古籍出版社，1999年，第657页、第362页、第163页、第656页。

② 吴敬梓：《儒林外史汇校汇评本》，李汉秋辑校，上海：上海古籍出版社，1999年，第293页。

巧，而且涉及了某种态度、应对，以及处置世界的方式"①。但相对于更容易被解读的讽刺，对于反讽的发现和剖析则要困难得多，而对于《儒林外史》这样一部文化容量空前并且与现实文化语境关系密切的小说来说，考察其反讽更是一件难上加难的事情。就此而言，《儒林外史》的原型人物正提供给我们解读其反讽的契机。在《儒林外史》中，反讽从来就不是孤立存在的，而是和现实语境发生着多种形式的对话，并在这一过程中以各种方式建构出来。由于本就身处这样的文化语境中，当时的士人一定能够较为便利地接受这些反讽。可对于当代的读者来说，则必须还原当时对话的具体语境，才能接近对于这些反讽的认识。原型人物的存在正是现实语境中颇为重要的一部分内容，因此对于原型人物的发现和认知，其实也便是小说中的反讽可以被充分接受和感知的前提。换言之，考察原型人物可以将对于文本的接受还复到当时的写作情境之中，让原本意义相对封闭的独立文本在历史语境的映照下重现原初的多重意蕴。

如前所论，包括吴敬梓在内，就真实的人生面相而言，被写入小说的原型人物多是当时颇具声望的显宦、学者、诗人、名士，这也就意味着通过对于这些人物的引入，吴敬梓不仅在小说中呈现了当时文学、文化、学术以及思想领域的多重景观，更是通过自己的小说文本与这些领域进行着多重对话。就此而言，立足于现实，呈现自己对于现实的深刻观察和深邃思考，并试图找寻突破现实困境的出路，是吴敬梓小说写作的根本出发点。而问题便在于，他为何选择以小说这一文体来呈现这一切，又如何在以小说化的方式图解这些理念的同时，将或许会成为理念载体的小说变成了"伟大"的经典？从原型人物的角度看，小说所提供的融合现实与虚构的诸多可能性，以及对于这些可能性进行充分变幻的文体特质，或许正是这些问题的答案。

就此我们也可以进一步看到原型人物对于《儒林外史》的意义：吴敬梓不是在书写一个完全虚构的文人世界，而是将包容了形形色色士人的儒林"再现"于小说，这种选择本身根源于吴敬梓对于现实世界中士人生存

---

① 商伟：《礼与十八世纪的文化转折：〈儒林外史〉研究》，严蓓雯译，北京：生活·读书·新知三联书店，2012年，第372页。

境况的深切关注、体察、批判和反思，因此我们在小说中能看到那种令人惊叹的"如神禹铸鼎，魑魅魍魉，莫遁其形"①的笔力，除了吴敬梓个体的创作天分之外，原型所赋予的那层厚重的底色无疑是其中至关重要的一端。吴敬梓会依据自己对于儒林的深切理解，通过汲取、挪用、叠加、转化、遮蔽等种种手法对原型人物进行加工，我们可以宽泛地将这些手法都视为"虚构"——虽然所有的虚构其实都不过是同源于现实的某一异流，而最终的结果却是，虚构出来的"儒林"会比现实的"儒林"更为凝练、精粹，同时也更为久远。

因此，吴敬梓在小说中对于原型人物及其所属士人群落乃至整个儒林的"再现"并非简单的复刻或影射，而是立足于小说的写作传统和文体特质，将原型所蕴含的现实性与小说本身所具有的虚构性进行充分的融合，或者更确切地说，吴敬梓是在小说虚构性的文体特质中找到了提取原型现实性要素的方式，并通过这种方式最终重构了一个与原生态的文化语境血脉贯通却又更为"真实"的儒林世界，而在其背后，原型人物既提供了最为重要的资源，也是促发这一切的原动力。

（原载于《文学遗产》2021年第6期）

---

① 《小说丛话》，载阿英编：《晚清文学丛钞·小说戏曲研究卷》，北京：中华书局，1960年，第337页。

21世纪以来《格萨尔》史诗研究的回顾与展望

增宝当周

摘要：21世纪以来，《格萨尔》史诗研究在文学研究、文化阐释、艺人研究、《格萨尔》史诗的区域化特征解析、史诗遗迹遗物普查、史诗艺术研究等方面均有不少力作问世，尤其在新的学术话语体系和新的时代发展背景下，《格萨尔》史诗文学研究的口头诗学转向、跨学科研究的学术实践及非遗语境下对史诗传承传播的关注更使《格萨尔》史诗研究在新世纪有了新的发展向度。

关键词：《格萨尔》；史诗；研究回顾

一、引言

21世纪以来，《格萨尔》史诗研究取得了突出成果，尤其随着《格萨尔》史诗成功申请世界非物质文化遗产，从事《格萨尔》史诗研究的学者们在以往的基础上从不同专业背景和学术视野出发，运用多学科理论与方法阐述《格萨尔》史诗传统，对史诗人物与内容、史诗的历史文化意蕴、史诗赖以存在的传统文化语境、史诗的传承与传播等方面进行多维度研究，取得了一系列具有较高价值的学术成果，使其呈现出多面发展的新态势。

作者简介：增宝当周，文学博士，中央民族大学中国少数民族语言文学学院副教授、硕士研究生导师，主要研究方向为中国少数民族文学。

二、《格萨尔》史诗的文学研究与口头诗学转向

史诗作为一种重要的文学类型，其文学研究无疑是最为惯用的研究方法。此类研究主要讨论史诗的类型、情节、母题、语言、形象等文学话题，有着悠久的学术传统。21世纪以来，《格萨尔》史诗的文学研究出现了不少成果。韩伟以原型批评理论分析《格萨尔》史诗，揭示了史诗的原型特点与文学意义[1]。王景迁对比《格萨尔》史诗与《荷马史诗》中的神灵文化，指出了藏族史诗与希腊史诗中神灵世界的形成背景、两部史诗中神灵的不同性质、相异文化背景下神灵形象所具备的深层文化意蕴，以及神灵文化所体现的人与自然的关系等问题[2]。王恒来比对《格萨尔》与《罗摩衍那》两部史诗中的人物，对文化背景与史诗人物人格之关联、史诗人物的人格特征、史诗人物的形态特征、史诗人物人格的心理意识、史诗人物的结构体系等方面进行论述，说明了不同文化对史诗人物人格形成的影响与作用[3]。元旦考察史诗与神话的关系并通过神话–仪式理论探讨《格萨尔》史诗中的仪式模式，论析了史诗的产生渊源[4]。赵海燕聚焦《格萨尔》史诗的身体叙事，从历史、文化、权力、表演四个维度阐释了史诗身体叙事的内涵与特征，讨论了《格萨尔》史诗身体叙事的价值与意义[5]。王国明[6]和王军涛[7]审视流传于"藏边社会"的《格萨尔》史诗，分别阐述了土族和裕固族地区《格萨尔》史诗的语言特点和故事类型。

如果说以上文学研究侧重于书面文学研究范式下史诗的原型特征、人物形象、故事类型、叙事特征等主题，那么史诗研究的口头诗学转向无疑是21世纪《格萨尔》史诗研究的一个新面向。20世纪90年代中后期口头诗学理论传入国内，21世纪以来通过一批学者的努力实践口头诗学影响力不断扩大，口头诗学的本土化实践越来越受关注，使国内史诗研究有了新的突破和成就。在此大背景下，许多学者借鉴口头诗学理论研究《格萨尔》史诗，突出其口头性、表演性、程式化、史诗语境等相关问题，展现了《格萨尔》史诗学术研究的新面貌。周爱明以口头程式理论为依据论析神授艺人的史诗学习和创编过程，指出史诗艺人的多样性及其认同表达，并解析了史诗所反映的藏族民众的思维模式[8]。诺布旺丹讨论了《格萨尔》史诗产生的语境、文本创编、叙事传统等一系列重要的学术问题。

他从跨文类的视角出发，指出《格萨尔》史诗与藏族远古神话之间存有密切关联，认为史诗的产生根植于青藏高原人民的诗性思维，而《格萨尔》史诗产生后走向了一种历史神话化和神话艺术化的演变过程，并且在佛教化语境下史诗主题内容与演述歌手都发生了不同程度的变迁[9-10]。曹娅丽围绕《格萨尔》戏剧展开讨论，揭示口述表演与戏剧表演的异同，指出了《格萨尔》戏剧的表演形态[11-12]。马都尕吉论析了《格萨尔》史诗在主题、唱词、结构、曲调等方面的程式化特征[13]。扎西东珠分析了《格萨尔》史诗开篇词、唱段引子、唱段起始、人物介绍、曲调介绍等方面的程式特征[14]。索南措解析了《格萨尔》史诗表演程式的内外成因与民族化功能[15-17]。此外，央吉卓玛以《格萨尔》史诗中的"宗"为研究对象，对"宗"的内涵进行解析，阐释了"宗"不仅具有城堡之意，而且作为一种叙事程式和故事范型在史诗表演方面有独特功能[18]。

总之，21世纪以来，《格萨尔》史诗的文学研究呈现出新趋向，其中比较研究、诗学研究、叙事研究等方面都有新成果问世，而且随着口头诗学理论在国内史诗研究中的实践运用，《格萨尔》史诗的文学研究转向口头传统，对史诗产生的文化语境、表演形式、叙事规则、流布模式等问题进行了一定程度的阐发，为我们认识和把握《格萨尔》史诗的文化传统与文本内涵及演述特征提供了新的思路。

三、《格萨尔》史诗的文化阐释与艺人研究

《格萨尔》史诗文本是藏族文化的集中呈现，其中包含的大量文化现象是认识藏族文化和民俗的重要途径。21世纪以来，学者们继承史诗文化阐释的学术传统，也从不同角度探析了《格萨尔》史诗所蕴含的宗教文化与民俗文化内涵。徐国宝从藏文化的特点及其所蕴含的中国母文化之共性视角出发，谈及史诗与藏文化之关联、史诗与汉藏史传文学之关联等问题，以此论析了《格萨尔》史诗与中华文化之向心结构[19]。诺布旺丹对伏藏史诗进行研究，在指出伏藏史诗文本文化传统的基础上，对实物伏藏史诗与意念伏藏史诗两种史诗类型的形成背景与文本特点进行了解析[20]。岗·坚赞才让、夏吾才让、吴钰三人分别对《格萨尔》史诗中的民俗文化

进行阐释，揭示了《格萨尔》史诗所反映的藏族生活、生产、仪式、口头等方面的民俗特征[21-23]。巷欠才让从射箭、赛马、剑术、摔跤等事项入手，揭示了《格萨尔》史诗中藏族传统体育文化的构成与特色[24]。

　　一个民族的史诗无法游离于其产生的社会历史与宗教意识，因而《格萨尔》史诗的宗教文化内涵也一直是人们认识藏族文化的重要途径。21世纪以来，该领域成果突出。学者们借鉴民俗学、人类学、文化学等学科的理论与方法对《格萨尔》史诗进行文化阐释，揭示《格萨尔》史诗所反映的历史文化、民俗文化、宗教文化等内容，进一步深化了我们对《格萨尔》史诗文化的认识。

　　艺人研究在史诗研究中一直占据着重要地位，也构成了史诗研究的一个重要传统。21世纪以来，《格萨尔》史诗艺人研究在以往的基础上产生了一批新的成果，尤其值得一提的是，学者们通过田野访谈和追踪式访问对艺人类型和数量进行普查，重新阐释《格萨尔》史诗艺人的构成与特色，由此丰富了对《格萨尔》史诗艺人的把握。角巴东主和恰嘎多吉才让论析了神授艺人、掘藏艺人、圆光艺人、闻知艺人、传承艺人等史诗艺人的类型及其特征[25]。同时，角巴东主又对各地区史诗艺人进行普查，在阐释各类艺人特点的基础上，列举具有代表性的四十五位艺人论析了《格萨尔》史诗说唱艺人的形成与演述特点[26]。金果·次平对当代西藏著名《格萨尔》史诗艺人桑珠的说唱本进行专题研究，阐述了"格萨尔艺人桑珠说唱本"丛书的目的、意义，记述了项目实施的过程，指出了演述人的生平、整理人的概况，以及桑珠演述文本的主要内容、艺术特点、历史意义等问题[27]。央吉卓玛以青海玉树地区为田野点，通过观照艺人说唱形成的经历与演述历程，对史诗艺人展演的基本形态、史诗艺人的传统文化内质与功能，以及史诗艺人面对的困境与出路等相关问题进行了探讨[28]。值得一提的是，诺布旺丹通过对丹增扎巴的个案追踪式研究，观照其生命体验、创作经历、书写特征，论及智态化文本的叙事模式、叙事特质、结构形态、时空形态等特点，深入讨论了智态化叙事文本的相关学术问题[29]。智态化叙事虽然早已存在，但诺布旺丹首次将其作为学术命题进行研究无疑拓展了《格萨尔》史诗歌手类型和文本类型的认知视野，这对深化史诗艺人无疑具有重要的学术意义。除此之外，杨恩洪和王国明分别谈及了

《格萨尔》史诗艺人的保护对策[30-31]。总之，21世纪以来，史诗艺人研究得到持续关注，学者们不仅对其进行整体分类，而且结合口头传统和表演理论对史诗艺人进行研究，体现出了《格萨尔》史诗艺人研究的新范式趋向。

四、《格萨尔》史诗的传承与传播研究

书面传承是《格萨尔》史诗的重要传承路径，抄本和写本不仅是《格萨尔》史诗的重要载体，有时也充当史诗演述时期的重要依托，在史诗表演过程中发挥着重要作用，由此也成为学术考察的重要对象之一。曼秀·仁青道吉和角巴东主分别以文本传承为主线，通过对不同文本版本的比较，阐述了不同版本故事之联系与区别[32-33]。另外，曼秀·仁青道吉又在史诗版本研究的基础上，对史诗故事中的地名进行分类，比较了史诗故事中的地名与现实社会中的地名[34]。李连荣对保存于青海、西藏、云南、四川、北京等各科研机构和图书馆中的100多部《格萨尔》史诗手抄本和木刻本进行解题目录汇编，注明了每一故事文本的藏文题名、名称拉丁转写、题名汉译名、故事内容提要、版本描述、保存处、版本说明、搜集者、搜集地九项内容[35]。此外，李连荣还解析了《格萨尔》史诗的传承、流布及其区域性特征[36-38]。央吉卓玛以青海玉树地区从事《格萨尔》史诗搜集、整理和抄写的"抄本世家"及其三代人为例，讨论了《格萨尔》抄本的生成机制与民间经验对史诗搜集整理所面对的田野伦理的参考价值[39]。钟进文考察了土族和裕固族地区《格萨尔》史诗的流传与变迁[40]。丹珍草讨论了史诗在作家文学、唐卡、音乐、石刻、戏剧等方面的流传，揭示了史诗多种传承方式的特点[41]，加深了学界对《格萨尔》史诗传承多样性的认识。

翻译作为传播的重要途径之一，是文本实现跨语际、跨文化交流的必由之路。21世纪以来，《格萨尔》史诗翻译取得了相当成绩。《格萨尔王传》汉译本系列丛书、艺人桑珠说唱本汉译丛书、青海省《格萨尔》史诗翻译系列丛书、格萨尔文库等相继出版，为《格萨尔》史诗汉译增添了新的色彩，也为《格萨尔》史诗流传提供了新材料。因此，翻译研究自然成为

《格萨尔》史诗研究中的一个重要学术焦点，并且随着中国文化"走出去"的需要，《格萨尔》史诗外译也已成为一个新的学术增长点。在这一领域，扎西东珠等人勾勒《格萨尔》史诗的译介史并通过翻译举例阐释《格萨尔》史诗的翻译原则，由此指导翻译实践，较为系统地阐述了《格萨尔》史诗翻译的各项议题[42]。王治国不仅探讨了《格萨尔》史诗的传承传播方式，也比较了《格萨尔》史诗的各种英译版本[43]。此外，岗·坚赞才让、平措、降边嘉措、刘彭恺、戈睿仙和李萌、郑敏芳和王敏等学者的论文聚焦史诗汉译与英译现象，提出了《格萨尔》史诗的翻译特点与问题[44-49]。

《格萨尔》史诗的跨媒介传播是一个崭新的研究领域，也有一定成果问世，其中于静和王景迁考察史诗的当代传播，分析了《格萨尔》史诗的当代变异、再文本化、藏戏表演、电视改变、网络传播、英文翻译等问题[50]。于静与吴玥通过传播学理论观察《格萨尔》史诗，论析了史诗艺人的传播行为、史诗内容的传播学特征、史诗主题的传播变异、史诗传播的受众及传播效果等问题[51]。此外，袁爱中和杨静、刘新利、王治国、王艳等人也对《格萨尔》史诗的媒介变迁与跨媒介传播进行研究，勾画了媒介变化语境下史诗的改变与传播特点[52-55]。简言之，媒介的变化使史诗传播受到不同程度改变，21 世纪以来，学者们从不同视角探析《格萨尔》史诗的传播问题：一方面揭示了史诗传承传播的过程、途径、结果等方面的特征；另一方面又揭示了现代媒介变迁语境下《格萨尔》史诗传承所面临的困境与出路。

五、《格萨尔》史诗区域文化与史诗遗迹遗物研究

《格萨尔》史诗在青藏高原及其周边地区流传过程中根据不同区域的自然地理、历史语境、文化传承发展出各具特色的区域化特征，由此形成了史诗同源异流的多样格局。王蓓以多康地区史诗文化为研究中心，指出了安多和康巴地区《格萨尔》史诗的流布与文化认同的特点[56]。王国明以土族地区流传的《格萨尔》史诗为中心，讨论了土族《格萨尔》史诗中的创世史诗、土族《格萨尔》史诗与土族生产生活、土族《格萨尔》史诗所反映的宗教信仰与风俗文化、土族《格萨尔》史诗的语言表现形式[57]。

21世纪以来，随着旅游业的大力发展和各地区文化建设的需要，区域文化与《格萨尔》史诗之关系成为热点问题受到学者们不同程度的关注。角巴东主以安多果洛地区的《格萨尔》史诗文化为考察对象，指出史诗与果洛地域文化之关系，探讨了果洛史诗文化的价值意义及果洛地区《格萨尔》传承艺人的特点[58]。措吉（王金芳）以青海省果洛藏族自治州甘德县德尔文部落为田野点，将史诗置于地方文化传统进行审视，对史诗与部落历史、宗教信仰、民俗生活、认同意识等问题进行分析，指出了《格萨尔》史诗叙事传统与地方社会共生共存的文化现象[59]。索南吉从非物质文化遗产视角出发，解析果洛《格萨尔》史诗文化传承语境，回顾果洛史诗文化的抢救与研究的历史与现状，提出《格萨尔》史诗当代传承的实践性原则，论述了保护性旅游资源开发下的史诗文化传承[60]。此外，索南多杰、角巴东主和才郎昂青、甲央齐珍、完得冷智、宁梅和胡学炜等学者以青海省的果洛藏族自治州、贵德县、同仁市，甘肃省的玛曲县，四川省的德格县等《格萨尔》史诗流传的地域为研究对象，在《格萨尔》史诗文化的大背景下讨论了不同区域史诗的发展过程、当地的著名艺人与史诗遗迹、史诗的传承方式和区域性史诗文化形态等内容[61-65]。

史诗在流传中形成了别具一格的物化特征，其重要表现是各地与史诗相关的遗迹遗物，而这些遗迹遗物与史诗人物密切相连，不仅是某一地区史诗崇拜现象的表现，也构成史诗认同的重要载体，有的还是珍贵的文物。在此领域，角巴东主先后撰写两部著作考察与《格萨尔》史诗相关的遗迹遗物，指出史诗的文物遗迹、天然形成的遗迹、以自然界各种形状和颜色命名的遗迹，以及《格萨尔》藏戏遗产等各类史诗遗迹遗物与史诗人物之关系构成[66-67]。此外，索加本在研究格萨尔信仰时也介绍了西藏、青海、甘肃等地的史诗遗迹遗物[68]。

综上，无论是史诗在不同区域的发展，还是史诗遗物遗迹的发掘与描述，相关论述不仅为我们认识史诗文化的区域化特征提供了有益线索，也为《格萨尔》史诗的流传研究提供了丰富的材料。

六、《格萨尔》史诗的艺术研究

《格萨尔》史诗的图像传承不仅是其重要的传承方式，也是藏族艺术的重要组成部分。无论是唐卡，还是石刻，《格萨尔》史诗传承有着浓厚的艺术属性。徐斌对《格萨尔》史诗图像文化进行研究，论及了《格萨尔》史诗图像与文本内容的异同、史诗图像在各类相关仪式中的使用及其所蕴含的文化内涵、史诗图像的渊源与流变[69]。四川博物院和四川大学博物馆科研规划与研发创新中心对收藏在四川博物院、四川大学博物馆、法国吉美博物馆的《格萨尔》史诗唐卡图像进行解读，论述了其历史与艺术背景[70]。此外，李连荣分析四川博物院藏11幅《格萨尔》史诗唐卡的故事系统和绘制时间，指出唐卡故事与其他故事之不同，并认为该唐卡最早绘制于18世纪左右，绘制地点应为昌都至康定某一地区[71-72]。王田和杨嘉铭从图像叙事层面对史诗图像景观化进行了论述[73]。

《格萨尔》史诗的音乐研究也一直是史诗艺术研究的重要部分。21世纪以来出现了一批新成果。边多指出了史诗人物的唱腔特征[74]。郭晓红通过人类学的田野实践，指出了玉树地区《格萨尔》史诗音乐的生成背景、唱腔渊源、流变形态，以及艺术特征[75]。李措毛、牟英琼、桑杰三人从史诗"口述"乐舞的文化渊源、技术特征、流传地域、审美价值及《格萨尔》藏戏和舞剧表演等方面论析了《格萨尔》史诗的乐舞文化[76]。姚慧在对照藏蒙格萨（斯）尔史诗"霍尔"篇汉译本的基础上，讨论藏蒙格萨（斯）尔史诗的音乐范式，指出了史诗音乐范式与口头传统、汉族曲牌之间的关联，以及藏蒙格萨（斯）尔史诗所具有的音乐独特性[77]。另外，仓央拉姆、扎西达杰、觉嘎等人的论文对《格萨尔》史诗中的音乐形态等相关问题进行论述[78-81]，加深了学界对《格萨尔》史诗音乐独特性的理解。

七、《格萨尔》史诗的学术历程研究

经近百年学术实践，《格萨尔》史诗研究从内容介绍到专题研究再到多方位审视，其学术格局发生了重大转变。因此，21世纪以来《格萨尔》史诗的学术历程受到了很多学者的关注，他们梳理史诗研究的学术史，回顾这一领域的主要成果和学术观点，对学术实践的社会语境进行解析，反思相关议题，旨在进一步拓宽《格萨尔》史诗研究的局面。李连荣回顾了近半个世纪《格萨尔》史诗研究的学术历程，提供其学术谱系，分析了该领域主要的学术话题和学术观点[82-83]。扎西东珠和王兴先在论述《格萨尔》史诗的流布概况、搜集整理的历史、译介编纂与出版过程等主题的基础上，对《格萨尔》史诗在文学、史学、语言学、艺术、宗教、民族学、民俗、比较研究、艺人研究等方面的成果进行了总结[84]。降边嘉措梳理了1949年9月至2012年8月间《格萨尔》史诗的大事记[85]。且正搜集整理历代藏族学者对《格萨尔》史诗的相关评述文章和祈祷词并对其进行了评述[86]。此外，诺布旺丹、李连荣、意娜等人撰写相关论文对史诗的学术发展史及其相关问题展开论述，不仅呈现了百年《格萨尔》史诗学术研究的发展轨迹，而且阐明了史诗研究的范式转变与新的发展前景，同时也指出了当前《格萨尔》史诗研究中存在的各种问题、局限，以及突破困境的思路[87-89]。

八、总结与展望

21世纪以来，《格萨尔》史诗研究在文化阐释、艺人研究、口头性、区域文化形态等多方面取得了不少新成果，而许多著作为博士论文或博士后出站报告修订而成，有的则是国家社科基金项目和教育部人文社科项目的结项成果。因此，这些研究成果一方面体现着学者们长期关注《格萨尔》史诗的研究水准，另一方面也体现着《格萨尔》史诗研究在21世纪的发展动态。回顾21世纪以来的《格萨尔》史诗研究，有以下特点和问题：

（1）在《格萨尔》史诗研究领域，史诗所反映的社会结构、历史信息、宗教面貌等史诗的社会历史文化内涵一直是重要议题。21世纪以来，《格萨尔》史诗研究在新的时代背景和学术视野中不仅继承了此前史诗研究的这一学术传统，而且对一些问题展开深入研究，进一步深化了相关认识。比如，史诗所反映的文化内涵、史诗历史与英雄人物的历史性等问题得到了更为详尽的阐释。然而，该领域也存在一些问题，比如，许多学者过于聚焦相同问题致使出现重复性劳动多而独创性研究少的尴尬局面，同时，重复性研究又在一定程度上遮蔽了研究者的学术视野。因此，应该较为系统地比较现有成果之间的异同，进而对作为文化阐释资源的《格萨尔》史诗研究进行学术反思，深入挖掘《格萨尔》史诗的社会、历史、文化等方面的深层次内涵，以此推进和拓展史诗文化研究的学术格局。

（2）21世纪以来，随着口头诗学理论和表演理论在史诗学术实践中的本土化努力，我国史诗研究走向了更为多样化的研究格局。就《格萨尔》史诗研究而言，以往的研究侧重于书面文学的研究范式，21世纪以来，在新一代《格萨尔》史诗研究者们的努力下，口头诗学范式下的《格萨尔》史诗研究从文学观、方法论、问题视域、研究视角等多方面发生重大转向并取得了一定成绩。比如，《格萨尔》史诗表演与史诗的本土文化语境、史诗歌手的技艺习得与其特殊的创编能力、史诗文本的程式化与故事范型等诸多方面的独特观点给该领域研究提供了新的学术视野和思考路径。可以说，21世纪以来史诗学术研究的新观念与新方法极大地拓展了《格萨尔》史诗研究的视域界限。然而，不得不承认的是，口头诗学在《格萨尔》史诗研究中的学术实践还处于起步阶段，有些问题虽略有提及，但尚未深入挖掘，更未形成系统性的论述。因此，口头诗学理论的本土化实践中如何认识《格萨尔》史诗及其所依赖的本土传统文化语境、如何阐释《格萨尔》史诗独特的口头叙事规则、如何解析语词和节奏等史诗口头传统中的微观叙事等问题也都有待认真思考。

（3）跨学科的《格萨尔》史诗研究是21世纪史诗研究的重要趋势，许多学者从跨文化的比较视野出发、通过借鉴比较文学、人类学、宗教学、民俗学、传播学等多种学科的理论方法，以及文化记忆理论、民族志诗学、表演理论、叙事理论等一些新近学说的观点，着实拓展了史诗艺人生成的历史语境、演述编创中的非语言表述、史诗的演述文本等方面的认识。此外，21世纪以来随着田野研究的规范化和科学化的不断增强，许多《格萨尔》史诗研究者深入不同史诗流传地区进行实地田野调查，收集并运用了大量口述材料，拓展了史诗材料的内涵，有的学者更是将田野材料和口述材料与书面文献相结合，通过多重证据法阐释《格萨尔》史诗的文化内涵，为理解史诗特征提供了新的认识视角。可以说，跨学科和多学科的交叉研究为《格萨尔》史诗研究提供了新的学术理念。因此，开展跨学科和交叉学科的学术研究也是《格萨尔》史诗研究走出学术困境的一条有效途径。

（4）《格萨尔》史诗各个环节的专题研究是展开其全面研究的基础，只有积攒了一定数量的专题研究才能更好地开展史诗的全面研究工作。21世纪以来出现了不少《格萨尔》史诗专题研究论著，在这些研究成果中学者们根据自身的田野经历和学术背景揭示《格萨尔》史诗的多层次内涵，其中有的成果深化了史诗在不同地域的呈现形态及变异特征，而有的成果通过对特定艺人长期的个案追踪调查，阐释不同史诗艺人演述《格萨尔》史诗内容上的异同，揭示史诗艺人与传统社会和地方知识之间的关系，提出了许多具有启示意义的观点。可以说，这些成果构成了21世纪史诗研究的一个重要趋势，为我们今后开展《格萨尔》史诗的全面研究奠定了一定基础。当然，只有将专题研究与个案研究放置在中国史诗乃至世界史诗发生发展的大背景下进行讨论才能凸显专题个案研究的意义，而这也对今后《格萨尔》史诗的研究提出了新的要求。此外，21世纪非遗视角下的《格萨尔》史诗研究热度不减，出现较多成果，不仅为史诗遗产保护提供了学理基础，也为我国非物质文化遗产的传承保护提供了一定的借鉴经验。

总之，《格萨尔》史诗是中国少数民族文学和中国史诗学学术研究的重要组成部分。21世纪以来，其研究中书面范式与口头范式并存，并且继承以往学术传统深入解析其所蕴含的文化内涵，研究议题从文学范畴走向文化传统，大大地提高了《格萨尔》史诗研究的格局。

参考文献：

[1] 韩伟.《格萨尔》原型研究[D].兰州：兰州大学论文，2005.

[2] 王景迁.《格萨尔》与《荷马史诗》神灵文化比较研究[D].兰州：西北民族大学，2007.

[3] 王恒来.《格萨尔》与《罗摩衍那》人物比较研究：基于史诗人物人格和结构体系的考察[D].兰州：西北民族大学，2011.

[4] 元旦.西藏古典神话之诗学研究[M].北京：中国藏学出版社，2016.

[5] 赵海燕.《格萨尔》身体叙事研究[D]. 兰州：西北大学，2019.

[6] 王国明. 土族《格萨尔》语言研究[M]. 兰州：甘肃民族出版社，2004.

[7] 王军涛. 裕固族《格萨尔》故事类型研究[M]. 拉萨：西藏人民出版社，2017.

[8] 周爱明.《格萨尔》口头诗学：包仲认同表达与藏族民众民俗文化研究[D]. 北京：中国社会科学院研究生院，2003.

[9] 诺布旺丹. 藏族神话与史诗[M]. 北京：民族出版社，2012.

[10] 诺布旺丹. 艺人、文本和语境：文化批评视野下的格萨尔史诗传统[M]. 西宁：青海人民出版社，2014.

[11] 曹娅丽.《格萨尔》遗产的戏剧人类学研究：以青海果洛地区藏族格萨尔戏剧演述形态为例[M]. 北京：民族出版社，2013.

[12] 曹娅丽. 史诗、戏剧与表演：《格萨尔》口头叙事表演的民族志研究[M]. 上海：上海大学出版社，2015.

[13] 马都尕吉. 论《格萨尔》的程式化结构特点及其传承规律[J]. 西藏研究，2005（1）.

[14] 扎西东珠. 藏族口传文化传统与《格萨尔》的口头程式[J]. 民族文学研究，2009（2）：104–111.

[15] 索南措.《格萨尔》说唱艺人表演程式的外部影响[J]. 青海民族研究，2010（3）：144–146.

[16] 索南措.《格萨尔》说唱艺人表演程式内部成因[J]. 青海社会科学，2010（6）：163–165.

[17] 索南措.《格萨尔》表演程式的民族化功能[J]. 青海师范大学民族师范学院学报，2008（2）：33–36.

[18] 央吉卓玛."宗"：格萨尔史诗的叙事程式、传统法则与故事范型[J]. 民族文学研究，2020，38（6）：13–27.

[19] 徐国宝.《格萨尔》与中华文化的多维向心结构[D]. 北京：中国社会科学院研究生院，2000.

[20] 诺布旺丹. 伏藏史诗论：《格萨尔》史诗与藏传佛教伏藏传统关系研究[D]. 北京：中国社会科学院研究生院，2001.

[21] 岗·坚赞才让.格萨尔民俗研究[M].兰州：甘肃民族出版社，2002.

[22] 夏吾才让.《格萨尔王传》与藏族古代民俗[M].北京：民族出版社，2010.

[23] 吴钰.《格萨尔》与藏族民俗研究[M].西宁：青海民族出版社，2008.

[24] 巷欠才让.《格萨尔》史诗中的体育文化普查与研究[M].西宁：青海民族出版社，2018.

[25] 角巴东主，恰嘎多吉才让.神奇的格萨尔艺人[M].北京：民族出版社，2001.

[26] 角巴东主.藏区格萨尔说唱艺人普查与研究[M].拉萨：西藏人民出版社，2013.

[27] 金果·次平.《格萨尔艺人桑珠说唱本》研究[M].拉萨：西藏藏文古籍出版社，2013.

[28] 央吉卓玛.格萨尔王传史诗歌手研究：基于青海玉树地区史诗歌手的田野调查[M].北京：中国社会科学出版社，2015.

[29] 诺布旺丹.诗性智慧与智态化叙事传统：格萨尔传承类型的再发现[M].西宁：青海民族出版社，2018.

[30] 杨恩洪.史诗《格萨尔》说唱艺人的抢救与保护[J].西北民族研究，2005（2）：185-192.

[31] 王国明.土族《格萨尔》说唱艺人调查及保护对策研究[J].北方民族大学学报（哲学社会科学版），2009（3）：31-35.

[32] 曼秀·仁青道吉.格萨尔版本研究（上）[M].兰州：甘肃民族出版社，2002.

[33] 角巴东主.藏文《格萨尔》流传版本普查与研究[M].拉萨：西藏人民出版社，2017.

[34] 曼秀·仁青道吉.格萨尔地名研究[M].北京：中国藏学出版社，2011.

[35] 李连荣.《格萨尔》手抄本、木刻本解题目录（1958—2000）[M].北京：中国社会科学出版社，2017.

[36] 李连荣.《格萨尔》史诗在西藏的传播特点[J].中国藏学，2005（1）：

98–107.

[37] 李连荣. 安多地区《格萨尔》史诗传承的类型特征[J]. 西藏研究，2015（5）：95–102.

[38] 李连荣.《格萨尔》手抄本和木刻本的传承与文本特点[J]. 中国藏学，2017（1）：158–171.

[39] 央吉卓玛. 取法民间：口传史诗的搜集、整理及抄写机制 —— 以"玉树抄本世家"为例[J]. 西北民族研究，2017（3）.

[40] 钟进文. 藏族《格萨尔》在土族和裕固族中的流传与变迁[J]. 西北民族大学学报（哲学社会科学版），2013（3）：125–128.

[41] 丹珍草. 格萨尔史诗当代传承实践及其文化表征[M]. 北京：中国社会科学出版社，2019.

[42] 扎西东珠等.《格萨尔》文学翻译论[M]. 北京：人民出版社，2012.

[43] 王治国. 集体记忆的千年传唱：《格萨尔》翻译与传播研究[M]. 北京：民族出版社，2018.

[44] 岗·坚赞才让.《格萨尔》翻译中不可丢失的文化层面[J]. 西北民族大学学报（哲学社会科学版），2004（4）：116–120.

[45] 平措. 关于《格萨尔》汉译的一点思考[J]. 西藏大学学报（社会科学版），2015（4）：160–164.

[46] 降边嘉措. 论《格萨尔》的汉译工作[J]. 译苑新谭，2019（2）.

[47] 刘彭恺. 跨文化语境下藏族史诗《格萨尔》英译比较研究[J]. 贵州民族研究，2017（2）：144–147.

[48] 戈睿仙，李萌.《格萨尔》史诗1927年英译本的描述性翻译研究[J]. 西藏研究，2017（6）：139–145.

[49] 郑敏芳，王敏. 横看成岭侧成峰：《格萨尔》翻译形态面面观[J]. 民族翻译，2018（4）：14–22.

[50] 于静，王景迁. 格萨尔史诗当代传播研究[M]. 北京：人民出版社，2016.

[51] 于静，吴玥.《格萨尔》史诗的传播学研究[M]. 济南：济南出版社，2018.

[52] 袁爱中，杨静. 媒介变迁与西藏传统文化传播研究:《格萨尔王传》

史诗为例 [J]. 西藏大学学报（社会科学版），2016（1）：82-88.

[53] 刘新利. 传播学视域下《格萨尔》史诗的传播与保护 [J]. 西藏研究，2016（6）：93-99.

[54] 王治国.《格萨尔》史诗艺术改编与跨媒介传播探赜 [J]. 民族艺术，2017（5）：156-160.

[55] 王艳. 跨媒介叙事：数字时代的《格萨尔》史诗 [C]// 曹顺庆. 中外文化与文论（第45辑）. 成都：四川大学出版社，2020.

[56] 王蓓.《格萨尔王传》与多康地区藏族族群认同 [D]. 北京：中国社会科学院研究生院，2011.

[57] 王国明. 土族《格萨尔》研究 [D]. 兰州：西北民族大学，2009.

[58] 角巴东主. 探秘玛域果洛格萨尔文化 [M]. 西宁：青海民族出版社，2018.

[59] 措吉（王金芳）. 藏族牧区社会与《格萨尔》叙事传统：以青海果洛甘德县德尔文部落为个案 [M]. 拉萨：西藏人民出版社，2018.

[60] 索南吉. 非物质文化遗产视域下的玛域果洛《格萨尔》史诗文化田野调查和实践性研究 [D]. 兰州：西北民族大学，2013.

[61] 索南多杰. 果洛格萨尔信仰研究 [M]. 北京：民族出版社，2014.

[62] 角巴东主、才郎昂青. 贵德格萨尔文化初探 [M]. 西宁：青海民族出版社，2017.

[63] 甲央齐珍. 格萨尔史诗传统研究：以德格为主线 [M]. 北京：民族出版社，2019.

[64] 完得冷智. 热贡地区史诗文化研究 [M]. 成都：四川民族出版社，2019.

[65] 宁梅，胡学炜. 玛曲格萨尔文化 [M]. 兰州：甘肃文化出版社，2020.

[66] 角巴东主. 格萨尔风物遗迹传说 [M]. 西宁：青海人民出版社，2002.

[67] 角巴东主. 雪域格萨尔遗迹遗物普查与考证 [M]. 北京：中国藏学出版社，2010.

[68] 索加本. 中国藏区民间格萨尔信仰的田野考察 [M]. 北京：民族出版社，2019.

[69] 徐斌. 格萨尔史诗图像及其文化研究 [D]. 北京：中国社会科学院研

究生院，2003.

[70] 四川博物院，四川大学博物馆科研规划与研发创新中心. 格萨尔唐卡研究[M]. 北京：中华书局，2012.

[71] 李连荣. 四川博物院藏11幅格萨尔唐卡画的初步研究：关于《格萨尔》史诗的故事系统[J]. 西藏研究，2016（6）：82-92.

[72] 李连荣. 四川博物院藏11幅格萨尔唐卡画的初步研究：关于绘制时间问题[J]. 民间文化论坛，2016（4）：81-88.

[73] 王田，杨嘉铭. 从庙堂走向广场：论格萨尔图像的景观化现象[J]. 民族艺术，2019（4）：110-117.

[74] 边多. 岭国妙音：长篇民族英雄史诗格萨尔王传音乐概论[M]. 北京：中国藏学出版社，2012.

[75] 郭晓红. 玉树《格萨尔》音乐人类学研究[M]. 西宁：青海民族出版社，2014.

[76] 李措毛，牟英琼，桑杰. 格萨尔乐舞神韵：史诗格萨尔"口述"乐舞研究[M]. 北京：民族出版社，2018.

[77] 姚慧. 史诗音乐范式研究：以格萨尔史诗族际传播为中心[M]. 北京：中国社会科学出版社，2021.

[78] 仓央拉姆.《格萨尔》音乐研究中的一些问题[J]. 西藏艺术研究，2002（1）：44-48.

[79] 仓央拉姆.《格萨尔》音乐演唱法初探[J]. 西藏艺术研究，2005（1）：63-68.

[80] 扎西达杰.《格萨尔》的音乐体系[J]. 西藏艺术研究，2018（2）：35-41.

[81] 觉嘎. 论藏族著名史诗《格萨尔王传》的故事歌曲[J]. 西藏大学学报（社会科学版），2020（4）：81-87.

[82] 李连荣. 中国《格萨尔》史诗学的形成与发展（1959—1996）[D]. 北京：中国社会科学院研究生院，2000.

[83] 李连荣. 格萨尔学刍论[M]. 北京：中国藏学出版社，2008.

[84] 扎西东珠，王兴先.《格萨尔》学史稿[M]. 兰州：甘肃民族出版社，2003.

[85] 降边嘉措. 中国《格萨尔》事业的奋斗历程[M]. 北京：社会科学文献出版社，2012.

[86] 旦正. 藏族历代《格萨尔》考述文献研究[M]. 兰州：甘肃民族出版社，2018.

[87] 诺布旺丹.《格萨尔》学术史的理论与实践反思[J]. 民间文化论坛，2016（4）：54-62.

[88] 李连荣. 百年"格萨尔学"的发展历程[J]. 西北民族研究，2017，94（3）：71-78.

[89] 意娜. 论当代《格萨尔》研究的局限与超越[J]. 西北民族研究，2017，94（3）：79-98，246.

［原载于《西藏大学学报》（社会科学版）2021年第3期］

文学类课程教学研究

新文科建设背景下中国少数民族文学类课程教学改革的优化路径

增宝当周　　钟进文

摘要： 中国少数民族文学类课程是中华文学多元一体的重要表现，对了解基本国情、增强文化自信、铸牢中华民族共同体意识意义深远。面对新文科建设带来的机遇，新时代中国少数民族文学类课程要以彰显中国多民族文学特色、创新传承民族文化、铸牢中华民族共同体意识、实现价值引领功能为目标。在重新规划课程体系顶层设计和加强课程管理的基础上，不仅要以学生为中心，优化课程体系、创新教学模式、强化实践教学，更要在专业融合趋势中不断探索中国少数民族文学类科际整合课程建设路径。借助智能化、数字化等现代技术改革课程教学方法，培养学生的应用能力和创新能力，由此打造中国少数民族语言文学专业的核心竞争力，推动学科发展，服务国家文化发展战略。

关键词： 新文科建设；中国少数民族文学类课程；课程优化

一、引言

从2018年"四新"建设的提出到2019年在天津启动"六卓越一拔尖"

作者简介：增宝当周，文学博士，中央民族大学中国少数民族语言文学学院副教授、硕士研究生导师，主要研究方向为中国少数民族文学；钟进文，文学博士，中央民族大学中国少数民族语言文学学院教授、博士研究生导师，主要研究方向为中国少数民族文学。

基金项目：中央民族大学本科教学改革创新项目"'藏文传记文学导读'课程教学模式改革与创新研究"（CX2003）。

计划2.0，再到2020年于山东发布《新文科建设宣言》，新文科建设从提出到实施再到全面推进，标志着我国文科专业改革将进入一个全面深化的重要时期。新文科建设是对传统文科教育缺陷的修正和改善，也是对现今时代发展的积极回应。新文科方案提出后，专家学者对新文科之"新"及其意义展开了广泛讨论。教育部高等教育司司长吴岩阐明了新文科的内涵、建设新文科的必要性，以及建设新文科的原则。[1]教育部新文科建设工作组组长樊丽明指出，新文科之"新"要基于新科技革命、中华优秀文化的创造性转化、新时代背景下中华特色学术体系和话语体系的建构，以及全球新格局。[2]10-11王铭玉和张涛认为应突破传统文科的思维模式，促进多学科交叉与深度融合，推动传统文科的更新升级，从学科导向转向以需求为导向，从专业分割转向交叉融合，从适应服务转向支撑引领。[3]龚旗煌指出，新文科建设要在目标上励志维新、原则上温故知新、方法上融通致新、保障上优评促新。[4]中国语言文学学科作为文科重要学科门类，学者们也从多方面讨论了该学科在新文科建设背景下的改革与发展方向。譬如，马世年提出新文科建设中中国语言文学学科需要凸显重人文、重原典、重融通、重创新。[5]20-21上述学者的阐释有助于我们深入认识与理解新文科建设。课程教学是人才培养的基础环节，"课程作为将学生和专业乃至学科连接在一起的纽带"[6]，对学生成长成才起着至关重要的作用。中国少数民族文学类课程作为中国少数民族语言文学专业基础核心课程和中国语言文学学科课程群的重要组成部分，在新文科建设背景下面临严峻的挑战和强大的发展机遇。因此，立足新格局、新语境、新视野，提高课程效率、突出专业能力、从课程教学层面彰显学科特色已成为中国少数民族文学类课程改革的必要命题。

二、新文科建设背景下中国少数民族文学类课程的教学目标

中国少数民族文学类课程是中国少数民族语言文学专业的基础课程，是中国语言文学专业课程的重要组成部分，其教学对提高学生专业素养、专业能力，传承中华民族优秀文化意义深远。新中国成立以来，中国少数民族语言文学专业为我国教育、新闻、出版等行业培养了大量优秀人

才。[7]然而，随着时代变化，中国少数民族语言文学专业也面临人才培养的诸多问题。譬如，学生生源质量参差不齐、专业培养目标更新不及时、课程教学改革进程缓慢、无法及时满足社会发展需求、实务性应用性不强、毕业生就业去向单一等。对此，有研究者建议：应加强学生综合素养、加强精品课程建设、促进教学方法与模式的不断革新、增强学生专业实践能力培养。[8]在长期的教学实践中，中国少数民族文学类课程积累了丰富的教学经验，形成了自身独特的学科话语体系和学术传统。然而，不得不承认的是，以往中国少数民族文学类课程教学确实存在一些不足和问题。譬如，课程体系化程度不强、缺乏权威教材、教学内容更新不及时、教学目标与教学模式固化陈旧、教学阶段性和连续性被忽视、课程管理力度不够、忽视学生意愿、实践教学环节薄弱等。因此，在新文科建设背景下，中国少数民族文学类课程要根据新的教育改革精神，主动求变、开拓局面，重新认识并调适中国少数民族文学类课程的教学目标。

（一）彰显中华文学特性，实现价值引领功能

中国少数民族语言文学专业由55个少数民族的语言和文学构成，每个民族不同的历史发展状况和地域环境决定了各自的独特性。同时，中国少数民族语言文学专业作为一个集合概念，其内部本身也具有深刻的关联性。换言之，从学科体系到专业设置再到课程教学，中国少数民族语言文学专业体现着统一国家内部多民族语言文学发展的一体性，具有重要的战略地位。因此，中国少数民族文学类课程改革一方面需要厘清课程内涵，在阐释、挖掘单一少数民族文学内在精神价值的基础上，从中华多民族文化的思想脉络出发，在多民族文学比较、对话与互鉴中相互交往交流交融。另一方面，新文科建设以坚持中国价值、彰显中国特色、构建中国理论为指向。在此背景下中国少数民族文学类课程及其教学改革需要从具体知识传授中总结规律、解释规律、提炼理论、彰显特色，满足"把握与讲授中国多民族文学"[9]的迫切需求，呈现中国文学多元一体的丰富性和整体性，充分展现中华民族优秀的传统文化，培养学生的家国情怀和使命感，实现其价值引领功能，帮助学生树立正确的人生观、价值观。

（二）提升学生专业能力，创新传承民族文化

"文史哲等人文学科特别强调基础文本的阅读，尤其是对原典的阅读。

各学科都有其原典，这是学科得以构建的根本。学习者的基本任务之一就是研读这些原典著作，从而夯实专业基础，这也是整个文史哲学科的共通之处。"[5]20《新文科建设宣言》指出，"在传承中创新是文科教育创新发展的必然要求"。传承优秀传统文化是人文学科的发展根基，传承与创新互为表里，相辅相成。夯实人文基础、传承优秀文化是作为人文教育的中国少数民族文学类相关课程教学的重要目标。新文科建设背景下，中国少数民族文学类课程要"守正创新"，不仅要提倡阅读经典少数民族文学文本，更要结合时代问题对其进行价值重构，提出新观点、新思想，不断提高学生对中华各民族文学的创新传承能力。

（三）探索融通课程体系，培育文学卓越人才

新时代社会发展要求人文教育应培养具有综合素质能力的复合型文科人才，其不仅具备宽广的学术视野，熟练掌握新的工具技能，而且具有整体的、复杂的新型思维方式和应对复杂问题的综合能力。新文科不同于旧文科以知识为导向的课程教学，前者以解决现实问题为目标导向，提倡突破专业壁垒、实现融合创新。因此，新文科建设背景下中国少数民族文学类课程教学在讲授专业知识的同时要从综合能力提升视野出发，借鉴、吸纳其他学科的有益成分，进行课程体系整合和重构，以此培养具有广博知识、宽大胸怀，又能运用多项新型技术技能的中国少数民族文学类卓越人才。

（四）实现文化传播功能，服务国家发展战略

中国少数民族文学是中华传统文化的重要组成部分，其中包括从古至今各民族作家以不同少数民族语言文字和汉语言文字共同创作的各类优秀文学经典。新文科建设是新时代中华传统文化伟大复兴和提高国家文化软实力的一项重要举措，它以构建中国话语、提升国家形象为目标导向。所以，新文科建设背景下中国少数民族文学类课程不仅需要保护和发扬少数民族优秀文化，更要发挥中国少数民族语言文学专业多语种、跨文化、跨区域的优势，探索共建"一带一路"国家文学课程，从人类命运共同体意识出发，发掘民族文学中具有共同利益和共同价值的精神内涵，讲好中国故事，提升国家形象，服务国家战略。

三、新文科背景下中国少数民族文学类科际融合课程探索

通常，中国少数民族文学文本不仅具有浓厚的文学审美意味，而且蕴含丰富的历史信息，有的还是权威的哲学经典，其中又包含大量医学、工艺、天文、计算等方面的知识，往往是一个民族文化的集中呈现。所以，"新中国建立后，由于社会的需要，这一学科才逐渐建立、发展了起来。它是社会科学的一个重要分支学科，对其他学科包括社会学、民族学、人类学等学科的发展起了一定作用"[10]。在知识体系不断重构、学科边界不断发生迁移的新语境下，中国少数民族文学类课程与其他专业课程之间的交叉融合不仅是时代要求，也关涉学科自身发展。过去一段时间，中国少数民族语言文学专业在学科融合方面做过有益尝试。比如，与民俗学、历史学、社会学、艺术学、人类学等相关专业之间的学科融合已取得一定成效。学术研究方面，与口头传统、口述史、非物质文化遗产、文化传播、文化产业发展等相关领域交叉研究也有一定实践经验，这些都为探索科际融合课程提供了一定学术基础。

新文科建设着眼于新时代产生的综合化复杂化的新问题，强调突破学科壁垒，提倡跨学科团队协作，推动不同学科融合发展，以此培养能够应对、解决综合化复杂化新问题的具有多项技能和善于团队协作的优秀人才。有学者提出，新文科一方面要以现有文科专业为基础，赋予文科专业人才培养的新内容，另一面要在文科人才培养模式上实现跨学科专业的新突破。[11]因此，要在新文科建设背景下突破传统中国少数民族文学类课程教学瓶颈，需对课程体系进行重组、整合，以一种开放和包容的态度和全新的视野，探索自身与其他众多学科课程交叉融合的多种可能途径。

（一）不断加强中国语言文学学科内部专业课程的融合

中国少数民族语言文学专业隶属中国语言文学学科。但从目前课程教学来看，学科内部互动稀少、沟通不畅，导致出现少数民族文学话语彰显不够，价值引领能力不足的现象。针对上述局面，新文科建设背景下，应强力整合与中国文学相关的课程资源，在培养目标、教育理念、教学模式等方面强化学科基础课、专业核心课、专业方向课三类课程之间的协同作用，由此加强学科内部专业课程之间的联系。当然，新课程并不是以往各

类课程的简单拼凑和叠加，更不能照搬学科内部其他专业课程的内容，它需结合自身专业特点与发展前景，根据时代要求和社会需求，通过重整、改造、提升、深化、新增等方式优化课程体系，达到既夯实学科基础，又提升专业能力的教学要求。

（二）继续探索与其他人文社会科学专业课程的融合

为适应新时代民族地区的发展需要，过去不少民族高校相继提出了法学、管理学、新闻学方面的双语班或基地班，这种"民族语+其他专业"或民族语基地班的教学模式取得了一定成效，对中国少数民族语言文学专业与其他文科专业相互交叉交融有一定借鉴意义。然而，以往两种专业"相加"的培养模式中一直存在课程设置不完善、教学目标不明确、教学层次不分明、教学内容同质化等问题。比如，两种专业课程之间的层次关系不清，在设计人才培养方案时往往从不同专业课程中抽取一些课程进行简单拼凑，以致忽视不同教学对象的不同要求。《新文科建设宣言》指出，"鼓励支持高校开设跨学科跨专业新兴交叉课程、实践教学课程，培养学生的跨领域知识融通能力和实践能力"。所以，继续探索中国少数民族语言文学专业与其他文科专业之间的科际融合课程有深远意义。在课程教学改革中，需要发掘中国少数民族文学类课程与其他文科专业课程在知识传授上的共同性，围绕同一主题或问题整合不同学科课程相关内容，综合化、创新化设计符合人才培养的教学目标、教学单元、教学内容，实现从以往不同专业课程的相互叠加模式转向不同专业综合融通课程的建构。

（三）积极推动与自然学科各类专业课程的融合

文理交叉、学科重组、协同共享是新文科建设的重要理念。"从分科治学走向科际融合，甚至走向一些新生的文科门类，这是学科发展下一步要解决的一个方向性问题。"[12]就中国少数民族文学类课程而言，不仅要实现哲学社会科学内部专业课程的交叉融合，更要立足开放的学科视野，聚焦新技术革命和产业变革所带来的实际问题，扩展中国少数民族文学类课程与自然学科相关课程之间的交叉互补空间。在一定意义上，将社会现实变革中突出的新问题、新技术纳入中国少数民族语言文学学科和中国少数民族文学类课程教学中也直接关涉课程教学社会功能的实现。此外，中国少数民族文学类课程的技术化、数字化、智能化是新文科建设背景下培养学生创新能力和提升中国少数民族文学传播力的必要途径，无论是民族文学的文本分析，还是民族文学经典的传播推广，抑或民族文学的创新发展，自然科学的思维和技术可为课程教学提供必要的手段与方法。

总之，新文科建设背景下，中国少数民族文学类课程应不断探索与其他不同专业课程融合的可能性，在纵横交融、取长补短中形成特色鲜明的专业基础课程和不同学科协同作业的交叉新型课程，从而加深学生对民族文学文化的理解，拓展学生的综合素养。

四、新文科建设背景下中国少数民族文学类课程教学方式的改进

新文科建设是基于技术革命和知识创新需求对人文社会科学教育作出的一次重大调整与改革。因此，中国少数民族文学类课程在新的教育发展语境中需要不断革新技术手段、优化教学设计、培养学生创新能力。

（一）革新技术手段、拓展教学方式

"随着新科学的发展，人类创造了很多新知识，带来了很多技术突破，如人工智能、大数据、区块链、基因工程、虚拟技术、5G技术等，这些不仅与信息学科密切相关，而且与文科联系很近，对文科产生很大的影响。" [2]10 就课程教学而言，信息技术不仅改变了教学途径、学习方式、授课内容、师生关系，也改变了教师工作职能和课堂教学理念。因此，中国少数民族文学类课程的技术革新是新时代专业课程改革的必经之路。目前，已有相当多的中国少数民族文学类课程都进行了技术上的有益探索，为此后课程的数字化建设奠定了一定基础。但总体来看，目前中国少数民族文学类课程网络资源还相对匮乏，存在数据质量参差不齐，规范化、标准化程度不够等问题。所以，在新文科建设背景下，中国少数民族文学类课程教学改革不仅需要在课程设置、课程教学、课程评价、课程检验等方面深化技术能力，实现相关课程的数字化、智能化，更要对数据资源进行仔细甄别，有机开展中国少数民族文学类课程的线上课程、线下课程、线上线下混合课程、虚拟仿真实验课程、社会实践课程等的教学改革，以此促进课程品质的提升和教学质量的提高。同时，在数字人文背景下，中国

少数民族文学类课程为学生构筑个性化的自主学习空间，不仅要讲授民族文学知识，提高学生对少数民族文学的审美感受力和审美判断力，更要启示学生，激发思维，产生新的思想。

（二）优化教学设计，提升课程质量

课程是人才培养的基础和关键环节，中国少数民族文学类课程是培养民族文学人才的重要渠道，对传承中华优秀文化意义深远。然而，该专业方向课程体系庞杂、类型多样，不同课程教学目的不同，加之课程多为独立开课，课程与课程之间关联性不足，从而导致课程体系性不强，教学中存在"知识重复"和"知识欠缺"的问题。所以，在新文科建设背景下，面对以往纷繁复杂的课程群，首先，要结合新的人才培养方案优化课程体系，调整课程结构、教学计划、教学方法，以探究型教学为理念重新提炼课程内容，强化教学体系的完整性。其次，要以复合课程和交叉课程为中心，制定新的教学方案，并以社会实际需要重构知识容量和知识难度，让学生感受不同学科对同一问题的认识差异，激发学生的问题意识。再次，传统文学教育注重作品主题解析，将知识传授作为首要目标，以讲授、灌输为主要手段。新文科建设背景下，中国少数民族文学类课程既要继承传统教学中的有益部分，又要开拓创新，更新教学理念，转变授课方式，提倡对话性、启发性、研究性、探索性、合作性教学，锻炼学生的表达能力、思维能力、洞察能力、阐释能力、总结能力，以及成果转换能力。第四，传统中国少数民族文学类课程重理论知识，轻实践教学。新文科建设背景下，中国少数民族文学类课程应强化实践课程，使学生在实践中获得知识运用的能力。第五，课程评价方面，重构现有单一学科课程评价体系，提高学习过程评价和横向交叉拓展能力评价比重，并建立良好的教学监督机制与反馈渠道，以此保障课程质量。

（三）注重原创能力、培养创新精神

创新教育是新文科之"新"的重要内涵，也是新时代文科教育高质量发展的根本动力。当下应用型人才的社会需求日益迫切，拓展课程实践及创新内容已成为大学课程教学改革的一项重点任务。中国少数民族文学类课程以往教学中应用实践内容不多，加之教师在实践工作方面也缺乏经验，导致实践教学和创新能力培养一直成为教学改革的难点。新文科建设背景下，中国少数民族文学类课程的高质量发展必须以创新能力培养为首要目标和最终落脚点，强化实践教学，注重理论指导实践，培养学生解决实际问题的能力。首先，要立足专业特色和课程特色，总结以往教学经验，根据新文科建设精神所倡导的培养目标，调整课堂组织方式，从学生感兴趣的具有现实意义的文学话题出发，以适应社会发展和提升实践能力为前提，理论与案例相结合，设计研讨环节，深化学生由现象把握理论的能力。与此同时，注重不同阶段学生培养的连续性，坚持"问题导向、贯通培养"的宗旨，满足学生终身学习、长期发展的要求。其次，更新创新教育设计，制定符合新时代发展要求的创新实践教学环节，使课堂中的知识教学和理论教学与学生参与的创新实践相结合，为学生提供发挥自身潜能的机会，培养学生民族文学资源的创造性转换能力。再次，结合实际需求和未来发展趋势，建立中国少数民族文学类课程创新实验平台和实习研究基地，为学生提供产生新知识、运用新知识、参与团队协作的学习环境，让学生在实践和实验中不断尝试，以此激发学生的创新思维，培养学生的创新能力及创新精神。

五、结语

中国少数民族文学类课程是中国少数民族语言文学专业的核心主干课程，也是继承和传播中国各少数民族文学与文化的重要方式之一。提升课程质量既是课程和学科发展的需要，也是现实社会文化发展的要求。新文科建设背景下，中国少数民族文学类课程教学要不断审视自身存在的问题，并顺应新时代数字化、智能化的社会发展趋势，满足不同学习者的成长需要，不断探索、改进和完善课程教学体系，从而提高专业人才培养的质量和水平，增强学生对中华民族文学的感知力，培养出适应新时代社会发展的中国少数民族文学优秀人才。

参考文献：

[1] 吴岩. 积势蓄势谋势　识变应变求变[J]. 中国高等教育，2021（1）：4-7.

[2] 樊丽明等. 新文科建设的内涵与发展路径（笔谈）[J]. 中国高教研究，2019（10）.

[3] 王铭玉，张涛. 高校"新文科"建设：概念与行动[N]. 中国社会科学报，2019-03-21（004）.

[4] 龚旗煌. 新文科建设的四个"新"维度[J]. 中国高等教育，2021（1）：15-17.

[5] 马世年. 新文科视野下中文学科的重构与革新[J]. 西北师大学报，2019（5）：18-21.

[6] 安丰存，王铭玉. 新文科建设的本质、地位及体系[J]. 学术交流，2019（11）：11.

[7] 曲木铁西. "双一流"背景下高校民族语言文学专业建设的目标与路径[J]. 民族教育研究，2020（3）：9.

[8] 白华，马梅花，赵鹏燕. 新时代高校民族语文专业的人才培养质量研究[J]. 民族教育研究，2020（3）：61-69.

[9] 付海鸿. 简论中国少数民族文学学科的创建及教学[J]. 民族教育研究，2014（5）：34-42.

[10] 戴庆夏. 办好高校民族语文专业的几个认识问题[J]. 云南民族大学学报，2010（3）：62-64.

[11] 周毅，李卓卓. 新文科建设的理路与设计[J]. 中国大学教学，2019（6）：52-59.

[12] 王学典. 何谓"新文科"？[N]. 中华读书报，2020-06-03（005）.

（原载于《民族教育研究》2021年第5期）

国际中文教育研究

基于关键事件的职前汉语教师语法教学反思研究

刘玉屏　　袁萍

摘要：本文基于关键事件，从反思内容和反思层次两个维度对职前汉语教师的语法教学反思进行研究。结果显示，职前汉语教师语法教学反思的自我倾向较强，更多关注教师的教学行为，较少涉及学生学习；反思多关注教学中存在的问题，负面反思居多，反思的主要问题集中在教师话语、教学内容和教学行为有效性三个方面；反思以技术性反思居多，有一定数量的实践性反思，未见批判性反思，反思层次有待提升。文章结合教学反思反映出的职前汉语教师语法教学存在的问题，提出相关教师教育课程的优化方向，并对职前汉语教师教学反思能力的培养进行了探讨。

关键词：职前汉语教师；语法教学；关键事件；教学反思

一、引言

20世纪80年代以来，强调培养教师反思能力的教育思潮在美国、英国、澳大利亚等国的教师教育界兴起，并迅速影响世界范围内的教师教育

作者简介：刘玉屏，语言学及应用语言学博士，中央民族大学国际教育学院教授、博士研究生导师，主要研究方向为汉语作为第二语言教学；袁萍，语言学及应用语言学博士，中央民族大学国际教育学院讲师，主要研究方向为汉语作为第二语言教学。

基金项目：国家社会科学基金重大项目"汉语国际传播动态数据库建设及发展监测研究"（17ZDA306）；中央民族大学"双一流"建设重点课题（20SYL012）；中央民族大学"青年教师科研能力提升计划"项目（2021QNPY67）。

界（刘加霞、申继亮，2003）。在外语教师教育领域，对反思性教学的作用及价值已达成共识，反思性语言教学被认为是探索和反思教师课堂教学经验的一种手段（薛笑丛，2000），是一个自下而上的教师专业发展过程（Farrell，2007），有助于教师素质的提高及专业成长（Wallace，1991；甘正东，2000；高翔、王蔷，2003）。

近年来，反思性教学也日渐引起国际汉语教学领域的关注，相关的理论探讨和实证研究均有所发展。理论探讨主要涉及教学反思的意义、反思型汉语教师的培养途径（黄晓颖，2007；陆秀芬，2008；王添淼，2010；鲁承发、李艳丽，2013；徐子亮，2013）。实证研究以调查汉语教师的教学反思为主，如张昕、央青（2014）结合教学案例，研究了新手汉语教师的教学反思；范智慧（2015）以汉语综合课为例，结合教师的反思笔记，研究了反思型汉语教师的教学模式；刘路（2017）通过汉语国际教育硕士某门课程的教学实践，研究了职前汉语教师反思性教学能力的培养；尤玉影（2017）以孔子学院教师为例，调查了国际汉语教师的反思现状和反思实践。

"关键事件"（critical incident）作为培养教师反思能力的一种有效方法，成为近年来教师教育领域的热门话题。关键事件被看作是携带着教师发展重要经历的信息片段，是研究教师发展的有效切入点和工具（宋维玉、秦玉友，2016）。教学中的关键事件是解读教师经历的基本信息单位，可以使教师的隐性教育观念得到显露、更新和完善（曾宁波，2004；宋维玉、秦玉友，2016）。国际汉语教学领域围绕关键事件的研究刚刚起步，刘弘（2015）考察了关键事件对于对外汉语初任教师实践能力发展的影响；程乐乐（2017）概括了对外汉语课堂中关键教学事件的"革新性""跨文化性""阶段性"与"情景依赖性"等特点，并对创造关键事件所需经历的4个阶段进行了分析。

总体来看，国际汉语教学领域的教学反思研究多从整体上对汉语教师的反思能力进行探讨，缺乏对汉语教学某个具体方面的深入分析，比如语法教学、词汇教学等；从研究方法来看，尚未有以关键事件为分析单位、采用刺激性回忆访谈的方法收集资料的相关研究。语法教学能力是职前汉语教师应该具备的基本教学能力。通过对语法教学理论与实践的反思来提升语法教学能力，在职前汉语教师语法教学能力培养中具有重要意义。鉴于此，本文基于关键事件，对职前汉语教师的语法教学反思进行考察，分析语法教学反思的内容和层次，概括职前汉语教师教学反思的特点，并思考培养职前汉语教师教学反思能力的方法和途径，希望可以为职前汉语教师教学能力培养提供参考，进一步丰富国际汉语教学领域的反思性教学研究。

二、研究设计

（一）研究对象

本研究中的职前汉语教师指汉语国际教育硕士专业学位研究生。本文研究对象为Z大学汉教硕士，共14人，其中女性12人，男性2人。所有硕士生均上过"汉语作为第二语言语法教学"课程，并观摩过真实的汉语课堂教学，部分学生有过短期汉语教学实习经历，所有学生均未有过正式的汉语教学工作经历。

在"汉语作为第二语言语法教学"课程中，学生系统地学习了关于语法教学原则和方法的理论知识，并且在学习过程中分别进行了语法教学各环节的小试讲。本研究中的语法教学是在汉语语法教学相关知识全部讲授完毕之后的大试讲，为包含导入、讲解、练习、总结各环节的完整语法教学。语法教学采用小组合作的方式。共两个教学班，每班分为7个小组，共14个小组。因两个教学班为平行班，故两个班试讲的语法点相同，一共7个语法点，均为初级阶段的语法点。小组成员一起为试讲做准备，最后由一位学生展示试讲过程。试讲在课程内进行，教学对象为本班同学（中国学生），试讲时间8～10分钟。

（二）数据收集

采用刺激性回忆报告收集研究数据。对职前汉语教师的语法教学试讲进行录像，并于试讲结束后的当天，以一对一的形式对教师进行刺激性回忆访谈。访谈者为授课教师以外的研究人员，访谈对象为承担试讲展示的小组代表。访谈中，为试讲教师播放教学录像，教师一边观看录像回放，一边根据回忆报告其对教学的思考。所有的报告和访谈都进行了录音。共收集到录像14份，一班的录像被编码为T101—T107，二班的录像被编码为T201—T207。对录像和访谈录音都进行了转写，试讲转写字数约25000字，访谈转写字数约72000字。

（三）语法教学关键事件的界定

本文以关键事件为单位对职前汉语教师语法教学反思情况进行分析。在外语教师教育领域，关键事件被定义为"教学中那些别人看来可能微不足道，但引发教师思考或触动其心灵的事件，可能促使教师在认知和行为上发生改变"（颜奕、罗少茜，2014）。本研究借鉴这一观点，将语法教学关键事件界定为语法教学过程中引起教师反思的事件，即某个教学片段。比如，在教授复合趋向补语（S+V+进/出+Place+来/去）时，练习环节有一个教学片段，教师呈现了一个鲸鱼浮出水面的动画，要求学生输出"鲸鱼浮出水面来"这个句子，其中"鲸鱼"和"浮"两个词的难度超出了学习者的语言水平。在刺激性回忆访谈时，教师对这个片段进行了反思：关于生词，比如最后一个"鲸鱼浮出水面来"，其实也考虑了，但还是放上去了。本研究将类似这样"引起教师反思"的语法教学片段认定为关键事件。

（四）语法教学反思内容的分析框架及编码说明

1.反思内容分析框架

教师专业发展研究中已有学者提出了一些针对教师反思内容的分析框架。Ho和Richards（1993）的分析框架包括教学理论、教学方法、教学评价、教学疑难、教师自我意识等。刘旭东、孟春国（2009）提出的分析框架包括课堂教学、学生学习、师生交往、教师发展及教育环境。

本研究将职前汉语教师和语法试讲两个因素结合起来，建立语法教学关键事件反思内容的分析框架。首先，将语法教学反思内容分为"教师教学"和"学生学习"两个大类。教师教学类指教师围绕自身语法教学进行的反思；学生学习类指教师结合学生语法学习情况进行的反思。其次，将教师教学类反思内容细分为以下6类：教学设计、教学内容、教学方法、教师话语、教学行为有效性、教学课件；将学生学习类反思内容细分为母语背景、语言水平、学习需求、学习策略和方法、情感5类。见表1：

表1　语法教学关键事件反思内容的分析框架

类别		举例
教师教学	教学设计	其实我们后面应该有个语法小结，再加上布置作业，这样最好
	教学内容	当时考虑比较浅，就是说，那个加状语的那种就点一下就行，否定句就不用讲。但是对于这个句型到底有什么特别的意义，没有考虑到
	教学方法	我看了别的组的，我觉得我们应该再多样一些，就是练习形式可以再多样一些
	教师话语	我们就是尽量要求我们的话语简短明确，然后尽量让学生多说
	教学行为有效性	实际上我这儿的预设应该是"她走进去了"，但是我跟学生的思维走了，这是教学一个小失误
	教学课件	只把正确的句子做了动画，两种练习类型及句子没有做动画，一起呈现了。有点儿乱，这个没弄好
学生学习	母语背景	我感觉我们还是准备得不是那么充分吧，就没有仔细地去为教学对象考虑，考虑他的母语是怎么样的
	语言水平	"老师让他把手机给我"这是一个复合句的嵌套，显然那不适合初级学习者
	学习需求	"老师让同学们来集合"那个，就是我们想的，因为学生的生活里面可能也会有，贴近学生的生活，然后这个形式，就截了一张微信的截图，可能也让他们有一些亲切感
	学习策略和方法	教大学生光操练是不行的，因为大学生会提问的，他们对于一些比较疑惑的语言现象都会问老师，那个时候你必须回答（刘弘，2015）
	情感	因为突然就觉得，哎呀，就感觉要找一点儿大家感兴趣的话题。还有就是女生多，所以就想着不然找点儿这种

2.反思内容编码说明

根据表1分析框架对语法教学关键事件的反思内容进行归类、编码。

具体操作上，由两位研究者对反思文本分别进行独立编码，若两位研究者的编码结果一致则直接采用，如果两位研究者的编码结果不一致，则请第三人（在职教师）进行判断和编码。编码采用诸如1–1的两级代码形式，比如"教学设计"编码为1–1，"学习策略和方法"编码为2–4。若教师对同一关键事件的反思涉及多项不同类型的反思内容，则按照反思内容的类型分别进行归类和编码。

三、职前汉语教师语法教学反思情况

（一）职前汉语教师语法教学反思的内容

根据统计结果，14位教师语法教学反思所涉及的关键事件共计89个，分布在语法导入、讲解、练习和总结各个环节。各环节关键事件的比例排序如下：练习（52.81%）＞讲解（23.60%）＞导入（16.85%）＞总结（6.74%）。练习环节的关键事件数量最多，这可能与试讲中练习环节的时长占比较大有一定关系。

围绕89个关键事件，教师报告的反思内容共计121条，平均每位教师报告8.6条。语法教学各环节的反思内容数量排序如下：练习（56）＞讲解（36）＞导入（23）＞总结（6）。教师各类反思内容的数量和占比，见表2：

表 2　语法教学反思内容的类型及数量

类型		数量	百分比
教师教学	教师话语	29	23.97%
	教学内容	25	20.66%
	教学行为有效性	19	15.70%
	教学设计	11	9.09%
	教学方法	10	8.26%
	教学课件	5	4.13%

类型		数量	百分比
学生学习	语言水平	14	11.57%
	学习需求	4	3.31%
	母语背景	2	1.65%
	情感	2	1.65%
	学习策略和方法	0	0.00%
合计		121	100%

从表2来看，职前汉语教师关于语法教学的反思，与教师教学相关的占81.82%；涉及学生学习的，只有与学生语言水平相关的数量稍多一些，占11.57%，与学习需求、母语背景和情感相关的都很少，与学生学习策略和方法相关的则一例也没有。由此可见，职前汉语教师的语法教学反思主要围绕教师的教学，较少涉及学生学习。

值得注意的是，职前汉语教师的教学反思多为负面反思，即针对教学中存在的问题进行的反思。在教师反思的121条内容中，负面反思有85条，占70.25%。因此，我们可以根据各类反思内容在全部反思数量中的占比，考察职前汉语教师的语法教学主要在哪些方面存在欠缺。在全部反思内容中，排前三位的分别是教师话语、教学内容、教学行为有效性。具体来看，教师话语的主要反思点为语言难度过高、不简洁、不流畅、不自然（如"造句子"）、病句、话语量过多等。教学内容的主要反思点为：不清楚语法点讲解的侧重点、对语法点意义和用法的理解不够清晰准确、遗漏讲解内容、例句不够典型、不知道语法小结该总结哪些内容等。教学行为有效性的主要反思点为未能完全按教学设计实施教学、未能掌控课堂节奏、学生反馈不尽如人意（参与度低）、发挥得不如预期那么好、出现教学失误等。职前汉语教师的语法教学在上述3个方面存在的欠缺，反映了职前汉语教师所处职业发展阶段的特征，此外也与汉教硕士的生源和课程设置等因素有一定关系。首先，教学语言与日常交谈的语言存在较大区别，对于初登讲台的职前汉语教师来说，需要逐步摸索教学语言的特点和规律，学着更好地掌控自己的语言。其次，汉教硕士生源比较复杂，对于部分非汉语相关专业背景的学生来说，汉语本体知识掌握得不够充分，加之目前的课程设置中汉语语言学类课程的数量和课时都较少，使得职前汉语教师对教学语法知识的把握还存在一定欠缺。最后，职前汉语教师虽然已经学习了语法教学理论知识，但缺乏"实战"经验，难免生搬硬套教学理论知识，因而教学不能达到预期的效果。

关于教师教学的其他三类反思内容中，教学设计的主要反思点为：缺失教学环节（主要是缺失总结环节）、教学细节考虑不周。教学方法的主要反思点为导入方法不恰当、讲解不够清楚、多项练习的顺序安排不当、交际性活动组织得不理想。教学课件的主要反思点为未设计动画、素材不典型、未能突出重点。①

（二）职前汉语教师语法教学反思的层次

反思层次主要考察教师对语法教学关键事件的阐释水平。在关于反思层次的诸多研究中，VanManen（1977）的"三分法"影响最大，经常被用来作为评价教师反思水平的标准，其所划分的三种反思层次分别是：技术性反思、实践性反思和批判性反思。技术性反思的特点是脱离教学情境来考虑教学效果，教师主要考虑如何有效地讲授学科知识，如何更好地进行课堂管理，如何有序地开展教学活动等；实践性反思将师生关系和教学情境纳入反思的范围，教师能够从学生的角度看问题，并结合教学情境来考虑教学方法和教学效果；批判性反思开始关注道德与伦理标准，教师以开放的意识，将道德和伦理标准整合到对实践行为的反思中，并关注对学生发展有益的知识和社会环境价值（刘加霞、申继亮，2003；颜奕、罗少茜，2014）。

我们将职前汉语教师对语法教学关键事件的反思内容按层次进行了分类和统计。结果显示，职前汉语教师对语法教学的反思以技术性反思为主，共70条，占比为57.85%；其次为实践性反思，共51条，占比为42.15%；未见到批判性反思。

---

① 与学生学习相关的几个方面，反思内容具有较高的一致性，比如"语言水平"，对此进行反思的教师基本上都表示教学中未能考虑学习者的语言水平，故本文不再分析其具体的反思点。

1.技术性反思

关键事件（"连……也"句式讲解环节）：教师用PPT呈现讲解内容（"连……也"一般用在否定句中，表示强调或者隐含的比较），然后直接读了一遍PPT上的内容，并结合导出的例句进行讲解："像'她连头发也没梳就出去了'，强调的是'她没有梳头'，'他连老师的话也不听就出去了'，强调的是'他不听老师的话'"。

教师反思（T105）：这个"连……也"是很难讲的，主语在"连"之前和主语在"连"之后完全不一样，所以这个其实蛮难的。我们选择教主语放在"连"之前，"老师连这个……"，唉？但是……我们就在想怎么把它讲好，在想设计，对语法点本身没有做过多查找了解，没有看其他语法教学参考资料。

在这个教学片段中，教师未讲清楚"连……也"强调的是什么，并且讲解话语中出现了学生可能听不懂的生词（"隐含的比较"）。在反思时，教师只关注到语法教学方法的应用及对语法知识的把握，并未考虑学生的语言水平和接受情况，属于技术性反思。

2.实践性反思

关键事件（带结果补语的"把"字句练习环节）：教师的教学中出现一个例句"他把……哄开心了"。

教师反思（T204）："哄开心"可能是生词，应该"哄"这个词是比较难的。当初考虑这个例句趣味性大一些，让学生参与进去，而且有表演。如果学生就是不会说"哄"，我就会告诉学生：说好听的话、让她开心的话，这就是"哄"。

在这个反思案例中，教师注意到了教学中自己的行为和学生的反应，特别是能够从学生的角度看问题，考虑学生的接受程度和话语输出，属于实践性反思。

（三）职前汉语教师语法教学反思的特点

1.反思的自我倾向较强

从语法教学反思的内容来看，教师反思的大部分内容都指向教师自我，表明职前汉语教师更多关注的是自己的教学行为。这也反映了职前教师专业发展的阶段性特征。根据教师成长三阶段理论，职前教师处在"关注生存"阶段，此时教师的关注点为"如何能在教学中站住脚，顺利完成任务"（刘弘，2015）。当然，这也可能与本研究中的试讲并非真实的课堂教学有关，试讲时的教学对象为同班同学，而不是真正的留学生，因此教师在反思中更多关注自身的教学表现。

2.反思多关注教学存在的问题

通过录像观察我们发现，实际上教师的语法教学中不乏成功的教学设计和教学行为，但教师的反思还是更多关注教学中存在的问题，负面反思内容占大多数。这一结果与其他相关研究的结论相一致。刘弘（2015）对初任汉语教师关键事件的研究发现，教师报告的关键事件负面经历远多于正面经历；尤玉影（2017）发现"国际汉语教师教学反思的重点多放在教学效果不够好的地方"。

3.反思层次有待提升

从语法教学反思的层次来看，技术性反思在职前汉语教师的反思中数量最多，未出现批判性反思，表明职前汉语教师对教学的反思更多围绕如何有效运用所学语法知识和教学方法来开展教学，对教学情境、学生情况等因素的关注不够，反思层次有待提升。这也与其他研究结果相一致。韩刚、王蓉（2008）的研究显示，职前英语教师的反思普遍表现出"技术性反思"的特点，缺乏解决具体教学问题时对特定教学环境因素的直觉把握、对相关教学知识与经验的整合运用。刘弘（2012）也指出，对外汉语职前教师"有一定的反思批判精神，但是反思的深度比较浅"。

四、对职前汉语教师语法教学能力发展的启示

（一）优化语法教学相关的专业课程

职前汉语教师的语法教学知识主要来源于相关的专业课程。本研究的14位职前汉语教师中，有11人表示自己的语法教学主要受"汉语作为第二语言语法教学"课程的影响，且有5人明确表示该门课程对自己的影响最大。有的职前汉语教师说："老师的课都是留的小组讨论，所以讨论还是很有成效的，我觉得这种碰撞挺让我打开思路的。"还有的教师表示："最重要的是老师上课讲的内容。老师上课讲了语法教学的各个环节、各

个环节使用的方法，各个环节还会布置课堂练习，让我们分组讨论并展示。这次试讲相当于一个总结的作业。"

Z大学的"汉语作为第二语言语法教学"课程不仅系统讲授汉语语法教学的理论知识，而且课程中包含大量实践性环节，对语法教学各环节都安排了试讲训练，是一门理论与实践相结合的课程。本研究中，职前汉语教师针对教学设计、教学方法和教学课件等方面的反思内容数量较少，一定程度表明经过系统的课程学习，职前汉语教师基本掌握了语法教学的方法。

不过，我们的研究也发现相关专业课程仍存在需进一步优化之处。首先，在各类反思内容中，"教师话语"和"教学内容"排在前两位，结合教师反思中负面反思占绝大多数这一点来看，职前汉语教师对教师话语和语法教学内容的把握还存在一定欠缺，在相关课程的教学中应加强对教师话语和教学语法知识的教学。其次，"教师话语"和"教学内容"两类反思主要集中在语法讲解环节，在教师话语的29条反思中，有9条出现在讲解环节，占31.03%；在教学内容的25条反思中，有16条出现在讲解环节，占64%，表明职前汉语教师在讲解环节出现的问题还比较多，今后应加强对语法讲解策略的教学与实践。此外，"教学设计"的主要反思点为缺失教学环节，主要缺失的是总结环节，表明职前汉语教师对语法总结环节的关注程度存在明显不足，这是相关专业课程未来需要加强的一个方面。

（二）培养职前汉语教师的教学反思能力

职前阶段是教师专业生涯的起始时期，此时教师的教学理念和教学能力正在逐步形成。培养职前汉语教师的教学反思能力，增强反思意识，提高反思质量，对职前汉语教师教学能力的发展具有重要意义。教学反思需要专业引领，不仅要有教育理论层面的引领，还要有教学反思策略实践层面的指导（苗培周 等，2019）。

1.借助关键事件促进教师反思

关键事件作为一种结构性反思（structured reflection）的介质，在促进教师反思，转变教师的认知、行为、价值观，提升专业发展水平方面具有重要意义。关键事件能够给教师提供一个观察、反思教学行为的窗口和平台，让教师建构并分析关键事件，可以帮助他们进行有理有据的教学反思，是引导教师反思的重要方法之一（颜奕、罗少茜，2014；宋维玉、秦玉友，2016；程乐乐，2017）。教师教育者可通过创建关键事件的方法，引导职前汉语教师对汉语教学进行反思。就"汉语作为第二语言语法教学"这一课程而言，在语法教学试讲结束后，可先让职前汉语教师观看教学录像，进行教学反思，并以列出若干个关键事件的方式提交反思作业，然后再由教师对试讲进行点评，会更有助于职前汉语教师语法教学能力的提升。

2. 丰富反思内容，提高反思质量

我们的考察显示，职前汉语教师的教学反思自我倾向性明显，对学生和教学环境等其他教学因素的关注不够，且反思更多关注教学中存在的问题，对成功教学行为的关注不够。教师教育者应引导职前汉语教师对教学过程进行全面反思，既要关注教学的实施者 —— 教师，也要关注教学情境、学生等其他方面；既要对教学中出现的问题进行反思，也要对成功的教学设计和教学表现加以总结提炼，使之成为教师实践性知识的一部分。提高教师反思能力的具体途径有多种，包括教学日志（teaching journals）、利用案例（using cases）、通过自己的语言学习经历进行角色互换（language learning experience: role reversal）、录像带反观自我（video）、行动研究（action research）、同伴观摩（peer observation）、合作教学（team teaching）、教学档案袋（teaching portfolios）等（贝利 等，2004）。本研究显示，录像带反观自我、同伴观摩和合作教学有助于促进职前汉语教师的教学反思。教师教育者还可综合利用其他途径引导职前汉语教师进行反思。

3. 开展教学反思研究

孟春国（2011）将教师的教学反思大致分为两类：经验总结型和问题研究型。前者主要是分析总结教学得失，以调整、改进教学；后者主要是就反思出的教学问题开展研究，以加深对问题的认识和理解。两类教学反思代表了两种不同的反思水平。就目前职前汉语教师的教学反思来看，以经验总结型居多。问题研究意识对教师的专业发展非常重要，教师教育者可对职前汉语教师的教学反思做研究导向的引导，使职前汉语教师不仅能分析总结教学中的经验教训，还能基于反思中发现的问题开展一定的学术

研究。

五、结语

　　本文以职前汉语教师为研究对象，基于语法教学关键事件，对其语法教学反思情况进行考察，探究职前汉语教师已具备哪些语法教学知识，建立起哪些关于语法教学的意识，还缺乏哪些教学意识，为相关教师教育课程的进一步优化提供方向，并探讨职前汉语教师教学反思能力的培养。本研究虽然揭示了职前汉语教师语法教学反思的一些规律和特点，但也存在一些不足：职前汉语教师的教学为语法试讲（模拟教学），不是真实的汉语课堂教学，其反思情况与对真实课堂教学的反思存在一定差异；本次试讲作为"汉语作为第二语言语法教学"课程的作业，可能影响研究对象对教学反思内容的选择；由于时间及人力不足，未能对试讲组全体成员进行访谈，研究对象的数量较为有限，这些都可能在一定程度上限制研究结论的应用范围。今后可基于真实的汉语课堂教学进行研究，并将模拟教学的反思与真实课堂教学的反思进行对比，以发现更多的规律。此外，关键事件法是一种有效的质性资料收集方法，可为外语教师教育和研究提供一种新的探究方式（颜奕、罗少茜，2014），汉语教学领域可开展更多基于教学关键事件的研究。

参考文献：

贝利，柯蒂斯，纽南. 追求专业化发展：以自己为资源[M]. 北京：外语教学与研究出版社，2004.

程乐乐，2017. 论对外汉语课堂关键教学事件[J]. 云南师范大学学报（对外汉语教学与研究版），（6）：36-43.

范智慧，2015. 论反思型汉语教师及其能力的培养[D]. 济南：山东师范大学.

甘正东，2000. 反思性教学：外语教师自身发展的有效途径[J]. 外语界，（4）：12-16.

高翔，王蔷，2003. 反思性教学：促进外语教师自身发展的有效途径[J].

外语教学，（2）：87–90.

韩刚，王蓉，2008. 理解职前外语教师的"反思性实践"[J]. 外语教学理论与实践，（3）：82–87.

黄晓颖，2007. 论对外汉语教师反思能力的培养[J]. 云南师范大学学报（对外汉语教学与研究版），（4）：18–21.

刘弘，2012. 对外汉语职前教师课堂观察与分析能力研究[J]. 世界汉语教学，（3）：419–430.

刘弘，2015. 对外汉语初任教师实践能力发展影响因素研究[M]. 上海：上海世界图书出版公司.

刘加霞，申继亮，2003. 国外教学反思内涵研究述评[J]. 比较教育研究，（10）：30–34.

刘路，2017. 国际汉语教师教育课程与反思性教学能力的培养[J]. 教育与教学研究，（6）：69–73.

刘旭东，孟春国，2009. 英语教师教学反思及其影响因素的调查研究[J]. 中小学外语教学（中学篇），（12）：1–7.

鲁承发，李艳丽，2013. 反思性教学理论视野下的国际汉语教师培养模式解析[J]. 江汉大学学报（社会科学版），30（1）：71–73.

陆秀芬，2008. 关于推行反思性对外汉语教学的思考[J]. 云南师范大学学报（对外汉语教学与研究版），（1）：40–45.

孟春国，2011. 高校外语教师反思教学观念与行为研究[J]. 外语界，（4）：44–54.

苗培周，曹雪梅，耿会贤，2019. 师范生教学反思能力现状分析与培养策略探讨[J]. 教育理论与实践，（23）：33–35.

宋维玉，秦玉友，2016. 教师发展研究中关键事件的三重内涵[J]. 现代教育管理，（12）：40–45.

王添淼，2010. 成为反思性实践者：由《国际汉语教师标准》引发的思考[J]. 语言教学与研究，（2）：25–30.

徐子亮，2013. 国际汉语教师的教学能力培养：美国弗吉尼亚大学暑期项目教师培训的启发[M]//姜明宝. 汉语国际教育人才培养现状与对策. 北京：北京语言大学出版社.

薛笑丛，2000. 反思教学及其在外语教学中的应用[J]. 外语界，（4）：
　　17-19.

颜奕，罗少茜，2014. 高校外语教师反思性语言教学研究：一项关键事件
　　问卷调查[J]. 中国外语，（2）：4-9，38.

尤玉影，2017. 国际汉语教师教学反思研究[D]. 天津：天津师范大学.

曾宁波，2004. 论教师专业成长中的"关键事件"[J]. 现代教育科学，（8）：
　　17-21.

张昕，央青，2014. 国际汉语新手教师教学反思初探[M]//吴应辉. 汉语国
　　际传播研究. 北京：商务印书馆.

FARRELL T, 2007. Reflective language teaching from research to practice[M].
　　London: Continuum.

HO B, JACK C, RICHARDS, 1993. Reflective thinking through teacher journal
　　writing: Myths and realities[J]. Perspectives, 5 (2): 25-40.

VANMANEN M，1977. Linking ways of knowing with ways of being
　　practical[J]. Curriculum inquiry 6(3): 205-228.

WALLACE M, 1991. Training foreign language teachers: a reflective
　　approach[M]. Cambridge: Cambridge University Press.

（原载于《世界汉语教学》2021年第4期）

语言水平与汉语交际策略使用的相关性研究

王萍丽　江宇豪　李彦霖

摘要：本文以三组语言水平不同的汉语学习者为被试，通过一项限定主题的访谈任务收集语料，并对比语料中三组被试交际策略的使用量和使用倾向，发现：（1）随着语言水平的上升，学习者汉语交际策略的总使用量以及各小类交际策略（求助和回避除外）的使用量会降低。（2）初级学习者和高级学习者汉语交际策略的使用倾向较为相似。最后，本文讨论了以上发现对构建汉语交际策略能力标准的启示。

关键词：语言水平；汉语交际策略；交际策略能力标准

一、引言

使用交际策略是二语学习者目的语输出的显著特征之一。为了使听话者明晓其意，学习者常常采用一些策略去指称自己无法用目的语表达的事物（包括实体、事件、性质、关系等）[①]。如汉语学习者想要表达"甘蔗"，但又不知道用汉语怎么说，便通过描述甘蔗的味道、形状间接地进行指称（江亚静、王萍丽，2017），如下例划线部分所示：

作者简介：王萍丽，汉语言文字学博士，中央民族大学国际教育学院讲师、硕士研究生导师，主要研究方向为汉语二语习得研究；江宇豪，应用语言学博士，江西理工大学外国语学院讲师，主要研究方向为汉语二语习得研究、国际汉语教学；李彦霖，应用语言学硕士，清研讯科（北京）科技有限公司，主要研究方向为汉语二语习得研究。

① 实体、事件、性质、关系落实在语言上一般由名词、动词、形容词、虚词等指称。

①但是我听说了南方人喜欢吃<u>一个甜的</u>，但是不知道，呃，<u>长的</u>。

　　交际策略的使用与很多因素有关，与二语学习者的个体差异（individual difference）尤其相关（刘乃美，2007）。因此，语言水平作为重要的个体差异因素之一，在第二语言交际策略研究中备受关注（如Bialystok，1983；Bongaerts *et al.*，1987；等）。交际策略的使用可以从两个维度进行考察，即使用量和使用倾向。前者指的是学习者产出的交际策略的频率；后者指的是在必须使用交际策略的情境下，学习者更倾向于使用哪一类交际策略。现有的研究大多探索语言水平同交际策略使用倾向的关系，且有两种截然相反的发现：（1）语言水平会影响学习者交际策略的使用倾向。如Bialystok（1983）发现，随着语言水平的上升，学习者更倾向于使用接近于目的语的策略；（2）语言水平不会影响学习者交际策略的使用倾向。如Bongaerts *et al.*（1987）发现，无论学习者语言水平如何，都倾向于使用类比策略（analogical perspective strategies），而不是解释策略（literal perspective strategies）①。

　　上述研究偏好同样存在于汉语交际策略研究当中（梁云、史王鑫磊，2010；刘颂浩 等，2002；闫丽萍、雷晔，2011；章文君 等，2008），且研究发现也迥然相异。如刘颂浩等（2002）发现，学习者的语言水平越低，越倾向于使用减缩策略，而语言水平越高，越倾向于使用成就策略；但闫丽萍、雷晔（2011）则发现，在成就策略、减缩策略的使用上，低年级的学习者和高年级的学习者不存在显著差异。除此之外，这些研究还存在一些可以商榷的地方：

　　（1）其交际策略的分类框架存在一定的问题。该问题为原生性问题。这些研究都是以Færch和Kasper（1983）的交际策略分类框架为基础。但作为早期研究，Færch和Kasper的分类框架较为粗略，很多类别只具其名，不明其意。研究者们虽尽力对这一分类框架做了改进，但仍存在概念模糊的不足。

---

　　① Bongaerts *et al.*（1987）一文的类比策略相当于本研究中的近似策略，而其解释策略相当于本研究中的迂回策略。

（2）其研究方法还存在可以改进的地方。交际策略研究常使用的研究方法是语料分析法和问卷调查法。前者通过学习者的外在语言表现来观察其策略行为，后者则通过学习者内省式的反思来判定其策略行为。我们认为前者更为合理，因为其更客观，是对学习者策略行为的直接观察。在以上研究中，只有刘颂浩等（2002）的研究使用了语料分析法，其他研究使用的均为问卷调查法。但刘颂浩等（2002）的语料收集方式也可再完善：首先，其数据收集方式是图片描述任务，是单向的表达演示活动（presentational mode），并不是交际活动中最为常见的双向互动活动（interpersonal mode）[①]；其次，其语料收集是在口语测试中进行的，没有考虑被试的焦虑情绪，言语产出的自然性因此有一定的欠缺。

尽管这些研究存在一定的问题，但作为汉语交际策略研究的拓荒之作，其理论意义重大，也让我们深思：要探究语言水平对汉语交际策略使用的影响，我们应该何去何从？笔者认为，我们应该做到以下3点：（1）确立合适的汉语交际策略分类框架；（2）确立合适的研究方法；（3）合理分析语言水平同汉语交际策略使用的关系。因此，本文以Tarone和Swierzbin（2009）的交际策略分类框架为基础，通过一项限定主题的访谈任务收集语料，通过对比任务中初、中、高三组汉语学习者交际策略的使用量和使用倾向，发现语言水平是否对学习者汉语交际策略的使用产生影响，且产生什么样的影响。最后，笔者讨论该研究对构建汉语交际策略能力标准的启示。具体研究问题有二：

（1）语言水平是否对学习者汉语交际策略的使用量产生影响？如果有，是何种影响？

（2）语言水平是否对学习者汉语交际策略的使用倾向产生影响？如果有，是何种影响？

---

① 《21世纪外语学习标准》认为，交际活动可以分为三种，除了上述两种活动外，还有理解诠释型活动（interpretive mode）（罗青松，2006；王若江，2006）。

二、研究方法

（一）研究对象

本文的研究对象是中央民族大学国际教育学院的外国留学生。研究者采取便利抽样的方式，选定了18名外国留学生作为被试。其中初级组6人，中级组6人，高级组6人，女性11人，男性7人。他们来自不同的国家，母语各异。年龄在18—40岁。汉语水平的认定主要是基于该学院对语言生的分班测试结果，分为初级水平和中级水平。初级水平相当于HSK考试的4级，中级水平相当于HSK考试的5—6级。而高级组被试是该学院的在读外籍硕士或者博士研究生，其水平在HSK6级以上。

（二）数据收集方式

本文通过语料分析法考察学习者汉语交际策略的使用情况。我们设计了一项限定主题的访谈（topic-specific interview）任务收集语料。该任务兼具自然语料（naturalistic data）和引发性语料（prompted production）（Gass & Mackey，2007）的优点，既有自然性，又有针对性。其主要形式是一位汉语母语者①（即研究者）通过询问被试（即汉语学习者）一些问题，让其回答，并展开追问，从而展开口语互动。如汉语母语者L和被试K的会话片段所示：

会话片段1

L：你的家乡有什么特产？

K：特产，是我们的马。他们是很久，只有我们国家有这样的马。很漂亮。

L：它跟别的马有什么不一样？

K：他们是MIX。

L：啊，我知道了。

K：嗯，还有他们的头发，哈哈，可以说头发吗？

L：毛。可以说毛。

---

① 共有2位汉语母语者参与了语料收集，L访谈了12名汉语学习者，J访谈了6名汉语学习者。

K：毛很漂亮，比别的健康。

L询问K她的家乡有何特产，K回答后，L根据实际语境进行追问，形成一个完整的会话片段。

该任务共有19个问题，其中9个难度较高（如"你的家乡有什么特产？"），10个难度较低（如"你家乡的天气怎么样？"）。难度较高的问题促使被试使用交际策略。难度较低的问题用来缓和被试实时的口语输出压力，使他们的表达更加真实、自然。这样的语料收集方式与刘颂浩等（2002）的研究相比，除了保持针对性的特点外，也注重语言的互动性和自然性。

最后，所有访谈任务的录音被转写成文字，共计53421字。在删除汉语母语者的语料后，初级、中级、高级三组被试的口语输出语料分别为9297字、8804字和11807字，共计29908字。

（三）数据分析方式

1.交际策略的分类框架

交际策略研究的分类框架众多（参看王立非，2000；Dörnyei & Scott，1997）。本文采取Tarone和Swierzbin（2009）的交际策略分类框架。其将交际策略分为五类，即：

　　a.转述（paraphrase）

　　　a1.近似（approximation）

　　　a2.生造词（word coinage）

　　　a3.迂回（circumlocution）

　　b.借用（borrowing）

　　c.求助（appeal for assistance）

　　d.模仿（mime）

　　e.回避（avoidance）

与Færch和Kasper（1983）的分类框架相比，其具有以下优点：（1）概念清楚，在语料中容易辨认，操作性强。（2）更接近《欧洲语言共同参考框架》（欧洲理事会文化合作教育委员会，2008）中关于口语交际策略能力标准的界定，对汉语交际策略能力标准的构建更具有借鉴作用。

各类交际策略举例如下：

a. 转述：

a1. 近似 —— 学习者用指称相近事物的词语指称另一事物。如下例：

②K：嗯，还有他们的<u>头发</u>……

K 想要指称"（动物的）毛"，但不知道汉语怎么说，便用相近的词语"头发"指称。

a2. 生造词 —— 学习者自造一个接近目的语的新词语来指称某一事物。如下例：

③LD：我的老家没有，别的地方不知道。那，嗯，别的东西。<u>龙水果</u>。

LD 本想指称"火龙果"，但不知道汉语怎么说，便根据英文"dragon fruit"直接翻译，生造一词 —— "龙水果"。

a3. 迂回 —— 学习者通过描述某一事物的特征指称该事物。如下例：

④LM：然后再加红萝卜、胡萝卜。然后加一点点水，最后边加米饭，大概四十分钟。我不知道怎么说，<u>不是烤，盖子盖上</u>。

LM 不知道怎么说"焖"这个动作，通过描述其特征来进行指称。

b. 借用 —— 学习者用非目的语（母语或者会话双方都知晓的第三种语言）指称某一事物。如下例：

⑤LD：嗯，他的武术，嗯，很特别厉害。因为我觉得他是 <u>Professional</u>。

LD 使用他的母语（英语）professional 来指称"专业"这一性质。

c. 求助 —— 学习者向听话者或者电子设备等求助以获得相关的目的语知识。如下例：

⑥LM：因为你工作的时候，不睡觉，因为坐飞机。怎么说，你的工作早上或者晚上，不，on the way，<u>怎么说，时间改变</u>。

LM不知道如何用汉语指称"时差"，因此向听话者求助。

d. 模仿——学习者采用表情、动作等身体语言（body language）来指称某一事物。如下例：

⑦F：有这样的感觉（<u>动作</u>）。

F通过摩挲手臂表示夏天上海湿热的天气让皮肤觉得"黏糊糊"。

e. 回避——学习者用"我不知道"等方式中断自己的表达计划。如下例：

⑧K：因为他给了我们国家独立。因为他，我们成为独立的国家，还有发展了我们的经济。还有，<u>不知道</u>。

K想要表达自己对该国总统的观点，但最后用"不知道"表示放弃。

2. 数据分析步骤

本文的数据分析分为以下步骤：

（1）分别统计每位被试口语输出语料中交际策略的总使用量以及各小类交际策略的使用量。在统计使用量时，我们区分了两个参数，即频次和标准化频次。频次，即语料中某种交际策略出现的实际次数。标准化频次，即语料中平均每100词中交际策略出现的次数。比方说，初级组被试1口语输出语料（词量为343）中交际策略总共出现了23次，那么其交际策略的总频次和总标准化频次分别为23以及$23 \div 343 \times 100 \approx 6.71$，即每100词6.71次。我们在讨论使用量时，主要采用的是标准化频次。之所以如此，是因为每位被试的语料产出量并不相同，因此用标准化频次才具有可比性。最后，在统计每一位被试口语输出语料的词量时，使用的是词的类符（type）①数，因其更能反映被试的词汇量。类符数的提取使用的是国家语委现代汉语语料库的在线分词软件，并进行了人工校对。

（2）用SPSS进行组间的差异性检验，发现三组被试交际策略的总使用量、各小类交际策略的使用量是否有显著差异，从而发现语言水平是否对学习者汉语交际策略的使用量产生影响。

（3）分别统计每位被试口语输出语料中各小类交际策略的频次占总频次的百分比。比方说，初级组被试1共使用交际策略23次，其中转述10次，占43.48%；借用4次，占17.39%；求助5次，占21.74%；模仿3次，占13.04%；回避1次，占4.35%；然后，用SPSS进行组内的差异性检验，发现每一组被试各小类交际策略的百分比是否有显著差异，从而发现该组被试交际策略的使用倾向。最后，对比三组被试交际策略的使用倾向，发现语言水平是否对学习者汉语交际策略的使用倾向产生影响。

最后，考虑到样本数量，本研究使用的是SPSS的非参数检验。

三、研究结果

（一）三组被试汉语交际策略的总使用量

表1为三组被试交际策略总标准化频次的均值和标准差。

表 1　三组被试交际策略总标准化频次的相关数据

组别	均值	标准差
初级组	8.17	2.82
中级组	3.65	1.38
高级组	1.89	1.32

从表1可知，初级组、中级组、高级组交际策略总标准化频次的均值

---

① 类符是语料库语言学的术语，和形符（token）相对。所谓形符，就是日常所说的"词"（如一篇300词的作文）。但是在文本中有些词会重复出现。这样重复出现的词，被称为类符。如"我喜欢你喜欢我"中，有5个形符，即"我""喜欢""你""喜欢""我"，但只有3个类符，即"我""喜欢""你"。

分别为8.17（标准差＝2.82）、3.65（标准差＝1.38）、1.89（标准差＝1.32）。

Kruskal-Wallis检验结果显示：Chi-Square＝13.345，dF＝2，P＝0.001＜0.05，这说明三组被试交际策略的总标准化频次有显著差异。Mann-Whitney 检验结果显示：初级组和中级组交际策略的总标准化频次有显著差异（Z＝–2.882，P＝0.004＜0.05）；中级组和高级组交际策略的总标准化频次有显著差异（Z＝–2.082，P＝0.037＜0.05）；初级组和高级组交际策略的总标准化频次有显著差异（Z＝–2.882，P＝0.004＜0.05）。再对比三组被试交际策略总标准化频次的均值，我们可以说：初级组、中级组、高级组交际策略的总使用量呈现出阶梯状的下降趋势。

（二）三组被试各小类交际策略的使用量

表2为三组被试各小类交际策略标准化频次的均值和标准差。具体数据不再赘述。

表 2　三组被试各小类交际策略标准化频次的相关数据

组别	转述		借用		求助		模仿		回避	
	均值	标准差	均值	标准差	均值	标准差	均值	标准差	均值	标准差
初级组	2.55	1.03	2.91	2.93	1.38	0.73	0.66	0.60	0.66	0.49
中级组	1.30	1.11	1.10	0.90	0.67	0.71	0.50	0.98	0.09	0.22
高级组	0.93	0.55	0.49	0.63	0.23	0.20	0	0	0.23	0.31

Kruskal-Wallis检验结果显示：三组被试转述（Chi-Square＝7.490，dF＝2，P＝0.024＜0.05）、借用（Chi-Square＝6.354，dF＝2，P＝0.042＜0.05）、模仿（Chi-Square＝7.006，dF＝2，P＝0.030＜0.05）、回避（Chi-Square＝6.047，dF＝2，P＝0.049＜0.05）的标准化频次有显著差异。

Mann-Whitney 检验结果显示（具体数据见表3）：就转述、借用、模仿的标准化频次来讲，初级组和中级组无显著差异（P值均大于0.05）；中级组和高级组无显著差异（P值均大于0.05）；但初级组和高级组有显著差异（P值均小于0.05）。再对比三组被试这三类交际策略标准化频次的均值，我们可以说：总体来讲，从初级组到中级组、高级组，三组被试转述、借用、模仿的使用量呈下降趋势。就回避的标准化频次来讲，初级组和中级组有显著差异（P值小于0.05）；中级组和高级组无显著差异（P值大于0.05）；初级组和高级组无显著差异（P值大于0.05）。我们可以说，三组被试回避使用量的变化趋势尚不明晰。

表3　各小类交际策略标准化频次的Mann-Whitney检验数据

对比组	转述		借用		模仿		回避	
	Z	P	Z	P	Z	P	Z	P
初级组 vs 中级组	−1.922	0.055	−1.922	0.055	−1.162	0.245	−2.308	0.021
中级组 vs 高级组	−0.080	0.936	−1.290	0.197	−1.477	0.140	−1.048	0.295
初级组 vs 高级组	−2.722	0.006	−2.096	0.036	−2.678	0.007	−1.549	0.121

最后，Kruskal-Wallis检验结果显示：三组被试求助（Chi-Square = 5.302，dF = 2，P = 0.071 > 0.05）的标准化频次无显著差异。这说明，三组被试求助的使用量没有变化。

（三）三组被试汉语交际策略的使用倾向

表4为三组被试各小类交际策略的频次占总频次的百分比数据。均值和标准差数值不再赘述。

表4　三组被试各小类交际策略的频次占总频次的百分比数据

组别	转述		借用		求助		模仿		回避	
	均值	标准差	均值	标准差	均值	标准差	均值	标准差	均值	标准差
初级组	32.41	11.35	31.26	21.13	17.08	10.00	9.81	11.17	9.44	7.02
中级组	41.21	34.87	28.64	14.27	17.06	16.90	10.72	20.08	2.38	5.83
高级组	44.19	25.53	18.25	20.30	11.18	9.81	0.00	0.00	9.71	15.55

Friedman检验结果显示：初级组各小类交际策略的百分比有显著差异（Chi-Square = 12.410，dF =2，P = 0.015 < 0.05）。Wilcoxon检验结果显示：五类交际策略的百分比两两对比，转述和求助有显著差异（Z = −2.023，

$P = 0.043 < 0.05$）；转述和模仿有显著差异（$Z = -2.023$，$P = 0.043 < 0.05$）；转述和回避有显著差异（$Z = -2.201$，$P = 0.028 < 0.05$）。再对比初级组转述与上述三类交际策略百分比的均值，我们可以说：初级组被试更倾向于使用转述。此外，虽然转述和借用的百分比无显著差异（$Z = -0.314$，$P = 0.753 > 0.05$），但借用和求助、模仿、回避的百分比也无显著差异（具体数据不再赘述）。我们仍可认为，从整体上讲，初级组被试更倾向于使用转述。

Friedman 检验结果显示：中级组各小类交际策略的百分比有显著差异（Chi-Square = 9.704，dF = 4，$P = 0.046 < 0.05$）。Wilcoxon 检验结果显示：五类交际策略的百分比两两对比，转述和回避有显著差异（$Z = -1.992$，$P = 0.046 < 0.05$）；但转述和求助、模仿无显著差异（具体数据不再赘述）。此外，虽然转述和借用的百分比无显著差异（$Z = -0.674$，$P = 0.500 > 0.05$），但借用和回避的百分比有显著差异（$Z = -2.207$，$P = 0.027 < 0.05$），借用和求助、模仿的百分比无显著差异（具体数据不再赘述）。这说明，中级组被试交际策略的使用倾向尚不明晰。

Friedman 检验结果显示：高级组各小类交际策略的百分比有显著差异（Chi-Square = 13.378，dF = 4，$P = 0.010 < 0.05$）。Wilcoxon 检验结果显示：五类交际策略的百分比两两对比，转述和求助有显著差异（$Z = -2.032$，$P = 0.042 < 0.05$）；转述和模仿有显著差异（$Z = -2.023$，$P = 0.043 < 0.05$）；转述和回避有显著差异（$Z = -2.023$，$P = 0.043 < 0.05$）。再对比高级组转述与上述三类交际策略百分比的均值，我们可以说：高级组被试更倾向于使用转述。此外，虽然转述和借用的百分比无显著差异（$Z = -1.753$，$P = 0.080 > 0.05$），但借用和求助、模仿、回避的百分比也无显著差异（具体数据不再赘述）。我们仍可认为，从整体上讲，高级组被试更倾向于使用转述。

综上所述，我们可以说：初级组和高级组交际策略的使用倾向较为相似，表现在两组被试都倾向于使用转述。但中级组交际策略的使用倾向仍需进一步探索。

四、小结

通过以上研究结果，鉴于样本（samples）与整体（population）的关系，我们可以得出初步的结论：语言水平对学习者汉语交际策略使用的某些方面产生影响，但对某些方面没有影响。具体而言：

（1）随着语言水平的上升，学习者汉语交际策略的总使用量以及转述、借用、模仿的使用量会降低。这与学习者目的语知识的增长有密切联系。语言水平越高，学习者目的语知识越丰富，表达更准确，因此交际策略的使用量会降低。

（2）语言水平不会对求助的使用量产生影响，但其背后原因仍需探索。

（3）初级学习者和高级学习者汉语交际策略的使用倾向较为相似，且更倾向于使用转述。这可能与语言合作原则（Grice，1975）中的方式原则有关。方式原则要求之一就是说话者要避免晦涩（avoid obscurity）。转述是典型的目的语策略，相较于其他类别的交际策略更有助于听话者理解，因此学习者更倾向于使用这一类策略。

但是，我们应该承认，以上研究结果尚不能揭示语言水平是否对回避的使用量有影响，也不能揭示中级学习者汉语交际策略的使用倾向。

五、研究启示

那么，这样的结论对我们有何启示呢？我们主要谈一谈其对汉语交际策略能力标准构建的启示。

国外关于语言水平之于交际策略使用的探讨直接推动了交际策略能力标准的建立。一些权威的外语能力标准，如《21世纪外语学习标准》《欧洲语言共同参考框架》《加拿大语言能力标准》对不同等级的学习者应具备的交际策略能力进行了描述，尤以《欧洲语言共同参考框架》（简称为《欧框》）最为详备。首先，其将语言交际活动分为四大类：输出活动、输入活动、互动活动、中介活动。然后，根据口语和书面两种交际模式将四大类活动分为八小类。最后，具体探讨在每一小类语言交际活动中学习者应该

会使用的交际策略。每一小类语言交际活动又因学习者语言水平（分为A1
级/入门级、A2级/初级、B1级/中级、B2级/中高级、C1级/高级、C2级/
精通级六个等级）的不同而涵盖不同的策略项目。我们看一下其口语输出
活动（也是口语互动活动的一部分）的交际策略能力标准（见表5）：

表 5 《欧洲语言共同参考框架》中口语输出/互动活动的交际策略能力标准

语言等级	具体描述	交际策略类别
C2	能巧妙地用意义相当的词替代自己忽然忘掉的词，而他人几乎毫无觉察	转述－近似
C1	同B2	转述－迂回
B2	能用解释性语句或意译的方式掩饰用词和句法的疏漏	转述－迂回
B1	能对一时忘了名字的具体事物进行准确定义	转述－迂回
	能用近义词表达另一个词的意思，如用"运输旅客的卡车"来指称"公共汽车"	转述－近似
	能用简单的、意义相近的词指代所要表达的概念，进而得到他人的"修正"	转述－近似
	能将母语的一个词进行外语化并询问他人是否理解了这个词的含义	借用
A2	能使用自己的词语储备中的一个不合适的词语，并通过做手势使他人理解其含义 能借助手指确认自己想要的东西（例如"劳驾，我想要这个"）	模仿
A1	暂无具体表达	无

可以看出：在初级水平A2，《欧框》要求学习者会使用模仿；而在
中级水平B1，要求学习者会使用借用和转述（迂回＋近似）；在中级水
平B2至精通级C2，要求学习者会使用转述（迂回＋近似）。总的来说：
（1）随着学习者语言水平的上升，其要求学习者使用的交际策略类别并
不相同。在初级水平，其要求学习者使用非语言类策略，即模仿。而中
级以上水平要求学习者使用语言类策略的不同类别。（2）不要求学习者

使用回避策略。

　　相比之下，汉语交际策略能力标准仍然非常稚嫩，只有《国际汉语能力标准》（国家汉办，2007）提及的片言只语。《国际汉语能力标准》将语言活动也分为输出活动、输入活动、互动活动、中介活动，并区分口语和书面两种交际模式。其将语言水平分为5级，但并没说明这5个级别分别对应初级、中级（中高级）、高级（精通级）中哪个等级（徐海冰、程燕，2011）。在总体能力、口语输出/互动活动的能力标准中，《国际汉语能力标准》提到了交际策略。

　　在汉语总体能力描述中，关于交际策略（粗体显示），其提到：

　　一级 **借助肢体语言或者其他手段的帮助**，能用非常有限的简单词汇介绍自己或与他人沟通。（模仿、求助）

　　二级 有时需**借助肢体语言或其他手段的帮助**。（模仿、求助）

　　三级 无。

　　四级 **会使用基本的交际策略**。

　　五级 **能使用多种交际策略**较自如地参与多种话题。

　　在口语输出活动的能力描述中，关于交际策略（粗体显示），其提到：

　　一级 经常停顿且**依赖肢体语言**。（模仿）

　　二级 有停顿且**依赖肢体语言**。（模仿）

　　三级 有时**借助手势或者相关辅导材料**。（模仿、求助）

　　四级 无。

　　五级 无。

　　在口语互动活动的能力描述中，关于交际策略（粗体显示），其提到：

　　一级 话语中可能**夹杂母语**，或**借助肢体语言**表达自己的意思。（借用、模仿）

　　二级 无。

　　三级 无。

　　四级 **能使用基本的交际策略**就这些话题与他人进行交流。

　　五级 无。

　　可以看出，与《欧框》相比，《国际汉语能力标准》对汉语交际策略能力标准的描述有以下特点：

（1）其也不要求学习者使用回避策略。

（2）但其描述的交际策略项目较少，只有模仿、求助、借用3种。有时只提到了使用交际策略，但并未提到是什么样的交际策略。

那么，本文的结论如何应用到汉语交际策略能力标准的构建当中？我们有以下观点：

（1）既然随着语言水平的上升，学习者汉语交际策略的总使用量会降低，**因此语言水平更高的学习者口语输出/互动活动中的交际策略总使用量应该降低。**这一点必须在汉语交际策略能力标准中有所体现。这种观点在《国际汉语能力标准》中已有萌芽，如在口语输出活动关于交际策略的描述中，其用"经常""有时"等频率副词表示交际策略的使用量。

（2）虽然本研究没有完全揭示语言水平对学习者汉语交际策略使用倾向的影响，但是我们看到，每个水平的学习者绝非像《欧框》和《国际汉语能力标准》所要求的那样只会使用某一类或几类策略，而是会使用所有类别的交际策略。因此，我们认为，Tarone和Swierzbin（2009）分类框架中的交际策略，**不同语言水平的汉语学习者应该都会使用，且在初级和高级阶段，转述的比重更高。**

当然，如何将上述观点落实到汉语交际策略能力的描述当中，以及是否要分成一级至五级，我们仍需斟酌。此外，是否像《欧框》那样将回避排除在交际策略能力之外也需探讨。最后，我们也深知，本文的研究结论还需通过更多类似研究得以证实。后续研究也应探究中级学习者汉语交际策略的使用倾向，以及入门级学习者汉语交际策略的使用情况。而在汉语交际策略研究方面，仍有不少问题值得我们探索。比方说，影响汉语交际策略使用的其他因素、汉语交际策略能力标准构建、汉语交际策略能力与交际能力（Canale & Swain, 1980）其他组成部分（语言学能力、社会语言学能力、语篇能力）的关系等。我们也希望本研究以萤烛之光，引起更多学者对汉语交际策略、汉语交际策略能力标准构建，乃至汉语交际策略教学等一系列问题的重视。唯有如此，我们才能构建汉语交际策略能力的合理标准，并且进行完整有效的汉语交际策略教学。

参考文献：

国家汉办，2007. 国际汉语能力标准[M]. 北京：外语教学与研究出版社.

江亚静，王萍丽，2017. 中级汉语学习者交际策略的分类及分布研究[J]. 汉语国际传播研究，（1）：77–85.

梁云，史王鑫磊，2010. 新疆少数民族理科生汉语交际策略研究：以新疆师范大学理科实验班为例[J]. 新疆师范大学学报（哲学社会科学版），（4）：97–101.

刘乃美，2007. 交际策略研究三十年：回顾与展望[J]. 中国外语，（5）：81–87.

刘颂浩，钱旭菁，汪燕，2002. 交际策略与口语测试[J]. 世界汉语教学，（2）：93–102.

罗青松，2006. 美国《21世纪外语学习标准》评析：兼谈《全美中小学中文学习目标》的作用与影响[J]. 世界汉语教学，（1）：127–135.

欧洲理事会文化合作教育委员会，2008. 欧洲语言共同参考框架：学习、教学、评估[M]. 北京：外语教学与研究出版社.

王立非，2000. 国外第二语言习得交际策略研究述评[J]. 外语教学与研究，（2）：124–131.

王若江，2006. 关于美国AP汉语与文化课程中三种交际模式的思考[J]. 语言文字应用，（1）：45–50.

徐海冰，程燕，2011.《国际汉语能力标准》中值得商榷的地方：兼与《欧洲语言共同参考框架：学习、教学、评估》比较[J]. 广东海洋大学学报，（5）：91–95.

闫丽萍，雷晔，2011. 汉语口语交际策略使用的差异性研究：以吉尔吉斯斯坦奥什国立大学汉语学习者为例[J]. 新疆师范大学学报（哲学社会科学版），32（4）：78–85.

章文君，梁丽，陈新芳，2008. 外国留学生汉语口语交际策略调查[J]. 金华职业技术学院学报，（2）：34–38.

BIALYSTOK E, 1983. Some factors in the selection and implementation of communication strategies[M]// FÆRCH C, KASPER G, Strategies in Interlanguage Communications. Harlow: Longman.

BONGAERTS T, KELLERMAN E, BENTLAGE A, 1987. Perspective and proficiency in L2 referential communication[J]. Studies in second language acquisition, 9(2).

CANALE, M, SWAIN M, 1980. Theoretical bases of communicative approach to second language teaching and testing[J]. Applied linguistics, 1(1).

DÖRNYEI Z, SCOTT M L, 1997. Commutation strategies in a second language: definitions and taxonomies [J]. Languagelearning, 47(1).

FÆRCH C, KASPER G, 1983. Plans and strategies in foreign language communication[M]// Strategies in interlanguage communication. Harlow: Longman.

GASS S, MACKEY A, 2007. Data elicitation for second and foreign language researches [M]. Mahwah: Lawrence Erlbaum Associates.

GRICE H P, 1975. Logic and conversation[M]// Cole P, Morgan J, Syntax and semantics. New York: Academic Press.

TARONE E, SWIERZBIN B, 2009. Exploring learner language[M]. Oxford: Oxford University Press.

（原载于《华文教学与研究》2021年第2期）

国际汉语教学用基本层次范畴词库建设研究

杨吉春　宋飞　史翠玲

摘要：针对国际汉语词汇教学和现代汉语词汇的特点，基于认知语言学中的基本层次范畴是易于被感知、被掌握的范畴等级，提出了高度完形标准，并对《现代汉语分类词典》中的 82,178 个词条进行逐一标注分析，提取出 2,955 个基层词，便于国际汉语词汇教学借鉴使用。

关键词：国际汉语教学；高度完形；基层词汇

一、研制基本层次范畴词库的缘起

在国际汉语教学中，语音、词汇、语义、语法等不同层面的要素哪个处于教学的中心位置？ 李如龙、杨吉春在《对外汉语教学应以词汇教学为中心》一文中，结合汉语词汇自身的特点、国际汉语教学的目的、汉语言学理论及语言教学理论，对词汇教学在国际汉语教学中所处的核心地位进行了详细阐述[1]。该文主要从词汇教学与语音、语法、语义等要素教学关系的角度进行论述，属于词汇的外部问题。就词汇系统内部而言，专家学者习惯把词汇分为基本词汇和一般词汇两大范畴，认为基本词汇是词汇教学中的重点。由于基本词汇是一个内涵不清、外延不明，而且缺乏现实

作者简介：杨吉春，文学博士，中央民族大学文学院教授、博士研究生导师，主要研究方向为汉语言文字学；宋飞，文学博士，北京第二外国语学院汉语学院副教授，主要研究方向为语言学及应用语言学；史翠玲，文学博士，安阳师范学院文学院讲师，主要研究方向为汉语言文字学。

基金项目：国家社会科学基金项目"国际汉语教学中的基本层次范畴词库建设研究"（11BYY046）。

基础的概念，因而人们很难确定和提取。据考察，已出版的现代汉语教材、语言学概论和汉语词汇学著作在谈及基本词汇时均为主观性地列举一些例词而已。之所以会出现这种情况，主要是因为人们难以依据基本词汇的三大性质（普遍性、稳固性、能产性）对其进行全面而系统的提取。因此，国际汉语词汇教学应以基本词汇教学为主的想法也就成了一句空话。那么，在国际汉语词汇教学中，应先教先学什么样的词汇呢？

　　杨吉春还从认知的角度，对"应将常用基本层次范畴词汇教学作为国际汉语词汇教学中心"这一观点进行了阐释和论述。她认为，基层词汇与基本词汇是两个完全不同的概念。基层词汇是表达基本层次范畴的词汇。基本层次范畴是易于被感知、被掌握的范畴等级，是人们认知的结果。基层词汇不像基本词汇那样，是人为地硬从词汇成员中划分出来的，其特点是在问卷调查的基础上总结出来的，而不是人为规定的。因为基本层次范畴是确定的，所以与其相匹配的基层词汇也应该是明确的[2]。

　　应国际汉语教学一线的需求，国家汉语水平考试委员会办公室、北京语言大学汉语水平考试中心和孔子学院总部（国家汉办）、教育部社科司先后发布了《汉语水平词汇与汉字等级大纲》（1992年）和《汉语国际教育用音节汉字词汇等级划分》（2010年）两个规范文件。虽然这两个文件中的词汇等级大纲对国际汉语教学中的教材编写和词汇教学发挥了重要的指导作用，但也存在一些不足之处，比如它们均以词频作为划分词汇教学等级的标准，存在部分抽象性词语因使用频率高于具体性词语而被编排在初级或中级阶段的现象。以《汉语国际教育用音节汉字词汇等级划分》为例，其"词汇等级划分"根据词频将所收词语分为普及化等级词汇（2,245个）、中级词汇（3,211个）、高级词汇（4,175个）和高级"附录"词汇（1,461个），分别对应于一级、二级和三级[3]，各等级内部所收词语按照音序而非词频排列，同音字按照笔画数排列。按照音序来呈现词汇顺序，虽然操作、查检方便，但却存在一些问题：第一，不符合人类认识事物从具体到抽象的认知规律，影响教学效果；第二，不利于教材编写者选择与编排具体教学词汇。因此，我们认为，词表在考虑词频的基础上，不应该按照音序排列，而应该考虑词汇在认知方面的义类层级关系，将基本层次范畴词汇和词频结合起来进行分级。

二、基层词库建设的理论依据

基本层次范畴理论源于罗杰·布朗的《人们将怎样称呼一个事物》（*How Shall a Thing Be Called*）。[4]111 他认为，现实世界包含了许多客观事物，而人们往往将对这些事物的感知和观察结果进行一种范畴化处理，从而形成一个多层次、多成员的范畴系统，使世界上的诸多事物各归其类。文章指出："事物在不同的抽象层次上有不同的名称。但是，只有一个抽象层次上的名称是人们经常使用的。"[4]罗施和梅尔维斯把范畴分为三个主要层次：上义层次（如"家具"）、基本层次（如"椅子"）和下义层次（如"餐椅"）。他们认为，范畴结构中各层级所具有的信息量和实用性是不同的，因此地位并不相同。在建立范畴的过程中，有一个层次在认知上和语言上比其他层次更加显著，即"基本层次"，表达这个基本层次范畴的词就是"基本层次词"。[5]136心理学家、人类学家和语言学家的研究成果也表明："范畴的基本层次依赖于人类最基本的感知能力，不能太抽象，也不能太具体，可向上或向下不断扩展。"[5]137例如，"鸡""狗"属于基本层次，人们区分鸡与狗比区分不同品种的鸡或不同品种的狗容易得多，因为不同品种的鸡（如"珍珠鸡"）或不同品种的狗（如"牧羊犬"）太具体；鸡或狗的上义层次"动物"又太抽象，在人们的头脑中缺乏视觉原型。人类习得语言词汇是从基本层次词汇入手的，并且以常用基层词汇为中心，向上不断扩展到更加抽象的词汇，向下不断扩展到更加具体的词汇，平行层面上不断延伸到不常用基层词汇，这就形成了以习得常用基层词汇为中心的词汇网络结构。因此，在国际汉语词汇教学中，我们也应以常用基层词汇教学为中心，构建出逐层向外扩展的词汇网络。那么，我们应该从何处入手提取基本层次词并研制基层词汇表呢？

现代语言学鼻祖索绪尔认为，语言是一种音义结合的符号系统，其中每个词均包括能指和所指。能指指音响形象，所指是由系统规定的概念；两者结合构成的整体叫符号。[6]102通俗解释，能指是指语言形式，口头语言中的形式都说成语音；所指就是概念，相当于现在大家所说的内容，或者叫语义。那么，任何一种语言中的任何一个词都由形式和内容构成，即词音和词义。词义包括词汇意义、语法意义和附加意义，词汇意义是源于人脑对客观事物、现象和关系的反映所形成的概念，它取决于一事物区别于另一事物的主要区别性特征。这样形成的词语，能让人们准确地认识世界上的万事万物。词汇是一套符号系统，包括四大系统：形式系统、内容系统、结构系统和功能系统。[7]

　　直接与本文现代汉语基本层次范畴词的词库建设相关的系统是内容系统，即词汇意义系统。根据词语意义特点和相互间的意义关系而形成各种聚合。词汇意义关系是指语义场中常见的属种关系、部分整体关系、同义关系、反义关系、类义关系、同位关系、交叉关系等各式各样不同的层级关系。以上诸多类型的语义关系再根据意义的同类关系形成更大的类义聚合。类义聚合再根据意义概括的类别的不同、范围的大小而分类、逐层排列起来，形成现代汉语词汇意义系统横向和纵向结合起来的类—层结构。苏新春主编的《现代汉语分类词典》（商务印书馆，2013，下称《分类词典》）即是按照语义层级关系编排所收词语的。该词典建构了一个覆盖面广、分类合理、语义层次清楚的现代汉语词汇分类系统，为我们建立基层词库奠定了基础。

三、基层词库建设的内容和标准

　　我们以《分类词典》中的 8 万余条通用词语为考察对象，从中提取现代汉语基本层次范畴词汇。《分类词典》采用五级语义层分类体系进行语义分层。其中，一级至四级语义层之间的语义关系主要是上下位关系，如"生物—动物—兽类—熊"，五级语义层上所收词语主要是同义、近义关系，如处于四级语义层的"熊"下所收录的五级类词语为"熊、狗熊、黑熊"等。[8]在该词典中，上一层级语义类因为对下一层级语义类具有统辖作用，因此更为概括，而下一层级语义类因为是对上一层级语义类义域的切分，所以更为具体。基于这一分类特点，我们可以通过确定标准，按照语义层级对词典所收词语进行自上而下的梳理，从中提取所需基本层次范畴词汇，研制国际汉语教学用基层词及其分级词表。

　　认知科学研究发现，大脑是从基本层次范畴层面开始认识事物的，因为人们在该层面上对事物所做的分类最为接近客观世界的自然分类。认知语言学将基本层次范畴的特点归纳如下：经验感觉上的完整性、心理认知上的易辨性、地位等级上的优先性、行为反应上的一致性、语言交际上的常用性、相关线索的有效性、知识和思维的组织性。[5]137-138基本层次范畴成员之间享有最大的家族相似性，是典型的原型范畴。相对于基本层次范畴而言，上述7个特点在上义层次范畴和下义层次范畴上，体现得不那么明显，因为它们都是寄生于基本层次范畴之上的。具体而言，上义层次范畴属性太概括，缺乏经验感觉上的完整性（简称"完形"）；下义层次范畴虽然具有完形，但相比基本层次范畴而言，增加了一些更为具体、特别的属性。也就是说，基本层次范畴内的成员具有明显的易于被感知的区别性特征。"在该层次上，人们在视觉上和功能上把事物看作具有整体性，反映了所形成的意象图式。"[5]136-137因此，我们将具有"完形"确定为提取基层词汇的主要标准。完形包括两个层次：高度完形和低度完形。其中，高度完形，既包括完形，又包括易辨性，被统称为高度完形。这两个层次虽然都具有完形，但高度完形层面上的词语之间的语义比低度完形层面上的词语之间的语义更容易区别。

四、基层词语的提取思路和方法

（一）基层词语的提取思路

首先，我们针对不同范畴的上下位语义关系，依据经验感知的完整性标准从《分类词典》中提取准基本层次范畴词汇并建立准基层词库，采用问卷调查法检验提取出来的准基层词汇的认可度。其次，采用高度完形这一标准矫正和甄别准基层词，从中提取基层词，并从《现代汉语词典》①中匹配出与基层词相匹配的基层义、词性和拼音。最后，依据基层词汇在《现代汉语常用词表》②中的频级位序划分出常用、次常用、不常用三级基层词汇，形成现代汉语基层词库。

---

① 中国社会科学院语言研究所词典编辑室：《现代汉语词典》（第6版），北京：商务印书馆，2012年。

② 《现代汉语常用词表》课题组：《现代汉语常用词表》，北京：商务印书馆，2008年。

（二）基层词语的研究方法

前文提到，在提取现代汉语基层词汇并对其进行等级划分的过程中，我们明确了5种基本方法：词典调查法、问卷调查法、词库标注法、词频选取法和认知分类法。杨吉春在《国际汉语教学用基本层次范畴词库建设的理论与方法》一文中已对词典调查法、问卷调查法、词频选取法和认知分类法进行了详细论述。[9]本文重点对词库标注法进行阐述和说明。

词库标注法主要是指在《分类词典》基础上增加5个字段：准基层词、基层词、基层义、词性和拼音。需要说明的是，此处所说的"准基层词"是指项目组成员前期提取出来的词语，共计3,822个。我们将这些词统一标注为"是"，其他词根据具体情况标注为"否"或"存疑"；其中"否"是指被前期成员认定为非基层词的词语，"存疑"为前期成员在调查过程中列出的有待进一步确定的词语。之所以将前期提取结果统一标注为"准基层词"，主要出于以下理由：（1）前期提取结果仍需作进一步核查；（2）方便与最终确定的"基层词"进行区分。项目组前期研究是以"项目分工→各成员进行词典调查，提取准基层词→开展问卷调查，验证认同度，确定基层词"这一工作流程完成的。在词典调查过程中，个人主观认知难免会影响提取结果，因此为保证最终提取结果的信度，课题组后期成员需要对前期提取结果进行统一核查和集体讨论，补充被遗漏的词语，删除不宜被认定为基层词的词语。经过进一步筛选，最终确定了2,955个基层词并据此建立了基层词库（见表1）。

表1　基层词库总表标注（部分）

词语	一级名	二级名	三级名	四级名	五级名	准基层词	基层词	基层义	词性	拼音	级别
谁	生物	人	泛称	他	谁	是	是5	问人	代	shuí	一级
女人	生物	人	性别	女人	女人	是	是4	女性的成年人	名	nǚrén	一级
孩子	生物	人	年龄	儿童	孩子	是	是5	儿童	名	háizi	一级
少年	生物	人	年龄	青少年	青少年	是	是5	十岁左右到十五六岁年龄段的人	名	shàonián	一级

续表

词语	一级名	二级名	三级名	四级名	五级名	准基层词	基层词	基层义	词性	拼音	级别
青年	生物	人	年龄	青少年	青年人	是	是5	十五六岁到三十岁左右年龄段的人	名	qīngnián	一级
老人	生物	人	年龄	老人	老人	是	是4	老年人	名	lǎorén	一级
亲人	生物	人	亲属	亲人	亲属	否	是4	直系亲属或配偶	名	qīnrén	一级
家人	生物	人	亲属	亲人	家属	否	是5	一家的人	名	jiārén	一级
爸爸	生物	人	亲属	父母	父亲	是	是5	父亲	名	bàba	一级
妈妈	生物	人	亲属	父母	母亲	是	是5	母亲	名	māma	一级
丈夫	生物	人	亲属	夫妻	丈夫	是	是5	男女两人结婚后，男子是女子的丈夫	名	zhàngfu	一级
妻子	生物	人	亲属	夫妻	妻子	是	是5	男女两人结婚后，女子是男子的妻子	名	qīzi	一级
儿子	生物	人	亲属	子女	儿子	是	是5	男孩子（对父母而言）	名	érzi	一级
女儿	生物	人	亲属	子女	女儿	是	是5	女孩子（对父母而言）	名	nǚ'ér	一级

五、基层词的提取结果及其等级划分

基层词分级是基层词库建设的重要步骤，基层词的合理分级是将基层词付诸应用的重要前提。基层词库建设的最终目标是建立一个科学合理的汉语词汇学习顺序，因此做好词汇的分级，按照级别划分确立词汇学习顺序的依据就显得尤为必要。

（一）基层词分级的原则

本研究基于"相对频级"对基层词进行分级。与"绝对词频"和"相对词频"的区分类似，本研究区分"绝对频级"和"相对频级"两个概念。[10]"绝对频级"是一个统计概念，指在全体词汇范围内，某词与其他词相比，在特定语料中频级的高低情况，传统意义上说的频级比较，通常是跨义类范畴的绝对频级的比较；"相对频级"在某种程度上可看作一个认知概念，它首先要立足于对义类范畴的明确划分，再看同一个义类范畴内，频级高低所反映出的认知优先性的差别。

以往在汉语教学中过分强调高频词学习，导致词汇教学不符合学习者认知特点的症结并非在词频或频级本身，而是单纯以绝对词频或频级为准绳，却忽略了词义范畴间的不平衡性。这使得学习者往往先接触到大量不易掌握的抽象词汇，且容易导致经过长期的词汇学习之后，仍然会出现词汇系统中一些范畴的词汇存在空白的现象。因此要在人们的认知范畴和频级之间搭建一座桥梁，使频级能够真正反映人们的认知规律，这座桥梁就是相对频级。

（二）基层词分级的方法

国际汉语教学用基本层次范畴词库中共包含基层词2,955个，其中生物类426个，具体物类509个，抽象物类598个，时空类59个，生物活动类394个，社会活动类326个，运动与变化类172个，性质与状态类372个，辅助词类99个。按照三级划分，平均每级1,000个词左右。考虑到词频分布的齐普夫（Zipf）定律（1）[①]，频级越高的词，文本覆盖率越高，因此可将1级词的数量定为955个，2级、3级词数量定为1,000个，使一级词数量略少于二级词和三级词数量。

因此，本研究对基层词分级的做法为：基于《分类词典》9个一级义类的划分，将基层词按照同一义类中的相对频级进行排序，依序按照相同或相近数量截取出每一级别的基层词。各义类中每一级别的基层词数量如基层词分级结果所示（见表2）。

表2　基层词分级结果统计

类序	类别	基层词数量	一级词数量	二级词数量	三级词数量
1	生物	426	142	142	142
2	具体物	509	161	174	174
3	抽象物	598	190	204	204

---

①　齐普夫定律是美国学者乔治·金斯利·齐普夫提出的，可以表述为：在自然语言的语料库里，一个单词出现的频率与它在频率表里的排名成反比。

类序	类别	基层词数量	一级词数量	二级词数量	三级词数量
4	时空	59	19	20	20
5	生物活动	394	130	132	132
6	社会活动	326	104	111	111
7	运动与变化	172	54	59	59
8	性质与状态	372	124	124	124
9	辅助词	99	31	34	34
合计		2,955	955	1,000	1,000

（三）基层词的分级结果及其排序规则

词库的数据排序规则设定为7条，并分别按照"类级别""一级类""二级类""三级类""四级类""五级类""频级"字段升序排列。按照这七条排序规则排序后，生成一个新段"ID"，数据类型为"自动编号"，由此得到每个基层词在词库中的ID号码。该排序反映了每级别基层词按照不同义类范畴中频级由低到高排列的顺序（见表3）。

表3　基层词库表（部分）

ID	词语	级别	词性	拼音	频级	ID	词语	级别	词性	拼音	频级
1	人	1	名	rén	12	42	领导	1	名	lǐngdǎo	177
2	人们	1	名	rénmen	112	43	秘书	1	名	mìshū	3,164
3	大家	1	代	dàjiā	216	44	工程师	1	名	gōngchéngshī	4,440
4	我	1	代	wǒ	16	45	司机	1	名	sījī	2,285
5	我们	1	代	wǒmen	20	46	法官	1	名	fǎguān	2,954
6	自己	1	代	zìjǐ	42	47	律师	1	名	lǜshī	1,982
7	你	1	代	nǐ	69	48	老师	1	名	lǎoshī	535
8	你们	1	代	nǐmen	369	49	教练	1	名	jiàoliàn	3,072
9	他	1	代	tā	11	50	运动员	1	名	yùndòngyuán	2,282
10	她	1	代	tā	55	51	医生	1	名	yīshēng	736

　　表3是从基层词总库（microsoft access）中选取6个字段转换成的"基层词库"文档（mic rosoft word），包括ID、词语、级别、词性、拼音、频级等6项内容。受篇幅限制，此处只展示部分内容。

（四）各一级义类范畴的频级情况

　　经统计，9个一级义类范畴中基层词的频级平均值如下表所示（见表4）。

表 4　一级义类范畴中基层词的频级平均值统计

一级类	一级名	频级平均值
1	生物	10, 177.68
2	具体物	11, 338.94
3	抽象物	5, 387.79
4	时空	4, 194.29
5	生物活动	9, 041.17
6	社会活动	10, 165.46
7	运动与变化	8, 831.48
8	性质与状态	7, 514.12
9	辅助词	2, 234.79

　　从各义类基层词频级平均值的数据来看，辅助词义类的频级平均值最低（2, 234.79），具体物频级平均值最高（11, 338.94）。这反映出在各义类中，辅助词义类的基层词中常用词较多，具体物义类的基层词中非常用词相对较多。

　　总的来看，多数义类范畴的频级平均值低于10, 000，少数略高于10, 000，这说明基层词总的来说属于语言中较为常用的部分。这些词不仅构建起汉语词汇的认知框架，而且本身也经常为人们所使用。

六、基层词库建设研究的价值及其应用前景

任何一种语言的词汇中都存在基层词。基层词的提取标准和研究方法对任何一种语言或方言的基层词提取及相关研究都有借鉴意义。此前，虽然有学者介绍过基本层次范畴理论和举例式地探讨过英语、俄语、德语等外语词汇教学应该重视基本层次范畴词汇的教学问题，但还未曾有人就某一种语言中的所有基本层次范畴词汇进行过统计研究，汉语更是无人涉猎。对不同语言的基层词进行比对，可以发现不同语言中基层词的差异状况。这些差异常表现为某类事物基层词的有无，如汉语中有"羊"，而英语中却没有"羊"这一基层词，只能借用下位概念词"绵羊""山羊"而代之。因此，本文提出的研究方法在不同语言的词汇研究中具有参考价值。

国际汉语词汇教学应以常用基本层次范畴词汇教学为中心，这符合人们对事物的认知规律和语言习得的先后顺序。因此，应首先建立"现代汉语基本层次范畴词汇等级划分数据库"，并提取常用基层词汇以便应用于教材编写、课堂教学、成绩测试、工具书编纂等方面，这对提高汉语教学效率，尤其是词汇教学意义重大。

参考文献：

[1] 李如龙，杨吉春. 对外汉语教学应以词汇教学为中心[J]. 暨南大学华文学院学报，2004（4）：21-29.

[2] 杨吉春. 对外汉语词汇教学应以常用基本层次范畴词汇教学为中心[J]. 民族教育研究，2011，22（3）：41-46.

[3] 中国国家对外汉语教学领导小组办公室，教育部社科司《汉语国际教育用音节汉字词汇等级划分》课题组. 汉语国际教育用音节汉字词汇等级划分：国家标准·应用解读本[Z]. 北京：北京语言大学出版社，2010，"序"：7.

[4] 李福印. 认知语言学概论[M]. 北京：北京大学出版社，2008.

[5] 王寅. 认知语言学[M]. 上海：上海外语教育出版社，2015.

[6] 索绪尔. 普通语言学教程[M]. 北京：商务印书馆，2007：102.

[7] 周国光. 现代汉语词汇学导论[M]. 广州：广东高等教育出版社，2004：148.

[8] 苏新春. 现代汉语分类词典[M]. 北京：商务印书馆，2013，"凡例"：3-4.

[9] 杨吉春. 国际汉语教学用基本层次范畴词库建设的理论与方法[J]. 语言文字应用，2014（4）：68-76.

[10] 宋飞. 基于大规模文本语料库的现代汉语基层词相对词频定位法研究[J]. 语言文字应用，2014（4）：79-86.

［原载于《天津师范大学学报》（社会科学版）2021年第1期］

后 记

正所谓"各美其美，美人之美，美美与共，天下大同"，中央民族大学中国语言文学学科是我国多民族语言文学交流互鉴的百花园地，在不同历史时期均发挥了重要作用，各民族师生像石榴籽一样紧紧拥抱在一起，共创和谐美丽的精神家园，共建铸牢中华民族共同体意识特色鲜明的学科体系，为"双一流"大学建设作出了巨大贡献。

2019年，中央民族大学中国语言文学学部成立以来，学部老师在各自的研究领域深耕细作，不忘初心，踔厉奋发，在科学研究上取得了丰硕的成果。2021年，中国语言文学学部下设的中国少数民族语言文学学院、文学院、国际教育学院的老师们发表了数十篇高质量学术研究论文，涉及语言学、文学、古籍文献学、教育教学研究法等内容。经征得作者本人同意，本书选编22篇。

本书中收集的是学部老师2021年在核心期刊上公开发表的部分论文。书中内容以语言学与语言政策研究、文学与文艺理论研究、文学类课程教学研究、国际中文教育研究四大模块进行汇编。入选入编的论文富有新时代中国语言文学研究的时代特色，选题不同程度地涉及2021年国内中国少数民族语言文学研究的诸多领域，与当代中国语言文学研究领域的一些学术热点产生了共鸣、呼应和对话。泉水可解路人之渴，文章可教世人，希望书中的内容能惠及相关学人学界，为新时代中国语言文学研究和学科建设添砖加瓦，贡献力量。

本书付梓之际，要感谢中央民族大学中国语言文学学部的老师们不吝赐文，要感谢中央民族大学中国语言文学学部主任石亚洲副校长的鼎力支持，正因为有他为我们费心劳神，才使得我们如鱼得水、如虎添翼。此外，还要感谢中央民族大学出版社领导及编辑的努力，尤其是责任编辑王海英老师的辛勤工作。

　　书中难免有不足之处，诚望读者指正、作者谅解。

　　心存感恩！

　　是为记。

刘正发　朝格吐

2023 年 12 月 16 日